Baedeker

Allianz Reiseführer

Elsass

Vogesen

www.baedeker.com

Verlag Karl Baedeker

TOP-REISEZIELE ✶✶

Nicht nur die landschaftliche Schönheit der bewaldeten Berge, der sonnigen Weinberge und der fruchtbaren Rheinebene besticht im Elsass, auch die Vielfalt der kulturellen Sehenswürdigkeiten, die netten Orte mit ihren hübschen Fachwerkhäusern und die gemütlichen Weinstuben ziehen die Besucher an. So kommen hier Kunstliebhaber, Wanderer, Weinkenner und Gourmets gleichermaßen auf ihre Kosten.

1 ✶✶ Saverne
Kleine Industrie- und Handelsstadt in landschaftlich reizvoller Umgebung
► **Seite 271**

2 ✶✶ Marmoutier
Ruhiger Ort mit der einzigartigen Kirche St-Martin einer ehemaligen Benediktinerabtei ► **Seite 206**

3 ✶✶ Strasbourg
Elsässische Metropole und »Schnittpunkt Europas«: Der Besuch des berühmten Münsters und des lichtdurchfluteten Europaparlaments sind ein Muss.
► **Seite 288**

4 ✶✶ Obernai
Mittelalterliches Städtchen mit dem beeindruckenden Sechseimerbrunnen im Renaissancestil ► **Seite 242**

5 ✶✶ Mont Sainte-Odile
Nach der Nationalheiligen des Elsass benanntes beliebtes Ausflugs- und Pilgerziel
► **Seite 219**

6 ✶✶ Haut-Kœnigsbourg
Die imposante Burg mit Rittersälen, schönen Gemächern und echter Zugbrücke ist eine der wichtigsten elsässischen Attraktionen.
► **Seite 180**

7 ✶✶ Ribeauvillé
Alte Winzerstadt mit malerischem Stadtkern und ein beliebtes Touristenziel
► **Seite 252**

8 ✶✶ Riquewihr
»Perle der Weinstraße« und einer der meistbesuchten Orte des Elsass
► **Seite 257**

Eguisheim
Idyllische mittelalterliche Stadt an der Weinstraße.

9 ✶✶ **Kaysersberg**
Wie aus dem Bilderbuch mit seiner Burgruine, den Fachwerkhäusern und all den idyllischen Ecken ▸ **Seite 190**

10 ✶✶ **Colmar**
Historische Gebäude aus Spätmittelalter und Renaissance, malerische Winkel und Kunstschätze wie der »Isenheimer Altar« ▸ **Seite 146**

11 ✶✶ **Eguisheim**
Netter kleiner Ort, in dem der spätere Papst Leo IX. geboren wurde ▸ **Seite 159**

12 ✶✶ **Ensisheim**
Malerische Stadt in der Oberrheinebene, in der Nähe des interessanten »Écomusée d'Alsace« ▸ **Seite 162**

Haut-Kœnigsbourg
Wilhelm II. veranlasste 1899 die umfassende Restaurierung der damaligen Ruine.

13 ✶✶ **Grand Ballon**
Höchster Vogesengipfel mit einem grandiosen Panoramablick ▸ **Seite 171**

14 ✶✶ **Mulhouse**
Zweitgrößte Stadt des Elsass mit einigen hervorragenden technischen Museen ▸ **Seite 223**

DIE BESTEN BAEDEKER-TIPPS

Von allen Baedeker-Tipps in diesem Buch haben wir hier die interessantesten für Sie zusammengestellt. Erleben und genießen Sie das Elsass von seiner schönsten Seite!

! Asterix mal anders

Wer sich vor Reiseantritt schon einmal mit der elsässischen Mundart vertraut machen möchte, sollte sich »De Asterix an de Olympische Spieler« auf Elsässerditsch ansehen. ► **Seite 25**

! Hoch hinaus

Ein Erlebnis besonderer Art – lautlos in einem Heißluftballon über die Landschaften des Haut-Rhin zu gleiten. Im Tal von Munster starten die bunten Ballone von Aerovision. ► **Seite 99**

! Alles über elsässischen Wein

Im Internet findet man unter www.vinsalsace.com allerlei Tipps des Conseil Interprofessionnel des Vins (CIVA) zu Weinbergen, Weinkellern und Rebsorten sowie Ratschläge von Sommeliers und traditionelle Rezepte (z. B. Zwiebeltorte, Flammkuchen und Baeckeoffe). ► **Seite 107**

! Kabarett à la Paris

In der 500-Seelen-Gemeinde Kirrwiller gibt es das einzige Dorfkabarett Frankreichs, dessen 1000 Plätze fast immer ausgebucht sind: In Paris und Las Vegas angeheuerte Künstler von internationalem Renomee sorgen für Unterhaltung – ganz wie im Moulin Rouge von Paris, nur die Preise sind wesentlich günstiger. ► **Seite 145**

! Drei-Länder-Pass

Mit dem oberrheinischen Museumspass hat man freien Eintritt in 170 Museen im

Käseplatte
Da fehlt nur Baguette und Wein!

Elsass, in Baden und auch in der Nordwestschweiz. Der Jahrespass und der Kurzzeitpass sind in den Museen und Offices de Tourisme erhältlich.
▸ Seite 146

! Käse vom Feinsten

Stolz verweist Käseproduzent Bernard Antony in Vieux-Ferrette (2 km nordwestlich von Ferrette) darauf, dass er auch Kunden in Übersee per Luftpost mit seinen vielfältigen Köstlichkeiten versorgt. Nach Voranmeldung finden in seinem Betrieb auch Käsedegustationen statt.
▸ Seite 167

! Spass und Entspannung

Wer sich zwischendurch erholen möchte – am östlichen Altstadtrand von Haguenau befindet sich das Nautiland, ein Bade- und Freizeitzentrum mit Rutschbahn, Sauna, Solarien und Gastronomie. Hier wird auch ein Sonderprogramm für Kinder angeboten. ▸ Seite 179

! Mulhouse im Visier

Ein herrlicher Blick über Mulhouse bis zu den Vogesen bietet sich vom Belvédère, einem kleinen Aussichtsturm auf dem Rebberg nahe beim Zoo. ▸ Seite 230

! Lebendes Museum

In der Maison du Pain d'Alsace, dem elsässischen Brotmuseum in Sélestat, darf man den Bäckern bei der Arbeit über die Schulter blicken. Natürlich gibt es in dem nach frischen Backwaren duftenden Haus mit hoher Glasfassade auch eine Probierstube. ▸ Seite 281

! Goethes Tipp

Goethe riet dem Besucher, Strasbourg zuerst aus der Vogelperspektive zu betrachten. Wer die 332 Stufen bis zur Aussichtsplattform des Münsterturms in 66 m Höhe hinaufsteigt, wird mit einem grandiosen Blick auf das Häusergewirr der Stadt belohnt. ▸ Seite 299

Strasbourg
Ein Aperitif vor eindrucksvoller Kulisse

! Marmeladenkönigin

In Christine Ferbers Pâtisserie in Niedermorschwihr findet man die herrlichsten Marmeladen vor. Eine Spezialität der 1998 in Frankreich zur »Marmeladenkönigin« gekürten Madame Ferber ist z. B. die Kreation »Himbeeren mit Pinot Noir«.
▸ Seite 315

»Engel der Verkündigung«
▸ Seite 44

HINTERGRUND

12 **Ein schöner Garten!**
16 **Fakten**
17 Natur
23 Bevölkerung • Wirtschaft
26 *Special: Merci vielmols!*
32 **Geschichte**
33 Vorgeschichte
33 Römer
34 Mittelalter
37 Reformation und Gegenreformation
37 Das Elsass wird französisch
38 Französische Revolution und Napoleon
39 Das Elsass wird deutsch
40 Weltkriege
41 Nachkriegszeit und Gegenwart
44 **Kunst und Kultur**
48 *Special: Buntes Fachwerk*
52 **Berühmte Persönlichkeiten**

Preiskategorien

Hotels
Luxus: über 100 €
Komfortabel: 60 – 100 €
Günstig: unter 60 €
(für eine Übernachtung im Doppelzimmer)

Restaurants
Fein & teuer: über 40 €
Erschwinglich: 25 – 40 €
Preiswert: unter 25 €
(für ein Menü ohne Getränke)

PRAKTISCHE INFORMATIONEN

66 Anreise • Vor der Reise
68 Auskunft
70 Mit Behinderung unterwegs
71 Elektrizität
71 Essen und Trinken
73 *Special: Wahre Gaumenfreuden*
76 Feiertage, Feste und Events
79 Geld
80 Gesundheit
80 Mit Kindern unterwegs
81 Knigge
83 Literaturempfehlungen
84 Notrufe
85 Post und Telekommunikation
86 Preise und Vergünstigungen

86 Reisezeit
87 Shopping
89 Sprache
95 Übernachten
97 Urlaub aktiv
101 Verkehr
102 Wein
103 *Special: Aller guten Dinge sind drei*
107 Zeit

TOUREN

110 Tourenübersicht
112 Unterwegs im Elsass
114 Tour 1: Das nördliche Elsass
116 Tour 2: Route du Vin
119 Tour 3: Das südliche Elsass
123 Touristikstraßen

REISEZIELE VON A bis Z

128 Altkirch
129 Andlau
132 Baccarat
133 Barr
136 Belfort
141 Bitche
143 Bouxwiller
146 Colmar
156 Dambach-la-Ville
159 Eguisheim
162 Ensisheim
164 Épinal
166 Ferrette
168 Gérardmer
171 Grand Ballon
173 Guebwiller
176 Haguenau
180 Haut-Kœnigsbourg
182 *3 D: Haut-Kœnigsbourg*
185 Hunawihr
186 *Special: Es klappert wieder in den Dörfern*
190 Kaysersberg

Obstbrände
▸ **Seite 105**

Münsterfiguren in Strasbourg
▸ **Seite 298**

196 Kientzheim
198 Lauterbourg
200 Lembach
204 Luxeuil-les-Bains
206 Marckolsheim
206 Marmoutier
208 ***Special: Judentum im Elsass***
211 Masevaux
212 Molsheim
214 ***Special: Nichts ist zu schön, nichts ist zu teuer***
217 Montbéliard
219 Mont Sainte-Odile
223 Mulhouse
231 Munster
234 Mutzig
236 Neuf-Brisach
237 Niederbronn-les-Bains
240 Niederhaslach
242 Obernai
245 La Petite Pierre
246 Phalsbourg
248 ***3 D: Schiffshebewerk St-Louis-Arzviller***
250 Plombières-les-Bains
251 Remiremont
252 Ribeauvillé
257 Riquewihr
260 Rosheim
262 Rouffach
264 Saint-Dié
267 Sainte-Marie-aux-Mines
268 Sarrebourg
270 Sarreguemines
271 Saverne
277 Schirmeck
279 Sélestat
284 Senones
285 Sessenheim
286 Soufflenheim
288 Strasbourg
308 ***3 D: Europaparlament***
310 Thann
313 Turckheim
315 Wissembourg
319 ***Special: Meisterwerk der Festungsbaukunst***

324 Register
327 Verzeichnis der Karten und grafischen Darstellungen
328 Bildnachweis
329 Impressum

Niederbronn-les-Bains: Kletterfelsen an der Burg Windstein →

W.Sch

Hintergrund

IM AUSLAND UND DOCH ZUHAUSE – SO FÜHLT MAN SICH BEI EINEM BESUCH IM ELSASS, DENN DORT VERBINDEN SICH FRANZÖSISCHES SAVOIR-VIVRE UND ALEMANNISCHE GEMÜTLICHKEIT AUF DAS ANGENEHMSTE MITEINANDER.

EIN SCHÖNER GARTEN!

»Ah! Le beau jardin que voilá!« – »Oh! Welch schöner Garten!«, soll Sonnenkönig Ludwig XIV. ausgerufen haben, als er bei Zabern (Saverne) die Vogesen überschritt und das Elsass zum ersten Mal erblickte. Und ein schöner Garten ist die Region am linken Oberrhein bis heute geblieben. Hier erwarten den Gast die sonnenverwöhnten Ausläufer der Vogesen mit hübschen Fachwerkstädtchen, Anhöhen mit im Verfall noch immer imposanten Burgen und unberührten Landschaften.

Das Elsass bewahrt auch ein reiches kulturelles Erbe aus mehr als 2000 Jahren. Beeindruckende Bauwerke aus der Romanik, Gotik und Renaissance, klassizistische, barocke und wilhelminische Architektur sowie moderne Gebäude, darunter eindrucksvolle Glaspaläste, sind anschauliche Zeugnisse der verschiedenen Epochen.

Störchen *begegnet man im Elsass in allen Varianten und Größen.*

In Strasbourg sind sämtliche Architekturstile vertreten, in Colmar locken Kunstwerke wie der Isenheimer Altar und die »Madonna im Rosenhag« alljährlich Tausende von Besuchern an, und in Mulhouse informieren zahlreiche Museen über die Entwicklung technischer Errungenschaften.

Traditionsreiche Geschichte

Aber auch in den stimmungsvollen Festen und im Alltag der zum Teil noch Elsässerditsch sprechenden Bevölkerung spiegelt sich die traditionsreiche Geschichte der Region wider. Der besondere Reiz liegt in der Mischung aus alemannischen Traditionen und gallischer Lebensart, ist doch das Elsass, das als Zankapfel zwischen Frankreich und Deutschland mehrmals die Staatszugehörigkeit wechseln musste, von beiden Kulturen geprägt. Mit seiner zentralen Lage in Europa kommt ihm nicht erst heute eine nicht zu unterschätzende Rolle im europäischen Einigungsprozess zu; schon die Vergangenheit hat gezeigt, welche Bedeutung das Elsass speziell für diese zwei Nationen hatte. Natürlich haben die Elsässer sich ihr eigenes Lebensgefühl nie nehmen lassen, doch die enorme Kraft, die hierfür nötig war, kann nur verstanden werden, wenn man sich die lange Rivalität zwischen Frankreich und Deutschland vor Augen hält.

Das Münster in Strasbourg
– ein absolutes Muss

Choucroute garnie à l'alsacienne
Klassiker der deftigen elsässischen Küche

Bezaubernde Fahrten
durch hügelige Landschaften und blumengeschmückte Dörfer

Einzigartige Kunstwerke
von unschätzbarem Wert

Dorfidyllen
mit geraniengeschmückten Fachwerkfassaden, romantischen Gässchen und stimmungsvollen Winzerhöfen

Weine
Grundsätzlich trinkt man elsässischen Wein jung, weil er schon bald sein volles Bukett entfaltet.

Vielfältige Freizeitaktivitäten

Den Bewegungssüchtigen stehen am linken Oberrhein zahlreiche Möglichkeiten zur Verfügung. Der Naturfreund kann auf markierten Wegen über die Vogesenhöhen mit ihren schattenkühlen Wäldern Wanderungen unternehmen oder die Aussicht auf den baumfreien Bergkuppen genießen. Radfahren und Reiten sowie Paragliding und Fahrten in Heißluftballons erfreuen sich immer größerer Beliebtheit. Golfern stehen einige schön gelegene Plätze zur Verfügung, Wassersportler kommen in den Vogesenseen auf ihre Kosten, und Wintersportler treffen in vielen Hochlagen auf Loipen und Pisten mit teilweise alpinem Charakter.

Weniger Sportliche können die elsässischen Rheinauen mit ihrer reichen Tier- und Pflanzenwelt im Rahmen einer Minikreuzfahrt entdecken oder man tuckert mit einem Kabinenboot, das man übrigens auch ohne einen Bootsführerschein steuern darf, über die Kanäle und lernt die Region aus dieser Perspektive kennen. Zudem lassen sich bei ausgewiesenen Feinschmecker-Kochkursen auch mehr und mehr Genießer in die Geheimnisse der Haute Cuisine einweihen.

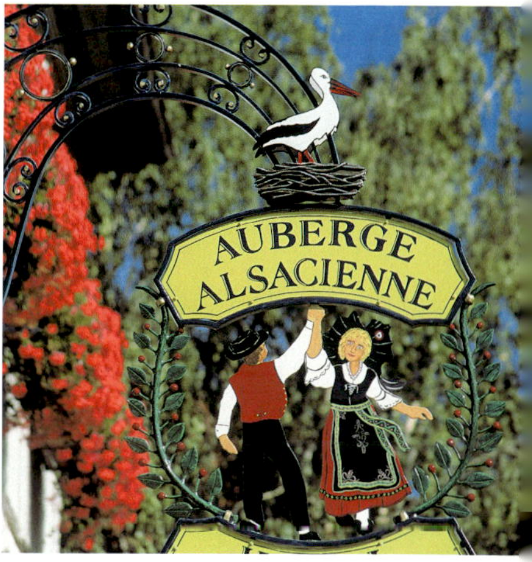

Legendäre Gastlichkeit
Die elsässische Hotellerie und Gastronomie lassen keine Wünsche offen.

Kulinarische Versuchungen

Überhaupt steht der Genuss ganz weit oben bei den Wertmaßstäben der Elsässer. Einhellig begeistert sind die Besucher von der guten Küche, in der sich französisches Raffinement und alemannische Deftigkeit vereinen. All die kulinarischen Köstlichkeiten zu probieren wie Flammkuchen, Choucroute, Baeckeoffe, Foie gras, Coq au vin oder den kräftigen Munsterkäse ist Pflicht. Auch die Weine gehören zu den besten Frankreichs und verführen manchen zu einem Großeinkauf. Zudem ist das Elsass für seine edlen Obstbrände bekannt.

Zwar sollen die schönen Ausflugsziele entlang der Route du Vin (Weinstraße), die einsamen Wanderungen in den Vogesen und all die einzigartigen Kunstwerke in den Städten und Dörfern nicht geschmälert werden, doch das alles wäre nur halb so schön, wenn man anschließend nicht in gemütlicher Runde gut und lange tafeln könnte. War Ludwig XIV. von den landschaftlichen Reizen des »schönen Gartens« Elsass angezogen, so finden Touristen heute eine Region vor, die noch weitaus mehr zu bieten hat.

Fakten

Idyllische Fachwerkhäuser, Kirchtürme mit Storchennestern, ausgedehnte Weinberge, gastliche Lokale, freundliche Einheimische, deftiges Essen und guter Wein – das alles verbindet man als Besucher mit dem Elsass. Neben der Pflege von Tradition und Geschichte gewinnt diese moderne, international ausgerichtete Region in der Mitte Europas immer mehr an Bedeutung.

Natur

Entstehung

Aufgrund der gemeinsamen geologischen Entstehung bilden die Vogesen und das Elsass das Spiegelbild zum Schwarzwald und der vorgelagerten rechtsrheinischen Tiefebene. Die Elsässische Tiefebene (plaine d'Alsace) und der westlich davon steil aufragende Gebirgskamm der Vogesen (Vosges) bestimmen die Landschaft.

Landschaften

Oberrheinische Tiefebene

In der flachen, im Süden vom malerischen Elsässischen Jura und von dem teilweise mit alten Flussschottern überdeckten Tertiärhügelland des Sundgaus begrenzten Elsässischen Ebene herrschten einst feuchte Niederungen mit Altwasserarmen und Sumpfgebieten vor, in denen der Auwald und das Ried – nach dem alemannischen »rieth«« für Schilfrohr benannte Feuchtwiesen – das Bild bestimmten. Durch Trockenlegung wurden weite Flächen der Schwemmwiesen und Auwälder in Kulturland umgewandelt, nur zwischen Colmar und Benfeld (südlich von Strasbourg) sind noch weite Flächen vom Ried geprägt. Im Süden besteht der Boden des Elsass zum Großteil aus wasserdurchlässigen, mit Wald bestandenen Schottern und Kiesen des Rheins und seiner Zuflüsse. Im Norden sind die Böden aus trockenen Sanden, die der Wind aus den Sandsteinfelsen der Nordvogesen herausgelöst hat, hervorragend geeignet als Waldboden – so bildet der Haguenauer Forst zusammen mit dem nördlich benachbarten Pfälzer Wald die größte zusammenhängende Waldfläche Mitteleuropas –, aber auch Spargel, Hopfen und Tabak gedeihen hier vortrefflich.

Vogesenvorland

Überaus fruchtbar ist der Löss, den nacheiszeitliche Winde auf den Kalk- und Buntsandsteinböden der Vogesenvorberge abgesetzt haben. Mit Lehm vermischt ist der Lössboden die ideale Grundlage für den blühenden Elsässer Wein-, Getreide- und Gartenbau.
Das im Wind- und Regenschatten der Vogesen liegende schmale Bergvorland mit seinen Weinbergen und Fachwerkdörfern ist eines der beliebtesten Touristenziele im Elsass.

Vogesen

Die Vogesen (frz. les Vosges), deren Name sich vom lateinischen Begriff Vosegus ableitet, mit dem die Römer wohl in Anlehnung an die gleichnamige keltische Berggottheit das Mittelgebirge umschrieben (Vosegus Mons), sind rund 170 km lang und ca. 40–45 km breit, also etwa 6900 km² groß. Während die Vogesen auf der Ostseite schroff abfallen, senkt sich deren Westseite allmählich zu den Lothringer Hochflächen hin ab. Mit seinen hohen Pässen (Col du Bonhomme, 949 m ü. d. M.; Col de la Schlucht, 1139 m ü. d. M.)

← *Fachwerkidyllen gehören zur Seele des Elsass.*

stellt das Mittelgebirge ein Verkehrshindernis dar, das nur einige Quertäler überbrücken. Geografisch unterscheidet man zwischen Nord- und Südvogesen: Einerseits wurden bei der Auffaltung der Alpen durch den nach Norden gerichteten Schub die südlichen Gebirgsteile stärker gehoben als die nördlichen, andererseits verfügen beide Mittelgebirgsteile über unterschiedliche Gesteinsarten. Die Trennlinie zwischen Nord und Süd bildet das Tal der Bruche (Breuschtal), das sich zwischen Molsheim und Saint-Dié erstreckt. In den **Südvogesen**, die im Gegensatz zum Schwarzwald teilweise hochalpine Formen aufweisen, wurden durch Gletschertätigkeit in den höheren Abschnitten die auflagernden Meeressedimente der Triaszeit (Buntsandstein, Muschelkalk und Keuper) abgetragen, so dass heute Urgesteine (Granite, Gneise und Grauwacke) die stark ausgeprägten Gebirgskämme bilden. Infolge der Gletschertätigkeit und der Erosion haben die Berge, unter denen der Große oder Gebweiler Belchen (Grand Ballon) mit 1424 m die höchste Erhebung bildet, die Form einer Rundkuppe, die im Elsässischen »Kopf« oder »Belchen«, im Französischen »Ballon« genannt wird. Die eiszeitliche Vergletscherung sorgte darüber hinaus für tief eingeschnittene Trogtäler und von Felsen gesäumte, oft von Seen ausgefüllte Karen wie den Lac Blanc. Der **nördliche Teil der Vogesen** westlich und nördlich des Tals

Weit schweift der Blick: Die große, über drei mächtige Felsen ausgestreckte Burgruine Haut-Barr wird auch »Auge des Elsass« genannt.

der Bruche (Breuschtal) blieb von eiszeitlichen Gletschern fast unberührt, so dass sich die Decke aus Buntsandsteinschichten über dem Granit und Gneis erhalten konnte. Die Buntsandsteinvogesen zeigen zum Teil bizarr erodierte Felsbildungen, die sich mancherorts bestens zur Errichtung von Burgen eigneten, welche geradezu mit dem roten Felsen verwachsen scheinen. Während in den **Mittelvogesen** die Gipfel kaum noch die Höhe von 1000 m erreichen (Donon, 1009 m ü. d. M.), ist der nach Norden und Westen hin abfallende, sich später im Pfälzer Wald bzw. in der leicht welligen Lothringischen Hochfläche fortsetzende Bereich des Mittelgebirges keine 600 m mehr hoch. Wegen seiner leicht gewellten Hügellandschaft heißt der nordwestliche Teil des Elsass auch **Krummes Elsass**.

◄ Naturparks

Die nördlichen Vogesen werden vom **Parc Naturel Régional des Vosges du Nord** (Regionaler Naturpark Nordvogesen, seit 1976) eingenommen. Dieser erstreckt sich über 120 000 ha zwischen Bitche im Westen und Saverne im Süden, im Norden geht er in den Naturpark Pfälzerwald über. Südwestlich von Fénétrange bzw. westlich von Sarrebourg liegt in einem seenreichen Hügelland und auf beiden Seiten der Mosel der 1974 geschaffene, 2000 km² große **Parc Naturel Régional de Lorraine** (Regionaler Naturpark Lothringen) mit einer von lichten Wäldern durchsetzten Wiesenlandschaft. Der seit Sommer 1989 als Schutzgebiet ausgewiesene **Parc Naturel Régional des Ballons des Vosges** (Regionaler Naturpark Vogesenbelchen) erstreckt sich nördlich von Munster bis in die Gegend von Ste-Marie-aux-Mines und südlich bis zum Vogesenrand bei Belfort.

Sundgau

Im äußersten Süden des Elsass, zwischen den südlichen Vogesenausläufern, dem Schweizer Jura und der Oberrheinebene breitet sich der Sundgau (»Südgau«) aus, eine gegen Süden zunehmend bergiger werdende Landschaft mit saftigen Wiesen, Hügeln, Wäldern, vielen Seen und kleinen Flüssen. Das Klima ist vergleichsweise rau, eine städtische Entwicklung größeren Stils ist nie erfolgt. Von Bedeutung ist jedoch die Fischzucht, vor allem von Karpfen und Hechten.

Flüsse und Kanäle

Rhein

Der wichtigste Fluss des Elsass ist der **Rhein** (frz. Rhin), der zwischen Huningue im Süden (südöstlich von Mulhouse) und Lauterbourg im Norden die französisch-deutsche Grenze bildet. Der schleifenreiche, aus zahlreichen Flussarmen bestehende Strom, wurde durch Flusskorrekturen im 19. und 20. Jh. in eine von einem Hochufer begrenzte Rinne gezwängt. Die bedeutendsten Nebenflüsse, die auf französischer Seite in die große europäische Wasserstraße einmünden, heißen Ill, Moder, Sauer und Lauter. Der **Doubs** ist mit 430 km Länge – bei einer Luftlinie von nur 90 km! – der größte Nebenfluss der Saône im östlichen Frankreich. Er entspringt im Jura auf 937 m ü. d. M. am Fuß des Mont-Noir und mündet bei Verdun-sur-le-Doubs (beides außerhalb des Kartenbilds) in die Saône. Die **Mosel** (frz. Moselle),

Hier ist die elsässische Oberrheinebene noch am ursprünglichsten: geschütztes Areal im Delta der Sauer bei Seitz.

ein linker Nebenfluss des Rheins, entspringt in den südlichen Vogesen am Col de Bussang nordwestlich von Thann. Von hier verläuft sie zunächst in westlicher Richtung durch das Lothringische Stufenland. Bei Toul verlässt sie das alte Flussbett, welches sie einst mit der Maas verband, und wendet sich abrupt nach Nordosten, später nach Norden. Jenseits von Metz und Thionville lässt sie das französische Staatsgebiet hinter sich, um bis Wasserbillig die deutsch-luxemburgische Grenze zu bilden. Der Rheinseitenkanal (**Grand Canal d'Alsace**, verläuft zwischen Basel und Strasbourg westlich parallel zum Oberrhein auf französischem Gebiet. Von dieser Großschifffahrtsstraße zweigt südlich von Mulhouse der **Rhein-Rhône-Kanal** ab. Dieser Kanal, der vom Elsass in das Gebiet der Saône und der Rhône führt, wurde 1784 – 1833 zunächst als Verbindung von Strasbourg nach St-Symphorien angelegt und hatte damals eine Länge von 320 km. Im Jahr 1967 wurde die Schifffahrtsstraße bei Mulhouse-Niffer an den Rheinseitenkanal angeschlossen, wobei sich ihre Länge auf 230 km verkürzte. In der Burgundischen Pforte passiert der Kanal in 347 m Höhe die Wasserscheide zwischen Nordsee und Mittelmeer. Der **Rhein-Marne-Kanal** schließlich verbindet den Rhein bei Strasbourg mit der an der Marne gelegenen Stadt Vitry-le-François, wobei er bei Toul das Tal der Moselle (Mosel) und bei Nancy das der Meurthe kreuzt. Die Schifffahrtsstraße wurde 1838 – 1853 erbaut, besitzt auf 314 km Länge 156 Schleusen und ist heute besonders bei Bootstouristen sehr beliebt.

Pflanzen und Tiere

Oberrheinebene

In der Oberrheinebene ist der Wald größtenteils zugunsten der landwirtschaftlich genutzten Flächen verschwunden. Reste sind mit je etwa 140 km² Fläche der ehem. habsburgische **Hartwald bei Mulhouse** und der **Haguenauer Forst** (Forêt de Haguenau), beides prächtige Mischwälder u. a. mit Eichen, Hainbuchen, Buchen, Ahornen, Kastanien, Linden und Pappeln. Eine üppige Naturlandschaft findet man darüber hinaus in den **Auenwäldern am Rhein**, in denen Weiden, Pappeln, Eichen, Ulmen, Eschen und alle Arten von Schlinggewächsen gedeihen. Zuweilen wird man an tropische Wälder erinnert – beim Anblick der Lianen, die manche Bäume bedecken, wie die Heckenwaldrebe, die eine Höhe von 40 m erreichen kann, oder der Efeu, der bis in die Kronen hoher Bäume hinaufwuchert. Anzutreffen sind besonders vielfältige, z. T. seltene Pflanzenarten (Lungenenzian, Sibirische Schwertlilie, Blaues Pfeifengras und Wiesenraute).

Vogesenvorland

Das sanft hügelige Vogesenvorland wird überwiegend von großen **Rebgärten** geprägt, die fast ausschließlich Weißwein hervorbringen. Wo kein Wein gedeiht, finden sich **Flaumeichenwälder** und Magerrasenflächen. Die Flaumeiche ist eine aus dem Mittelmeerraum stammende Eichenart, die nur auf den trockensten und sonnigsten Flächen vorkommt. Ihr Name leitet sich von dem leichten weißlichen Flaum ab, der sich an der Unterseite junger Blätter bildet. Auf den **Magerrasenflächen**, auf denen früher Schafe geweidet wurden, kündigen viele farbenprächtige Blumen den Frühling an, darunter die Kuhschelle und wilde Orchideen, wie die Fliegenragwurz und die unangenehm riechende Riemenzunge. In den höheren Lagen der Vogesenvorberge wachsen Edelkastanien in großer Zahl.

Bergland

Die Vogesen sind ein überaus waldreiches Gebiet, im Norden bedeckt Wald 65 % der Mittelgebirgsfläche. Bis in **Höhen von 400 bis 600 m** wachsen vorwiegend Buchen, daneben finden sich Steineiche, Kastanie, Ahorn, Linde, Erle, Espe und Birke. Unter den Nadelhölzern ist die Fichte der am häufigsten vorkommende Baum. In größerer Menge trifft man auch auf die Stechpalme (Ilex aquifolium), die Wappenpflanze des Elsass, und den Roten Fingerhut. Bis auf **rund 1000 m** erstrecken sich herrliche Tannen-Buchen-Mischwälder und auf den Buntsandsteinböden der Nordvogesen neben der von den Forstwirtschaft favorisierten Fichten häufig auch Kiefern, die hier in über 80 Arten auftreten. Auf der feuchteren Westseite dominiert die Weißtanne, die am abgeflachten Wipfel und zwei hellen Streifen an der Nadelunterseite erkennbar ist. Bei **1000 – 1200 m Höhe** liegt die Baumgrenze, in deren Bereich Buchengehölz gedeiht, in Lagen darüber die Krüppelkiefern und -buchen.

Hochweiden

Auf den Kuppen wurden nach großflächiger Brandrodung, als mittelalterliche Grundherren Sommerweideflächen für ihr Vieh benötigten, **Hochweiden (chaumes)** angelegt, die eine artenreiche alpine, teilweise auch arktische Flora aufweisen. Die Hochweiden sind teilweise mit Hochmooren, Heidekraut und strauchartigem Buchengestrüpp durchsetzt. Häufig sieht man im Frühjahr Anemonen und Schneeglöckchen, im Sommer Glockenblumen, Stiefmütterchen, Habichtskraut und Arnika, seltener den Gelben Enzian, Eisenhut, Fingerhut und viele Arten von Erdorchideen. In den zahlreichen Torfmooren der Hochregion gibt es die charakteristischen Moorpflanzen, darunter das in Büscheln wachsende weiße Wollgras. In der Nähe von Gérardmer ist im April das gelbe Blütenmeer von Millionen von **Narzissen (jonquilles)** das Ziel zahlreicher Besucher – dann begrüßt der Ort bei seinem Narzissenfest den Frühling mit üppigem Blütenzauber und großem Spektakel.

Tiere in der Oberrheinebene

Im Rhein beheimatet sind u. a. Flussbarben und die auf Verschmutzung empfindlich reagierenden Elritzen. Durch Flussregulierungen und Verschmutzung wurden die Rheinlachsbestände stark dezimiert, doch wird seit einiger Zeit versucht, diesen Fisch wieder im Rhein einzuführen. In manchen Rheinzuflüssen sind zahlreiche Regenbogenforellen anzutreffen. Im Rhein und in den Schilfgebieten der Altarme leben das Blässhuhn, die Löffelente und die Stockente, der Urahn der Hausenten. Der einst als großer Fischräuber verfolgte Kormoran ist, seit er unter Schutz steht, wieder häufiger zu sehen. Auch der wegen seines Pelzes nahezu ausgerottete Biber wurde hier 1973 angesiedelt. Immer größer wird die Population der aus dem Mittelmeerraum stammenden Weißkopfmöwe. Typisch für die Altarme des Rheins sind die Reiherente, eine kleine dunkle Entenart, und der Silberreiher. In den Feuchtwiesen hört man oft den flötenden Ruf des Großen Brachvogels mit dem nach unten gebogenen Schnabel. Weit verbreitet in den Rheinauwäldern ist der Mittelspecht. Die überall anzutreffenden Maulwurfshügel im Ried stammen nicht von Maulwürfen, sondern von Schermäusen. In den Vogesenvorbergen sind der nachtaktive und scheue Dachs sowie die Glattnatter, eine ungiftige Schlangenart, häufig anzutreffen, oft hört man auch den melodischen Gesang der Heidelerche. Seltener aber sieht man die Grüne Smaragdeidechse. Westlich von Strasbourg lebt der als Schädling in seinen Beständen dezimierte Hamster auf lössreichen Ackerböden. Unter den Vögeln spielt der **Weißstorch**, der elsässische Wappenvogel, eine wichtige Rolle; er wird bewusst gepflegt, und die Population hat sich nach langen Jahren des Niedergangs wieder beträchtlich vergrößert.

Tiere in den Vogesen

In den Wäldern leben Wildschweine, Füchse, Reh- und Rotwild sowie verschiedene Arten von Niederwild. 1983 wurde sogar der Luchs hier wieder angesiedelt. Zu den Vögeln zählen der scheue Tannenhäher und die Tannenmeise, in unzugänglichen Gebieten lebt der in seinen Beständen stark bedrohte Auerhahn. Nur bei Regenwetter ist, wenn überhaupt, der Feuersalamander zu beobachten, in höheren

Nicht wegzudenken sind Meister Adebar und seine Familie aus der elsässischen Landschaft.

Lagen auch die Bergeidechse, die kühle und feuchte Orte wie die Moore und Hochseen der Hochvogesen bevorzugt. In den Hochvogesen wurden 1956 Gämsen ausgewildert, die mittlerweile eine Population von mehreren hundert Tieren umfassen. Man hört den Bergpieper, der bei Sturzflügen seinen Gesang ertönen lässt, und den Steinschmätzer, der oft auf gut sichtbaren Felsen singt. Ein typisches Tier der Hochvogesen ist das Vogesenrind. Dieses Haustier, eine mittelgroße, stämmig gebaute, kurzbeinige Rinderrasse mit schwarz-weißem, leicht geflecktem Fell, die ausgezeichnet an das Leben in den Bergen angepasst ist, gibt eine fettreiche Milch, die sich besonders gut für die Herstellung des berühmten elsässischen Munster-Käses eignet.

Bevölkerung • Wirtschaft

Bevölkerungsverteilung

Rund 1,7 Mio. Menschen leben heute im Elsass, ca. ein Viertel davon im Großraum Strasbourg, der größten elsässischen Stadt. Ca. 110 000 Einwohner zählt die Industriestadt Mulhouse, Colmar ist mit 65 000 Einwohnern die drittgrößte Stadt. Etwa die Hälfte der Elsässer lebt auf dem Land. Der Ausländeranteil im Elsass ist mit ca. 8 % (darunter viele Deutsche) etwas höher als im Landesdurchschnitt (6 %).

Zahlen und Fakten Elsass

Lage

- Region im Nordosten Frankreichs; grenzt im Osten an Deutschland und im Süden an die Schweiz.

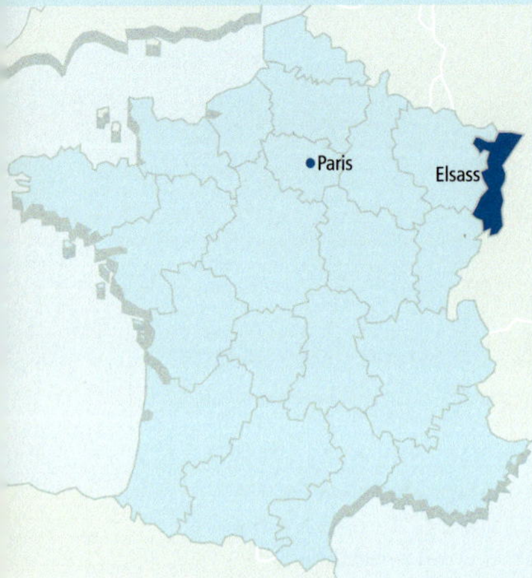

Verwaltungssitz

- Strasbourg (Straßburg)

Fläche

- 8280 km² (kleinste Region Frankreichs: nur 1,3 % der Fläche des Landes)

Départements

- Der Elsass besteht aus den beiden Départements Unterelsass (Bas-Rhin) mit Sitz der Präfektur in Strasbourg und Oberelsass (Haut-Rhin) mit Sitz in Colmar.

Bevölkerung

- ca. 1,7 Mio. Einwohner (209 Einw./km²)
- Religion: mehrheitlich katholisch, ca. 20 % protestantisch, starke jüdische (ca. 15 000 Mitglieder) und islamische Gemeinden (ca. 50 000 Mitglieder)
- Sprachen: Französisch und Deutsch (Elsässisch)

Wirtschaft

- Bruttoinlandsprodukt 20 750 Euro / pro Kopf (Platz 2 in Frankreich)
- Dienstleistungssektor: ca. 65 %, Industrie 32,5 % (Automobilindustrie, Maschinenbau, Energieerzeugung, Chemie, Elektronik, Arznei- und Nahrungsmittelindustrie), Landwirtschaft 2,5% (Wein, Mais, Kohl, Gemüse, Tabak)
- Starke internationale Ausrichtung: An 35 % der elsässischen Unternehmen sind ausländische Firmen beteiligt, ca. 38,5 % der Importe kommen aus Deutschland, ca. 75 % des Exports gehen in die EU.
- Arbeitslosigkeit: 5,5 % (Vergleich: 9,6 % in ganz Frankreich). Ca. 8 % der Elsässer arbeiten im Ausland (meist in Deutschland oder in der Schweiz).

Brauchtum

Schon früh drangen fremde Völker ins Elsass ein, stritten sich um das Land, schufen neue Kulturen und zerstörten alte. Auch der Streit der Deutschen und Franzosen um die Region am Oberrhein machten das Elsass zu dem, was es heute ist – ein Flickenteppich: keltisch im oberen Weißtal, alemannisch in der Rheinebene, fränkisch um Wissembourg und schweizerisch im Sundgau. Sprache (▶ Baedeker Special, S. 26), Brauchtum, Trachten, religiöse Bräuche und Bauwesen unterscheiden sich oft sogar in einem kleinen Gebiet von Ort zu Ort. Seit einigen Jahren bemüht man sich im Elsass wieder verstärkt um Traditionspflege. Mittlerweile sind in über 200 Museen regionale Besonderheiten der Region zu bewundern, über hundert historische Gesellschaften haben sich der Lokalgeschichte verschrieben. Auch alte Trachten kommen wieder zu Ehren – bei kirchlichen Festen und folkloristischen Veranstaltungen wie Weinfesten (▶ Praktische Informationen, Feste). Als »typisch« **elsässische Tracht** gilt die des Hanauer Landes, wo der Mann eine schwarze Hose, ein weißes Hemd, eine rote Weste mit zwei Reihen Goldknöpfen und einen runden schwarzen Filzhut trägt, und die Frau sich in einem bortenbesetzten Rock mit Mieder, bunter Schürze, Schultertuch und einer schwarzen Schlupfkappe – einer Kopfbedeckung mit einer überdimensionierten Schleife – zeigt. Das Schwarz der »Schlupfkapp« weist auf eine protestantische Gegend hin, in den katholischen Orten südöstlich von Strasbourg ist diese rot.

! *Baedeker* TIPP

Asterix mal anders

Wer sich vor Reiseantritt mit der elsässischen Mundart vertraut machen möchte, sollte sich den Asterix-Band »De Asterix an de Olympische Spieler« (Ehapa Verlag 1996) zulegen: Asterix, Obelix & Co. auf Elsässerditsch.

Alemannen, Franken und Franzosen

Die Elsässer sind im Wesentlichen Nachkommen der Alemannen, die im 5. Jh. während der Völkerwanderungszeit in das Gebiet eingewandert sind und die kelto-romanische Urbevölkerung verdrängten oder assimilierten. Dabei nahm der germanische Anteil von Norden nach Süden ab. Verstärkt wurde das germanische Übergewicht im Norden durch die hundert Jahre später einsetzende Einwanderung der Franken, die außer im äußersten Norden um das heutige Wissembourg und im ursprünglich lothringischen Krummen Elsass die alemannische Sprache annahmen und auch Teile von Lothringen besiedelten. Während sich im oberen Breuschtal (Vallée de la Bruche) bis Schirmeck die kelto-romanische Bevölkerung hielt, wurden im oberen Kaysersberger Tal sowie um Markirch z. T. schon im Mittelalter lothringische Franzosen angesiedelt. Nach dem Dreißigjährigen Krieg holte der französische König zum Wiederaufbau des Landes zahlreiche Schweizer, Vorarlberger und Tiroler in das Elsass, die das germanische Element festigten. Andererseits verstärkten seit dem 16./17. Jh. hugenottische und andere französische Zuwanderer (meist Kaufleute und Beamte) den französischen Einfluss.

Tradition und Brauchtum wird im Elsass groß geschrieben.

MERCI VIELMOLS

Mehrmals musste das Elsass die Nationalität und die Sprache wechseln. Folge: Das Elsässerditsch wird wohl bald aussterben. Vielleicht aber kann die Sprache, die mit dem Jiddischen verwandt ist und heute mit dem Französischen eine Liaison eingeht, doch noch gerettet werden.

Zwischen 1871 und 1945 mussten die Elsässer **viermal die Nationalität wechseln und sich viermal die Sprache** der jeweils regierenden Staatsmacht zu eigen machen.

Eine Anekdote veranschaulicht die Geschichte des steten Sprachwechsels. Mit dem Nachnamen Lagarde kam ein Elsässer 1866 zur Welt. Unter den Deutschen wurde aus Monsieur »Lagarde« – wörtlich übersetzt – Herr »Wache«. Ab 1918 (unter den Franzosen) hörte Herr Wache auf den Namen »Vache«, nach 1940 hieß die Familie, wieder wörtlich übersetzt, »Kuh«. Beim letzten Staatswechsel 1945 aber hatten die Familienmitglieder es satt: Denn »Cuh« ähnelt zu sehr »cul« (= Arsch bzw. Idiot), und so baten sie darum, wieder den ursprünglichen Namen Lagarde annehmen zu dürfen.

Vielfacher Sprachenwirrwarr

Zuerst wurde im Elsass Deutsch gesprochen, die französische Sprache breitete sich hier erst spät aus. Die deutsche Sprache fand im 4. Jahrhundert Eingang ins Elsass, als mit dem Zusammenbruch des Römischen Reichs die Alemannen in das Gebiet zwischen Oberrhein und Vogesen vordrangen. Ein Jahrhundert später ließen sich im Elsass und jenseits der Vogesen auch die Franken nieder. Bis ins 18. Jahrhundert gehörte das Elsass nun dem deutschen Sprachraum an. Mit dem Westfälischen Frieden (1648), der den Dreißigjährigen Krieg beendete, wurde das Elsass dem Französischen Königreich angeschlossen. Der Sonnenkönig Ludwig XIV. war aber kaum an einer Französisierung des neuen Gebiets interessiert, Deutsch blieb weiterhin die dominierende Sprache im Elsass.

Dies änderte sich jedoch während der Französischen Revolution und im darauffolgenden 19. Jahrhundert. Eine einheitliche Sprache war die Voraussetzung für eine politische Einheit, darüber hinaus galt Deutsch als die Sprache des Erzfeindes: Vor allem im städtischen Bürgertum setzte sich die französische Sprache durch, das Elsässische hielt sich nur noch in ländlichen Gegenden und in den unteren Bevölkerungsschichten. Von

1871 bis 1945 wechselte das Elsass dann viermal die Nationalität. Die deutschen Herren versuchten jeweils eine strikte Germanisierungspolitik durchzusetzten und verboten das Französische. Aber auch die französischen Regierungen trieben eine extreme sprachliche und kulturelle Assimilationspolitik und ließen die deutsche und elsässische Sprache unter anderem an den Schulen nicht mehr zu. Sogar das Nachkriegsfrankreich kannte bis in die 1960er-Jahre hinein **kein Pardon**: Wer in der Schule nur ein elsässisches Wort von sich gab, bekam einen Holzschuh umgehängt, den er erst wieder loswurde, wenn er einen Mitschüler bei dem gleichen Vergehen erwischte und denunzierte.

Rückbesinnung auf die deutsche Sprache

Ab Mitte der 1960er-Jahre setzte ein Umdenken ein. Man besann sich im Elsass auf eigene Traditionen und damit auch wieder auf die eigene Sprache. 1968 wurde der René-Schickele-Kreis zur Förderung des elsässischen Volkstums und der Zweisprachigkeit gegründet. Viele Dichter, Kabarettisten und Liedermacher wie Roger Siffer, André Weckmann, Huguette Dreikaus und Raymond Piela entdeckten das Elsässische wieder und machten eine Kunst daraus.

Im Jahr 1972 wurde an den elsässischen Schulen für das 4. und 5. Grundschuljahr fakultativ der Deutschunterricht auf mundartlicher Sprachbasis eingeführt. Ende der 1980er-Jahre entstanden die ersten zweisprachigen Privatschulen; heute existieren über 300 bilinguale Klassen für 4 % aller Schüler, die meisten davon sind staatlich. Auch der Elsassbesucher spürt vielerorts die Rückbesinnung auf die deutsche Sprache: In Strasbourg sind die Straßenschilder nun mittlerweile zweisprachig, auch andere Orte versuchen diesem Beispiel zu folgen.

Elsässerditsch – früher und heute

Die Sprachgrenze des Elsässischen verläuft im Westen von Sarrebourg über Schirmeck westlich an Münster und Thann vorbei bis hinunter in die Gegend östlich von Belfort. Im Elsässerditsch gibt es **verschiedene Arten der Aussprache**: Im Unterelsass etwa spricht man einen fränkischen, für die meisten Deutschen leichter verständlichen Dialekt, weiter im Süden einen alemannischen wie in Südbaden und der angrenzenden Schweiz. Genau genommen variiert das Elsässische von Dorf zu Dorf, und doch versteht jeder jeden – bei Gästen aus Deutschland kann es gelegentlich zu Verständigungsproblemen kommen.

Bemerkenswert ist, dass Elsässerditsch wie Jiddisch klingt. Dafür gibt es eine plausible Erklärung. Das Jiddisch basiert auf dem spätmittelhochdeutschen fränkisch-alemannischen Dialekt, den rheinländische Juden nach Polen mitnahmen. Trotz Überlagerung durch andere deutsche Mundarten sowie Einflüssen des Hebräischen und Slawischen blieben Aussprache und Melodie der alten Sprache im östlichen Europa ein halbes Jahrtausend faktisch unverändert – auch Elsässerditsch ist im Grunde ein alter Dialekt, der gegen die Entwicklungen hin zum Neuhochdeutschen größtenteils resistent blieb.

Das zeitgenössische Elsässisch zeichnet sich zunehmend dadurch aus, dass in der mündlichen Unterhaltung oft **deutsche und französische Sprachelemente kombiniert** und als Selbstverständlichkeit angesehen werden (»Merci vielmols«) bzw. dass je nach Thema vom Elsässischen zum Französischen und umgekehrt gewechselt wird. Wenn auch die allgemein akzeptierte Schriftform des Elsässerditsch Hochdeutsch ist und man in weiten Teilen am linken Oberrhein recht gut mit Deutsch zurechtkommt, legen die Elsässer aber großen Wert darauf, zunächst einmal auf Französisch angesprochen zu werden! Außerdem sollte man darauf gefasst sein, dass manch ein Elsässer die Frage, ob er Deutsch spreche, als Frage nach hochdeutschen Sprachkenntnissen versteht – und deshalb verneint.

Bald schon Vergangenheit?

Für die Zukunft der elsässischen Sprache sieht es nicht sehr rosig aus. Beherrschten im Jahr 1962 noch ungefähr 85 % der Bevölkerung den Dialekt, so sind es derzeit keine 60 % mehr. **Tendenz fallend**. Gesprochen wird Elsässerditsch vorwiegend auf dem Land, und hier mehr von der älteren Generation als von den jungen Leuten. Die Bereitschaft unter Jugendlichen, Elsässisch zu lernen, hat in den letzten Jahrzehnten stark nachgelassen.

Nicht wenige Experten sind der Meinung, dass Elsässerditsch im Jahr 2030 nicht mehr existieren wird. Bleibt zu hoffen, dass der europäische Einigungsprozess und die allenthalben in Europa aufkommenden Regionalisierungstendenzen die **Bereitschaft zur Zweisprachigkeit fördern** werden, gerade im Dreiländereck, wo zwei Sprachgrenzen aufeinander treffen. Schließlich arbeiten auch etwa 8 % der Elsässer – immerhin ca. 60 000 –, jenseits der Grenze in Baden-Württemberg oder in Teilen der Schweiz, wo ein dem Elsässerditsch verwandtes Deutsch gesprochen wird.

Schon der Kopfschmuck zeigt die Vielfalt der Elsässer Traditionstrachten – hier bei der Hochzeit des typischen Elsässers, des »Ami Fritz« in Marlenheim.

Dorfstrukturen

In der Rheinebene und in den Vogesenvorbergen gibt es keine vereinzelten Häuser wie in den Vogesen, wo zahlreiche Bergbauernhöfe anzutreffen sind. Bei den meisten Dörfern handelt es sich um sog. Haufendörfer, die sich erst innerhalb der Stadtmauern und später außen herum entwickelt haben. Das Krumme Elsass, viele Vogesentäler, der Sundgau und die Rheinebene weisen aber auch Straßendörfer auf, in denen die Häuser entlang der Hauptstraße stehen.

Wirtschaft

Florierende Region

Das Elsass ist wirtschaftlich betrachtet eine florierende Region. In Frankreich nimmt das Gebiet am Oberrhein nach der Île de France, dem Großraum Paris, den zweiten Rang ein und innerhalb der EU Rang 13 von insgesamt 160 Regionen. Zu verdanken ist die wirtschaftliche Hochkonjunktur drei Faktoren: der geografischen Lage im Dreiländereck Frankreich-Deutschland-Schweiz, der elsässischen Zweisprachigkeit und der industriellen Tradition. Als einer der ersten Landesteile Frankreichs hat das Elsass sich um die Europäisierung der Wirtschaft bemüht und die europäische Integration entscheidend vorangetrieben.

Landwirtschaft

Durch Klima und Bodenqualität begünstigt, steht die Landwirtschaft auf hoher Stufe, allerdings arbeitet nur noch ein sehr geringer Teil der Erwerbstätigen in der Landwirtschaft (weniger als 10 %). In der

In einem Sägewerk bei Meisenthal wird Vogesenholz verarbeitet.

Rheinebene spielen neben Weizen, Kartoffeln sowie den wärmeliebenden Nutzpflanzen Mais und Sonnenblume in weiten Teilen Spezialkulturen eine bedeutende Rolle, beispielsweise Tabak, Zuckerrübe und Hopfen. Einen traditionell guten Ruf genießen der Gemüsebau in der Umgebung von Strasbourg, Sélestat und Colmar, das Kraut und Sauerkraut von Krautergersheim sowie der Spargel von Hœrdt und Horbourg. Insgesamt 62 % der agrarischen Nutzfläche wird von Ackerland eingenommen.

Die Hügelkette am östlichen Fuß der Vogesen bildet eine nahezu geschlossene Monokultur: Hier befinden sich auf rund 12 500 ha Fläche **die berühmten Weinberge** entlang der Elsässischen Weinstraße (Route du Vin), auf denen überwiegend Weißweinreben angebaut werden. Zwar macht der Anteil der Weinberge an der gesamten landwirtschaftlich genutzten Fläche des Elsass nur ca. 5 % aus, doch erwirtschaften die Winzer mit rund 1 Mio. Hektoliter Wein jährlich etwa ein Viertel des agrarischen Produktionswerts. Rund 15 % des französischen Weißweins stammen aus der Region, jedoch ist das Elsass insgesamt mit nur 1,6 % an der französischen Weinproduktion beteiligt.

Auf den vor allem im nördlichen Teil dicht bewaldeten Höhen der **Vogesen** hat sich eine bedeutende Forstwirtschaft und Holzindustrie entwickelt; der gegen Süden zu immer spärlicher bewaldete Teil mit seinen weiten Weideflächen (chaumes) ist ein wichtiges Vieh- und Milchwirtschaftszentrum, dessen Produkte in ganz Frankreich hoch geschätzt sind.

Industrie

Das Elsass kann auf eine lange industrielle Tradition verweisen. Bereits zu Beginn des 18. Jh.s erlangte die Herstellung von Porzellan in Strasbourg und Haguenau Bedeutung, Mitte desselben Jahrhunderts eröffnete in Mulhouse die erste Textilfabrik, und in den Vogesentälern ließen sich die ersten Webereien nieder. Heute sind die wichtigsten Industriezweige die Mechanik-, Elektro-, Nahrungsmittel- und Textilindustrie. Seit einiger Zeit siedeln sich immer mehr Unternehmen aus der Pharmaindustrie und Biotechnologie um die »Europastadt« Strasbourg an.

Die Tradition im elsässischen **Fahrzeugbau** wurde u. a. durch das Automobilwerk von Ettore Bugatti in Molsheim begründet; heute wird hier wieder der von VW entwickelte Bugatti EB 16.4 Veyron gefertigt.

(►Baedeker Special, S. 214). Ferner befinden sich bei Mulhouse ausgedehnte Produktionsstätten des staatlichen Automobilwerks Peugeot. Auch die Lothringer sind auf diesem Gebiet nicht untätig: In Hambach bei Sarreguemines lassen DaimlerChrysler und der Uhrenhersteller SMH (Swatch) den Smart bauen.
Von großer Wichtigkeit ist insbesondere die **Nahrungs- und Genussmittelindustrie**. Brauereien, die den Löwenanteil des französischen Bedarfs abdecken (ca. 50 %), haben im Raum Strasbourg ihren Standort, desgleichen die staatlichen Betriebe der Tabakverarbeitung und die Zuckerfabrik in Erstein. Entlang der Weinstraße reiht sich Kellerei an Kellerei; ihre Produkte genießen seit Jahrhunderten einen untadeligen Ruf.
Seit der Eröffnung des Rheinseitenkanals sichern eine Reihe von Turbinenkraftwerken und seit 1976 ein Kernkraftwerk bei Fessenheim die **Energieversorgung**. Bis vor kurzem zählten die Kalivorkommen bei Mulhouse, aus deren Rohstoff in erster Linie Düngemittel hergestellt werden, zu den wichtigsten Bodenschätzen im Elsass; mittlerweile aber sind die Ressourcen erschöpft.

Tourismus

Nicht zuletzt lebt das Elsass vom Tourismus. Die bedeutendste Rolle insbesondere im Kurz- und Wochenendreiseverkehr spielen die Gäste aus den unmittelbar nördlich und östlich benachbarten Regionen Deutschlands, aber auch aus entfernteren Gebieten Frankreichs und Deutschlands kommen zahlreiche Urlaubsgäste. Rund 9 Mio. Besucher reisen jährlich ins Elsass, darunter etwa 14 % Deutsche. Ein Drittel der Gäste entfällt allerdings auf Geschäftsreisende, wobei Strasbourg als Europazentrum und drittgrößte französische Messestadt eine wichtige Position einnimmt.
Die beliebteste Urlaubsregion ist die elsässische Weinbaugegend, doch auch in den Vogesen werden große Hoffnungen in den Fremdenverkehr gesetzt (Zentrum Gérardmer), der die Auswirkungen der anhaltenden Krise in der Textilwirtschaft ausgleichen soll. Obwohl die Besucherzahlen in den Bergen zugenommen haben, sind die Vogesen bei weitem nicht so überlaufen, aber auch nicht so intensiv erschlossen wie der Schwarzwald. Naturfreunde finden im elsässisch-lothringischen Gebirge noch einsame, urwüchsige Landschaften vor, die von zahlreichen Wanderwegen durchzogen sind. Daneben spielen die Heilbäder eine Rolle und auch Freunde des Wassersports sowie Anhänger des Wintersports haben die Vogesen für sich entdeckt. Die Hauptattraktionen für einen Elsass-Urlaub sind das Kulturangebot (v. a. Strasbourg, Colmar und Mulhouse), Wanderferien (auch Klettern sowie Drachen- und Gleitschirmfliegen), Wintersport (vor allem in den Südvogesen), im Spätsommer und Herbst Fahrten entlang der Route du Vin sowie ausgiebige Schlemmertouren. Auf dem elsässischen Arbeitsmarkt ist der Fremdenverkehr von großer Bedeutung: Rund ein Drittel der Beschäftigten arbeitet im Hotelgewerbe, in der Gastronomie bzw. in einem Bereich, der mit dem Tourismus verknüpft ist.

Geschichte

Tomi Ungerer bezeichnete das Elsass als »Eintopfgericht«, in dem stets jeder Neuankömmling »adoptiert« worden sei, der sich »adaptiert« habe. Es entstand nicht als Heimat eines Stammes, sondern Siedlungsraum vieler Völker, Pufferzone und Beuteobjekt im politischen Kalkül. Die Veränderung ist die Konstante in der Geschichte dieser Region zwischen Rhein und Vogesen.

Vorgeschichte

600 000 v. Chr.	Altsteinzeit
5000 v. Chr.	Jungsteinzeit
1550 – 1200	Hügelgräberkultur
8. Jh. v. Chr.	Keltische Landnahme

Steinzeit

Dass im Elsass bereits vor 600 000 Jahren, in der **Altsteinzeit**, Jäger und Sammler umherwanderten, beweist ein grob behauener Geröllschaber, der in einer ebenso alten Bodenschicht bei Achenheim gefunden wurde. In der **Jungsteinzeit**, ab ca. 5000 v. Chr., drangen Völker aus dem Donauraum in die Oberrheinebene ein und ließen sich auf den fruchtbaren Lössböden des Kochersberger Hügellandes und des Sundgaus als sesshafte Bauern nieder.

Bronze- und Eisenzeit

In der **Bronzezeit** (ca. 1800 – 750 v. Chr) wurden die Toten in den Jahren 1500 – 1200 v. Chr. in Hügelgräbern bestattet, die am häufigsten im Haguenauer Wald vorzufinden sind. Erst in der **Eisenzeit** (750 – 50 v. Chr.) drang das erste geschichtlich bestimmbare Volk in das Oberrheingebiet ein: die **Kelten**, die – mit dem Eisenschwert in der Hand, das ihnen militärische Überlegenenheit über die ansässige Bevölkerung verlieh – vom südosteuropäischen Raum aus fast ganz Europa und im 8. Jh. v. Chr. auch das Elsass besiedelten. Im Oberelsass saß der Stamm der keltischen Sequaner (Hauptort Vesontio, das heutige Besançon), im Unterelsass das Volk der Mediomatriker (Hauptort Brocomagus, das heutige Brumath). Aus der Keltenzeit stammt die geheimnisvolle, zehn Kilometer lange Heidenmauer um den Mont Sainte-Odile, eines der bedeutendsten frühgeschichtlichen Denkmäler Europas.

Römer

58 v. Chr.	Sieg Caesars über Ariovist, Gründung der Provinz Germania Superior
Zeitenwende bis 400	Pax Romana
Völkerwanderung	Alemannen siedeln im Süden, Franken im Norden.

← *Propaganda im Ersten Weltkrieg: »Die jungen Mädchen schränken sich gerne ein, um die Befreiung des besetzten Elsass zu beschleunigen.«*

Römerzeit Als germanische Sueben versuchten, das Elsass unter ihre Oberherrschaft zu zwingen, wurden sie im Jahr 58 v. Chr. unter Führung ihres Fürsten **Ariovist** von Caesars Truppen in der Nähe von Mulhouse (wohl bei Cernay) entscheidend geschlagen. Das Elsass, das **Caesar** einmal als »das beste Stück von ganz Gallien« bezeichnete, kam für mehr als 400 Jahre unter römische Herrschaft und wurde Teil der Provinz Gallia Belgica und später Germania Superior. Während der von **Kaiser Augustus** propagierten Pax Augusta, dem in die Geschichte eingegangenen »Weltfrieden«, erlebte das Elsass vier Jahrhunderte lang Ruhe und Sicherheit. Zum Schutz der Pax Augusta bzw. **Pax Romana** wurden Militärlager errichtet, die sich zu Gemeinden und Städten entwickelten, so 12 v. Chr. das Militärlager Argentoratum, das heutige Strasbourg. Die Römer brachten wahrscheinlich auch den Weinanbau ins Land.

Germanen Nach dem Zusammenbruch des römischen Reichs überschritten im Dezember 406 Hunderttausende von **Alemannen** den zugefrorenen Rhein und nahmen das südliche Oberrheingebiet in Besitz; im nördlichen Teil siedelten die **Franken**.

Mittelalter

496	Sieg Chlodwigs über die Alemannen
bis 911	Karolingisches Reich
1079–1268	Staufer
ca. 1250–1648	Habsburger
1354–1679	Zehnstädtebund

Frankenreich Die Auseinandersetzungen zwischen Franken und Alemannen fanden durch den Sieg des Merowingerkönigs **Chlodwig** über die Alemannen im Jahr 496 ein Ende. Das elsässische Gebiet wurde nun Teil des machtvoll aufsteigenden Frankenreichs. Um 590 vollendete der iroschottische Wandermönch Columban die Christianisierung, Klöster entwickelten sich zu Trägern des kulturellen Lebens, Straßburg wurde Bistum.

In der ersten Hälfte des 7. Jh.s taucht in der sog. »**Fredegarchronik**« für die Jahre 620–630 zum ersten Mal der Begriff »**Alesacius**« auf, zum ersten Mal steht der Name »Elsass« für eine geografische und politische Einheit. Kurze Zeit darauf, als die Macht der Merowinger nachließ, entstand ab 640 unter der **Dynastie der Etichonen** ein erstes elsässisches Herzogtum, dessen bekanntester Repräsentant Attich oder Eticho war, der Vater der hl. Odilie, die auf dem heutigen Odilienberg das erste elsässische Frauenkloster gründete und seit 1807 als Schutzpatronin des Elsass gilt. Das erste elsässische Herzogtum

Die »Straßburger Eide« (842) gingen in die Sprachgeschichte ein, da sie als erstes Dokument die Trennung von Althochdeutsch und Altfranzösisch besiegelten.

wurde, nachdem die Karolinger es zerschlagen hatten, in zwei Grafschaften – eine nördliche und eine südliche – aufgeteilt, an denen man sich bei der Bildung der beiden Départements Bas-Rhin und Haut-Rhin während der Französischen Revolution orientierte.

Unter Karl dem Großen gehörte das Elsass zum Kernland des Frankenreichs. Doch bereits unter seinem Sohn Ludwig dem Frommen begann der **Zerfall des karolingischen Imperiums**: Bei der **Schlacht auf dem Lügenfeld** zwischen Colmar und Kaysersberg 833 bekämpften Karls Enkel Ludwig der Deutsche, Pippin und Lothar ihren eigenen Vater. Anlass des Konflikts war die Erbregelung zugunsten Karls des Kahlen, Ludwigs Sohn aus erster Ehe. Nach weiteren Streitereien der vier kaiserlichen Söhne schlossen 842 Ludwig der Deutsche und Karl der Kahle einen Bündnisvertrag, die **Straßburger Eide**, in altfranzösischer und althochdeutscher Sprache. Es ist das älteste offizielle Dokument, das die Trennung beider Sprachen besiegelte. Bereits ein Jahr später wurde im **Vertrag von Verdun** das Karolingerreich dreigeteilt, und das Elsass kam zum schmalen, von Friesland bis Rom reichenden lotharingischen Mittelreich. Allerdings teilten es 870 Ludwig der Deutsche und Karl der Kahle im **Vertrag von Meer-**

sen unter sich auf: Das Elsass fiel mit einem Teil des heutigen Lothringen an das Ostfränkische und damit an das spätere Deutsche Reich, das restliche Lothringen wurde 800 angeschlossen. Die Grenzen des Heiligen Römischen Reichs Deutscher Nation blieben bis zum 17. Jh. unverändert.

Staufer Im Jahr 925 vereinigte Kaiser Heinrich I. das Elsass und mit dem Herzogtum Alemannien zum Herzogtum »Schwaben und Elsass«. Von 1079 bis 1268 herrschten die **schwäbischen Hohenstaufen** als Herzöge im Elsass, das Kernstück der kaiserlichen Hausmacht wurde, nachdem die Staufer 1138 die Kaiserwürde erlangt hatten. Während der Stauferzeit erreichten das geistige Leben und die Wirtschaft im Elsass eine bedeutende Blüte. Zahlreiche Burgen und Kirchen wurden erbaut, in Haguenau errichtete Kaiser Friedrich Barbarossa eine prunkvolle Kaiserpfalz, die später Ludwig XIV. schleifen ließ.

Habsburger Im Jahr 1268 lösten die Habsburger, ein ursprünglich aus dem Elsass und der Schweiz stammendes Geschlecht, die Staufer im Oberrheingebiet ab. Die neuen Herrscher setzten Adelsfamilien als Regierungsvertreter ein, so dass das Elsass in zahlreiche weltliche und geistliche Landesherrschaften zerfiel. 1354 schlossen auf Initiative von Kaiser Karl IV. Colmar, Münster, Türkheim, Kaysersberg, Schlettstadt, Oberehnheim, Rosheim, Hagenau, Weißenburg und das heutige pfälzische Landau den **Zehnstädtebund** zur Verteidigung ihrer Reichsunmittelbarkeit in den aufkommenden Ständekämpfen gegen die mächtigen Reichsfürsten. Der Zehnstädtebund wurde erst 1679 von Ludwig XIV. aufgelöst.

Im Schutz der Stadtmauern blühten Kunst, Architektur und Wissenschaft auf, Straßburg entwickelte sich zu einem der bedeutendsten Zentren des **deutschen Humanismus** und war Wegbereiter der toleranten Haltung des Elsass in den späteren Auseinandersetzungen zwischen Katholiken und Protestanten. Aber Handel und Wohlstand wurden wiederholt durch Seuchen, Plünderungen und Kriege gefährdet. Während des **Hundertjährigen Kriegs** zwischen Frankreich und England (1337 / 1339 – 1453) drangen immer wieder marodierende Söldnertruppen aus Frankreich ins Elsass ein. Vor allem die **Armagnaken**, eine berüchtigte südfranzösische, nach ihrem Anführer, dem Grafen von Armagnac benannte Söldnertruppe, die im elsässischen Volksmund »Schlächter« hießen, verbreiteten 1439 – 1444 Angst und Schrecken im Land. 1469 verpfändeten die Habsburger die Landgrafschaft Oberelsass an **Herzog Karl den Kühnen von Burgund**, der von einem burgundischen Großreich träumte, das sich vom Mittelmeer bis zur Scheldemündung erstrecken sollte und der daher längst ein Auge auf das Elsass geworfen hatte. Mit einer solchen Transaktion über ihre Köpfe hinweg zeigten sich die Elsässer nicht einverstanden, und mit Hilfe der Schweizer Eidgenossen und des Herzogs von Lothringen gingen sie gegen Karl den Kühnen vor, der in der Schlacht von Nancy 1477 fiel.

Reformation und Gegenreformation

1524	Bauernkrieg
seit 1523	Reformation im Elsass
1580	Jesuitenkolleg in Molsheim als Zentrum der Gegenreformation

Bauernkrieg

Straßburg war bald die führende Stadt der Reformation im Südwesten des Reichs. Viele elsässische Protestanten verbündeten sich mit den aufständischen Bauern, die gegen die Repressalien der weltlichen und geistlichen Herrschaft rebellierten. Doch das gewaltige Heer von 40 000 Bauern unterlag den hauptsächlich aus Albanern bestehenden Truppen des Herzogs Anton von Lothringen, der die Revolte überaus blutig niederschlug: In den Schlachten von Lupstein und Scherwiller starben mehr als 25 000 Menschen, was damals in etwa einem Zehntel der elsässischen Bevölkerung entsprach.

Gegenreformation

Mitte des 16. Jh.s erreichte die Gegenreformation das Land am Oberrhein. Zentrum der gegenreformatorischen Bewegung war **Molsheim**, wo 1580 die Jesuiten ein Kolleg gründeten, das 1618 zur katholischen Universität erhoben wurde (1702 verlegte man die Hochschule nach Straßburg). Beide Konfessionen waren im Elsass zahlenmäßig in etwa gleich verteilt. Mülhausen und der Großteil des Unterelsass bekannten sich zum Protestantismus, Schlettstadt und Oberehnheim blieben katholisch.

Das Elsass wird französisch

1618–1648	Dreißigjähriger Krieg
1648	Westfälischer Frieden
1681	Eroberung Straßburgs durch die Franzosen
1697	Vertrag von Rijswijk, Rhein als Grenze zwischen Deutschem Reich und Frankreich

Dreißigjähriger Krieg

Der **Dreißigjährige Krieg** (1618–1648) beendete die wirtschaftliche und kulturelle Blütezeit auf brutale Art und Weise. Vor allem unter den schwedischen Truppen hatte das Elsass zu leiden; sie zerstörten 1632 bis 1634 unzählige Ortschaften und töteten etwa die Hälfte der Elsässer. Nach der Niederlage der Schweden bei Nördlingen (1634) sahen die durch ihre Königsmacht gestärkten Franzosen die lang erhoffte Gelegenheit, im Elsass Fuß zu fassen. Im **Westfälischen Frieden** (1648) wurden große Teile des Elsass, u. a. der habsburgische Besitz mit dem Sundgau und Belfort sowie die Reichsstädte außer Straßburg und Mülhausen der französischen Krone zugesprochen.

Annexion Straßburgs ►

Im Jahr 1681 ließ der Sonnenkönig Ludwig XIV. im Zuge der sog. Reunionspolitik Straßburg, das seit 1648 eine Politik der Neutralität verfolgte, von 30 000 Soldaten umzingeln, woraufhin die alte Reichsstadt kapitulierte und sich unter die französische Oberherrschaft begab. Das kulturelle Leben aber blieb zunächst deutsch, zu **Goethes Studienzeit** (1770 – 1771) war die Straßburger Universität eine deutsche Hochschule.

17. und 18. Jahrhundert

Der **Vertrag von Rijswijk** 1697 legte den Rhein als Grenze zwischen dem Deutschen Reich und Frankreich fest, das Elsass wurde zur französischen Grenzprovinz, die **Ludwig XIV.** von seinem **Festungsbaumeister Vauban** von Nord nach Süd, von Fort-Louis über Straßburg bis nach Neuf-Brisach, befestigen ließ. Im 18. Jh. erlebte das Elsass eine Periode des Friedens und des wirtschaftlichen Aufschwungs. Es entstanden Manufakturen und Fabriken; in den Vogesentälern entwickelte sich eine Textilindustrie, und durch die Begegnung und gegenseitige Befruchtung der deutschen und französischen Kultur erblühte eine neue reiche Doppelkultur. Anfangs achteten die französischen Bourbonen streng darauf, die Sitten und Gebräuche des Elsass nicht zu sehr anzutasten – so wurde den Elsässern auch die weitere Ausübung des Protestantismus erlaubt. Doch nach und nach engte das katholische absolutistische Frankreich die Glaubensfreiheit immer mehr ein, u a. wurden gemischte Ehen verboten, Staatsämter waren nur noch Katholiken vorbehalten.

Französische Revolution und Napoleon

1789	Französische Revolution
1792	Rouget de Lisle komponierte in Strasbourg die »Marseillaise«.
1804	Napoleon wird Kaiser der Franzosen.

Französische Revolution und Napoleonische Ära

Während der Französischen Revolution erfolgte dann die völlige Integration des Elsass in Frankreich. Die letzten Reste deutschen Besitzes wie die Grafschaften Hanau-Lichtenberg und Mömpelgard wurden beseitigt, und mit der Aufteilung des Oberrheingebiets in die beiden Départements Bas-Rhin (Niederrhein) und Haut-Rhin (Hochrhein) verschwand der Name Elsass von den Landkarten. Zunächst zeigten sich die meisten Elsässer begeistert für die Ideale der

Revolution, doch mit dem Beginn der Schreckensherrschaft ab 1793 wandte sich die Bevölkerung von der revolutionären Sache ab. Großer Beliebtheit im Elsass erfreute sich Napoleon, der nicht nur für Recht und Ordnung sorgte, sondern auch bei seinen Feldzügen auf elsässische Offiziere wie Kellermann und Kléber zurückgriff. Als der nach Elba verbannte Kaiser 1815 zurückkehrte, konnte er sich bei seinem erneuten Versuch, an die Macht zu gelangen, auf die Unterstützung der Elsässer verlassen, auch wenn sich der Stadtrat von Straßburg in aller Eile für königstreu erklärt hatte.

Das Elsass wird deutsch

1870/71	Deutsch-Französischer Krieg
10.5.1871	Vertrag von Frankfurt
1911	Reichsland Elsass-Lothringen bekommt eine eigene Verfassung.

Der Krieg von 1870/1871 und die deutsche Zeit

Der Krieg zwischen Frankreich und Preußen war traumatisch für die Elsässer. Besonders hart wurde im Nordelsass gekämpft. Straßburg konnte von den Deutschen ohne große Schwierigkeiten eingenommen werden, Belfort hingegen hielt dem preußischen Angriff länger

»Beschießung von Strasbourg« – zeitgenössischer Öldruck aus der Zeit des Deutsch-Französischen Krieges.

stand als Paris. Nach den deutschen Siegen von Wörth und Weißenburg und der Kapitulation der französischen Armee vor Sedan (Ardennen) verleibte sich die Siegermacht im **Vertrag von Frankfurt** am 10. Mai 1871 das Elsass (außer Belfort und Montbéliard) zusammen mit einem teilweise deutschsprachigen Teil von Lothringen als **unmittelbares Reichsland Elsass-Lothringen** ins deutsche Kaiserreich ein. Der Frankfurter Vertrag gab den Elsässern die Möglichkeit, zwischen Frankreich und Deutschland zu wählen, und so verließen mehr als 50 000 Elsässer und im Elsass lebende Franzosen, rund 6 % der Bevölkerung, ihre Heimat, darunter wirtschaftliche Führungskräfte, Intellektuelle und junge Männer, die dem preußischen Militärdienst entfliehen wollten. Dafür strömten Abertausende sog. Altdeutsche aus dem Reich ins neu gewonnene Gebiet, die 1910 etwa ein Sechstel der Bevölkerung ausmachten und die wichtigsten Positionen in Verwaltung und Militär innehatten. Das Deutsche Reich setzte sich zum Ziel, das Elsass »einzudeutschen« und zu »entwelschen«. Die allgemeine Schulpflicht wurde eingeführt, aber Französisch stand nicht mehr auf dem Lehrplan. Im Jahr 1911 erhielt das Reichsland Elsass-Lothringen eine eigene Verfassung und einen eigenen Landtag, aber keine eigene Landesregierung – die volle Autonomie wurde den Elsässern und Lothringern erst im Oktober 1918 gewährt.

Weltkriege

1914 – 1918	Erster Weltkrieg
1919	Versailler Vertrag, Elsass-Lothringen wird französisch.
1939 – 1945	Zweiter Weltkrieg

Erster Weltkrieg

Im Ersten Weltkrieg (1914 – 1918) verlief die Front bis in die Gegend von Mülhausen, etwa von der Grenze auf der Markircher Höhe südlich über Metzeral, den Großen Belchen und den Hartmannsweilerkopf (Vieil Armand, Schwerpunkt des Stellungskriegs) bis in den Raum westlich und südlich von Altkirch. Das ganze übrige Elsass-Lothringen blieb in deutscher Hand. An die erbitterten Kämpfe, die auf dem Vogesenkamm stattfanden, erinnern noch heute die zahlreichen Mahnmale und Militärfriedhöfe. Der Erste Weltkrieg zerriss die elsässische Bevölkerung. Über 200 000 Elsässer dienten – meist gegen ihren Willen – in der deutschen Armee, ca. 20 000 kämpften freiwillig auf französischer Seite. Nicht selten standen sich Brüder an der Front feindlich gegenüber. Vertrauen schenkte den Elsässern weder die eine noch die andere Seite. Die Deutschen verdächtigten sie der Freundschaft mit den Franzosen und hielten viele für potenzielle Spione, für die Franzosen waren sie »boches« (von »caboche« = Kohlköpfe), wie man die Deutschen gern titulierte.

Nach der Waffenstillstandsunterzeichnung marschieren am 22. November 1918 französische Truppen in Straßburg ein.

Zwischen den Kriegen

Im **Versailler Vertrag** von 1919 musste Deutschland Elsass und Lothringen wieder an Frankreich zurückgeben. Die Altdeutschen mussten das Land verlassen, und viele alteingesessene Elsässer, nun der Kollaboration mit den Deutschen verdächtigt, wurden vor Gericht gestellt. Französisch galt als alleinige Amtssprache, Elsässerditsch war als deutscher Dialekt verpönt. Wie einst die Altdeutschen übernahmen nun Zuwanderer aus Frankreich die Schlüsselpositionen in Politik, Verwaltung und Wirtschaft. Für die Kultur und Tradition der Elsässer sowie für ihre Mehrsprachigkeit zeigte die Pariser Regierung keinerlei Verständnis und steckte alle, ob sie nun ein Recht auf eine eigene Kultur forderten oder mehr politische Mitsprache verlangten, in einen Topf und diffamierte sie als unpatriotische Gesellen oder warf ihnen vor, von deutschen Agitatoren missbraucht zu werden. Derart auf die deutsche Seite gedrängt, ließen sich dann **Autonomisten**, die die Unabhängigkeit von Frankreich forderten, tatsächlich vom östlichen Nachbarn moralisch und finanziell unterstützen. Dennoch war es nur eine kleine Minderheit, die sich einen Anschluss an Nazi-Deutschland wünschte.

Zweiter Weltkrieg

Der Zweite Weltkrieg (1939 – 1945) war für das Elsass eine besonders harte Belastungsprobe. Gleich zu Kriegsbeginn, Anfang September 1939, wurde ein Drittel der elsässischen Bevölkerung (rund 430 000 Menschen vor allem aus den Grenzregionen) nach Südwestfrankreich evakuiert. Nach dem »Blitzkrieg« und der Niederlage der französischen Armee im Juni 1940 besetzten deutsche Truppen das El-

sass, das zusammen mit Lothringen dem Reichsstatthalter und Gauleiter von Baden, Robert Wagner, als »**Gau Oberrhein**« unterstellt wurde. Mit Gewalt und Propaganda versuchten die neuen Herren, jede Erinnerung an Frankreich im Elsass auszulöschen und die Bevölkerung, die sie als »Volksdeutsche« betrachteten, zu germanisieren. Orts- und Vornamen wurden eingedeutscht, Juden wurden deportiert, Andersdenkende verhaftet.
Es wurden auch **zwei Lager** errichtet, eines in **Schirmeck** (»Umerziehungslager«), das andere in **Struthof-Natzweiler** (das einzige KZ auf französischem Boden). Anfangs hatte Hitler nicht die Absicht, Elsässer und Lothringer zur Wehrmacht einzuziehen, doch als die militärische Notwendigkeit größer wurde, gab es kein Pardon: Nach 1942 mussten 130 000 Elsässer in die Wehrmacht eintreten, die »**malgré-nous**« (gegen unseren Willen). Erst 1999 erteilte der französische Staat den Gefallenen den Status »Mort pour la France« und erkennt die Überlebenden seither als Kriegsveteranen an. Rund 50 000 Zivilisten kamen im Krieg ums Leben, also dreimal mehr als im übrigen Frankreich. Straßburg erlitt nur geringe Schäden, andere Orte wurden dagegen völlig zerstört.

Nachkriegszeit und Gegenwart

1949	Sitz des Europarats in Strasbourg
1958	Europäisches Parlament in Strasbourg
1976	Kulturautonomie, Beginn der ökologischen Bewegung

Nachkriegszeit

Nach dem Krieg fiel Elsass-Lothringen wieder an Frankreich. Zuerst setzte eine Säuberungswelle ein, bei der 0,8 % der Bevölkerung wegen Kollaboration mit dem Feind verurteilt wurden. Mit der **Generalamnestie von 1953** für die in der Wehrmacht zwangsrekrutierten Elsässer beruhigte sich die Lage. Allerdings zeigte sich Paris unnachgiebig im Hinblick auf die Amts- und Umgangssprache: Es durfte nur noch Französisch gesprochen werden. Auf den Stundenplänen der elsässischen Schulen wurde kein Deutsch mehr angeboten, Kinder, die auf dem Schulhof Elsässerditsch sprachen, wurden hart bestraft. Erst ab Mitte der 1960er-Jahre gab es im Elsass eine Rückbesinnung auf elsässische Traditionen und damit auch auf die eigene Sprache. 1968 wurde der René-Schickele-Kreis zur Förderung des elsässischen Volkstums und der Zweisprachigkeit gegründet, Dialektdichter und Liedermacher, u. a. Roger Stifter und André Weckmann, erlangten große Popularität. 1972 wurde an den elsässischen Schulen für das 4. und 5. Grundschuljahr fakultativ der Deutschunterrricht auf mundartlicher Sprachbasis eingeführt. 1976 erhielt das Elsass als erste Region Frankreichs eine gewisse **Kulturautonomie**.

Rückbesinnung auf elsässisches Brauchtum ►

An entscheidender Stelle: Als »Hauptstadt Europas« ist Strasbourg immer wieder Zentrum von Demonstrationen und Protestkundgebungen.

◂ Ökologische Bewegung

In den 1970er-Jahren erwachte im Elsass auch ein anderes Bewusstsein: Früher als sonstwo in Frankreich war man hier für ökologische Gedanken aufgeschlossen, wie die Proteste gegen die Atomkraftwerke im elsässischen Fessenheim und im badischen Whyl zeigten. Auch Frankreichs Grüne verdanken ihre Gründung einem Elsässer. Allerdings holt die rechtsradikale Front National (FN) im Elsass stets hohe Stimmengewinne, was vielleicht weniger mit der Ausländerfeindlichkeit oder einem übersteigerten Nationalgefühl der FN-Wähler zusammenhängt, als mit dem starken Bestreben nach Regionalismus, für den sich der Front National im Rahmen der von Paris mühselig eingeleiteten Dezentralisierung geschickt stark macht.

Hauptstadt Europas

Heute trägt das Elsass maßgeblich zur Verwirklichung eines geeinten Europa bei. Die elsässische Metropole Strasbourg (seit 1949 Sitz des Europarats und seit 1958 des Europäischen Parlaments) präsentiert sich neben Brüssel und Luxemburg als Hauptstadt Europas.

Nachbarregionen

Auch vernetzt sich das Elsass vermehrt mit seinen Nachbarregionen in Deutschland und der Schweiz: Seit den 1990er-Jahren existiert die »**Euroregion Elsass – Baden-Württemberg – Basler Land**«. Anlässlich der Feierlichkeiten zum 40. Jahrestag des Elysée-Vertrags wurde 2003 in einer gemeinsamen Erklärung der Staats- und Regierungchefs der **Eurodistrikt Strasbourg – Kehl** ins Leben gerufen. Ein Jahr später folgte das Projekt des **Eurodistrikts Colmar – Freiburg im Breisgau – Mulhouse**.

Kunst und Kultur

Farbenfrohe Fachwerkhäuser und weite Weinanbaugebiete – das sind oft die ersten Assoziationen, die man mit dem Elsass verbindet. Doch die Region hat viel mehr zu bieten, beispielsweise die Höhenburgen in den Vogesen, wunderbare Bauten der Romanik, das Münster in Strasbourg, den Isenheimer Altar von Matthias Grünewald oder die Werke Martin Schongauers.

Kunstgeschichte

Ursprünge

Die Relikte aus vorgeschichtlicher Zeit sind im Elsass nicht sonderlich zahlreich. In erster Linie ist die Heidenmauer (mur païen) zu nennen, die das Gipfelplateau des Mont Sainte-Odile umzieht. Eine prähistorische Wallburg befindet sich auch bei der Frankenburg unweit westlich von Sélestat.

Römerzeit

Nach der Eroberung durch Caesar (58 v. Chr.) gehörte das Elsass zum Imperium Romanum. Aus jener Zeit stammen die Originale der auf dem Donon aufgestellten Stelen; viele Museen besitzen zudem bedeutende Stücke gallo-römischer Herkunft. Von den römischen Siedlungen sind keine nennenswerten Überreste erhalten. Erst in der zweiten Hälfte des 20. Jh.s wurden die Grundmauern eines Theaters und eines Thermenkomplexes in Strasbourg ausgegraben.

Romanik

Mit dem Aufblühen der Klöster hielt die Romanik ab dem beginnenden 11. Jh. im Elsass Einzug. Schönstes Beispiel für die **Frühromanik** ist die Kirche von Ottmarsheim, eine fast perfekte Kopie der Pfalzkapelle des Aachener Doms und eine von nur vier Rundkapellen in Mitteleuropa. Im Sakralbau gewann dann der Typus der Basilika stark an Bedeutung, der auch in der Gotik vorherrschend blieb. Eine Basilika bezeichnet in der Kirchenbaukunst eine Kirche auf kreuzförmigem Grundriss, deren Mittelschiff ist höher als die Seitenschiffe und eine eigene Fensterreihe, den Licht- oder Obergaden, aufweist. Die Innenräume waren in ihrer asketischen Kargheit sehr wirkungsvoll; an den Kapitellen von Pfeilern und Säulen jedoch entfaltete sich oft eine reiche Ornamentik mit Pflanzen-, Tier- und Menschendarstellungen, ja sogar mit der Abbildung furchterregender Ungeheuer oder rätselhafter Mischwesen. Die elsässischen Baumeister verknüpften die karolingische und die ottonische Überlieferung mit Elementen aus dem Burgund und der Lombardei. Die **Hochblüte der Romanik** fällt in die Stauferzeit (1075–1268). Es entstanden kirchliche Bauwerke, die noch heute einen bedeutenden Teil der Sehenswürdigkeiten bilden: die einstigen Abteikirchen von Andlau, Marmoutier und Murbach, die Kirche Ste-Foy in Sélestat und die Kirche St-Pierre-et-St-Paul in Rosheim sowie die malerische kleine Margarethenkapelle in Epfig. Zur Sicherung der von unzähligen Territorien zersplitterten Region wurden zahlreiche Burgen errichtet, überwiegend auf den Höhenzügen der Vogesen. Fast 450 Burgen, heute fast allesamt Burgruinen, brachten dem Elsass den Titel »ein Land der Burgen«. Ein schönes Beispiel des romanischen Stils ist das im frühen 12. Jh. erbaute Château St-Ulrich bei Ribeauvillé. Werke von Weltrang brachte das Elsass auf literarisch-künstlerischem Gebiet hervor, nämlich die wichtigsten romanischen Handschriften des El-

← *»Engel der Verkündigung« von Martin Schongauer (1472)*

Pfalzkapelle in Ottmarsheim: Kuppelbau mit zwei übereinander liegenden Umgängen

sass, der »Codex Guta-Sintram« (1154) der Nonne Guta und des Mönchs Sintram sowie der »**Hortus Deliciarum**« der Herrad von Landsberg. Um 1210 verfasste Gottfried von Straßburg (beide ► Berühmte Persönlichkeiten) das höfische Epos »**Tristan und Isolde**«, in seiner meisterhaften sprachlichen Gestaltung ein Höhepunkt der Dichtkunst.

Übergangsstil Bedeutende Beispiele für diesen Stil zwischen Romanik und Gotik, der Elemente beider Stilrichtungen in sich vereint, sind die Église St-Léger (Leodegarkirche) in Guebwiller, die Église Notre-Dame (Liebfrauenkirche) in Rouffach und St-Pierre-et-St-Paul in Neuwiller-les-Saverne.

Gotik Die sich seit der Mitte des 12. Jh.s durchsetzende Gotik hat ihren Ursprung in der Normandie, und von dort breitete sie sich über die Île de France auch nach Osten aus. Während in der Romanik die Dachkonstruktion noch auf massigen, nur von wenigen Fenstern durchbrochenen Mauern ruhte, wurde in der Gotik mit der Einführung der Kreuzrippe die statische Voraussetzung dafür geschaffen, durch das so genannte Strebewerk den Seitenschub des Gewölbes abzufangen und in das Fundament abzuleiten. Durch diese Skelettkonstruktion wurden die Mauern entlastet und konnten in große Fensterflächen aufgelöst werden. Die Proportionen verschoben sich; die Vertikale wurde betont. Die hohen, von Spitzbogen überwölbten

Kirchenschiffe lenkten den Blick nach oben; Türen, Fenster und Wände zeigten reiches Maßwerk; die Steinskulptur erlebte einen machtvollen Aufschwung, vor allem an den Figurenportalen der Kirchen.
Als Hauptwerk der elsässischen Gotik gilt das Straßburger Münster, das noch im romanischen Stil begonnen wurde. Weitere bedeutende Bauten dieser Stilepoche sind das Theobaldsmünster in Thann, das Georgsmünster in Sélestat, das Martinsmünster und die Dominikanerkirche in Colmar, die Stiftskirche St. Peter und Paul in Wissembourg sowie St. Nikolaus in Haguenau. Die Glasmalerei feierte große Triumphe, unter anderem im Straßburger Münster und in der Kirche zu Niederhaslach. Als Maler religiöser Bilder machten sich Hans Hirtz und Caspar Isenmann, von denen man heute leider nur noch wenige Werke kennt, sowie **Matthias Grünewald** (Isenheimer Altar) und **Martin Schongauer** (Madonna im Rosenhag, ► Berühmte Persönlichkeiten), die beiden Großen der elsässischen Malerei, einen Namen.

Renaissance

Im Elsass entwickelte sich die Renaissance im Wesentlichen zu einer **Kunstform des weltlichen Adels und des wohlhabenden Großbürgertums**, während in dieser Zeit der Kirchenbau an Bedeutung zurücktrat. Der neue Wohlstand und das gewachsene Selbstbewusstsein des Stadtbürgertums präsentierte sich seit dem beginnenden 16. Jh. in Rathäusern, Zunfthäusern, Münzen, Kornspeichern, Brunnen und Patriziersitzen. Insbesondere in den reichsunmittelbaren Städten entstanden stolze Häuser u. a. mit Volutengiebeln, reich verzierten Erkern, Prachtportalen, Balkonen, Arkaden und Treppentürmchen. Beispiele sind die Maison Kammerzell in Strasbourg, das Kopfhaus und das Pfisterhaus in Colmar, das Haus Katz in Saverne sowie die Rathäuser von Mulhouse und Obernai.
Die bekanntesten Künstler dieser Zeit waren **Hans Baldung, genannt Grien** (1484 / 1485 – 1545), ein Schüler Albrecht Dürers, der auf seinen Bildnissen, Holzschnitten und Zeichnungen neben religiösen Darstellungen erotische Themen bevorzugte, und **Sebastian Stoskopff** (1597 – 1657), der ein Meister des Stilllebens war.

Klassizismus und Barock

Im 18. Jh., als das Elsass zu Frankreich gehörte, setzte sich mehr und mehr der klassische französische Architekturstil durch. Deutlich von dieser Stilrichtung beeinflusst sind das Rohan-Schloss und zahlreiche Adelspalais der Rue Brûlée in Strasbourg sowie das ebenfalls für die Straßburger Fürstbischöfe gebaute Château de Rohan in Saverne. Doch auch barocke Elemente, insbesondere aus dem süddeutschen Raum, kamen ins Elsass. Ein exzellentes Beispiel für die barocke deutsche Baukunst ist die heitere, lichtdurchflutete einstige Klosterkirche zu Ebersmunster, die vom Vorarlberger Peter Thumb (1681 – 1766) errichtet wurde.
Im beginnenden 18. Jh. ließ sich im Elsass der aus Sachsen stammende **Andreas Silbermann** nieder, der eine elsässische Orgel-

Schöne Fachwerkensemble in Kaysersberg (S. 49) und Colmar (S. 50)

BUNTES FACHWERK

Fachwerkhäuser gibt es im Elsass, wenn auch nicht in allen Regionen, schon lange. Doch erst in den letzten Jahrzehnten bemüht man sich, diese von Gegend zu Gegend unterschiedlichen Bauten zu restaurieren. Zuweilen treibt der neue Trend seltsame Blüten.

Wer denkt beim Elsass nicht unweigerlich an schöne Fachwerkhäuser? Schließlich gehört Fachwerk (frz. colombage) zu den **fünf großen »C« des Elsass** wie cathédrale (Münster), cigogne (Storch), choucroute (Sauerkraut) und coiffe (Haube). Sicher, Fachwerkhäuser – der Begriff Fachwerk stammt aus dem mittelhochdeutschen »vach«, was soviel wie Flechtwerk oder Wandbalken bedeutet – gibt es am linken Oberrhein schon seit Jahrhunderten, doch als Touristenmagnet in Dörfern wie Riquewihr, Ribeauvillé und Eguisheim oder in den Altstädten von Strasbourg und Colmar dienen die Fachwerkbauten erst seit nicht allzu langer Zeit. Bis in die 1980er-Jahre hinein rissen noch Hunderte von Hausbesitzern ihre Gebäude mit den als überholt geltenden Holzbalkenkonstruktionen ab und bauten sich ein modernes Häuschen. Die Rückbesinnung auf die traditionelle Bauweise gerade bei privaten Haushalten erfolgte recht spät. Dafür dürfen Privatleute bei den aufwändigen Restaurierungen ihrer »maisons à colombage« seither mit staatlichen Subventionen rechnen.

Geldstück als Glücksbringer

Die ersten Fachwerkhäuser im Elsass stammen aus dem 15. Jahrhundert. Bauherr war fast stets der Zimmermann, der das Holzgerüst des Hauses

entwarf und hochzog. Der Maurer errichtete das Fundament und den Schornstein und füllte die Fächer zwischen den Balken je nach Region und Bodenbeschaffenheit mit Lehm der Ebene oder Berggestein. In die Fächer wurden, um das Haus vor Verformung zu schützen, auch schräg verlaufende Streben eingesetzt, wodurch Dreiecke und Trapeze entstanden, und in das Fundament ließ man nicht selten ein Geldstück als Glücksbringer einmauern.

Schmuck und Symbole

Anfangs waren die Fachwerkhäuser einfach und schmucklos. Das änderte sich in der 2. Hälfte des 16. Jh.s, als man in den Städten anfing, die Eckbalken der überkragenden oberen Stockwerke sowie Tür- und Fensterrahmen mit prachtvollen Schnitzereien zu dekorieren. Ein schönes Beispiel hierfür ist die **Maison Kammerzell** in Strasbourg. Später kamen umlaufende Holzgalerien bzw. bemalte Fassaden hinzu, wie an der **Maison Pfister** in Colmar. Auf dem Land fanden Schmuckformen für Wohnhäuser erst im 17. Jh. Verbreitung. Allerdings hatten hier die Schnitzereien und Malereien nicht nur rein dekorativen, sondern auch symbolhaften Charakter: So verkörpert die recht häufig auftretende Raute den Mutterleib und damit den Wunsch nach Nachkommen, und die liegende Acht steht für ein langes Leben.

Große Vielfalt

Aber nicht überall im Elsass findet man Fachwerkhäuser. In erster Linie gibt es sie in den Weinbaugegenden an der Route du Vin und in den Städten der Rheinebene – in den Vogesen hingegen überwiegen massive Steinbauten. **Einheitlich ist die Entwicklung der Fachwerkbauten im Elsass nicht**. Im elsässischen Nordosten – in Hunspach, Seebach und

Hoffen – findet man weiß verputzte Häuser mit hohen Giebeln, Satteldächern und schwarzen Fachwerkbalken. In der Korn- und Hopfenkammer um den Kochersberg besitzen die Bauernhäuser mit den quadratischen, von der Straße durch eine große Toreinfahrt erreichbaren Höfen schön verzierte Balken. Im Ried reichen hohe Pfosten vom Boden bis zum Dach. Das Kennzeichen der Fachwerkbauernhäuser im Sundgau ist das von mächtigen Eckpfeilern getragene große Dach – hier, also im äußersten Süden des Elsass, steht im Ort Friesen übrigens das älteste elsässische Fachwerkhaus (1480). Im Hanauer Land stößt man noch auf Bauernhäuser, die auf die berühmte, nach dem Dreißigjährigen Krieg (1618–1648) aus der Schweiz zugewanderte Zimmermannsfamilie Schini zurückgehen und z. T. recht überladen und verschwenderisch wirken mit ihren mehrstöckigen Balkonen, Erkern, Balustraden, Haubentürmchen und Schnitzereien. Kennzeichnend für die Winzerorte an der Route du Vin ist das mehrgeschossige, meist dreistöckige Fachwerkhaus mit spitzem Giebel, schönem Schnitzwerk, einer Außentreppe im Hof, über die man in die Wohnräume gelangt, und einem Mauerwerk, das zwischen den Balken in vielen Farben leuchtet: in Rot, Gelb, Grün, Lila, Blau und Grau.

Alles echt?

Der Trend, Fachwerk zu restaurieren, treibt allerdings zuweilen auch seltsame Blüten: Manchmal passt die Farbe überhaupt nicht zum Anstrich benachbarter Häuser; auch sind nicht wenige Gebäude überrestauriert, dass sie schon kitschig wirken und man ihnen ein Alter von über 200 Jahren keineswegs mehr abnimmt. Und mancher Hausbesitzer malt auf den Verputz mit brauner oder schwarzer Farbe einfach Holzbalken auf.

bauertradition begründete. Kirchenorgeln der berühmten Dynastie Silbermann sind u. a. in Ebersmunster, Strasbourg, Rosheim, Marmoutier, Molsheim und Wasselonne zu hören.

19. Jahrhundert (Historismus)

In der Architektur schloss sich an Barock und Klassik der Historismus an, der sich in der Nachahmung verschiedener älterer Stile gefiel und dessen augenfälligste Beispiele aus der wilhelminischen Zeit stammen, als Elsass-Lothringen deutsches Reichsland war. Berühmt ist die – einer Theaterdekoration ähnelnde – Haut-Kœnigsbourg bei Sélestat, die ihre heutige Existenz dem vollständigen Neubau im Auftrag Kaiser Wilhelms II. verdankt. Aus der vom allgegenwärtigen Wohlstand des deutschen Kaiserreichs geprägten Ära stammt auch das gesamte Ensemble um die Place de la République in Strasbourg, ein bombastisches Beispiel teutonischen Selbstbewusstseins. Der wohl größte elsässische Künstler des 19. Jh.s war der Bildhauer Frédéric Auguste Bartholdi, der Schöpfer der New Yorker Freiheitsstatue (►Berühmte Persönlichkeiten). Nach 1900 folgte der **Jugendstil** u. a. mit den am Boulevard de la Victoire in Straßburg gelegenen Städtischen Bädern des Stadtarchitekten Fritz Beblo.

20. Jahrhundert

Seit der Wende vom 19. zum 20. Jahrhundert begann sich immer stärker eine Internationalisierung in Kunst und Architektur durchzusetzen; der rein zweckorientierte Ingenieurbau entstand. Zeugnisse der modernen Architektur sind in Strasbourg das Kongresszentrum, das Palais de l'Europe, das neue Universitätsviertel, das Musée d'Art Moderne et Contemporain sowie in Mulhouse der Europaturm und in Ronchamp die Wallfahrtskirche Notre-Dame du Haut. In jüngster Zeit entstand die Tour de la Liberté (Turm der Freiheit) in Saint-Dié, eine ungemein eindrucksvolle Stahlkonstruktion, welche die idealen (und als idealistisch niemals recht realisierten) Prinzipien der Französischen Revolution versinnbildlicht. Als einer der kreativsten Formschöpfer der Moderne gilt der Maler, Bildhauer und Dichter Hans (Jean) Arp, ein Mitbegründer des Dadaismus (►Berühmte Persönlichkeiten).

Berühmte Persönlichkeiten

Warum gleicht die amerikanische Freiheitsstatue der Mutter des Bildhauers Bartholdi? Welcher Elsässer wurde als Urwaldarzt weltbekannt und erhielt den Friedensnobelpreis? Und wer war der überzeugte Pazifist, der sich 1952 freiwillig zu den Kamelreitertruppen der französischen Armee in Algerien meldete?

Hans (Jean) Arp (1886 – 1966)

Maler, Bildhauer und Dichter

Der gebürtige Straßburger Hans Arp zählt als Maler, Grafiker, Bildhauer und Dichter zu jenen Künstlern, die – »Hans Arp in allen Gassen« – an der Entstehung der klassischen Moderne maßgeblich beteiligt waren. Seine Studien absolvierte er in Weimar und Paris; im Jahr 1911 schloss er sich den Künstlern der Gruppe »Der Blaue Reiter« an. Besonders bekannt wurde er 1916 als **Mitbegründer und literarischer Hauptvertreter des Dada**, einer antibürgerlichen und revolutionären Kunst- und Literaturströmung. In späteren Jahren – nach einer surrealistisch geprägten Schaffensperiode – konzentrierte er sich im Wesentlichen auf die abstrakte Bildhauerei. Der zweisprachige Künstler, der am Ersten Weltkrieg nicht hatte teilnehmen wollen, weil er weder für die eine noch für die andere Seite war, und darum 1915 mit seinem Bruder ins Schweizer Exil gegangen war, änderte mit dem Aufstieg des Nationalsozialismus in Deutschland seinen Vornamen von Hans in Jean. Er zählte zu den »entarteten« Künstlern und floh deshalb während des deutschen Einmarschs in Frankreich an die Côte d'Azur. Anlässlich der Premiere des 1959 über ihn gedrehten Films »Jean Arp l'Alsacien« betonte er die Wichtigkeit des gegenseitigen deutsch-französischen Verständnisses für die Zukunft.

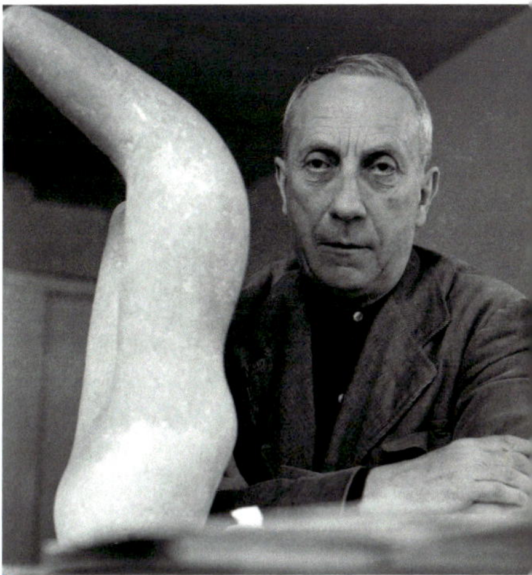

Hans Arp in Paris (1950)

Frédéric-Auguste Bartholdi (1834 – 1904)

Bildhauer

Bereits in jungen Jahren verschrieb sich Frédéric-Auguste Bartholdi der plastischen Kunst und entwickelte dabei früh eine Vorliebe für Monumentales. Ab den 1860er-Jahren trieb ihn der ehrgeizige Gedanke, ein gigantisches Werk zu schaffen, das die Freiheit zum Ausdruck bringen sollte – was ihm schließlich auch gelang. Seine große Zeit hatte der frankreichorientierte elsässische Künstler in den Jahren, als das Elsass zum Deutschen Reich gehörte, und er mit pathetischen Großwerken den Franzosen nach dem verlorenen Krieg gegen Deutschland zu neuem Selbstbewusstsein verhalf. Das bekannteste Werk dieser Phase ist der »Lion de Belfort«, eine 22 m lange, aus Buntsandstein gehauene Löwenplastik, die an die Belagerung der

← *Albert Schweitzer – der Arzt von Lambarene*

? WUSSTEN SIE SCHON …?

- … dass die amerikanische Freiheitsstatue elsässische Wurzeln hat? Es heißt, Bartholdi habe sich u. a. von antiken Statuen wie der Athene des Parthenon und dem Koloss von Rhodos inspirieren lassen und ihrem Gesicht angeblich die Züge seiner Mutter gegeben.

Festungsstadt im Deutsch-Französischen Krieg (1870/1871) erinnert. Weltberühmt aber wurde er durch ein Geschenk, das Frankreich den Vereinigten Staaten von Amerika im Jahr 1886 machte: die Freiheitsstatue in New York. In Bartholdis Geburtshaus in Colmar ist heute ein Museum eingerichtet.

Sebastian Brant (1457 – 1521)

Gelehrter, Dichter und Staatsmann

Er verstand es, seinen Zeitgenossen einen Spiegel vorzuhalten, und hatte Riesenerfolg damit. Der aus einer Straßburger Gastwirt- und Weinhändlerfamilie stammende Sebastian Brant, war Dekan der Juristischen Fakultät in Basel, später Stadtschreiber und Kanzler von Straßburg, schließlich Kaiserlicher Rat Maximilians I. Einen europaweiten Namen machte sich der frühhumanistische Gelehrte aber als Verfasser des kritisch-satirischen Werks »**Das Narrenschiff**« (1494), das in volkstümlich-witziger Sprache und mit Illustrationen, die z. T. von Holzschnitten des jungen Albrecht Dürer stammten, die Schwächen und Untugenden von Personen und Ständen aufs Korn nahm und seinerzeit zum Bestseller der deutschsprachigen Literatur wurde. In seinen 112 gereimten Kapiteln prangerte Sebastian Brant nicht die schlechte und dumme Tat an, sondern die Weigerung, die Narrheit einzusehen – nur vernünftige Einsicht könne helfen: »Dann wer sich für ein narren acht / Der ist bald zu eym wisen gmacht!« Brants Moralsatire, die die spätere Schelmenliteratur stark beeinflusste und in der der Theologe Geiler von Kaysersberg (s. unten) den Stoff für viele seiner Predigten fand, wurde sogar ins Lateinische, Englische, Französische, Flämische und Niederländische übersetzt.

Johann Geiler von Kaysersberg (1445 – 1510)

Theologe und Prediger

Sich selbst nannte er »die schmetternde Posaune des Straßburger Münsters« – tatsächlich war er der größte deutschsprachige Kanzelredner seiner Zeit. Geboren wurde Johann Geiler in Schaffhausen, und unter der Obhut seines Großvaters wuchs er im elsässischen Kaysersberg auf. Er studierte Theologie in Basel und Freiburg, wo er sich 1476 habilitierte und im selben Jahr auch Rektor der Universität wurde. Ein Jahr später wandte er sich der praktischen Seelsorge zu, zuerst in Würzburg, dann in Straßburg. Seine volkstümliche, drastische Rhetorik, mit der der Domprediger die Laster aller Stände und auch kirchliche Missstände anprangerte, machte ihn allseits beliebt. Seine Popularität beruhte aber auch darauf, dass er in seinen Predigten vielfältige Themen und Autoren unterschiedlichster Richtungen – auch weltliche Literatur verwendete. So legte er vielen seiner Sittenpredigten Themen aus dem kritisch-satirischen »Narrenschiff«

seines Zeitgenossen Sebastian Brant zugrunde. Geiler war zwar kein Humanist im eigentlichen Sinne oder gar ein Vorläufer der Reformation, jedoch übte er Einfluss auf den oberrheinischen Humanistenkreis um Brant und Jakob Wimpfeling aus.

Gottfried von Straßburg (12./13. Jh.)

Dichter

Die Lebensdaten und die meisten biografischen Details des mittelhochdeutschen Dichters Gottfried von Straßburg sind unbekannt. Man weiß nicht genau, wer er war, wann er geboren wurde und wann er starb, noch ob er in Straßburg zu Hause war. Sein profundes Wissen aber lässt auf eine Ausbildung an einer Klosterschule oder Universität schließen. Über seinen beruflichen Werdegang kann nur spekuliert werden. Vermutlich gehörte er nicht dem Adel oder der Geistlichkeit an, sondern war städtischer Beamter in Straßburg. Fest steht lediglich seine Autorschaft an dem höfischen Versepos »**Tristan und Isolde**«, die ihn als dritten großen Epiker neben Hartmann von Aue und Wolfram von Eschenbach stellt. Die Niederschrift des in alemannischer Sprache verfassten Tristanromans, einer der berühmtesten Liebesgeschichten der Welt, erfolgte wohl zwischen 1205 und 1210; als Vorlage dienten wahrscheinlich Fragmente aus dem 1170 entstandenen Werk des Thomas d'Angleterre. Die Virtuosität von Gottfrieds sprachlichen Mitteln und die klangvolle, an Wortspielen, Neuschöpfungen und Lautmalerei reiche Diktion wirkten stilbildend. »Tristan und Isolde« blieb unvollendet und wurde von Ulrich von Türheim und Heinrich von Freiberg ergänzt.

Man vermutet, dass Gottfried von Straßburg dem Stadtbürgertum und nicht dem Adel oder Klerus angehörte.

Hansi (eigentlich Jean-Jacques Waltz) (1873 – 1951)

Karikaturist

Man kennt ihn fast nur unter dem Pseudonym, mit dem er seine grafischen Werke signierte: Hansi war wohl der profilierteste elsässische Karikaturist und Grafiker seiner Zeit – und ein **lebendes Exempel für das deutsch-französische Spannungsfeld**, in dem das Elsass steht. Die Eltern von Jean-Jacques Waltz waren aus dem Badischen eingewandert, und er kam in Colmar zur Welt, zu jener Zeit, als das Elsass deutsches Reichsland war. Im Ersten Weltkrieg arbeitete er für den französischen Geheimdienst. Wegen des Bilderalbums »Mon Village« verdächtigte man ihn (in deutschem Sinne) landesverräterischer Umtriebe und verurteilte ihn zu einer Gefängnisstrafe, der er sich durch seine Flucht nach Frankreich entzog. Von 1923 bis 1939 leitete er das Unterlinden-Museum in Colmar. Er verbrachte die Zeit des Zweiten Weltkriegs im Exil und kehrte nach Kriegsende sofort ins Elsass zurück. In Hansis Gemälden und Lithografien, denen auch das Postkartenklischee vom elsässischen Dörfler zu verdanken ist, finden sich vielfach Ortsbilder, wie man sie heute dank Restaurierung allenthalben wieder sieht. Außerdem gestaltete er zahlreiche Werbeplakate und höchst amüsante Gasthausschilder, u. a. in seiner Heimatstadt Colmar. Man entdeckt diese leicht, wenn man nur auf die Signatur achtet.

Herrad von Landsberg (gest. nach 1196)

Äbtissin

Herrad von Landsberg, eine hochgebildete Frau, war Äbtissin des staufischen Damenstifts Hohenburg auf dem Odilienberg (Mont Ste-Odile). Ein Zeugnis für das damalige geistig-kulturelle Niveau des Konvents ist die Bilderhandschrift »**Hortus Deliciarum**« (»Lustgarten«), an der Herrad fast 20 Jahre lang arbeitete. Dieses reich mit Miniaturen bebilderte enzyklopädische Werk über das theologische und profane Wissen jener Zeit – mit Abhandlungen über christliche Sitten und Gebräuche, über Astronomie, Philosophie, Geschichte, Acker- und Gartenbau etc. sowie mit eigenen Gedichten und einem Selbstbildnis – diente der Belehrung und Erbauung der Schwestern. Das kostbare Original jedoch verbrannte bei der Belagerung von Strasbourg durch die Deutschen 1870, der Inhalt aber konnte weitgehend wiederhergestellt werden.

Josel von Rosheim (um 1478 – 1554)

Jüdischer »Befehlshaber«

Josel von Rosheim, der aus Haguenau stammende »aller Juden im Reich Befehlshaber und Regierer«, war der bedeutendste Sachwalter des mitteleuropäischen Judentums im ausgehenden Mittelalter. Zunächst vertrat er lediglich die Interessen der im Unterelsass ansässigen Juden, dehnte seine Arbeit dann auf das gesamte Heilige Römische Reich aus und rief eine ständige Vertretung der Juden ins Leben, die bis 1808 zweimal jährlich in Frankfurt am Main zusammentrat. Ihm war es zu verdanken, dass Karl V. im Jahr 1520 die kaiserlichen Judenprivilegien für das ganze Reich bestätigte.

Martin Luther bezeichnete Josel 1537 noch als »seinen guten Freund«, doch dieser hatte längst den tiefen Gegensatz zwischen der Lehre der Reformatoren und der jüdischen Religion erkannt. Seine Erklärung, dass die Juden bei ihrem Gesetz blieben, trug nicht unwesentlich zur nun beginnenden antisemitischen Haltung Luthers bei. Als Luther eine Schrift mit einem wahren Hassgesang auf die »Verstocktheit der Juden« veröffentlichte, gelang es Josel, den Straßburger Rat für sich zu gewinnen, der daraufhin versprach, Luthers Schriften in seinem Gebiet zu verbieten; auch Karl V. ergriff für die Juden Partei.

Patricia Kaas (geb. 1966)

Patricia Kaas, eine der weltweit erfolgreichsten französischsprachigen Sängerinnen

Sie gilt als **Aushängeschild des französischen Chansons**, hat international eine große Fangemeinde, ihre Alben sind weltweite Bestseller. Im lothringischen Forbach an der Grenze zum Saarland als jüngstes von sieben Kindern geboren, stand Patricia Kaas bereits mit acht Jahren auf der Bühne. Jahrelang gastierte sie in der Saarbrücker »Rumpelkammer«, bis sie 1985 von dem französischen Schauspieler Gérard Depardieu entdeckt wurde. Drei Jahre später erfolgte ihr Durchbruch mit »Mademoiselle chante le blues«. Auch die folgenden Alben (z. B. »Scène de vie«, »Je te dis Vous«) werden Hits; auf Tourneen feiert sie weltweit große Erfolge. Stilistisch gehört ihre Musik sicher nicht nur zum klassischen Chanson, wie es Edith Piaf verkörpert, da sich neben Jazz- und Blueselementen auch rockige Töne in ihren Liedern finden. Einen Großteil ihres Erfolgs – mehr als 15 Millionen verkaufte Alben weltweit – macht ihre Bühnenpräsenz aus, was man auf fünf Live-Alben und DVDs hören und sehen kann. 2001 debütierte sie als Schauspielerin an der Seite von Jeremy Irons in »And now ... Ladies and Gentlemen«.

Germain Muller (1923 – 1994)

Kabarettist und Schauspieler

Der Straßburger Kabarettist und Schauspieler Germain Muller war eine der bedeutendsten elsässischen Integrationsfiguren der Nachkriegszeit. Seine polyglotte und internationale schauspielerische Ausbildung erhielt er in Strasbourg, Bordeaux und Karlsruhe. Schon gegen Ende 1946 gründete er in seiner Heimatstadt das kabarettistische Theater »Barabli« (= »Regenschirm«), das nie eine eigene Bühne besaß, sondern überwiegend im Saal des Offizierskasinos an der Straßburger Place Broglie auftrat. Als Stadtrat und Bürgermeister widmete er sich insbesondere der Kunst und Kultur seiner von deutschen und von französischen Einflüssen geformten Heimat. Unvergessen sind auch seine Auftritte in deutschen Fernsehprogrammen, wo er mit Vehemenz und Erfolg für das gegenseitige Verständnis der Bürger beiderseits des Oberrheins warb.

Johann Friedrich Oberlin (1740 – 1826)

Pfarrer

»Ich bin Soldat. Gott, mein Herr, befahl mir durch meine Oberen, zu marschieren und in dem armen Steintal für ihn zu arbeiten«, schrieb der aus gutbürgerlicher Straßburger Familie stammende evangelische Pfarrer Oberlin bei seinem Amtsantritt in Waldersbach an seine Mutter. Er arbeitete dann auch hart, nicht nur für Gott, sondern vor allem für die Menschen im Steintal, einem verarmten Vogesental in der Nähe von Schirmeck. Der Philanthrop mit ausgesprochen sozialer Gesinnung förderte die wirtschaftliche Entwicklung der Region, indem er Textilbetriebe einrichtete und eine kleine Leih- und Kreditbank gründete. Er bewirkte den Bau von Straßen und Kanälen, führte neue, gut tragende Kartoffelsorten ein, gründete auch Vorschulen und sorgte für die Verlängerung der Schulpflicht bis zum 16. Lebensjahr. Während seiner 59-jährigen Tätigkeit gelang es dem umtriebigen Pfarrer, den seine Gemeindemitglieder respektvoll und zärtlich »Papa Oberlin« nannten, die einst arme Hochlandpfarrei in eine Gemeinde mit bescheidenem Wohlstand zu verwandeln. In den Vogesen und im gesamten Elsass ist man noch heute stolz auf Johann Friedrich Oberlin, der als **einer der Väter der Sozialbewegung** des 19. Jhs. gilt.

Gottlieb Konrad Pfeffel (1736 – 1809)

Poet und Pädagoge

Genannt wurde er »Der blinde Dichter und Erzieher aus Colmar«, doch seine gesellschaftskritischen Fabeln und pädagogisch ausgerichteten Erzählungen sind heute kaum noch bekannt. Gottlieb Konrad Pfeffel, in Colmar geboren und gestorben, hatte in Halle das Studium der Jurisprudenz begonnen, musste es aber abbrechen, als er mit 22 Jahren erblindete. Trotz seiner schweren Behinderung konnte er sich als Schriftsteller und Pädagoge etablieren, ja, er galt als einer der populärsten Poeten und Erzieher des damaligen deutschsprachigen Raums. Viele prominente Persönlichkeiten suchten seine Freundschaft oder zumindest seinen Rat, darunter Kaiser Joseph II., Rousseau und der spätere bayerische König Ludwig I. Im Jahr 1773 gründete Pfeffel in seiner Vaterstadt eine nach dem Muster der Pariser »École Royale Militaire« angelegte Erziehungs- und Bildungsanstalt für meist adlige protestantische Knaben, denen der Besuch der Militärakademie in Paris verwehrt war und die nun eine umfassende Erziehung genießen durften. In den Wirren der Französischen Revolution musste Pfeffel seine Schule schließen. Ein Jahr vor seinem Tod, 1808, wurde der Poet Ehrenmitglied der Königlichen Akademie der Wissenschaften in München.

Pierre Pflimlin (1907 – 2000)

Politiker

»Ein großer Gegner von de Gaulle, ein großer Freund der Deutschen«, war nach seinem Tod in den Medien zu lesen. Der Jurist und Politiker Pierre Pflimlin stammte aus Roubaix nahe der französisch-belgischen Grenze. Er wuchs in Mulhouse auf und sprach perfekt Französisch und Deutsch. Als Mitglied des Mouvement Républicain Populaire (MPR), dessen Präsident er von 1956 bis 1963 war, bekleidete er mehrere Ministerämter. 1958, auf dem Höhepunkt der Algerienkrise, wurde er zum Ministerpräsidenten Frankreichs ernannt. Es gelang ihm jedoch nicht, die politische Lage zu beruhigen, und so musste er zwei Wochen später Charles de Gaulle weichen, der nun die Macht in Frankreich übernahm. Diesem Staatsmann stand Pflimlin, der sich als junger Anwalt aus religiöser Überzeugung geweigert hatte, Scheidungsprozesse zu führen, von Anfang an skeptisch gegenüber. 1962 verließ er mit gleichgesinnten Parteigenossen aus Protest gegen de Gaulles Europapolitik die Regierung. Mit dem Elsass verbindet ihn u. a. die Tatsache, dass er 1959 – 1983 Oberbürgermeister von Strasbourg war. Zudem hat er als überzeugter Verfechter der europäischen Einigung erreicht, dass Europarat und Europäisches Parlament, dessen Präsidentschaft er 1984 – 1987 ausübte, in Strasbourg tagen. Zeit seines Lebens setzte sich der elsässische Politiker für die deutsch-französische Freundschaft ein.

Louis-René de Rohan-Guémenée (1734 – 1803)

Kardinal und Staatsmann

Mit seiner Eitelkeit und Naivität löste er die »Halsbandaffäre« aus, die dem Ansehen des französischen Königtums überaus schweren Schaden zufügte. Der leichtlebige, in Saverne residierende Kardinal Louis-René Fürst von Rohan, einer der höchsten Würdenträger am königlichen Hof, wollte unbedingt die Gunst von Königin Marie Antoinette gewinnen, die ihn, nachdem er sich als Gesandter in Wien 1772 – 1774 mehrfach recht boshaft über Kaiserin Maria Theresia, die Königinmutter, geäußert hatte, regelrecht hasste. Als nun 1785 Jeanne de Valois, Gräfin de La Motte und angebliche Freundin von Marie Antoinette, ihn im Auftrag der Königin bat, dieser ein wertvolles Diamantenkollier zu besorgen, das die Monarchin wegen des hohen Preises nicht öffentlich zu kaufen wage, sagte Rohan, der sich davon die Freundschaft Ihrer Majestät erhoffte, sofort begeistert zu. Wie ihm aufgetragen, besorgte der Kardinal das Halsband und übergab es der Gräfin de La Motte, die das Schmuckstück der Königin aushändigen sollte. Doch bald schon flog der ganze Schwindel auf. Kurz darauf wurde der Kardinal, der doch nur seiner Königin einen Dienst hatte erweisen wollen, ins Gefängnis geworfen. Auch die Gräfin, die den Schmuck entwendet hatte, und ihre Helfershelfer wurden gefasst und eingekerkert. Deren Aussagen gaben klar zu erkennen, dass Rohan keine räuberischen Absichten gehegt hatte, weshalb er vom Gericht freigesprochen wurde – sehr zum Ärger von Marie Antoinette, die gehofft hatte, den ihr verhassten Mann nun endgültig vernichten zu können, aber zur großen Freude der Volksmassen, die die »Österreicherin« nie besonders mochten und der leichtfertigen Herrscherin zutrauten, in irgendeiner Weise in die Gaunerkomödie verwickelt gewesen zu sein. Einige Historiker sind der Ansicht, durch die Halsbandaffäre sei der Ausbruch der Französischen Revolution beschleunigt worden; Napoleon meinte sogar, das Gaunerstück habe Marie Antoinette schließlich 1793 aufs Schafott geführt. Dem Kardinal blieb ein solches Schicksal erspart: 1790, ein Jahr nach Ausbruch der Französischen Revolution, floh er nach Ettenheim, zu dem im Deutschen Reich liegenden Teil seiner Diözese, wo er 1803 friedlich starb.

René Schickele (1883–1940)

Schriftsteller und Journalist

Der in Obernai (Oberehnheim) geborene Schriftsteller und Journalist René Schickele bemühte sich als Sohn eines deutschen Vaters und einer französischen Mutter sein Leben lang um die **Verständigung des deutschen und des französischen Volkes** (»Gestern deutscher, heute französischer Staatsbürger: Ich pfeife darauf«). Als Herausgeber der »Weißen Blätter« setzte er sich für die deutsch-französische Annäherung und die Entschärfung des Nationalitätenkonflikts ein. Seine pazifistische Haltung kommt in der 1914 nur in acht Tagen niedergeschriebenen Komödie »Hans im Schnakenloch«, einer aberwitzigen Parodie auf den Krieg, zum Ausdruck. In der breit angelegten Trilogie »Das Erbe am Rhein« (1925 –1931), seinem Hauptwerk, thematisiert er am Beispiel des elsässischen Adelsgeschlechts von Breuschheim den deutsch-französischen Gegensatz. Allerdings musste der leidenschaftliche Elsässer immer wieder erfahren, dass er als Vermittler nicht geschätzt wurde: Die Franzosen warfen ihm eine pro-deutsche Haltung vor, die Deutschen kritisierten ihn wegen seiner pro-französischen Tendenz.

Zweimal begab sich der **überzeugte Pazifist**, zu dessen Freundes- und Bekanntenkreis u. a. Hermann Hesse, Max Brod, Heinrich und Thomas Mann zählten, ins Exil: Während des Ersten Weltkriegs emigrierte er in die Schweiz, bereits 1932 unter dem Eindruck des sich herausbildenden Nationalsozialismus in Deutschland nach Südfrankreich. Der Schriftsteller, der sich bis zum Schluss als »citoyen français und deutscher Dichter« sah, starb am 31. Januar 1940 in Vence, womit ihm wenigstens die Enttäuschung über den Einmarsch deutscher Truppen erspart blieb. Schickele gilt zwar heute noch als einer der bedeutendsten elsässischen Schriftsteller, doch bereicherte er die Literatur nicht mit neuen Motiven und Ausdrucksformen. In seinem literarischen Werk versuchte er, die Errungenschaften deutscher und französischer Dichtung zu vereinen und so zwischen beiden Völkern zu vermitteln.

Martin Schongauer (um 1450 – 1491)

Maler und Kupferstecher

◀ Abb. S. 44 u. 152

»Hipsch Martin«, der Schöne Martin, wurde er »von wegen seiner kunst« genannt. Kaum ein anderer deutscher Künstler vor Albrecht Dürer genoss ein so weitreichendes Ansehen wie Martin Schongauer. Und dennoch sind von dem Kupferstecher und Maler nur sehr wenige biografische Einzelheiten bekannt, nicht einmal das Geburtsjahr steht fest. Auch sein malerisches Werk ist zum allergrößten Teil nur aufgrund von Zuschreibungen belegbar. Der Spross einer aus dem Augsburger Raum zugewanderten Goldschmiedfamilie unterhielt in seiner Geburtsstadt Colmar die wohl bedeutendste Malerwerkstatt im oberdeutschen Raum. Freilich ist ihm nur ein einziges Gemälde zweifelsfrei zuzuordnen: die »**Madonna im Rosenhag**« (heute in der Dominikanerkirche zu Colmar); als einigermaßen sicher gilt auch seine Urheberschaft an dem Fresko des Jüngsten Gerichts im Münster zu Breisach. Weit bedeutender ist hingegen sein grafisches Werk: Seine mit äußerster Akkuratesse durchgestalteten, mit »M + S« signierten Kupferstiche, zu deren schönsten die »Große Kreuzigung« und die »Passionsfolge« zählen, wirkten stilbildend und gelten als die besten vor Albrecht Dürer, der ihn von jung an bewunderte.

Albert Schweitzer (1875 – 1965)

Arzt

Der gebürtige Kaysersberger Albert Schweitzer war ein Universalgelehrter: evangelischer Theologe, Musiktheoretiker, Kulturphilosoph und Mediziner. Auch machte er sich einen Namen als Organist und Orgelbauer. Weltberühmt aber wurde er als **Urwaldarzt und großer Wohltäter**, als Apostel der tätigen Nächstenliebe. Seine berufliche Laufbahn begann Schweitzer nach dem Studium der Fächer Theologie und Philosophie als Dozent an der evangelisch-theologischen Fakultät der Universität Straßburg. Bereits mit 21 Jahren fasste er den Entschluss, ab seinem 30. Lebensjahr den Dienst am Menschen zum Beruf zu machen. Als er sich dann bei einer Missionsgesellschaft um einen Einsatz in Afrika bewarb und aufgrund seiner von ihm verfassten streitbaren Theologieschriften als unzuverlässig abgelehnt wurde, wandte er sich dem Studium der Medizin zu, denn als Arzt, so glaubte er, werde man ihn mit Sicherheit nach Afrika schicken. 1913 war es soweit. In Lambarene (im heutigen afrikanischen Staat Gabun) gründete er mit seiner Frau Helene ein Tropenhospital und war dort als Missionsarzt tätig. Die Unterhaltung des schnell wachsenden Krankenhauses erforderte gewaltige finanzielle Mittel, weshalb er immer wieder nach Europa aufbrach, um dort u. a. mit Vortragsreisen und als Orgelvirtuose der Werke von Johann Sebastian Bach neues Geld zu beschaffen. Albert Schweitzer aber kümmerte sich nicht nur um das Wohl der Schwarzen von Lambarene. In erschöpfender Nachtarbeit schrieb er in immer neuen Büchern über die »Ehrfurcht vor dem Leben«. In den 1950er-Jahren setzte er sich schließlich mit den Gefahren der Atompolitik auseinander und engagierte sich für

Atomstopps und Abrüstung, woraufhin die USA den weltbekannten Philosophen zur unerwünschten Person erklärten und ihm die Einreise verboten. Kritik musste sich der schnauzbärtige Urwalddoktor aber auch von anderer Seite gefallen lassen: Der »Übermensch der Nächstenliebe« mit dem unverzichtbaren weißen Tropenhelm, dem Herrschaftssymbol des Kolonialismus, sei ein Rassist, wurde Schweitzer zunehmend attackiert, der niemals einen Schwarzen im Urwaldhospital zugelassen und nicht einmal die Sprache des Landes gelernt habe. Tatsächlich waren dem **Friedensnobelpreisträger von 1952** die Schwarzen als leidende Wesen willkommen, als Menschen hielt er sie für unkultiviert und faul. Trotz vieler Kritiken gilt der in Lambarene verstorbene und beerdigte Albert Schweitzer auch noch Jahrzehnte nach seinem Tod in Umfragen als einer der am meisten bewunderten Menschen und Vorbilder sowie als der größte Wohltäter des 20. Jahrhunderts.

Tomi Ungerer (geb. 1931)

Zeichner und Autor

Mit seinen provokanten Zeichnungen macht sich der berühmteste zeitgenössische Elsässer nicht überall Freunde – in amerikanischen

Tomi Ungerer sieht sich selbst als Elsässer, nicht als Franzose oder Deutscher. Zudem ist er ein überzeugter Europäer.

Bibliotheken waren die Bilder- und Kinderbücher noch bis vor wenigen Jahren verboten. Gleich nach der Schulzeit begab sich der aus einer Straßburger Uhrmacherfamilie stammende Tomi Ungerer auf Wanderschaft. Um nicht ins damalige Kriegsgebiet Indochina geschickt zu werden, meldete sich der überzeugte Pazifist 1952 freiwillig zu den Kamelreitertruppen der französischen Armee in Algerien. 1956 schiffte er sich nach New York ein, wo sein unaufhaltsamer Aufstieg als Zeichner, Maler, Illustrator, Kinderbuchkünstler und Werbegrafiker begann. Zwischen 1985 und 1987 hielt er sich in Hamburg auf und lebte längere Zeit bei der damals bekanntesten Hamburger Prostituierten – Domenica – im Bordell, das ihn zu seinem Band »Schutzengel der Hölle« inspirierte, über dessen sarkastische Karikaturen sich Feministinnen wie Kleriker gleichermaßen empörten.
Überhaupt ist das Gesamtwerk des provokanten und äußerst kritischen Künstlers in weiten Teilen von scharfsichtigem und konstruktivem Zynismus geprägt; selbst in seinen Kinderbüchern schimmern **Ironie, schwarzer Humor und bisweilen diabolische Boshaftigkeit** allenthalben durch. Auch mit dem Elsass und der elsässischen Mentalität und Psychologie setzt sich der Künstler nur allzu gern auseinander – am liebsten in sexuellen Motiven: So zeichnete er das Elsass, das die beiden großen benachbarten Nationalstaaten für sich zu vereinnahmen suchen, einmal als ein knuddeliges elsässisches Männchen, das auf einem weiblichen Oberschenkel krampfhaft versucht, den französischem Strumpf mit dem deutschem Hüfthalter zusammenzubringen. Seit 1976 lebt der bekennende Elsässer, der im Jahr 2000 gemeinsam mit dem Straßburger Bürgermeister das »Centre Européen de la Culture Yiddish« (CECY), das Jüdische Institut, gründete, hauptsächlich auf seiner Farm in Irland.

Louise Weiss (1893 – 1983)

Journalistin und Politikerin

Ihr zu Ehren trägt das neue Palais, das seit 1999 das Europäische Parlament in Strasbourg beherbergt, den Namen »IPE IV–Bâtiment Louise Weiss «. Die so Geehrte stammte aus einer elsässischen Familie, geboren wurde sie in Arras (Pas-de-Calais). Die Journalistin und Buchautorin, die auf ihren Weltreisen insgesamt 30 Dokumentarfilme sozialen Inhalts drehte, setzte sich in der Zwischenkriegszeit aktiv für die politischen Rechte der Frauen ein; 1934 war sie eine der beiden Gründerinnen der Vereinigung »La femme nouvelle« (Die neue Frau), die das Frauenwahlrecht und die Stärkung der Rolle der Frauen im öffentlichen Leben anstrebte. Während des Zweiten Weltkriegs engagierte sie sich in der Résistance und verfasste von 1942 bis 1944 als Chefredakteurin der Untergrundzeitung »Nouvelle République« politische Schriften. Von 1979 bis zu ihrem Tod 1983 war die überzeugte Pazifistin, die gern sagte, sie sei in Europa verliebt, Abgeordnete im Europaparlament, dem sie mehrere Jahre als erste Alterspräsidentin vorstand.

Praktische Informationen

FRANZÖSISCHE QUALITÄT UND DEUTSCHE PORTIONEN – SO CHARAKTERISIERTE TOMI UNGERER DIE LECKERE ELSÄSSISCHE KÜCHE. DOCH AUCH DIE WEINE STEHEN DEN GERICHTEN IN NICHTS NACH: SIE HABEN IM IN- UND AUSLAND EINEN SEHR GUTEN RUF.

Anreise

Mit dem Auto Wer aus dem äußersten Westen Deutschlands kommt, hat mehrere Möglichkeiten, ins Elsass zu gelangen: **über Saarbrücken** nach Sarreguemines, dann auf der französischen Autobahn A 4 über Sarre-Union und Phalsbourg nach Saverne; **über Zweibrücken oder Pirmasens** nach Bitche, dann auf der französischen Nationalstraße N 62 über Niederbronn-les-Bains nach Haguenau; **über Landau** nach Wissembourg und weiter auf der D 263 in Richtung Haguenau; von Ludwigshafen **in Richtung Karlsruhe** bis zur Abfahrt Kandel-Mitte, weiter über die Landstraße nach Lauterbourg und dann auf der neuen, wenig befahrenen A 35 nach Strasbourg.

Bei Anfahrt über das Rheintal und die A 5 führt die **Ausfahrt Lauterburg** ins nördliche Elsass und nach Rastatt und die **Ausfahrt Appenweier** in Richtung Strasbourg. Nach Colmar gelangt man am besten über die **Ausfahrt Bad Krozingen** und nach Mulhouse und in den Sundgau über das **Autobahndreieck Neuenburg**.

Außerdem sollte man beachten, dass die linksrheinische A 35 in der Regel verkehrsärmer ist.

Mit der Bahn Über Saarbrücken, Kehl und Lörrach steht das elsässische Eisenbahnnetz mit dem deutschen Streckennetz in Verbindung. Direkte Bahnverbindungen ins Elsass bestehen von Frankfurt / Main, München und Stuttgart, von Innsbruck, Salzburg und Wien sowie von Basel und Zürich. Auskunft über Fahrpläne, Streckenverbindungen und verbilligte Fahrkarten (Euro Domino, Billet Séjour, Inter Rail etc.) sowie über die Möglichkeiten, an Bahnhöfen Fahrräder auszuleihen,

INFORMATIONEN ANREISE

BAHN

▸ **Deutsche Bahn AG**
Tel. (0 18 05) 99 66 33
www.bahn.de

▸ **SNCF**
in Frankreich
Tel. 08 36 35 35 35

▸ **in Deutschland**
c / o Rail Europe
Lindenstr. 5
D-60325 Frankfurt / Main
Tel. (069) 97 58 60
Fax (069) 97 58 46 35
E-Mail: info-sncf@raileurope.de

FLUGZEUG

▸ **Internationaler Flughafen Basel-Mulhouse-Freiburg**
F-68300 Saint-Louis
Tel. 03 89 90 31 11
Fax 03 89 90 25 77
www.euroairport.com

▸ **Internationaler Flughafen Strasbourg-Entzheim**
Route de Strasbourg
F-67960 Entzheim
Tel. 03 88 64 67 67
Fax 03 88 68 82 12
www.strasbourg-aeroport.fr

erteilen die Deutsche Bahn AG, Reisebüros und die SNCF (Société Nationale des Chemins de Fer Français), die staatliche Eisenbahngesellschaft Frankreichs.

Mit dem Flugzeug

Der von der Schweiz und Frankreich gemeinsam genutzte, 25 km südöstlich von Mulhouse gelegene Flughafen Basel-Mulhouse-Freiburg ist der wichtigste Flugplatz im elsässischen Raum. Regelmäßige Direktverbindungen bestehen von Berlin, Dresden, Düsseldorf, Frankfurt / Main, Friedrichshafen, Hamburg, Hannover, Karlsruhe / Baden-Baden, Köln / Bonn, München, Nürnberg, Rostock, Westerland sowie Wien, Bern, Genf und Zürich. Die an allen Tagen der Woche (werktags alle 45 Minuten) fahrenden Zubringerbusse benötigen etwa eine halbe Stunde in den Stadtkern von Mulhouse.
Der 15 km südwestlich von Strasbourg gelegene Flughafen Strasbourg-Entzheim ist von eher regionaler Bedeutung; Direktverbindungen gibt es von Berlin, Frankfurt / Main, Hamburg und Wien. An allen Tagen fahren Busse (werktags alle 30 Minuten) ins Zentrum von Strasbourg (Fahrtdauer ca. 35 Min.).

Reisedokumente

Personalpapiere

Zur Einreise nach Frankreich genügt für Reisende aus Deutschland sowie aus Österreich und der Schweiz ein gültiger Personalausweis.

Fahrzeugpapiere

Der nationale Führerschein und Kraftfahrzeugschein werden anerkannt und sind mitzuführen. Die Mitnahme der grünen Internationalen Versicherungskarte für den Kraftverkehr sowie eines Internationalen Unfallberichts ist anzuraten. Kraftfahrzeuge müssen das ovale Nationalitätskennzeichen oder ein EU-Kennzeichen tragen.

Krankenversicherung

Für den Krankheitsfall erkundige man sich bei seiner Krankenkasse nach den jeweiligen Vereinbarungen und schließe gegebenenfalls eine kurzfristige Zusatzversicherung ab.

Haustiere

Wer Haustiere (Hund, Katze) mitnehmen will, benötigt für diese ein amtstierärztliches Tollwutimpfzeugnis. Die Impfung darf nicht weniger als einen Monat und nicht länger als ein Jahr zurückliegen.

Zollbestimmungen

EU-Binnenmarkt

Die Mitgliedsstaaten der Europäischen Union (EU), darunter auch Deutschland, Österreich und Frankreich, bilden einen gemeinsamen Wirtschaftsraum, den EU-Binnenmarkt, in dem der Warenverkehr für private Zwecke weitgehend zollfrei ist. Innerhalb der EU-Länder gelten lediglich noch gewisse obere Richtmengen: 800 Zigaretten oder 400 Zigarillos oder 200 Zigarren oder 1000 g Tabak, 10 l Spirituosen über 22 Vol.-% Alkoholgehalt oder 20 l unter 22 Vol.-% Alkoholgehalt sowie 90 l Wein und 110 l Bier.

Nicht-EU-Länder Für Reisende aus Nicht-EU-Ländern wie der Schweiz gelten folgende Freimengengrenzen: 250 g Kaffee, 100 g Tee, 200 Zigaretten oder 100 Zigarillos oder 50 Zigarren oder 250 g Tabak, 2 l Wein oder andere Getränke bis 22 Vol.-% Alkoholgehalt sowie 1 l Spirituosen mit mehr als 22 Vol.-% Alkoholgehalt. Souvenirs können in die Schweiz bis zu einem Wert von 100 sfr (Personen unter 17 Jahre bis 50 sfr) zollfrei eingeführt werden.

Auskunft

AUSKUNFTSADRESSEN

IN DEUTSCHLAND

▸ **Franz. Fremdenverkehrsamt / Maison de la France**
Zeppelinallee 37
Postfach 10 01 28
D-60325 Frankfurt / Main
Tel. (09 001) 57 00 25
Fax (09 001) 59 90 61
www.franceguide.com

IN ÖSTERREICH

▸ **Französisches Fremdenverkehrsamt**
Argentinierstr. 41 a
A-1040 Wien
Tel. (01) 5 03 28 90 17
Fax (01) 5 03 28 71
www.maison-de-la-france.at

IN DER SCHWEIZ

▸ **Französisches Verkehrsbüro**
Löwenstr. 59, Postfach 72 26
CH-8023 Zürich
Tel. (044) 2 21 35 61
Fax (044) 2 12 16 44
www.franceguide.com

IN FRANKREICH – REGIONEN

▸ **Bas-Rhin**
Agence de Développement Touristique du Bas-Rhin
9, Rue du Dôme, B. P. 53
F-67061 Strasbourg Cedex
Tel. 03 88 15 45 88
Fax 03 88 75 67 64
www.tourisme67.com

▸ **Haut-Rhin**
Association Départementale du Tourisme du Haut-Rhin
1, Rue Schlumberger, B. P. 337
F-68006 Colmar Cedex
Tel. 03 89 20 10 68
Fax 03 89 23 33 91
www.tourisme68.asso.fr

▸ **Moselle**
Comité Départemental du Tourisme de la Moselle
B. P. 11096
F-57036 Metz Cedex 1
Tel. 03 87 37 57 80
Fax 03 87 37 58 84
E-Mail: odt@cg57.fr

Comité Départemental du Tourisme de Meurthe-et-Moselle
48, Rue Sergent Blandan
F-54000 Nancy
Tel. 03 83 94 51 90
Fax 03 83 94 51 99
www.cdt-meurthe-et-moselle.fr

▸ **Vosges**
Comité Départemental du Tourisme des Vosges
7, Rue Gilbert
F-88000 Épinal
Tel. 03 29 82 49 93
Fax 03 29 64 09 82

Club Vosgien
16, Rue Ste-Hélène
F-67000 Strasbourg
Tel. 03 88 32 57 96
Fax 03 88 22 04 72
www.club-vosgien.com

DIPLOMATISCHE VERTRETUNGEN

▸ **Deutsche Botschaft Paris**
13-15, Av. Franklin D. Roosevelt
F-75008 Paris
Tel. 01 53 83 45 00
Fax 01 43 59 74 18
www.amb-allemagne.fr

▸ **Deutsches Generalkonsulat**
6, Quai Mullenheim
F-67000 Strasbourg
Tel. 03 88 24 67 00
Fax 03 88 75 79 82

▸ **Österreichische Botschaft Paris**
6, Rue Fabert
F-75007 Paris
Tel. 01 40 63 30 63
Fax 01 45 55 63 65
www.bmaa.gv.at/paris/

▸ **Österreichisches Generalkonsulat**
29, Avenue de la Paix
F-67000 Strasbourg
Tel. 03 88 35 13 94
Fax 03 88 25 19 88

▸ **Schweizer Botschaft Paris**
142, Rue de la Grenelle
F-75007 Paris
Tel. 01 49 55 67 00
Fax 01 49 55 67 67
www.eda.admin.ch/paris_emb/

▸ **Schweizer Konsulate**
19b, Rue du Sauvage
F-68100 Mulhouse
Tel. 03 89 45 32 12
Fax 03 89 56 46 25

11, Blvd. du Président Edwards
F-67083 Strasbourg Cedex
Tel. 03 88 35 00 70
Fax 03 88 36 73 54

INTERNET

▸ **www.tourisme-alsace.com**
Online-Ausgabe des elsässischen Comité Régional du Tourisme (Französisch, Englisch, Deutsch): Sehenswertes, Kultur, Geschichte, Natur, sportliche Erholung, Gastronomie, Veranstaltungen – kurz: alles auf einen Blick. Auch Online-Buchung.

▸ **www.visit-alsace.com**
Tipps zu Hotels, Restaurants und Weinen. Die Geschichte kommt nicht zu kurz, und es gibt schöne Kurzbeschreibungen einzelner Gemeinden. Auch auf Deutsch.

▸ **www.alsace-info.com**
Neben touristischen Infos (auch auf Deutsch) wie Sehenswertes, Übernachten und Gastronomie auch Tipps zum Einkaufen sowie Angabe von Verkehrsmitteln, örtlichen Verwaltungen und wichtigen Adressen in Notfällen (z. B. Krankenhäuser). Bei der Präsentation der einzelnen Gemeinden stehen nützliche Adressen (Hotels, Sport, etc.) im Vordergrund, doch man erfährt auch einiges zu örtlichen Festen und Events.

- **www.alsapresse.com**
  Tourismusteil der Online-Ausgabe »alsapresse«; täglich Neues in erster Linie aus aller Welt, aber auch aus dem Elsass (nur auf frz.).

- **ww.gaf.tm.fr**
  Suche und Buchung einer Unterkunft: Hotels, Pensionen, Feriendörfer, Jugendherbergen, Campingplätze etc.

- **Internetadressen Natur / Vogesen**
  www.massif-des-vosges.com
  Informationen in drei Sprachen: französisch, deutsch und englisch.
  www.parc-vosges-nord.fr
  nur französich
  www. parc-ballon-vosges.fr
  nur französisch.
  www.parcs-naturels-regionaux.tm.fr
  Stellt die Regionalparks in Frankreich vor mit vielen Karten (frz.).
  www.tourisme-alsace.com/fr/nature
  Informationen über Réserves naturelles, v. a. Vogesen
  www.letempsdesjardins.com
  Gärten im Elsass, in Lothringen und Baden-Württemberg

Mit Behinderung unterwegs

Über behindertengerechtes Reisen informieren viele Reisebüros, die Deutsche Bahn sowie auch die Bundesarbeitsgemeinschaft der Clubs Behinderter und ihrer Freunde. Eine kostenlose Broschüre über die spezielle Situation im Elsass (Übernachtungsmöglichkeiten, Trans-

- **Direction de l'Action Sociale / Actions en faveur des personnes handicapées**
  1, Place de l'Étoile
  67070 Strasbourg Cedex
  Tel. 03 88 60 92 45
  Fax 03 88 60 95 39

- **Bundesarbeitsgemeinschaft der Clubs Behinderter und ihrer Freunde**
  Eupener Str. 5
  D-55131 Mainz
  Tel. (061 31) 22 55 14
  www.bagcbf.de

- **BSK-Reiseservice**
  Reisedienst des Bundesverbandes Selbsthilfe Körperbehinderter
  Altkrautheimer Str. 20
  D-74236 Krautheim
  Tel. (062 94) 428 10
  Fax (062 94) 42 81 79
  www.bsk-ev.de

- **Verband aller Körperbehinderten Österreichs**
  Lützowgasse 24-28
  A-1104 Wien
  Tel. (01) 911 32 25 und 94 55 61

- **Mobility International Schweiz**
  Froburgstr. 4
  CH-4600 Olten
  Tel. 041 (0) 622 06 88 35
  Fax 041 (0) 622 06 88 39
  info@mis-ch.ch

port, Events) erhält man bei der Direction de l'Action Sociale in Strasbourg. Hilfreich kann as jährlich erscheinende Heft »Hotels, Restaurants« sein, in dem behindertengerecht ausgestattete Adressen mit einem speziellen Logo (weißes Haus auf blauem Grund) gekennzeichnet sind. Man erhält es in den Fremdenverkehrsämtern.

Elektrizität

Frankreichs Netzspannung beträgt bis auf wenige Ausnahmen 220 Volt. In ländlichen Gegenden gibt es manchmal noch 110 Volt. Bei Schukosteckern muss man einen Adapter benutzen.

Essen und Trinken

Essgewohnheiten

Generell fällt das Frühstück (petit déjeuner) in Frankreich recht mager aus, besteht meist nur aus Milchkaffee (café au lait), Tee oder Schokolade, einem Croissant (Hörnchen) oder einem Stück Baguette, bestrichen mit Butter und Marmelade. Im Elsass hingegen gibt es zum Teil erfreulicherweise ein reichhaltigeres Frühstück mit Wurst, Käse und Ei sowie Kougelhopf. Hotels bieten meist ein einfaches Frühstücksbuffet an. Auch am linken Oberrhein wird, wie in ganz Frankreich, dem Mittag- und Abendessen große Bedeutung beigemessen. In der Regel essen die Elsässer zweimal täglich warm, wobei das Essen aus drei bis fünf Gängen bestehen kann. Nach französischer Gepflogenheit wird das Mittagessen zeitig eingenommen (12.00 Uhr, midi), das Abendessen gegen 19.30 Uhr. Unüblich ist es, auch wenn mehrere Personen an einem Tisch sitzen, getrennt zu zahlen. Wenn man eine getrennte Rechnung möchte, ist es hilfreich, schon bei der Bestellung auf eine »addition separée« hinzuweisen, so dass separat boniert wird. Die Bedienung ist zwar im Preis enthalten (service compris), aber **fünf bis zehn Prozent Trinkgeld** werden vom Personal dennoch erwartet. Wer nur Appetit auf einen kleinen Imbiss oder auf einen Salat verspürt, sollte kein Restaurant, sondern lieber ein Café, eine Bar oder eine Brasserie aufsuchen, worunter eine Gaststätte oder Kneipe zu verstehen ist. Dem Café im deutschen Sinne entspricht in Frankreich der Salon de Thé, wo man Kaffee und Kuchen zu sich nehmen kann.

i Preiskategorien

- Die in diesem Reiseführer im Kapitel »Reiseziele von A bis Z« empfohlenen Restaurants sind in folgende Kategorien eingeteilt (Menü ohne Getränke):
  Fein & teuer: über 40 €
  Erschwinglich: 25 – 40 €
  Preiswert: unter 25 €

Kategorien Die reinen Speiselokale im Elsass lassen sich in drei Kategorien unterteilen. Die einfachste Kategorie bilden die rustikalen »**fermes-auberges**«, bewirtschaftete Bergbauernhöfe vor allem in den Nordvogesen, die einfache Speisen bzw. regionale Hausmannskost wie Münsterkäse im Angebot haben und oft auch Zimmer offerieren. Die fermes-auberges erfreuen sich großer Beliebtheit, was aber auch dazu geführt hat, dass einige unter ihnen mittlerweile recht hohe Preise verlangen. Im Allgemeinen etwas teurer als in den fermes-auberges geht es in der **Winstub** zu, wo erwartet wird, dass man zum Gläschen Wein etwas verzehrt. Angeboten werden hier deftige Gerichte wie Presskopf (Schweinskopf in Aspik), Schweinshaxe und natürlich »choucroute«, das elsässische Nationalgericht. Neben gutbürgerlichen **Restaurants**, der obersten Kategorie der Speiselokale, gibt es im Elsass zudem auch wahre **Gourmettempel**, die oft mit großem Erfolg regionale Küche mit kulinarischen Einflüssen aus anderen Teilen der Welt verbinden. Immerhin verfügt das Elsass, verglichen mit anderen französischen Regionen, über die meisten Michelin-Sterne: 26 Restaurants können sich rühmen, mindestens einen der begehrten Gütesiegel zu tragen.

Elsässische Küche Die elsässische Küche ist eine geglückte Synthese alemannischer Deftigkeit und französischer Raffinesse, oder wie es der elsässische Karikaturist und Autor Tomi Ungerer ausdrückt: »**französische Qualität und deutsche Portionen**«. Sie bietet manche östlich des Rheins wenig oder nicht bekannte Gerichte, oft unter mundartlichen Bezeichnungen. Kein Wunder, dass im als Schlemmerland geschätzten Elsass -- aus Werbezwecken, versteht sich – mehrere **kulinarische Reiserouten** ausgeschild»route de carpe fritte«, die »route du fromage«, die »route de la choucroute« oder die »route du vin« (s. a. S. 123). .

Elsässische Speisekarte

Vorspeisen (hors d'œuvres) Die wohl bekannteste Spezialität unter den Vorspeisen ist die Gänseleberpastete (**pâté de foie gras**). Daneben gibt es einige Fleisch-, Geflügel- und Wildpasteten. Weitere Vorspeisen sind **Escargots** (Weinbergschnecken) in Kräuterbutter, Assiette de Charcuterie (Aufschnitt unterschiedlicher Art) und die mit Speckstreifen und Béchamelsoße überbackene **Tarte aux Oignons** (Zwiebelkuchen).

Hauptgerichte Zu den Lieblingsgerichten der Elsässer zählen **Flammekueche**, **Choucroute** und **Baeckeoffe**. Natürlich sind in einem Weinbaugebiet wie dem Elsass viele Gerichte mit dem köstlichen Rebensaft zubereitet, wie **Coq au Riesling** (Hähnchen in Weißwein, meist mit hausgemachten Nudeln oder mit Spätzle serviert) oder **Truite au Riesling** (Forelle in Weißweinsoße). Apropos Fisch: Im Sundgau ist der **Karpfen** der absolute Renner. Wie schon der Name der dortigen »routes de carpe frite« vermuten lässt, wird er gebacken oder gebraten, aber nie gekocht serviert.

WAHRE GAUMENFREUDEN

Sie sind die Spitzenreiter unter den elsässischen Gaumenfreuden: Pâté de foie gras, Choucroute, Flammekueche und auch Baeckeoffe.

Gestopft oder gestreckt?

Die wohl bekannteste Spezialität unter den Vorspeisen ist **Pâté de foie gras** (Gänsestopfleber), eine Delikatesse mit Trüffeln, Kalbfleisch, Madeira und Gewürzen – für die Menschen ein wahrer Hochgenuss, für die armen Tiere, die »gestopft« werden, jedoch eine schlimme Tortur. Es heißt, ein Lothringer namens Jean-Pierre Clause habe als Koch des Marquis de Contades, des in den Jahren 1768 bis 1788 amtierenden Militärgouverneurs von Strasbourg, ein neues Gänseleberrezept erfunden, nämlich den bis dahin üblichen, mit ganzen Gänselebern farcierten Pastetenteig durch eine Füllung aus Kalbfleisch und Speck zu bereichern. Clause machte sich später in Strasbourg selbstständig und verkaufte erfolgreich die von ihm erfundene Gänseleberpastete. Nach der Französischen Revolution verfeinerte er seine Spezialität auf Anraten eines jungen Kochs aus dem Périgord mit Trüffeln. So entstand der Pâté de foie gras aux truffes du Périgord.
Doch ist zweifelhaft, ob Clause tatsächlich der Erste war, der eine solche Pastete herstellte. Denn schon 1740 – also noch vor der Zeit des im Elsass so gerühmten Kochs – führte das Kochbuch »Le Cuisinier Gascon« ein Rezept für »petits pâtés de foyes gras aux truffes« auf, also für Gänseleberpastetchen mit Trüffeln. Dem Liebhaber dieser Spezialität ist jedoch einerlei, wer das Gericht kreiert hat – der wahre Kenner achtet nur darauf, ob ihm »foie gras entier« bzw. »bloc de

Der Klassiker elsässischer Gerichte: Ein Sauerkrautgericht mit dem klangvollen Namen »Choucroute garnie à l'Alsacienne« (S. 73)

Eine wunderbare Einstimmung auf ein mehrgängiges Menü oder ein kleiner Snack zwischendurch – die »Tarte flambée« (Flammkuchen, S. 75)

foie gras«, d.h. reine Geflügelleber, offeriert wird oder »mousse«, »pâté« bzw. »terrine de foie«, was nichts anderes bedeutet als eine gestreckte Köstlichkeit.

Variationen von Sauerkraut

Im 18. Jahrhundert schrieb Savary des Bruslons in seinem »Dictionnaire Universel de Commerce«, dass in Strasbourg vorwiegend mit »eaux-de-vie«, Safran und großen Kohlköpfen Handel getrieben werde. Von Safran ist in großem Ausmaß nichts mehr zu spüren, Schnaps und Kohl aber sind heute so wichtig wie damals. Fast 70% des französischen Weißkohls werden im Elsass geerntet. Kein Wunder, dass das wegen seiner Nahrhaftigkeit und langen Haltbarkeit geschätzte Sauerkraut auch in der elsässischen Küche eine besonders große Rolle spielt. In kleinen Kneipen wie auch in Spitzenrestaurants findet man das Leib- und Magengericht der Elsässer auf der Speisenkarte: **Choucroute** (Verballhornung des elsässischen »Sürkrüt« = Sauerkraut), das am häufigsten als **»Choucroute garnie à l'Alsacienne«** auf den Tisch kommt, nämlich als eine aus Speck, Würstchen und Fleisch bestehende Schlachtplatte, die in mit Weißwein verfeinertes Sauerkraut gebettet ist.
Dieses Gericht mit seinen geräucherten oder gepökelten Zutaten stammt aus jenen Zeiten, als man schon zur Erntezeit des Weißkohls (meist Oktober / November) Vorräte für den Winter anlegen musste. Seit wann Choucroute zum elsässischen Speisezettel gehört, ist nicht genau bekannt, vermutlich seit dem 16. Jh., als jemand in Deutschland die Kohlgärung in Salzlake erfand. Übrigens wird Choucroute mittlerweile auch mit Fasan, Fisch oder Gänsestopfleber kredenzt. Eigentlich nichts Neues: Schon im 18. Jh. gab es Rezepte für Sauerkraut mit Räucherfisch.

Pizza auf Elsässisch

Gewissermaßen die elsässische Variante der Pizza ist der **Flammekueche** bzw. Tarte flambée (Flammkuchen), ein dünn ausgewalzter Brotteig, der – traditionell mit Crême fraîche oder Quark, Zwiebeln und Speck, zuweilen auch mit anderem Belag wie Knoblauch oder Gruyère Käse garniert – über offenem Feuer auf großer Hitze gebacken wird.

Entstanden ist die Speise, deren Name »Flammekueche« daher rührt, dass man die ersten Flammen nach dem Anheizen des Ofens zum Backen nutzte, im 18. Jh. im Kochersberger Land nordöstlich von Wasselonne, wo es im Gegensatz zu ärmeren Regionen auf den Bauernhöfen Öfen zum Brotbacken gab und die Zutaten Mehl, Milch und Zwiebeln reichlich vorhanden waren.

Der Flammkuchen ist eine gesellige Angelegenheit, da er, auf großen Holzbrettern serviert, unter den Tischgenossen aufgeteilt wird; ist er aufgegessen, lässt man sich den nächsten bringen.

»Montagsgericht«

Eine aus Strasbourg stammende Spezialität ist der **Baeckeoffe** (Bäckerofen), auch »Montagsgericht« genannt. Traditionsgemäß gab die Hausfrau am Sonntagabend die Fleischreste vom sonntäglichen Mittagsmahl – meist Schweinefleisch, aber auch Rindfleisch, Lamm und Gans – zusammen mit Kartoffeln, Zwiebeln und Karotten in eine Keramikform, verfeinerte das Gericht mit Gewürzen und elsässischem Wein und brachte es am nächsten Morgen dem Bäcker, der es in der nun mit Brotteig verschlossenen Terrine im Backofen garte. So konnten sich die Hausfrauen die Kocharbeit ersparen und sich am Montag, dem traditionellen Waschtag, bis zur Mittagszeit ungestört um die schmutzige Wäsche kümmern.

Nachspeisen (desserts)

Zu den süßen Leckereien im Elsass zählen Obstkuchen wie **Tarte aux pommes** (Apfelkuchen) und **Tarte aux myrtilles** (Heidelbeerkuchen) sowie **Soufflé au Kirsch** (leichter Auflauf aus Zucker, Eiern und Kirschwasser). Oft wird auch zum Nachtisch (wie zum Frühstück) der **Kougelhopf** bzw. Gugelhupf (Napfkuchen aus Hefeteig mit Rosinen und Mandeln) gereicht, der aus Österreich stammen und von Marie Antoinette, als sie von Wien nach Paris zu ihrer Hochzeit reiste, im Elsass eingeführt worden sein soll. Großer Beliebtheit unter den Backwaren erfreut sich auch die **Bretzel** (Laugenbrezel), die gern als Zwischenmahlzeit genossen wird. Der elsässische Käse schlechthin ist der **Munster**, ein herb-aromatischer, stark riechender Weichkäse aus Kuhmilch mit rötlichgelber Rinde.

Getränke

Neben **Wein** (► dort) ist **Bier** das zu den Mahlzeiten beliebteste Getränk (► Baedeker Special, S. 103). Die bekanntesten elsässischen Brauereien befinden sich im Raum Strasbourg (Pêcheur / Fischer, Kronenbourg); sie sind führend auf dem französischen Markt und produzieren rund 50 % des französischen Bieres. Es werden fast nur helle Biere gebraut. Einige Brauereien bieten Besichtigungen an; alle zwei Jahre (z. B. 2007) findet im April in Strasbourg-Wacken die internationale Biermesse »**Eurobière**« statt.

Das Elsass ist die einzige Region Frankreichs, wo in nennenswertem Umfang klare **Schnäpse** gebrannt werden. Die **Obstwässer** (u. a. aus Kirsche, Himbeere, Birne, Mirabelle) sind leichter gebrannt als in Deutschland und daher fruchtiger. Man trinkt sie gern aus weiten Gläsern, in denen sich das Aroma entfalten kann.

! *Baedeker* TIPP

Zum Wohl!

Fünf unterelsässische Brauereien öffnen ihre Pforten: Die größte Brauerei Frankreichs, Kronenbourg in Strasbourg (68, Route d'Oberhausbergen, www.brasseries-kronenbourg.com, Tel. 03 88 27 41 59), sowie drei Brauereien im nördlich an Strasbourg angrenzenden Schiltigheim – Heineken (4, Rue St-Charles, Tel. 03 88 19 57 55), Schutzenberger (8, Rue de la Patrie, Tel. 03 88 18 61 00) und Saint Pierre (30, Rue Principale, Tel. 03 88 08 82 93). Eine Bierprobe ist in der Führung inbegriffen!

Feiertage, Feste und Events

Fastnachtsumzüge, Wein- und Folklorefeste, Kirchweih, historische Jahrestage, Musikfestspiele, Kulturfestivals – die Elsässer feiern gerne und sehr stimmungsvoll. In fast jedem Dorf findet irgendwann im Jahr ein Volksfest statt, bei dem es hoch hergeht – mit Wein, Bier, Choucroute, Würsten, Kougelhopf und anderen elsässischen Spezia-

VERANSTALTUNGSKALENDER

GESETZLICHE FEIERTAGE

1. Januar (Neujahr)
Karfreitag
Ostermontag
1. Mai (Tag der Arbeit)
8. Mai (dt. Kapitulation 1945)
Christi Himmelfahrt
14. Juli (Nationalfeiertag; Sturm auf die Bastille 1789)
15. August (Mariä Himmelfahrt)
1. November (Allerheiligen)
11. November (Waffenstillstand 1918)
25. Dezember
26. Dezember

JANUAR / FEBRUAR

▶ Fantastic Arts

Ende Januar / Anfang Februar findet im Vogesenort Gérard- mer das »Festival des Fantastischen Films« statt, das 1994 vom Wintersportort Avoriaz in die Vogesenstadt verlegt wurde.

FEBRUAR / MÄRZ

▶ Kinderkarneval

Kinderkarneval mit bunten Umzügen in Saverne.

▶ Alemannischer Karneval

Buntes Fastnachtstreiben in Mulhouse.

▶ Schiweschlaje

In Offwiller wird am 1. Sonntag während der Fastenzeit nach Einbruch der Dunkelheit mit brennenden Holzscheiben, die bergabwärts geschlagen werden, der Winter ausgetrieben.

MÄRZ / APRIL

▶ Passionsspiele

In Masevaux finden deutschsprachige Passionsspiele statt.

▶ Les Champs Golots

Beim Winteraustreiben am Mittwoch vor Ostern lassen Kinder beleuchtete Schiffchen auf dem Wasserbecken beim Rathaus schwimmen.

APRIL

▶ Fête des Jonquilles

Um den 20. April begrüßt Gérardmer beim Narzissenfest den Frühling mit üppigem Blütenzauber und großem Spektakel. Für den Festzug durch die Stadt werden dabei u. a. berühmte Bauten sowie Menschen, Tiere und Pflanzen aus Blüten modelliert.

▶ Alternatives Zirkusfestival

In der letzten Aprilwoche geht in Obernai ein alternatives Zirkusfestival mit Akrobaten, Clowns usw. über die Bühne, das vor allem junge Darsteller vorstellen will.

APRIL / MAI

▶ Schneckenrennen

Beim Schneckenrennen in Osenbach bei Colmar Ende April / Anfang Mai laufen die schnellsten Schnecken Frankreichs auf einer 50 cm langen Strecke praktisch um ihr Leben – denn die langsamsten werden verspeist.

MAI

▶ Ökomesse

Fünf Tage lang stellen Ökobauern und -winzer in Rouffach ab Christi Himmelfahrt ihre Produkte wie Wein, Brot, Käse, aber auch Kunsthandwerk aus.

JUNI

▶ Fête de la Musique

Im ganzen Land wird am 21. Juni

das Musikfest u. a. mit Gratiskonzerten und Straßenmusik gefeiert.

► **Feu de St-Jean**
Vielerorts wird in der Nacht zum 24. Juni (in manchen Orten auch früher oder später) anlässlich der Sonnwendfeier ein riesiges Johannisfeuer angezündet.

► **Crémation des Trois Sapins**
Beim Volksfest in Thann am 30. Juni werden – seit 1458 – vor der Stiftskirche feierlich drei kunstvoll gestaltete Tannen verbrannt.

JULI – OKTOBER

► **Weinfeste**
In den Sommermonaten findet in jedem Weinort ein Weinfest statt. Das Fest in der Weinmetropole Colmar dauert zehn Tage (Anfang August bis Mitte August).

JULI

► **Nationalfeiertag**
Feuerwerk mit Volksfestcharakter in der Nacht zum 14. Juli zum französischen Nationalfeiertag.

► **Sommernachtstraum**
Im Val de Villé feiert das kleine Dorf Hohwarth südwestlich von ►Andlau mit einem Ton- und Lichtspektakel einen »Sommernachtstraum«, das »größte Spektakel unter freiem Himmel in Ostfrankreich« (Eigenwerbung), das an mehreren Tagen immer um 22.30 Uhr beginnt und um Mitternacht endet.

► **Streisselhochzeit**
Am 3. Sonntag im Juli begeht Seebach die Streisselhochzeit, einen traditionellen Hochzeitsumzug mit ländlichen Trachten und Kopfbedeckungen.

AUGUST

► **Hochzeit von l'Ami Fritz**
Jedes Jahr kommt in Marlenbach der notorische Junggeselle »Freund Fritz«, eine beliebte Romanfigur aus einem Buch von Erckmann-Chartrian (1864), unter die Haube – riesiges Folklorefest.

► **Corso Fleuri**
Umzug in Sélestat mit Folklorefest und Feuerwerk.

SEPTEMBER / OKTOBER

► **Pfifferdaj**
Umzug der Spielleute (»Pfeifer«) und Gaukler in mittelalterlicher Tracht am 1. Sonntag des Monats – die Ursprünge dieses großen Volksfestes in Ribeauvillé gehen auf das 15. Jh. zurück.

► **Sauerkrautfest**
Krautergersheim feiert am 26. / 27. September das größte Sauerkrautfest des Elsass.

► **Festival Voix et Route Romane**
Mittelalterliche Musik an historischen Orten und interessante Vorträge; im Elsass und in der Pfalz, www.voix.romane.com).

DEZEMBER

► **Christkindlmärkte**
Ab Anfang Dezember finden im Elsass rund 50 Christkindlmärkte statt, die schönsten in Strasbourg, Colmar, Mulhouse und Kaysersberg. Knecht Rupprecht heißt übrigens im Elsass »Hans Trappl«, und der Weihnachtsbaum ist eine elsässische Erfindung (►Sélestat). Zunächst dienten Äpfel als Schmuck, Ende des 18. Jh.s schufen Glasbläser aus den Nordvogesen die ersten Christbaumkugeln.

Im Herbst gibt es in vielen elsässischen Orten Wein-, Hopfen- und Sauerkrautfeste.

litäten. Genaue Daten findet man in den Veranstaltungskalendern der Fremdenverkehrsbüros, in der Broschüre, die die Verkehrsvereine der elsässischen Départements (►Auskunft) jährlich herausgeben, oder im Internet unter **www.alsace-info.com/feste**.

Geld

Euro

Seit 1. Januar 2002 ist der Euro (€) die gemeinsame offizielle Währung in elf europäischen Staaten. Für die nicht an das Euro-System angeschlossene Schweiz gilt: 1 € = 1,59 sfr bzw. 1 sfr = 0,69 €.

Banken haben in der Regel Di. – Fr. 10.00 – 13.00 und 15.00 – 17.00 Uhr geöffnet. Einige öffnen auch am Samstagvormittag. Vor Feiertagen schließen sie manchmal früher.An französischen **Geldautomaten** (Bancomat) kann man ohne Weiteres mit Kredit- und Bankkarten Geld abheben.

i Sperr-Notrufnummer

- Den Verlust von Bank- bzw. Kreditkarte muss man sofort melden, die Karte wird dann umgehend gesperrt. Die entsprechende Notrufnummer für Bank-, Kredit-, Handy und Krankenversicherungskarten lautet: Tel. (00 49) 116 116.

Gesundheit

In ganz Frankreich sind die medizinische Versorgung in Praxen und Krankenhäusern sowie die Hilfe in Notfällen grundsätzlich gewährleistet. Vor einem Frankreich-Aufenthalt empfiehlt es sich, die neuesten Bestimmungen bei der zuständigen Krankenkasse zu erfragen und dort einen Auslandskrankenschein (Vordruck E 111) anzufordern. Generell ratsam ist der Abschluss einer privaten Auslandskrankenversicherung, zumal diese im Notfall auch die Kosten für einen Rücktransport übernimmt.

Mit Kindern unterwegs

Neben Sportarten wie Radfahren, Baden in elsässischen Seen bzw. Freizeitbädern (u. a. im Nautiland von ►Haguenau) oder Fliegen im Heißluftballon (►Urlaub aktiv) sowie Besuchen der ►Haut-Kœnigsbourg, des Écomusée d'Alsace (►Ensisheim), des Musée Animé du Jouet in ►Colmar, des Automobil-, Feuerwehr- oder Eisenbahnmuseums in ►Mulhouse und des Musée Zoologique in ►Strasbourg gibt es im Elsass etliche Einrichtungen, in denen sich die Jüngsten wohl fühlen und die das Interesse wecken werden. Interessante Tipps erhält man auch unter **www.tourisme-alsace.com/Freizeittipps**.

Kinder sind im Elsass überall willkommen.

Bei Kintzheim unter der Haut-Kœnigsbourg befindet sich in einem bewaldeten Gelände die **»Montagne des Singes«**, der Affenberg, wo die frei umherlaufenden Berberaffen mit Popcorn gefüttert werden dürfen. Ganz in der Nähe, auf der Burg Kintzheim, lädt die **Greifvogelwarte** zu Flugvorführungen mit Geiern, Adlern und Falken ein. Zwischen Kintzheim und Sélestat gibt einen kleinen Vergnügungspark mit einer **Storchenzucht**; bei Hunawihr kann man im **Centre de Réintroduction des Cigognes** nicht nur Störche, sondern auch Kormorane und Fischotter beobachten. Tiere wie Affen, Störche,

Hirsche u. a. sind ferner im **Centre de Loisir** in Herbsheim, südöstlich von Benfeld, zu besichtigen. Dort gibt es auch eine Ponyranch. Im **Aquarium Tropical** in Kingersheim nördlich von Mulhouse können exotische Süß- und Salzwasserfische, u. a. Haie und Piranhas, bewundert werden. Mulhouse selbst hat einen großen Zoo.

Freizeitparks

In Morsbronn-les-Bains zwischen Lembach und Haguenau gibt es ein **Fantasialand** mit Karussell, Floßfahrten, Seeräuberboot, Kleinbahn und Bergwerkbahn. Am Lac de Pierre-Percée östlich von Baccarat in den Vogesen kann sich das Publikum ab 8 Jahren im **Aventure Parc** auf 72 Geräten zwischen Himmel und Erde vergnügen (u. a. Hängeseile, Affenbrücken, Seilwände).

Minentour

Bei Ste-Marie-aux-Mines werden kindgerechte Führungen durch eine enge, unbeleuchtete Silbermine aus dem 16. Jh. angeboten, die einen halben Tag dauern. Ausrüstung (Helme, Grubenlampen, Kleidung) wird gestellt.

Museumsbahnen, Schifffahrt

Auf verschiedenen Strecken kann man die Gegend mit einer Dampf- oder Diesellok erkunden, so im Dollertal von Cernay nach Sentheim. Ferner gibt es eine Waldbahn von Abreschviller (südlich von Sarrebourg) nach Grand Soldat und ein Bähnchen am Schiffshebewerk St-Louis-Arzviller. Zwischen dem Hafen von Neuf-Brisach und Baltzenheim wird ein Ausflug angeboten, bestehend aus einer Fahrt mit dem Dampfzug und mit dem Schiff auf dem Rhein.

Draisinen

Im Mortagne-Tal können die früher von den Gleisarbeitern zur Fortbewegung genutzten Draisinen auf einer 13 km langen, still gelegten Bahnstrecke ab Magnières (ca. 20 km westlich von Baccarat) für einen halben Tag oder stundenweise gemietet werden (Information und Reservierung am alten Bahnhof von Magnières).

Knigge

In Frankreich legt man Wert auf **gute Umgangsformen**. Höflichkeit, stilgerechtes Auftreten und rhetorische Fähigkeiten sind alltägliche Verhaltensstandards. Man hält die Tür auf für die Person hinter sich und entschuldigt sich mit einem »Pardon!« oder »Excusez-moi!«, wenn man an jemandem vorbeigehen will. Besonders an religiösen Orten ist Zurückhaltung geboten. Ärmellose T-Shirts, Shorts oder Miniröcke sind ebenso unerwünscht wie lautes Auftreten. Bei der Begrüßung unter Freunden gibt es Küsschen rechts und links, nur angedeutet, hauchzart und Wange an Wange – je nach Region zwei, drei oder vier –, lassen sie sich überraschen. Mit Händeschütteln ist man in Frankreich zurückhaltender.

Im Restaurant Anders sind auch die Sitten im Restaurant. Es ist nicht üblich, sich an einen Tisch zu unbekannten Gästen dazuzusetzen nach dem Motto »Ist hier noch ein Platz frei?«. Dies würde der in Frankreich hoch bewerteten **Diskretion** widersprechen. Ein absoluter Fauxpas ist der Ruf nach dem »Garçon!«. Am besten ist es, mit »s'il vous plaît Monsieur« bzw. »s'il vous plaît Madame« auf sich aufmerksam zu machen. Ein energisches Hallo kommt selten gut an und wird als Kommando-Ton empfunden. Wer bezahlen möchte, verlangt »L'addition, s'il vous plaît!«.

Während mittags im Restaurant noch legere Freizeitkleidung ohne Augenzucken toleriert wird, ist sie abends völlig out. Zum stilvollen Abendessen, das immer aus mehreren Gängen besteht und wirklich abendfüllend ist, gehört auch, dass die Tische **vorab reserviert** werden – und niemand den Essensgenuss durch die Suche nach einem freien Sitzplatz stört. Eine freie Platzwahl ist in Frankreich nur in einfachen Lokalen üblich – sonst wird am Eingang gewartet, bis die Bedienung einen Platz zuweist.

Das Elsass hat für jeden Gaumen und jede Kehle etwas zu bieten.

Die Speisekarte wird gebracht und beim Aperitif die **Bestellung** aufgenommen. Meist wird ein Krug Leitungswasser (carafe d'eau) auf den Tisch gestellt. Es wird aber erwartet, dass der Gast noch ein Getränk bestellt. »Eau minérale« bedeutet stilles Wasser. Wer Mineralwasser mit Kohlensäure trinken möchte, bestellt »eau gazeuse«. Frisches Baguette gehört zu jedem französischen Essen dazu. Es soll jedoch kein Sattmacher sein und wird nur in geringen Mengen verzehrt, um Saucen aufzunehmen oder die Geschmacksnerven vor dem Schluck Wein zu neutralisieren. Es ist nicht vorgesehen, dass der Brotkorb bereits leer gegessen wird, bevor der erste Gang serviert wird. Wenn es auch schwerfällt, dem duftenden knusprigen Brot zu wiederstehen, es wird zum und nicht vor dem Essen gegessen. Käse schließt den Magen, und wenn man in einem Restaurant den Käsewagen (Chariot de fromage) bewundert ob all der Köstlichkeiten, so wird doch Zurückhaltung verlangt. Höchstens drei Sorten wähle man sich aus und schneide sich auch nur jeweils ein kleines Stück herunter. Für Raucher sind spezielle Tische reserviert. Das **Rauchverbot in öffentlichen Gebäuden** wie Flughafen, Bahnhof und Métro hat sich in Frankreich durchgesetzt und muss beachtet werden. Nicht nur nach einem aus-

giebigen Essen im Restaurant, sondern bereits nach einer Tasse Kaffee ist **Trinkgeld** üblich, das man auf das leere Tellerchen oder diskret in die Rechnungsmappe legt.
Frankreich ist sich bewusst, dass die Zeiten der »Grande Nation« der Vergangenheit angehören, aber Franzosen lieben ihr Land, sie sind stolz auf ihr kulturelles Erbe, »le patrimoine«, und sie pflegen ihre Traditionen. So sind sich Franzosen auch der Schönheit, Präzision und Klarheit ihrer eigenen **Sprache** sehr bewusst, tun sich aber im Allgemeinen schwer mit Fremdsprachen. Am besten eignen Sie sich vor der Reise die wichtigsten Wörter für Begrüßung, Zimmereservierung und Bestellung im Restaurant an – man wird es zu schätzen wissen! Ein kleiner Tipp zum Schluss: Franzosen lieben Kommunikation, das Spiel der Gesten und Worte, ihre Sprache lebt vom Klang. Es empfiehlt sich, die einzelnen französischen Worte oder Sätze, deren man mächtig ist, in den Klang der eigenen Sprache einzubetten. Mimik und Haltung wirken dann angenehmer und offener und mit Sicherheit höflicher als zum Beispiel ein ausgestreckter Zeigefinger, der wortlos auf den leeren Brotkorb weist. Sprechen mit den Augen, auch der Körperausdruck werden in Frankreich gut verstanden; ein charmantes Lächeln ist der beste Türöffner und oftmals der Beginn einer wunderbaren Freundschaft.

Literaturempfehlungen

Romane, Erinnerungen

Jean Egen: Die Linden von Lautenbach (rororo, Hamburg 2004). Auf packende Weise erzählt Jean Egen (1920 – 1995) die Geschichte einer elsässischen Familie im Spannungsfeld zweier Nationen.

Johann Wolfgang von Goethe: Aus meinem Leben. Dichtung und Wahrheit (Reclam, Stuttgart 1993). Der Dichterfürst, der 1770 nach Strasbourg kam, um sein Studium zu beenden, berichtet u. a. über sein Liebesverhältnis zur Sessenheimer Pfarrerstochter Friederike und über die deutsche Baukunst.

Georges Simenon: Das Gasthaus im Elsass (Diogenes TB, Zürich 2003). Spannende Geschichte des belgischen Krimi-Meisters am Col de la Schlucht.

? WUSSTEN SIE SCHON ...?

- dass 23 Antiquare und ein Buchbinder im 6 km westlich von Baccarat gelegenen Dorf Fontenoy-la-Joûte ehemalige lothringische Bauernhöfe zu Buchhandlungen umgebaut haben? Man findet dort Hunderttausende von antiquarischen und gebrauchten Büchern zu allen Themen und in allen Preisklassen.

Tomi Ungerer: Die Gedanken sind frei. Meine Kindheit im Elsass (Diogenes, Zürich 1993). Ungerer über seine Kindheit im Elsass unterm Hakenkreuz.

Elsässisches

Das Elsass: Ein literarischer Reisebegleiter, hrsg. von Emma Guntz. (Insel Taschenbuch 2746, Frankfurt 2001). Enthält eine Fülle von Texten, Gedichten, Stimmungsbildern, von der mittelalterlichen Dichtung über Volkslieder, Mundartliches bis hin zur Moderne.

Huguette Dreikaus: Das Elsass, das ich meine (Editions DNA, Strasbourg 1998). Prosa der elsässischen Radiochronistin, Kabarettistin und Gymnasiallehrerin aus Dauendorf über ihre Heimat.

Rainer Stephan: Gebrauchsanweisung für das Elsass (Piper München 2004) . Was ist typisch elsässisch? Amüsant geschriebener Einstieg in die Mentalität der Elsässer.

Stefan Woltersdorff: Straßburg für Leser. Ein literarischer Führer durch die Stadt und ihr Umland (Morstadt Verlag Kehl 2000). Ein Fundus an literarischen Details.

Bildband

HB Bildatlas 222: Elsass (MAIRDUMONT, Ostfildern 2001). Stimmungsvolles Porträt der Region Elsass mit ihren Highlights.

Kulinarisches

Inken Herzig: Fachwerk, Sterne-Koch und Storchenvater. Elsässer Sinnenfreuden (Picus Leserreisen. Wien 2003). Elsässer Geschichten zum Thema Genießen.

Elsass Landhotels & Restaurants: Weingüter, Einkaufen (Dumont Reisen für Genießer Köln 2002). Gute Tipps der eher gehobenen Preiskategorie.

Petra von Cronenburg: Wo der Zander am liebsten im Riesling schwimmt (Sanssouci im Carl Hanser Verlag, München 2004). Informationen zur elsässischen Küche und Kochrezepte.

Bert Teklenborg: Jakobsweg der Freude (Salem Edition 2000). Wanderreiseführer und Routenplaner, befasst sich mit dem Fernwanderweg von Strasbourg nach Santiago de Compostela.

Notrufe

WICHTIGE RUFNUMMERN

IN FRANKREICH

▶ **SAMU**
(Krankenwagen und Notarzt)
Tel. 15

▶ **Polizei**
Tel. 17

▶ **Feuerwehr**
Tel. 18

▶ **Pannenhilfe**
Tel. 08 00 08 92 22

▶ **ADAC-Notruf**
Tel. 04 72 17 12 22

IN DEUTSCHLAND

▶ **ACE-Notrufzentrale Stuttgart**
Kranken- und Fahrzeug-rückholdienst
Tel. (00 49 18 02) 34 35 36

▶ **Deutsche Rettungsflugwacht Stuttgart**
Tel. (00 49 7 11) 70 10 70

▶ **DRK-Flugdienst Bonn**
Tel. (00 49 2 28) 23 00 23

▶ **ADAC-Notrufzentrale München**
Tel. (00 49 89) 22 22 22
(rund um die Uhr besetzt; Beratung nach Unfällen etc.)
Tel. (00 49 89) 76 76 76
(Rückholdienst und Telefonarzt)

IN ÖSTERREICH

▶ **ÖAMTC-Notrufzentrale Wien**
Tel. (00 43 1) 9 82 82 82

IN DER SCHWEIZ

▶ **Schweizerische Rettungsflugwacht Zürich**
Tel. (00 41 1) 14 14
Tel. (00 41 1) 3 83 11 11

Post • Telekommunikation

Öffnungszeiten
Die Postämter sind Mo.–Fr. 8.00–19.00 Uhr (z. T. Mittagspause), Sa. 8.00–12.00 Uhr geöffnet.

Postämter
In der Post kann man Briefe aufgeben, Pakete oder Telegramme verschicken, Geld umtauschen, telefonieren, ein Fax versenden, den Minitel Dienst benutzen, Briefmarken und Umschläge kaufen (Briefmarken sind auch in Tabakläden erhältlich) sowie Post abholen (postlagernde Sendungen). Viele Kreditkarten werden mittlerweile akzeptiert.

Kartentelefone und Telefonkarten
Bei den öffentlichen Telefonen handelt es sich in der Regel um Kartentelefone; konventionelle Münzfernsprecher findet man kaum noch. Telefonkarten (télécartes) unterschiedlicher Kapazitäten und Preise sind bei den Postämtern sowie in Tabakläden und Bars erhältlich; man achte darauf, dass sie sich noch in der verschweißten Originalverpackung befinden.

Telefonate innerhalb Frankreichs
Auch innerhalb der Départements müssen alle zehn Ziffern einer Telefonnummer gewählt werden.

Telefontarife
Reduzierte Telefontarife gibt es werktags zwischen 19.00 und 8.00, Sa. ab 12.00 Uhr sowie an Sonn- und Feiertagen.

INFORMATION

► **Vorwahl von Deutschland, Österreich und der Schweiz nach Frankreich**
00 33 + die 9-stellige Nummer des Gesprächspartners ohne die Anfangs-0.

► **Vorwahl von Frankreich**
nach Deutschland: 00 49
nach Österreich: 00 43
in die Schweiz: 00 41
Die 0 der nachfolgenden Ortsnetzkennzahl entfällt.

Minitel Minitel ist ein Terminal zum Suchen in Datenbanken. Zusammen mit einem Bildschirm wird es an eine Telefonleitung angeschlossen und ermöglicht so den Zugang zu verschiedenen Diensten (z. B. Hotels, Autovermietungen, aber auch Privatadressen). Die Nummer des Telefonverzeichnisses für Frankreich lautet 36 11. Minitels findet man zur Selbstbedienung in allen Postämtern.

Preise und Vergüngstigungen

Zwar gibt es keine spezielle Elsass-Karte, doch Vergünstigungen wie der Oberrheinische Museumspass (Colmar, ►Baedeker Tipp S. 146) oder der auch Strasbourg-Pass (►Baedeker Tipp S. 290) sind absolut lohnenswert.

WAS KOSTET WIE VIEL?

Einfache Mahlzeit
ca. 8 €

Menü
ab 15,00 €

1 Tasse Kaffee
1,80 €

1 Glas Wein
ab 3,00 €

Reisezeit

Die klimatisch begünstigte Oberrheinebene und das östliche Vogesenvorland lohnen zur Zeit der Baumblüte, im Frühling und Frühsommer, einen Besuch, insbesondere aber im Herbst mit seinem golden-transparenten Tageslicht, der beginnenden Laubfärbung und der Zeit der Weinlese. Im Hochsommer kann die Hitze in der Ebene –

und vor allem in den dort gelegenen größeren Städten – manchmal unangenehm werden. An der Westflanke der Vogesen bildet die Gegend um Gérardmer wegen ihrer berühmten Narzissenblüte im April ein viel besuchtes Frühlingsziel. In den höheren Lagen der Vogesen hält der Frühling erst deutlich später Einzug; dafür ist der Aufenthalt auch im Hochsommer angenehm. Vor allem Wanderer kommen dann auf ihre Kosten, zumal die ausgedehnten Wälder immer wieder erfrischenden Schatten bieten. Die Hochvogesen bilden aber auch ein nicht zu unterschätzendes Wintersportgebiet mit Langlaufloipen, präparierten Abfahrtspisten und vielen Aufstiegshilfen. Dank ihrer kulturellen Sehenswürdigkeiten sind die größeren Städte wie Haguenau, Wissembourg, Saverne, Strasbourg, Sélestat, Colmar und Mulhouse lohnende Ziele, wo man auch bei ungünstigem Wetter vielerlei erleben und unternehmen kann. Zur Zeit der deutschen und französischen Sommerferien ist bei den Unterkunftsmöglichkeiten (auch auf Campingplätzen) mit Engpässen zu rechnen; in dieser Zeit sind auch die Hauptsehenswürdigkeiten (z. B. Haut-Kœnigsbourg, Mont Ste-Odile, Riquewihr) äußerst stark besucht.

Weihnachten

Die Weihnachtszeit im Elsass ist besonders stimmungsvoll. Dank des alemannischen Erbes werden die Adventszeit und Weihnachten hier anders gefeiert als im übrigen Frankreich; so ist auch der 26. Dezember nur im Elsass ein Feiertag. Die Tourismusbehörde hat das weih-

Die elsässischen Weihnachtsmärkte sind etwas ganz Besonderes.

Weihnachtliches Elsass

- Alles zu Christkindlmärkten, Adventskonzerten sowie Krippen- und Weihnachtsbaumausstellungen erfährt man im Internet unter www.noel-alsacetourisme.com, www.marche-de-noel-alsace.com, www.noel-colmar.com und www.noel-strasbourg.com.

nachtliche Elsass in sieben Regionen mit unterschiedlichen Aktivitäten und Themenschwerpunkten eingeteilt. In fast allen Orten gibt es Christkindlmärkte und Konzerte in den Kirchen. Sélestat gilt als die Geburtsstadt des Weihnachtsbaums, Gertwiller ist die Hauptstadt der Lebkuchen, in Meisenthal werden Weihnachtskugeln aus Glas hergestellt, in Turckheim ist im Rechnungsbuch der Zünfte der älteste Nachweis für den Schmuck der Christbäume eingetragen (im 16. Jh. Äpfel, Oblaten und Buntpapier), in Thann steht ein riesengroßer Adventskalender auf dem Marktplatz. Im ganzen Land werden köstliche Bredala (Weihnachtsgebäck) gebacken, Leckerle (mit Zuckerguss überzogene Honigkuchen) und Berawecka (Weihnachtskuchen mit Trockenfrüchten), und es wird sogar ein Weihnachtsbier gebraut. Mancherorts kann man Märchenerzählern lauschen.

Shopping

Öffnungszeiten Die Supermärkte und Einkaufszentren (centres commerciaux) im Einzugsbereich der größeren Städte sind im Allgemeinen (auch am Samstag) von 9.00 – 19.00 Uhr geöffnet, manche Läden sogar bis 21.00 Uhr.

Die Öffnungszeiten für mittlere und kleinere Einzelhandelsgeschäfte sind weniger streng festgelegt. Lebensmittelläden und Bäckereien öffnen morgens schon sehr zeitig und sind auch sonn- und feiertags meist nicht durchgehend geschlossen. Dagegen wird in aller Regel eine Mittagspause (12.00 – 14.00 oder 15.00 Uhr) eingehalten.

Antiquitäten Für Antiquitätenliebhaber sind die historischen Stadtviertel von Strasbourg und Colmar mit ihren zahlreichen Antikläden ein wahres Paradies. Schnäppchen allerdings findet man eher selten.

Keramik Ein besonders geschätztes Mitbringsel ist die elsässische Keramik. Soufflenheim und Betschdorf sind die beiden »Keramikdörfer« des Elsass. Die Tonwaren sind hier überall zu finden. **Soufflenheimer Keramik** ist ockerfarben, braun, blau oder grün glasiert und mit rustikalen Blumen- und Pflanzenornamenten bemalt (spülmaschinen- und mikrowellenfest). Schlichter ist die graue **Betschdorfer Keramik** mit blauer Bemalung und Salzglasur (nicht feuerfest!).

Glas An der Westflanke der nördlichen Vogesen haben sich viele Glashütten und Kristallglasschleifereien etabliert, die meist eigene Verkaufsausstellungen besitzen und bisweilen Werkstattbesuche anbieten.

Die **Spezialitäten der elsässischen Küche** (Gänseleberpastete, Würste, Sauerkraut u. a.) sind auch als Konserven von hoher Qualität zu bekommen. Als Souvernirs eignen sich ferner Vogesenhonig, Räucherwaren, Süßigkeiten und ähnliches. Für den Transport von Munsterkäse oder Wurstwaren empfiehlt sich allerdings eine Kühlbox mitzunehmen.

! *Baedeker* TIPP

Frühe Comics

Geschenke ganz besonderer Art sind die im 18. und 19. Jh. weithin geschätzten Bilderbogen aus Épinal, die die Imagerie d'Épinal (42 bis, Quai de Dogneville) verkauft. Ein Museum alter Techniken bringte einem zudem die bezaubernde Welt der Images und ihrer Geheimnisse näher.

Obstbrände

Wer die Elsässische Weinstraße (Route du Vin) bereist, hat überall die Gelegenheit, Vorräte für den heimischen Weinkeller einzukaufen. Auch gibt es im Elsass vorzügliche (► Baedeker Special S. 103); vor allem in den Gebirgstälern der südöstlichen Vogesen hat sich eine aus der einstigen Schwarzbrennerei entstandene experimentierfreudige Schnapsfabrikation entwickelt.

Storchen-Souvenirs

Überall, in vielen Varianten und Materialien ist der Weißstorch, der Wappenvogel des Elsass, zu finden – aus Plüsch, Stoff, Keramik, Kunststoff oder als Dekor auf Schmuckkeramik.

Sprache

Wer die französische Sprache nicht einigermaßen gut beherrscht, sollte auch bei einer Fahrt ins Elsass und in die Vogesen ein Wörterbuch mitnehmen, denn nicht überall am linken Oberrhein kann man sich auf Deutsch verständlich machen.

Aussprache des Französischen

Charakteristische Merkmale sind die Betonung am Wortende (meist auf der vorletzten Silbe) und die häufige Nasalierung von bestimmten Buchstabengruppen.
Vokale: ai wie e; ais wie ä; eau wie o; ay vor Vokal wie äj; é wie e; è, ê wie ä; ei wie ä; en, em am Silbenende wie an (nasaliert); eu wie ö; im, in wie än (nasaliert); oi, oy wie ua; oy vor Vokal wie uaj; ou wie u; u wie ü; um, un am Silbenende wie ön (nasaliert); y wie i.
Konsonanten: c vor e, i, y, ebenso ç wie scharfes s; c vor a, o, u wie k; ch wie sch; g vor e, i, y ebenso j wie g in Genie; g vor a, o, u wie g; gn meist wie nj: h immer stumm; ll zwischen Vokalen oft wie j, aber elle = äl; m, n nach Vokal vor Konsonant oder am Wortende nasaliert; ph wie f; q, qu wie k; v wie w; x, z zwischen Vokalen wie stimmhaftes s.
Folgende Buchstaben sind am Wortende (oft auch am Silbenende) meist stumm: b, c, d, e, p, r, (nur nach e) s, t, x, z.

SPRACHFÜHRER FRANZÖSISCH

Auf einen Blick

Ja./Nein.	Oui./Non.
Bitte.	S'il vous plaît (s.v.p.).
Danke.	Merci.
Gern geschehen.	De rien.
Entschuldigen Sie!	Excusez-moi!
Wie bitte?	Comment?
Ich verstehe Sie/dich nicht.	Je ne comprends pas.
Ich spreche nur wenig Französisch.	Je parle un tout petit peu français
Können Sie mir bitte helfen?	Vous pouvez m'aider, s'il vous plaît?
Sprechen Sie Deutsch / Englisch?	Vous parlez allemand / anglais?
Ich möchte ...	J´aimerais ...
Das gefällt mir nicht.	Ça ne me plaît pas.
Haben Sie ...?	Vous avez ...?
Wie viel kostet es?	Ça coûte combien?
Wie viel Uhr ist es?	Quelle heure est-il?

Kennenlernen

Guten Morgen / Tag!	Bonjour!
Guten Abend!	Bonsoir!
Hallo / Grüße dich!	Salut!
Wie ist Ihr Name, bitte?	Comment appellez-vous, s'il vous plaît?
Wie geht es Ihnen / dir?	Comment allez-vous / vas-tu?
Auf Wiedersehen!	Au revoir!

Unterwegs / Auskunft

links / rechts	à gauche / à droite
geradeaus	tout droit
nah / weit	près / loin
Bitte, wo ist ...?	Pardon, où se trouve ..., s.v.p.?
Wie weit ist das?	C'est à combien de kilomètres d'ici?

Tankstelle

Wo ist die nächste Tankstelle?	Pardon Mme / Mlle / M, où est la station-service la plus proche?
Ich möchte ... Liter	Je voudrais ... litres, s.v.p.
... Super	... du super

... Diesel	... du diesel
... bleifrei / mit ... Oktan	... du sans-plomb / ... octanes.
Volltanken, bitte.	Le plein, s'il vous plaît.

Unfall

Hilfe!	Au secours!
Achtung!	Attention!
Rufen Sie bitte schnell ...	Appelez vite ...
... einen Krankenwagen.	... une ambulance.
... die Polizei.	... la police.
... die Feuerwehr.	... les pompiers.
... den Pannendienst.	... le service de dépannage.

Essen / Unterhaltung

Wo gibt es hier ...	Pourriez-vous m'indiquer ...
... ein gutes Restaurant?	... un bon restaurant?
... ein gutes Café / Bistro?	... un bon café / bistro?
Reservieren Sie uns bitte für heute ...	Je voudrais réserver une table ...
... Abend einen Tisch für 4 Personen.	... pour ce soir pour quatre personnes.
Wo sind bitte die Toiletten?	Où sont les toilettes, s'il vous plaît?
Auf ihr Wohl!	A votre santé / A la vôtre!
Bezahlen, bitte.	L'addition, s'il vous plaît.

Übernachtung

Können Sie mir bitte ... empfehlen?	Pardon, Mme / Mlle / M, vous pourriez me recommander ...?
... ein gutes Hotel?	... un bon hotel?
Haben Sie noch ...?	Est-ce que vous avez encore ...?
... ein Einzelzimmer	... une chambre pour une personne
... ein Zweibettzimmer	... une chambre pour deux personnes
... mit Bad	... avec salle de bains
... für eine Nacht	... pour une nuit
... für eine Woche	... pour une semaine
Was kostet ein Zimmer mit ...	Quel est le prix de la chambre ...
... Frühstück?	... petit déjeuner compris?
... Halbpension?	... en demi-pension?

Arzt

Können Sie mir einen guten Arzt empfehlen?	Pourriez-vous me recommander un bon médecin s'il vous plaît?
Ich habe hier Schmerzen.	J'ai mal ici.
Medizin	médecine / médicament

Post

Was kostet ...	Quel est le tarif pour ...
... ein Brief?	... une lettre?
... eine Postkarte?	... une carte postale?
... nach Deutschland?	... pour l'Allemagne?

Zahlen

0	zéro	19	dix-neuf
1	un	20	vingt
2	deux	21	vingt et un
3	trois	22	vingt-deux
4	quatre	23	vingt-trois
5	cinq	30	trente
6	six	40	quarante
7	sept	50	cinquante
8	huit	60	soixante
9	neuf	70	soixante-dix
10	dix	80	quatre-vingt
11	onze	90	quatre-vingt-dix
12	douze	100	cent
13	treize	200	deux cents
14	quatorze	1000	mille
15	quinze	2000	deux mille
16	seize	10 000	dix mille
17	dix-sept	1/2	un demi
18	dix-huit	1/4	un quart

Carte / Speisekarte

Petit déjeuner	Frühstück
un café	Espresso
café noir	schwarzer Kaffee
un café crème	Tasse Kaffee mit Milch
café au lait	Milchkaffee

Leckereien wohin das Auge schaut ...

décaféiné (un déca)	koffeinfreier Kaffee
thé au lait / au citron	Tee mit Milch / Zitrone
chocolat chaud	heiße Schokolade
sucre	Zucker
jus de fruit	Fruchtsaft
œuf à la coque	weiches Ei
œufs brouillés	Rühreier
pain / petits pains / toasts	Brot / Brötchen / Toast
croissant	Hörnchen
beurre	Butter
fromage	Käse
charcuterie	Wurst, Aufschnitt
jambon	Schinken
miel	Honig
confiture	Marmelade
yaourt	Joghurt
céréales	(Getreide-) Müsli

Soupes et Hors-d'œuvres	Suppen und Vorspeisen
pâté	Fleischpastete
pâté de foie gras	Gänseleberpastete
potage	pürierte (Gemüse-)Suppe
saumon fumé	Räucherlachs
soupe	Suppe

soupe de poisson	Fischsuppe
terrine	Fleischpastete (meist kalt)

Viande	Fleisch
agneau	Lammfleisch
bifteck	Steak
bœuf	Rindfleisch
escalope de veau	Kalbsschnitzel
foie	Leber
porc	Schweinefleisch
rôti	Braten

Volailles et gibier	Geflügel und Wild
canard à l'orange	Ente in Orangensauce
coq au vin	Hähnchen in Rotwein
lapin chasseur	Kaninchen nach Jägerart
dinde	Pute
poulet rôti	Brathähnchen

Poisson, crustaces et coquillages	Fisch, Krustentiere und Schalentiere
calmar frit	gebratener Tintenfisch
sole au gratin	überbackene Seezunge
truite meunière	Forelle Müllerin
coquilles Saint-Jacques	Jakobsmuscheln
crevettes	Garnelen, Krabben
homard	Hummer
huîtres	Austern
moules	Miesmuscheln
plateau de fruits de mer	verschiedene Meeresfrüchte

Légumes, pâtes et riz	Gemüse, Teigwaren und Reisgerichte
choucroute	Sauerkraut
courgette	Zucchini
haricots (verts)	(grüne) Bohnen
pâtes	Nudeln
poireau	Lauch
poivrons	Paprika
pommes de terre	Kartoffeln

Desserts et fromages	Nachspeisen und Käse
crème brûlée	Karamellisierter Sahnepudding

crème de chantilly	Sahne
gâteau	Kuchen
tarte aux pommes	Apfelkuchen

Fruits	Obst
cerises	Kirschen
fraises	Erdbeeren
framboises	Himbeeren
mures	Brombeeren
myrtilles	Heidelbeeren
pêches	Pfirsiche
poires	Birnen
pommes	Äpfel
raisins	Trauben

Liste de Consommations	Getränkekarte
cuvée maison	Hauswein
vin	Wein
un (verre de vin) rouge	ein Glas Rotwein
un quart de vin blanc	ein Viertel Weißwein
bière	Bier
eau minérale	Mineralwasser (stilles)
eau gazeuse	Mineralwasser mit Kohlensäure

Übernachten

Camping

Allgemeines

Das Elsass verfügt über 107 ausgewiesene Campingplätze mit einem bis vier Sternen. Im südlichen Elsass ist das Angebot reicher als im Norden. Allerdings sind hier die Campingplätze, besonders in den bedeutenderen Urlaubsorten, zur Hauptreisezeit oft voll besetzt (»complet«), doch findet man in der Regel etwas abseits im Hinterland fast immer noch einen freien Stellplatz.

Camping auf dem Bauernhof

Camping à la Ferme (Camping auf dem Bauernhof) eignet sich vor allem für einen längeren Aufenthalt. Die Plätze sind meist etwas einfacher ausgestattet, dafür hat man einen engeren Kontakt mit der ländlichen Umgebung sowie der einheimischen Bevölkerung. Allerdings sind in den meisten Fällen umfangreichere Französischkenntnisse erforderlich.

Campingführer

Die Fremdenverkehrsbüros der Départements Haut-Rhin und Bas-Rhin geben gemeinsam ein knappes, aber alle nötigen Informationen enthaltendes Verzeichnis der elsässischen Campingplätze heraus. Eine nützliche und umfangreiche Auswahl geprüfter Campingplätze mit Kurzcharakterisierung und Ausstattungsdetails bietet der jährlich neu erscheinende ADAC-Campingführer (Band 1: Südeuropa). Dieselben Dienste leistet der ebenfalls für jedes Jahr neu herausgegebene grüne Michelin-Führer »Camping et Caravaning en France«.

Hotels

Hotelverzeichnisse

Die Tourismusverbände der Départements Haut-Rhin und Bas-Rhin geben gemeinsam einen kombinierten Hotel- und Restaurantführer der Région Alsace (Elsass) heraus, der alljährlich aktualisiert wird (▶ Auskunft). Örtliche Hotelverzeichnisse erhält man von den jeweiligen Offices de Tourisme (s. auch ▶Auskunft).

Preisgünstige Unterkünfte

In den »Fermes-Auberges« – Bauerngasthöfe, v. a. in den Nordvogesen – nächtigt man meist nicht sehr komfortabel, dafür aber idyllisch. Die »Chambres d'Hôtes«, private Gästezimmer inklusive Frühstück, sind eine französische Variante des Bed & Breakfast. Bei den »Gîtes de France« handelt es sich um eingerichtete private Ferienwohnungen und Ferienhäusern, die je nach Ausstattung in Klassen zwischen 1 und 4 Ähren eingeteilt sind. In den »Gîtes de France« bzw. »Gîtes Rurales«, Wohnungen auf dem Land, müssen sich die Gäste selbst versorgen. Die »Gîtes d'Etape«, einfache, mit Jugendherbergen vergleichbare Unterkünfte, stehen Wanderern und Radlern zur Verfügung. Informationen erteilen die Offices de Tourisme. Im Folgenden sind einige Adressen aufgelistet, über die man sich Auskünfte über die einzelnen Unterkunftsmöglichkeiten einholen bzw. Reservierungen vornehmen kann.

i Preiskategorien

- Die in diesem Reiseführer im Kapitel »Reiseziele von A bis Z« empfohlenen Hotels sind in folgende Preiskategorien eingeteilt (Doppelzimmer pro Nacht):
  Luxus: über 100 €
  Komfortabel: 60 – 100 €
  Günstig: unter 60 €

Hotelkategorien

Die französischen Hotels sind in offizielle Kategorien eingeteilt, die mit einem Stern (einfachste Kategorie) bis vier Sternen (oberste Kategorie) sowie dem Zusatz L (für Luxushotels) bezeichnet werden.

Jugendherbergen

Jugendherbergen (auberges de jeunesse) findet man in Belfort, Cernay, Colmar, Lautenbach, Luttenbach, Mulhouse, Saverne, Strasbourg (2 Jugendherbergen), Ventron und Wœrth. Reservierungen können bei der FUAJ Alsace vorgenommen werden.

ÜBERNACHTEN

FERMES-AUBERGES

- **Relais Départemental du Tourisme Rural (Bas-Rhin)**
  7, Place des Meuniers
  F-67000 Strasbourg
  Tel. 03 88 75 56 50
  Fax 03 88 23 00 97

- **Association des Fermes-Auberges (Haut-Rhin)**
  B.P. 371
  F-68007 Colmar Cedex
  Tel. 03 89 20 10 60
  Fax 03 89 23 33 91

- **Reiseführer Fermes-Auberges**
  Bauern- und Berggasthöfe Elsass & Vogesen (deutsch)
  DNA Edition
  ISBN 2-7165-0340-0

GÎTES DE FRANCE

- **Service de Réservation Loisirs et Tourisme Vert en Alsace (Bas-Rhin)**
  7, Place des Meunirs
  F-67000 Strasbourg
  Tel. 03 88 75 56 50
  Fax 03 88 23 00 97

- **Service Loisirs-Accueil (Haut-Rhin)**
  B.P. 371
  F-68006 Colmar Cedex
  Tel. 03 89 20 10 62
  Fax 03 89 23 33 91

JUGENDHERBERGEN

- **Fédération Unie des Auberges de Jeunesse**
  27, Rue Pajol
  F-75018 Paris
  Tel. 01 44 89 87 27
  Fax 01 44 89 87 10

- **FUAJ Alsace**
  13, Rue des Veaux
  F-67000 Strasbourg
  Tel. 03 88 24 03 09
  Fax 03 88 24 04 98
  www.fuaj.org

- **Deutsches Jugendherbergswerk**
  Postfach 1455
  D-32704 Detmold
  Tel. (052 31) 99 36 0
  Fax (052 31) 99 36 66
  www.djh.de

- **DJH Reiseservice**
  Bismarckstr. 8
  D-32756 Detmold
  Tel. (052 31) 74 01 0
  www.djh-reisen.de

- **International**
  www.iyhf.org

Urlaub aktiv

Angeln

Angeln ist französischer Nationalsport und auch im Elsass sehr beliebt. Um in den zahlreichen Bächen, Flussläufen und Seen fischen zu können, benötigt man einen Angelschein (permis de pêche, Tages- oder Wochenkarte) vom Anglerverein des jeweiligen Départements. Auskünfte erteilen die lokalen Fremdenverkehrsämter.

WICHTIGE ADRESSEN

Baedeker TIPP

Auf einen Blick

Bei den Verkehrsvereinen der beiden elsässischen Départements (s. Auskunft) ist jeweils ein Broschüre mit dem Titel »Guide des Loisirs« zu beziehen, die Hinweise zu allen Sportarten enthält.

BOOTSTOURISMUS

► **Chemins Nautiques d' Alsace**
Port du Canal
F-67303 Schiltigheim
Tel. 03 88 81 39 39
Fax 03 88 81 35 12
www.tourisme-alsace.com/Flussschifffahrt

FLUGSPORT

► **Ligue d'Alsace de Vol Libre**
Sekretariat:
Madeleine Winkler
81, Rue Charles de Gaulle
F-68550 Saint-Amarin
Tel. 03 89 82 13 90
www.lavl.free.fr (frz. u. dt.)

RAD FAHREN

► **Ligue d'Alsace de Cyclotourisme**
Maison des Jeunes de Colmar
17, Rue Schlumberger
F-68000 Colmar
Tel. 03 89 41 26 87
Fax 03 89 23 20 16

oder: www.tourisme-alsace.com/cyclotourisme (frz. u. dt.)

► **Comité départemental de Cyclotourisme du Bas-Rhin**
Maison des Sports
15, Rue de Genève
F-67000 Strasbourg
Tel. 03 88 21 10 58
Fax 03 88 24 14 03
www.cyclotourisme67-free.com

REITEN

► **Délégation Départementale Tourisme Équestre Bas-Rhin**
Roland Adam
4, Rue des Violettes
F-67201 Eckbolsheim
Tel. 03 88 77 39 64
Fax 03 88 76 05 46
www.cija.org

► **Délégation Régionale et Départementale Tourisme Équestre Haut Rhin**
Maison des Associations
6, Route d'Ingersheim
F-68000 Colmar
Tel. 03 89 24 43 18
Fax 03 89 23 15 08

► **Comité Régional d'Équitation Alsace oder www.crealsace.com (frz.) www.chevalalsace.com (frz.)**

WANDERN

► **Club Vosgien**
16, Rue Sainte Hélène
F-67000 Strasbourg
Tel. 03 88 32 57 96
Fax 03 88 22 04 72
www.club-vosgien.com

KANU / KAJAK

► **Ligue d'Alsace de Canoë-Kayak (Bas-Rhin)**
Maison des Sports
15, Rue de Genève
F-67100 Strasbourg
Tel. 03 88 21 10 66
Fax 03 88 24 14 03

▶ **Ligue d'Alsace de Canoë-Kayak (Haut-Rhin)**
Parc des Eaux Vives la Timonerie
3, Quai du Maroc – B. P. 268
Tel. 03 89 89 70 20
Fax 03 89 69 20 05
www.ville-huningue.fr/parcdeseauxvives

WINTERSPORT

▶ **Comité Départemental de Ski du Bas-Rhin**
15, Rue de Genève
F-67000 Strasbourg
Tel. 03 88 36 36 09
Fax 03 88 24 14 03

▶ **Comité Régional du Massif des Vosges**
24, Avenue Aristide Briand
F-68200 Mulhouse
Tel. 03 89 43 25 50
Fax 03 89 32 14 32
www.skivosges.net

Bootstourismus

Auf den Kanälen Frankreichs hat sich in den letzten Jahren ein lebhafter Bootstourismus entwickelt, dessen Bedeutung noch immer zunimmt. Im Elsass werden der Canal de la Marne au Rhin (Rhein-Marne-Kanal) und der Canal du Rhône au Rhin (Rhein-Rhône-Kanal) befahren.
Bei den Verleihfirmen stehen **motorisierte Kabinenboote** mit zwei bis sechs Schlafplätzen und einer Länge von 5,5 bis 11 m zur Verfügung, die fast ausnahmslos ohne Bootsführerschein gesteuert werden dürfen. Vvor Fahrtantritt erfolgt eine technische Einweisung durch den Vermieter. Die Höchstgeschwindigkeit liegt zwischen 5 und 10 km/h. Die Boote sind mit Kühlschrank, Küche, Heizung und Toilettenraum ausgestattet. Auch können Fahrräder mitgemietet werden, was die Beweglichkeit, z. B. für Besichtigungen und Einkäufe, bedeutend erhöht.
Im Elsass befinden sich **Verleihstationen** in Saverne und Lutzelbourg. Hausboote können auch über deutsche Vermittlungsbüros gemietet werden. Anschriften hierzu nennt das Französische Fremdenverkehrsamt (▶Auskunft).

Immer größerer Beliebtheit erfreut sich im Elsass das **Drachen- und Gleitschirmfliegen** sowie das Fliegen in **Heißluftballonen**

im Elsass gibt es neun **Golfplätze**, u. a. in Ammerschwihr, Mooslargue und Kempferhof bei Strasbourg. Gäste sind in den Golfclubs normalerweise willkommen. Informationen erteilen die Verkehrsvereine der beiden elsässischen Départements (▶Auskunft).

! *Baedeker* TIPP

Hoch hinaus

Ein Erlebnis besonderer Art – lautlos in einem Heißluftballon über die Landschaften des Haut-Rhin zu gleiten. Im Tal von Munster starten die bunten Ballone von Aerovision eine ein- und zweistündige Fahrt. Inklusive Ballontaufe und Imbiss kostet der Spaß ca. 200 Euro pro Person. (Tel. 03 89 77 22 81, Fax 03 89 77 25 70; www.aerovision-montgolfiere.com, nur frz.)

Rad fahren Wegen der kaum nennenswerten Steigungen eignen sich die Oberrheinebene und das sanft hügelige Vogesenvorland besonders für Fahrradtouren. Dagegen sind Radwanderungen im Bereich der Vogesen etwas für durchtrainierte Sportsleute. Auch sei darauf aufmerksam gemacht, dass man hier **vielfach auf die Autostraßen angewiesen** ist, was bei stärkerem Verkehr unangenehm werden kann. Insgesamt stehen den Radlern über 1200 km angelegte Fahrradwege zur Verfügung. In den meisten Ferienorten der Rheinebene können Fahrräder und Mountainbikes ausgeliehen werden; Adressen von Fahrradverleihern erfährt man im jeweiligen Office de Tourisme. In Zügen der SNCF mit Fahrradzeichen kann man das Fahrrad unentgeltlich mitnehmen.

Reiten Mehrere Hundert Kilometer Reitwege durchziehen das Elsass. Etliche Reiterhöfe stellen Pferde zur Verfügung oder bieten Unterkunftsmöglichkeiten für das eigene Ross. Viele Höfe bieten auch Reitferien an, also mehrtägige Reitausflüge oder Wochenend-Spazierritte. Im Angebot stehen ferner Kutsch- und Wagenfahrten.

Wandern Ein Stück des internationalen Europäischen Fernwanderwegs Nr. 2, der von den Niederlanden bis zum Mittelmeer verläuft, ist der gut markierte Vogesen-Hauptwanderweg (ca. 400 km lang). Er führt von Wissembourg über Niederbronn-les-Bains, Saverne, Wangenbourg, den Donon, Schirmeck, Le Hohwald, Barr, Ribeauvillé, den Col de la Schlucht, Metzeral, den Grand Ballon, Thann und den Ballon d'Alsace nach Masevaux und berührt dabei die landschaftlich und kulturell lohnendsten Punkte der Vogesen. Parallel verlaufen zwei weitere Hauptwanderwege von rund 280 bzw. 320 km Länge, zu denen man auf zahlreichen Zugangswegen gelangen kann. Viele Reiseveranstalter und Hotels bieten Mehrtagestouren mit und ohne Führung an und kümmern sich um den Gepäcktransport. Sehr empfehlenswert sind die Wanderkarten des Club Vosgien, auf denen 10 000 km markierter Wanderwege, die Fernwanderwege GR 531, 532 und 535 sowie alle Sehenswürdigkeiten, die am Wegesrand liegen, eingezeichnet sind.

Wanderer am »Le Château Rocher Hans« in den Vogesen

Wassersport

Wassersportler kommen im Elsass ebenfalls auf ihre Kosten. Auf den Kanälen kann man den Urlaub auf Hausbooten verbringen (►Bootstourismus). In beiden Départements gibt es Badeseen, die sich auch zum Surfen eignen. Ca. 600 km Wasserläufe können mit dem Kanu, Kajak, Ruderboot oder Raftboot befahren werden.

Wintersport

Die Vogesen sind mit 36 Skiorten, 170 Bergbahnen und Skiliften, über 1000 km ausgewiesenen Skipisten und Loipen ein Skisportgebiet für Abfahrtsski, Langlauf, Snowboard, Skispringen, Biathlon und Hundeschlittenrennen. Wintersportzentren sind Le Bonhomme / Lac Blanc, La Bresse, Champ du Feu, Gérardmer, Le Markstein, Ventron und St-Maurice-sur-Moselle.

Verkehr

Allgemeines

In Frankreich besteht Rechtsfahrordnung. Sicherheitsgurte müssen während der Fahrt angelegt werden. Vorfahrt hat – sofern nicht anders beschildert – das von rechts kommende Fahrzeug (Beschilderung häufig »priorité à droite«). Im Kreisverkehr sind die in den Kreis Einfahrenden wartepflichtig. Vorfahrtsstraßen sind durch die Aufschrift »passage protégé« vor Kreuzungen gekennzeichnet. Bei Regen und Schneefall ist das Abblendlicht einzuschalten, Motorräder müssen grundsätzlich mit Licht fahren.

Höchstgeschwindigkeiten

Die Höchstgeschwindigkeit für Kraftfahrzeuge beträgt auf Autobahnen 130 km / h, auf Schnellstraßen 110 km / h, auf National- und Landstraßen 90 km / h, innerorts 50 km / h. Bei Regen verringert sich die zulässige Geschwindigkeit von 130 auf 110 km / h und von 110 auf 100 bzw. von 90 auf 80 km / h. Wer seinen Führerschein noch nicht länger als ein Jahr besitzt, darf nicht schneller als 90 km / h fahren.

Promillegrenze

Die Höchstgrenze für den zulässigen Blutalkoholgehalt liegt bei 0,5 Promille. Achtung: Alkohol am Steuer wird in Frankreich besonders streng geahndet!

Parkvorschriften

Im Bereich der Innenstädte gibt es die so genannte »zone bleue« (Blaue Zone; entsprechend beschildert), in der die Verwendung einer Parkscheibe (disque de stationnement) obligatorisch ist. Parkscheiben erhält man in Supermärkten und Tankstellen. Gelbe Linien am Fahrbahnrand bedeuten Parkverbot. An vielen öffentlichen Parkflächen stehen Parkscheinautomaten (horodateurs).

Unfälle

Bei Verkehrsunfällen ohne Personenschäden ist es nicht üblich, die Polizei einzuschalten, die Beteiligten sind gehalten, ein einvernehm-

INFORMATIONEN VERKEHR

AUTOMOBILKLUBS

▶ **Automobile Club de France**
6 – 8, Place de la Concorde
F-75008 Paris
Tel. 01 42 65 34 70

▶ **ADAC-Notrufstation**
(Sitz in Lyon)
Tel. 04 72 17 12 22

▶ **ACE-Notrufzentrale Stuttgart**
Kranken- und Fahrzeug-rückholdienst
Tel. (00 49 18 02) 34 35 36

▶ **Autoroutes Informations**
(Aktuelle Informationen über Autobahngebühren)
Tel. 01 47 05 90 01

▶ **Inter Service Route**
Tel. 01 48 94 33 33
Aktuelle Infos rund um die Uhr (auf französisch) über Straßenzustand und Verkehrslage.

▶ **Pannenhilfe**
Auf allen Autobahnen und einigen Nationalstraßen kann Hilfe über Notrufsäulen angefordert werden. Die deutschsprachige AIT-Assistance ist überall, außer auf Autobahnen, rund um die Uhr unterwegs: Tel. 08 00 08 92 22

MIETWAGEN

▶ **Avis**
Frankreich Tel. 08 02 05 05 05
Deutschland Tel. (01 80) 5 55 77
Österreich Tel. 08 00 08 00 87 57
Schweiz Tel. (01) 2 98 33 33
www.avis.com

▶ **Europcar**
Frankreich Tel. 01 30 43 82 82
Deutschland Tel. (01 80) 5 22 11 22
Österreich Tel. (01) 7 99 61 76
Schweiz Tel. (01) 4 37 21 11
www.europcar.com

▶ **Hertz**
Frankreich Tel. 01 39 38 38 38
Deutschland Tel. (01 80) 5 33 35 35
Österreich Tel. (01) 7 95 42
Schweiz Tel. (01) 242 84 84
www.hertz.com

▶ **Sixt / Budget**
Frankreich Tel. 01 44 38 55 55
Deutschland Tel. (01 80) 523 22 22
Schweiz Tel. (01) 383 17 47
www.sixt.com

liches Protokoll (»constat amiable«, Europäischer Unfallbericht) aufzusetzen und zu unterzeichnen zur Vorlage bei der Versicherung. Zudem ist es bei größeren Fahrzeugschäden ratsam, vor der Rückkehr ins Heimatland ein Sachverständigengutachten einzuholen.

Wein

Weinbaugebiet Die Weinberge des Elsass sind in einem Gebietsstreifen konzentriert, der von Wasselonne (auf der Höhe von Strasbourg) im Norden bis

ALLER GUTEN DINGE SIND DREI

Wein und Bier spielen im Elsass seit jeher eine große Rolle – die Geschichte des Bierbrauens am linken Oberrhein ist fast genauso alt wie die des Weinbaus. Im Elsass werden aber auch noch edle Obstwässer gebrannt.

Schon Plinius d. Ä. sprach in seiner »Historia Naturalis« vom guten Wein der Sequaner, eines keltischen Stammes im Oberelsass. Die ersten urkundlichen Belege für den **Weinbau im Elsass** stammen jedoch aus viel späterer Zeit, nämlich aus dem 6./7. Jahrhundert. Im Zusammenhang mit Weingütern werden die Klöster von Andlau und Murbach genannt, aber auch die Krone und der Adel verfügten über ausgedehnte Rebflächen. Historikern zufolge bestanden bis zum Ausgang des 10. Jh.s in über 150 elsässischen Gemeinden Rebfluren. Aus deren Reben, meist dunkle Trauben, wurden Weine gewonnen, die im mittelalterlichen Deutschland zu den besten gehörten, und die auf dem Rhein sogar bis nach England gelangten. Schon damals scheint es große Weinerträge gegeben zu haben: 1255 war die Weinernte so immens, dass es an Keltergefäßen mangelte – ebenso 1300 und 1306, als alter Wein umsonst angeboten wurde, um Fässer freizubekommen. Im 16. und 17. Jh. musste der elsässische Weinhandel, der in Strasbourg und Colmar seine Zentren hatte und über ein Anbaugebiet von 30 000 ha (heute 13 000 ha) verfügte, mit anderen Schwierigkeiten fertig werden. Gegen die billigen Produkte aus West- und Südeuropa hatte der elsässische Weinbau keine Chance. Aufgrund einer unerträglichen Zollpolitik konnte in den damals bedeutendsten Absatzgebieten Hol-

Nicht nur Wein und Bier: Das Elsass ist auch Heimat ausgezeichneter Obstbrände.

land und Belgien kaum noch Wein verkauft werden. Im Dreißigjährigen Krieg schließlich kam der Weinbau im Elsass fast völlig zum Erliegen. In der Folgezeit erlebte der elsässische Wein eine Renaissance, hatte aber mit bier und anderen Getränken zu konkurrieren. Erst nach der Angliederung von Elsass-Lothringen an das Deutsche Reich 1871 stieg die Weinausfuhr auf den traditionellen Handelsstraßen wieder an. Allerdings erschütterten Mehltau und Rebausplagen den Rebbestand. Auch wurden bis 1918 auf Kosten der Qualitätsreben verstärkt Massenträger angebaut, die sich kaum von den in vergleichbaren deutschen Regionen gekelterten Weinen unterschieden. Nach 1918 konzentrierten sich dann die Elsässer Winzer unter dem Druck der innerfranzösischen Qualitätsweinkonkurrenz auf die wenigen, heute noch angebauten Weinsorten, die dem Klima und den Böden im Elsass am besten angepasst sind. Seit 1962 ist die »Appellation d'origine contrôlée Alsace« (»kontrollierte Herkunftsbezeichnung Elsass«) im französischen Weingesetz verankert, 1978 kam für Spitzenprodukte die »Appellation d'origine contrôlée Alsace Grand Cru« hinzu.

Wie Pilze aus dem Boden

Das **Bier** gelangte mit den Kelten ins Elsass. Doch noch im 10. Jh. waren es vor allem Mönche, die Bier brauten, wie in den Abteien von Wissembourg und Pfaffenhoffen oder im Domkapitel von Strasbourg. Die erste elsässische Brauerei wurde im Jahr 1260 von einem gewissen Arnoldus Cervisarius gegründet. 1664 erfolgte an der Straßburger Place du Corbeau die Gründung der Brasserie du Canon, aus der sich nach dem Zweiten Weltkrieg die »Brasserie Kronenbourg« entwickeln sollte, benannt nach dem Straßburger Stadtviertel Cronenbourg, in das die Brauerei 1862 verlegt wurde. Die

meisten Gründerväter elsässischer Brauereien waren protestantisch, da in der beginnenden Neuzeit die katholische Kirche das Bier als ein keltisches und damit heidnisches Erbe bekämpfte. Luther hingegen versicherte, dass der Bierbrauer Gott und der Wirtschaft diene, wenn er nur in seinem Beruf erfolgreich arbeite. Anerkannt als eigenständiger Beruf – braute man übrigens nur zwischen St. Michael (29. 9.) und St. Georg (23. 4) – wurde das Brauerhandwerk aber erst nach derFranzösischen Revolution. Dennoch gab es 1803 allein in Strasbourg 250 Brauereibetriebe, und auch in Orten wie Hochfelden, Saverne, Mutzig, Schiltigheim waren Brauereien wie Pilze aus dem Boden geschossen – allerdings haben die meisten den Betrieb längst eingestellt. Kronenbourg hingegen ist heute die größte Brauerei in Frankreich und die Nummer zwei in Europa (▶Baedeker Tipp S. 76).

Kunterbunte Vielfalt

Neben Reben, Hopfen und Gerste gedeihen im Elsass Obst und Beeren im Überfluss, aus denen sich **hervorragende Schnäpse** destillieren lassen. Vor allem das Val de Villé westlich von Dambach-la-Ville ist für seine Brände bekannt. Bis nach dem Zweiten Weltkrieg wurde auf vielen Bauernhöfen »eaux-de-vie« (»Lebenswasser«) gebrannt – für den Eigenbedarf und für ein zusätzliches Taschengeld. Wegen der hohen Brennsteuer florierte natürlich die Schwarzbrennerei. Als sich das bäuerliche Leben veränderte, ging es mit den hausgemachten Obstlern zu Ende. Heute wird die Brände wie Kirsch, Poire (Williamsbirne), Framboise (Himbeergeist), Marc (Tresterbranntwein), Mirabelle und Quetsche (Zwetschgenwasser) vorwiegend in kleinen Schnapsbrennereien hergestellt, die auch für Besichtigungen ihre Pforten öffnen.

! Baedeker TIPP

Klein und fein

Als hilfreiche Reisebegleiter eignen sich die kleinen, in Deutsch und Französisch verfassten Taschenführer der Editions DNA, Strasbourg, die es zu den Themen Radtouren, Wanderungen, Winstubs, Fermes-Auberges etc. gibt.

nach Thann (auf der Höhe von Mulhouse) im Süden reicht und bei einer Länge von rund 100 km eine Breite von nur etwa 1 bis 5 km aufweist. Dieser schmale Streifen ist etwa identisch mit dem flachwelligen Hügelland, das sich in einer Höhe zwischen 200 und 450 m ü. d. M. zwischen der Oberrheinebene und dem Fuß der Vogesen ausdehnt. Die Böden der Weinberge, die von der Vogesenkette vor den aus Nordwesten kommenden feuchtkalten Winden geschützt werden, bestehen aus Gneis und Granit, Buntsandstein oder Kalk, was zusammen mit den verschiedenen Kleinklimazonen zu Weinen unterschiedlichen Charakters – auch bei ein und derselben Rebsorte – führt. Das elsässische Weinbaugebiet wird in ganzer Länge von der Route du Vin (Elsässische Weinstraße) durchzogen, die von Winzerdorf zu Winzerdorf führt. Überall besteht Gelegenheit zur Weinprobe (dégustation), Kellereibesichtigung (visite de cave) und Direkteinkauf (vente directe). Die besten Weine gedeihen bei Riquewihr, Ribeauvillé, Hunawihr, Sigolsheim, Ammerschwihr, Kaysersberg, Turckheim, Guebwiller und Thann. Die großen Elsässer Weine werden stets in die typischen schlanken Flaschen (flûtes d'Alsace) abgefüllt; nicht ganz so hochwertige Gewächse kommen auch in Literflaschen auf den Markt.

Rebsorten

Im Elsass werden fast ausschließlich weiße Weine gekeltert. Das Gebiet am linken Oberrhein gehört zu den wenigen Weinregionen, in denen nicht die Lage, sondern die Rebsorte die wichtigste Bezeichnung des Weins ist. Nur in Ausnahmefällen, z. B. wenn der Erzeuger große eigene Weinberge besitzt, kann bei besseren Qualitäten auch die Lage angegeben sein. Von den insgesamt sieben angebauten Rebarten sind die charakteristischsten Traubensorten Riesling, Gewürztraminer, Muscat und Pinot Gris (auch Tokay d'Alsace genannt und in Deutschland als Ruländer bekannt). Aus diesen Rebsorten werden auch die »grands crus«, also Weine der Oberklasse, gekeltert. Die einfacheren Weine sind Sylvaner, Pinot Blanc (Weißburgunder, auch Clevner genannt) und Pinot Noir (die einzige rote Traube, auch als Blauer Burgunder bekannt). Bei Zwicker und Edelzwicker handelt es sich nicht um Rebsorten, sondern um Verschnitte verschiedener Weißweine. Der »Crémant d'Alsace« schließlich ist ein ausgezeichneter Schaumwein, der nach dem Champagnerverfahren hergestellt wird.

Die Elsässer Winzer legen größten Wert auf kräftige, trockene Weine. Daher wird der Wein unter Verzicht auf Zusätze jeglicher Art durchgegoren, d. h. es wird möglichst der gesamte Zucker in Alkohol umgesetzt und bewusst auf eine höhere Restsüße verzichtet. So entstehen aus Trauben wie Gewürztraminer oder Muscat, die andernorts oft zu einem eher lieblichen bis süßen Endprodukt gekeltert werden, trockene Weine von großem Bukett. Nicht zuletzt rührt dies daher, dass Wein in Frankreich fast ausschließlich zu den Mahlzeiten getrunken wird. So ist im Elsass der Riesling rassig und elegant, der Pinot Gris vollmundig und kräftig, der Sylvaner frisch und fruchtig, der Pinot Blanc herb und blumig, der Gewürztraminer und der Muscat (nicht zu verwechseln mit dem vor allem in Westfrankreich angebauten Muscadet) herb, vollmundig und fruchtig, der Pinot Noir schließlich trocken und herb. Meist werden die Weine jung, d. h. innerhalb von ca. fünf Jahren, getrunken; nur die »grands crus« lohnen einen längeren Ausbau.

Sprache des Weinetiketts

»Appellation d'origine contrôlée (AOC)« bedeutet soviel wie kontrollierte Herkunftsbezeichnung. Unter »Cépage« bezeichnet man die Rebsorte, unter »clos« (vor Eigennamen) den Weinberg bzw. die Lage. »Cuvée« steht für Verschnitt und »vendange tardive« für eine Spätlese. Als »Grand Vin«, »Grand Cru«, »Réserve Exceptionnelle« oder »Grande Réserve« werden Weine mit mehr als 11 Vol.-% Alkoholgehalt bezeichnet. Oberste Repräsentanz der Weinkultur ist die schon im Mittelalter gegründete »Confrérie Saint-Etienne« (Stefansbruderschaft; in roten Roben und breiten schwarzen Hüten), der elsässische Winzer- und Weinhändlerverband, der seinen Sitz im Schloss von Kientzheim bei Kaysersberg hat.

! *Baedeker* TIPP

Alles über elsässische Weine

Bei Fragen rund um den Wein wendet man sich am besten an den Conseil Interprofessionnel des Vins d'Alsace (CIVA) in der Avenue de la Foire aux Vins Nr. 12 in Colmar (Tel. 03 89 20 16 20, Fax 03 89 20 16 30). In seinem exzellenten Online-Weinführer unter www.vinsalsace.com findet man Tipps zu Weinbergen, Weinkellern und Rebsorten sowie Ratschläge von Sommeliers und typische elsässische Rezepte (z. B. Zwiebeltorte und Baeckeoffe). Ähnlich interessante Informationen bietet die Adresse: www.route-des-vins.com.

Zeit

In Frankreich gilt während des Winterhalbjahrs die Mitteleuropäische Zeit (MEZ); für die Zeit von Anfang April bis Ende Oktober wurde – wie in Deutschland – die Sommerzeit (MEZ +1 Std.) eingeführt. Beginn und Ende der Sommerzeit werden rechtzeitig durch die Medien bekanntgegeben.

Touren

VIELE REISENDE FAHREN NACH STRASBOURG, COLMAR ODER MULHOUSE WEGEN ALL DER KULTURELLEN SEHENSWÜRDIGKEITEN, DOCH AUCH DIE SCHÖNE LANDSCHAFT, DIE DEFTIGE KÜCHE UND DER GUTE WEIN SIND LEGENDÄR!

TOUREN DURCH DAS ELSASS

Auf Entdeckungsreise durch das Elsass – hier finden Sie drei Touren, die Bekanntes und Unbekanntes streifen: imposante Burgen und Ruinen auf steilen Felsen, die elsässische Metropole und Europastadt Strasbourg, das hübsche Colmar mit all seinen Kunstschätzen, idyllische Dörfer entlang der Weinstraße, sanfte Hügellandschaften und Vogesengipfel.

TOUR 1 **Das nördliche Elsass**
Durch etwas weniger bekannte Ziele im Norden, vorbei an Burgen, Schlössern und Herrensitzen, führt diese Rundfahrt von Wissembourg aus.
▸ **Seite 114**

Bouxwiller
Blumenschmuck und Fachwerkidylle

TOUR 2 **Route du Vin**
Die Weinstraße ist die reizvollste Touristenstraße im Elsass. Zwischen der Etappe Straßburg im Norden und Colmar im Süden kommt man durch viele malerische Winzergemeinden.
▸ **Seite 116**

TOUR 3 **Das südliche Elsass**
Von Colmar führt diese Tour über die südliche Weinstraße in den Sundgau, über Montbéliard und Belfort geht es über den ruhigen Vogesenort Masevaux in das schön gelegene Gérardmer. Vorbei am Col de la Schlucht und Munster gelangt man schließlich wieder an seinen Ausgangspunkt. ▸ **Seite 119**

Haut-Kœnigsbourg
Erschaffen nach dem Vorbild einer Ritterburg aus dem 15. Jahrhundert

Strasbourg
Anziehungspunkt Petite France

Ferrette
Früchte des Sundgaus

Unterwegs im Elsass

In das Elsass reisen die meisten Urlauber immer noch mit dem Auto. Zwar ist der öffentliche Nahverkehr in großen Teilen der Region gut ausgebaut, so dass man etwa eine Städtereise gut auch mit der Bahn planen kann. Doch bequemer und nicht so zeitaufwendig ist natürlich eine Rundreise mit dem eigenen Wagen.

Elsass zum Kennenlernen

Empfehlenswert für Besucher, die lediglich drei Tage Zeit haben für ein Schnupperwochenende, ist ein Tag Strasbourg mit dem Besuch des Münsters und des Musée de l'Œuvre-Notre-Dame sowie einem Spaziergang durch Petite France und entlang der Ill zur Place de la République. Den folgenden Tag sollte man an der Weintraße verbringen und beispielsweise die Kirche in Rosheim, die imposante Haut-Kœnigsbourg und die hübschen, bei Touristen überaus beliebten Orte Riquewihr und Kaysersberg besuchen. Nun hat man die restliche Zeit noch frei für Colmar, denn das Unterlindenmuseum mit dem Isenheimer Altar, die »Madonna im Rosenhag« in der Dominikanerkirche und ein ausgiebiger Stadtbummel sollten keinesfalls versäumt werden!

Elsass für Fortgeschrittene

Um sich einen weiteren Überblick zu verschaffen und ein wenig mehr Zeit zum Wandern, für sportliche Aktivitäten und all die kulinarischen Verlockungen des Elsass zu haben, benötigt man ein bis zwei Wochen. Interessante Ziele bei solch einer erweiterten Tour sind Wissembourg, die eine oder andere Burg, Saverne, Marmoutier, Ottrott und der Mont Sainte-Odile, Andlau, Dambach, Sélestat, Ribeauvillé mit den drei Burgen sowie Hunawihr, Turckheim, Eguisheim, Guebwiller, Murbach, Thann, Ottmarsheim und vor allem die Museen in Mulhouse.

Kurztrips in das Elsass

Der klassische Wochenendtrip in das Elsass ist natürlich eine Reise in die Europastadt Strasbourg, um dort all die Sehenswürdigkeiten anzusehen, gut essen zu gehen und abends beispielsweise ein Theater zu besuchen oder in das Nachtleben einzutauchen.
Wer aber schon weite Teile des Elsass kennt, konzentriert sich meist auf ein spezielles Kulturprogramm, testet besonders empfohlene Restaurants, Bauernhöfe, Winzer und Ferme-Auberges, macht sportliche Exkursionen oder genießt es, ganz in Ruhe die Gegend zu erkunden. All dem sind keinerlei Grenzen gesetzt, vieles lässt sich auch glänzend miteinander kombinieren. Die Distanzen zwischen all den Sehenswürdigkeiten und Freizeitangeboten sind gering, denn insgesamt benötigt man von Lauterbourg im Norden bis Mulhouse im Süden auf der Autobahn nicht viel mehr als zwei Stunden.

In der Strasbourger Altstadt findet man zahlreiche, teilweise vier- bis fünfgeschossige Fachwerkhäuser im alemannisch-süddeutschen Stil. →

Restaurant
AU PIED DE COCHON
CREPES
GAUFRES
SANDWICHS

Tour 1 Das nördliche Elsass

Start und Ziel: Wissembourg
Dauer: mind. zwei Tage
Länge: ca. 220 km

Städte und Gemeinden im Pays de Wissembourg, also in der Grenzregion zu Deutschland, sowie in den Nordvogesen, im Hanauer Land und im Rheingebiet sind das Ziel der Route im elsässischen Norden (ohne Abstecher). Während man im flachen Land in der Regel auf gut ausgebaute Verkehrswege hoffen darf, muss man vor allem in den Nordvogesen streckenweise mit engen und kurvenreichen Sträßchen rechnen; alles in allem sind die Straßen aber relativ wenig befahren.

Pays de Wissembourg

Wer den elsässischen Norden kennen lernen möchte, sollte seine Tour in ❶ ✶ **Wissembourg** beginnen. Wenige Meter hinter der Landesgrenze erwarten den deutschen Besucher französisches Flair und echte elsässische Küche. Hier macht das Bummeln einfach Spaß. Eine herrliche, sanft hügelige Landschaft bekommt man auf dem Weg nach Lembach über die D 3 zu sehen. Vor allem vom 432 m hohen Col du Pigeonnier genießt man eine wunderschöne Aussicht über die Region südwestlich von Wissembourg. In dieser Richtung kommt man durch typisch elsässische Dörfer mit viel Fachwerk – aufgereiht wie an einer Perlenschnur liegen Hunspach, Hoffen (nahe der D 263) und Seebach (an der D 34). Weiter östlich in ❷ **Lembach** kann die gewaltige Bunkerfestung Four-à-Chaux der Maginot-Linie besichtigt werden. Von dort gelangt man – in Richtung Bitche – zum ❸ ✶ **Château de Fleckenstein**, der eindrucksvollsten Ruine in den Nordvogesen.

Nordvogesen

Das Städtchen Wœrth machte sich im Deutsch-Französischen Krieg 1870 / 1871 einen Namen, als in der Umgebung blutige, für die Zukunft des Elsass entscheidende Kämpfe stattfanden. Hinter Wœrth steigt die Straße steil an, nach wenigen Kilometern gelangt man in die alte Ortschaft Reichshoffen, kurz darauf nach ❹ ✶ **Niederbronn-les-Bains**, dem geschützt in einem Talabschnitt liegenden bedeutendsten elsässischen Heilkurort, und schließlich in das idyllische Oberbronn, an dessen westlichem Ausgang sich ein schöner Ausblick auf das Umland bietet. Von Oberbronn geht es nun weiter über die D 28 Richtung Ingwiller. Rund fünf Kilometer vor diesem Ort kann man einen Abstecher nach Lichtenberg machen, wo die Ruine einer der größten mittelalterlichen Befestigungsanlagen im El-

✓ NICHT VERSÄUMEN

- Château de Fleckenstein: imposanteste Burg der Nordvogesen
- Plan Incliné: technische Kuriosität am Rhein-Marne-Kanal
- Saverne: das »Tor zum Elsass«

Wissembourg
Sehr romantisch mit seinen typisch elsässischen Häuschen und der ruhig dahinplätschernden Lauter

Haguenau
Sehenswert sind die Schnitzaltäre von St-Georges

sass steht. Ab Ingwiller befährt man die D 6 und später die D 9 – eine vor allem zum Schluss sehr idyllische Waldstrecke – nach ❺ ✶ **La Petite Pierre**. In dem malerisch auf einem Vogesenrücken liegenden Städtchen sollte man anhalten und einen Spaziergang zum Schloss unternehmen, in dem ein Informationszentrum über den Parc Naturel Régional des Vosges du Nord untergebracht ist. Auf dem Weg dorthin lohnt eine Einkehr ins Restaurant du Château, wo man bei warmem Wetter auf der kleinen Terrasse elsässische Spezialitäten genießen kann. La Petite Pierre verlässt man in südlicher Richtung auf der D 178, einer engen und kurvenreichen Waldstraße. Beim südwestlich gelegenen ❻ **Phalsbourg** befindet sich südlich inmitten waldiger Höhen der Luftkurort Lutzelbourg. Hier sollte unbedingt ein Abstecher zum drei Kilometer entfernten ❼ ✶ **Schiffshebewerk St-Louis-Arzviller (Plan Incliné)** am Rhein-Marne-Kanal gemacht werden, um anschließend auf der Straße neben diesem Wasserweg nach ❽ ✶ ✶ **Saverne** zu gelangen. Nicht nur Goethe zeigte sich vom »elsässischen Versailles« beeindruckt, auch wenn ihm nicht vergönnt war, das hübsche Schloss am Kanal kennen zu lernen. Imposant wirkt auch die ehemalige Abteikirche von 9 ** **Marmoutier** südlich von Saverne, zählt sie doch zu den schönsten Gotteshäusern im Elsass.

Hanauer Land

Man fährt zurück nach Saverne und von dort über die D 6 nach 10 **Bouxwiller**, wo der große Schlossplatz ohne Schloss einen bleibenden Eindruck hinterlässt. Man kann sich im 10 km östlich gelegenen Pfaffenhoffen an der D 919 im Museum der Volkskunst, das u. a. Hinterglasmalereien und Votivbilder zeigt, ein Bild über die »elsässische Volksseele« machen. 11 ** **Haguenau** am südlichen Rand des Haguenauer Forsts und ca. 15 km östlich von Pfaffenhoffen gelegen ist die viertgrößte Stadt im Elsass: Fernab touristischer Hauptströme kann man in Ruhe bummeln und ungestört elsässisches Lebensgefühl erfahren. Wenige Kilometer östlich liegen die beiden Keramikdörfer des Elsass: Soufflenheim und Betschdorf.

Rheinregion

12 **Sessenheim** in der Nähe des Rheins lebt von der Erinnerung an seinen berühmtesten Besucher – Johann Wolfgang von Goethe. In 13 **Lauterbourg**, der östlichsten Stadt Frankreichs, sind trotz vieler Zerstörungen noch Spuren der Vergangenheit erhalten. Von der Grenzstadt Lauterbourg kann man direkt nach Deutschland fahren oder über die D 3, eine fast schnurgerade Straße, nach **Wissembourg** zurückkehren.

Tour 2 Route du Vin

Start und Ziel: Von Straßburg nach Colmar

Dauer: min. 4 Stunden

Die zweite, ca. 135 km lange Route orientiert sich größtenteils an dem nördlichen Abschnitt der offiziellen Route du Vin von Marlenheim bis Colmar. Südlich von Colmar liegende berühmte Weinorte sind Bestandteil der dritten Route. Die Route du Vin mit ihren meist malerischen Winzerdörfern gehört zu den beliebtesten Strecken im Elsass. Hier gibt es in beinahe jedem Ort Möglichkeiten, Wein zu probieren und zu kaufen, einzukehren und zu übernachten. In der Nähe mancher Orte wie Riquewihr muss häufig mit hohem Verkehrsaufkommen gerechnet werden, insbesondere an schönen Wochenenden und zur Weinlesezeit.

Für die elsässische Metropole 1 ** **Strasbourg**, gegenüber von Kehl (Baden-Württemberg) gelegen, sollte man sich sehr viel Zeit nehmen. Denn die Stadt am Rhein hat nicht nur einen mittelalterlichen Ortskern, sondern auch ein französisches und ein deutsches Viertel, als Sitz des Europarats und Europaparlaments ein so genanntes Europäisches Viertel und zahlreiche Museen zu bieten. Außerdem gibt es unzählige Möglichkeiten, den Gaumen zu erfreuen und ein-

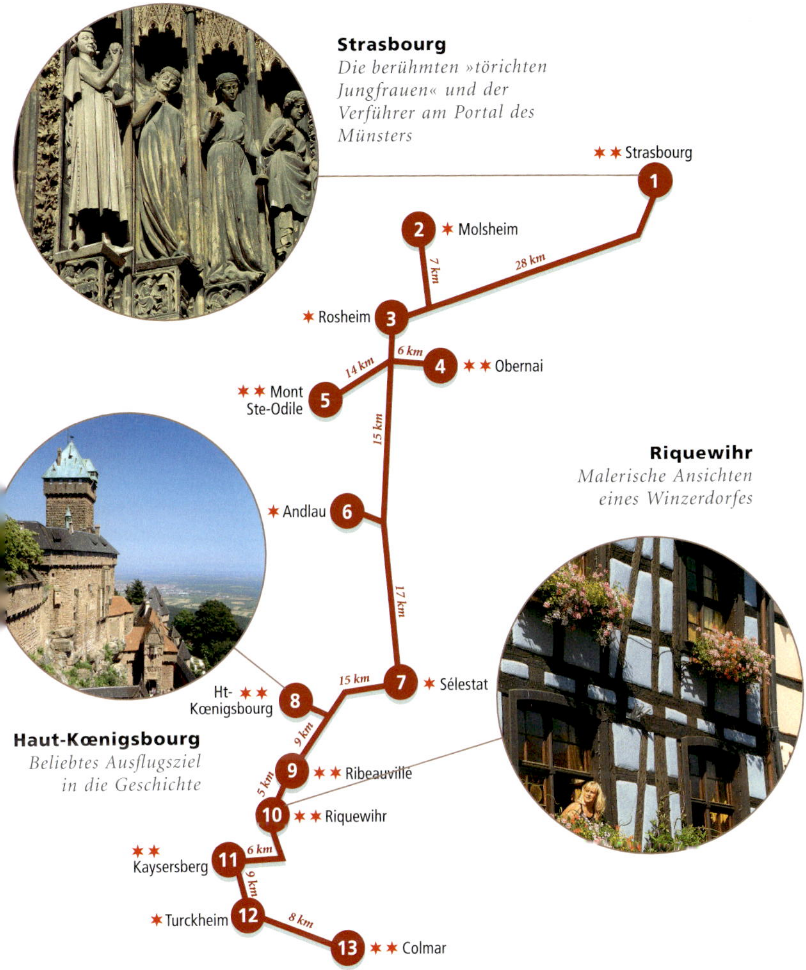

Strasbourg
Die berühmten »törichten Jungfrauen« und der Verführer am Portal des Münsters

Riquewihr
Malerische Ansichten eines Winzerdorfes

Haut-Kœnigsbourg
Beliebtes Ausflugsziel in die Geschichte

zukaufen. Von Strasbourg aus kann man die in Marlenheim beginnende Route du Vin (Weinstraße) mit ihren vielen malerischen Winzerorten kennenlernen. Es empfielt sich, etwas südlich davon ab ❷ ★ **Molsheim** – erreichbar über die A 352 – zu starten. Von der hübschen Bugatti-Stadt ist es nur ein Sprung ins westlich benachbarte altertümliche **Mutzig**, wo einst Kaiser Wilhelms II. mächtigstes Verteidigungsbollwerk stand. Über die N 420 und dann D 500 gelangt man am schnellsten ins romanische Städtchen ❸ ★ **Rosheim**. In Rosheim kann man die Fahrt durch die sanft hügeligen, von Wiesen und vor allem Rebhängen gesäumten Vogesenvorberge beginnen.

Route du Vin (nördlicher Abschnitt)

Über teilweise kleine Straßen windet sich die Strecke, an der sich die Orte in kurzen Abständen aneinanderreihen, durch die Weinbaulandschaft, wobei sich immer wieder herrliche Ausblicke über die Rheinebene bis hinüber zum Schwarzwald bieten. Von Rosheim geht es in das idyllische, in seinen Festungsmauern eingezwängte Bœrsch und dann über Ottrott nach ❹ ✶✶ **Obernai**, das als die »Perle des Unterelsass« gilt. Nach der Rückfahrt über Ottrott empfiehlt sich auf dem Weg nach Barr ein Abstecher zum Kloster auf dem ❺ ✶✶ **Mont Sainte-Odile**, der größten Wallfahrtsstätte des Elsass. Nach diesem Besuch fährt man weiter über **Barr**, die unterelsässische Weinmetropole, durch die »Bärenstadt« ❻ ✶ **Andlau**, schließlich über Itterswiller, Nothalten und Blienschwiller nach **Dambach-la-Ville**, einem reizenden Städtchen mit schmalen Gassen und eng aneinander gedrängten Häusern. Von hier ist es über das von zwei Burgruinen überragte Scherwiller nur ein kurzes Stück bis nach Châtenois, der Stadt der Schnäpse, von wo aus man ❼ ✶ **Sélestat** einen Besuch abstatten sollte. Das einstige Humanistenzentrum besitzt ein ursprüngliches und lebendiges Altstadtviertel. Ein weiterer Abstecher lohnt sich von Kintzheim auf die imposante ❽ ✶✶ **Haut-Kœnigsbourg**, die einmal der ganze Stolz von Kaiser Wilhelm II. war und heute beliebtestes elsässisches Ausflugsziel ist. Auf der Route du Vin erreicht man dann am ummauerten Winzerstädtchen St-Hippolyte und am tiefer gelegenen Bergheim vorbei, auf das man von der Straße einen herrlichen Blick genießt, allmählich die berühmtesten Orte der elsässischen Weinstraße. Das Strassendorf ❾ ✶✶ **Ribeauvillé** wirkt zeitweise wie eine einzige große Kirmes, noch größerer Beliebtheit erfreut sich das südlich gelegene ❿ ✶✶ **Riquewihr**, das sich steil einen Hang hinaufwindet. Zwischen beiden Ortschaften befindet sich das wenig besuchte, aber nette Dörfchen **Hunawihr** mit der weit sichtbaren Wehrkirche; und so wie sich das an der Hauptstraße liegende Zellenberg unvermittelt über einen Hügel ausdehnt, trägt der Ort sein Suffix »-berg« mit Recht. Wie diese beide Orte ist auch das südwestlich gelegene **Kientzheim** eine ruhige Gemeinde. Lebhafter geht es allerdings im benachbarten ⓫ ✶✶ **Kaysersberg** zu, dem Geburtsort von Albert Schweitzer. Hier muss das Auto vor den Stadttoren bleiben, wie in Ribeauvillé und Riquewihr auch. Ein beliebter Ort ist ebenfalls ⓬ ✶ **Turckheim**, das letzte Ziel der hier beschriebenen Route. Im Sommer macht um 22.00 Uhr sogar ein Nachtwächter seinen Rundgang durch das beleuchtete Städtchen.

Route du Vin (mittlerer Abschnitt)

✔ NICHT VERSÄUMEN

- Strasbourg: elsässische Metropole und Europastadt mit heimeliger Atmosphäre
- Obernai: einer der nettesten Weinorte des Unterelsass
- Mont-Sainte-Odile: Pilgerziel zur elsässischen Nationalheiligen Odilia
- Haut-Kœnigsburg: Vorzeigeprojekt von Kaiser Wilhelm II.
- Ribeauville, Riquewihr und Kayersberg: touristisches Dreigestirn an der Weinstraße
- Colmar: pittoreske Winkel und einmalige Kunstschätze

Von Turckheim kann man bequem nach ⑬ ** **Colmar** und dann nach Deutschland fahren, oder man kehrt in etwa einer Dreiviertelstunde über die autobahnähnliche N 83 und dann die A 35 nach Strasbourg zurück und sieht sich dabei die elsässische Weinbauregion aus der Ferne an.

Tour 3 Das südliche Elsass

Start und Ziel: Colmar **Länge:** ca. 300 km

Die Eckpunkte der fast einem hohen Rechteck ähnelnden Route im südlichen Teil des in diesem Reiseführer beschriebenen Gebietes sind Colmar (im Nordosten) und Gérardmer (im Nordwesten) sowie Ferrette (im Südosten) und Montbéliard (im Südwesten). Die Route führt durch Weinorte in den Vogesenvorbergen, durch die Rheinebene, den Sundgau, Teile der Franche-Comté und die Südvogesen. Wer die gesamte Tour (ohne die Route Guebwiller – Thann – Masevaux) bewältigen möchte, muss mit einer Strecke von 300 km rechnen, für die man sich ruhig einige Tage Zeit lassen kann.

Colmar

Für viele deutsche Besucher ist ① ** **Colmar**, die vom badischen Breisach aus über die N 415 schnell erreichbare Hauptstadt des Départements Haut-Rhin, der Ausgangspunkt für Touren in den südlichen Teil des Elsass. Ein paar Stunden Zeit sollte man für den Besuch der fast immer sehr frequentierten Altstadt mit ihren historischen Fachwerkbauten schon einkalkulieren – schließlich gilt die Metropole des Oberelsass mit dem weltweit bekannten Isenheimer Altar als »die elsässischste aller elsässischen Städte«. Rund zehn Kilometer südwestlich von Colmar liegt nur wenige Kilometer von der einer Autobahn ähnlichen N 83 entfernt ② ** **Eguisheim**, ein malerischer Weinort, in dessen in konzentrischen Kreisen angelegten, von Fachwerkhäusern gesäumten Gassen innerhalb der Stadtmauer einem schwindlig werden kann. Vor der Rückkehr auf die nicht übermäßig befahrene N 83 lohnt von Eguisheim aus ein Umweg über das höher gelegene Gueberschwihr. Dieses Städtchen zählt nicht nur zu den idyllischsten Weinorten im Umkreis, auf dem Weg dorthin genießt man auch einen herrlichen Blick über die Rheinebene bis hinüber zum Schwarzwald. ③ * **Rouffach**, um das die N 83 einen Bogen schlägt, ist ein alter Ort mit einem wunderschönen Marktplatz, den

✓ NICHT VERSÄUMEN

- Colmar: idyllisches Elsass in Reinform
- Eguisheim: reizendes Weinörtchen mit mittelalterlichem Ambiente
- Thann: ruhiges Städtchen mit schönem Münster
- Géradmer: »Perle der Vogesen«
- Munster: Heimat des berühmten Käses

Munster
Hier ist der berühmte Weichkäse zuhause.

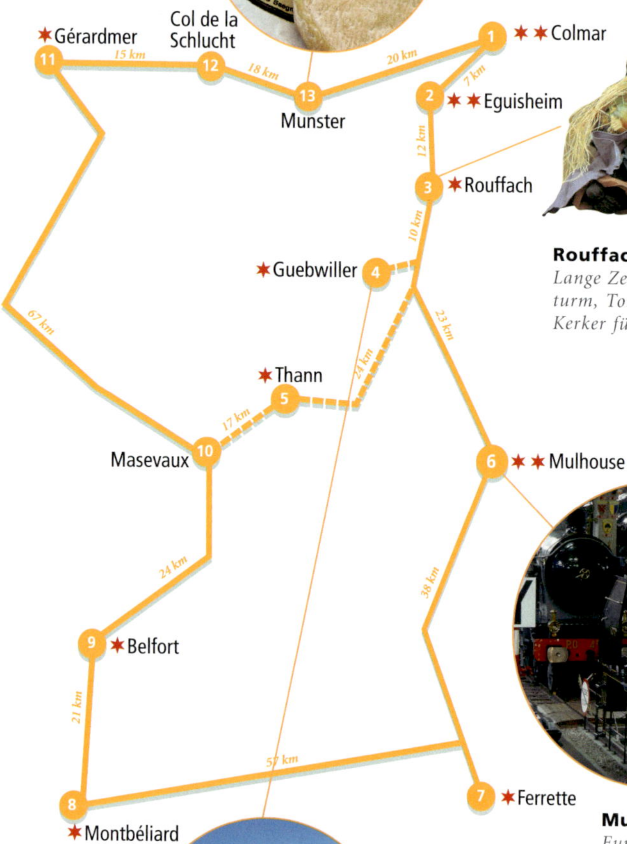

Rouffach
Lange Zeit diente der Hexenturm, Tour des Sorcières, als Kerker für vermeintliche Hexe

Mulhouse
Europas größtes Eisenbahnmuseum ist das »Musée du chemin de fer«.

Guebwiller
bedeutende Winzergemeinde mit vier Grand-Cru-Lagen

die Einwohner auch ganz unbescheiden als den schönsten im ganzen Elsass bezeichnen. Weiter auf der Schnellstraße N 83 gelangt man kurz nach Issenheim ins lang gezogene Straßendorf 4 ✶ **Guebwiller**, wo man wie im nah gelegenen **Murbach** romanische Kunst bewundern kann.

Thann

Über die N 83 und die dann kreuzende N 66 erreicht man – als Abstecher – in kürzester Zeit das südelsässische Industriestädtchen 5 ✶ **Thann**, das einen hübschen Ortskern und ein schönes Münster zu bieten hat. Besonders stolz sind die Bürger auf den Münsterturm, der ihrer Meinung nach in puncto Schönheit sogar den des Straßburger und des Freiburger Münsters in den Schatten stellt. Thann ist das offizielle Ende der Route du Vin. Eine verkehrsarme Straße führt von Thann nach Masevaux (s. unten: Südvogesen) über die Route Joffre, einen im Ersten Weltkrieg angelegten militärischen Versorgungsweg. Diese Bergstrecke ist sehr idyllisch, aber auch – Vorsicht! – eng, steil und kurvig.

Rheinebene

Wer sich von Guebwiller aus einen Abstecher nach Thann ersparen möchte, gelangt auf der D 430 auf dem schnellsten Weg nach Mulhouse. Etwa auf halber Strecke bei Ungersheim lädt das Écomusée d' Haute-Alsace, das Oberelsässische Freilichtmuseum, mit zahlreichen historischen Fachwerkhäusern aus der Oberrheinebene und dem Sundgau zu einem Besuch ein. Auf relativ wenige Touristen wird man in 6 ✶✶ **Mulhouse** stoßen, der zweitgrößten Stadt des Elsass. Immer noch gilt die elsässische Industriemetropole bei vielen nur als Stadt der technischen Museen (Automobile, Eisenbahn, Elektrizität etc.). Dabei hat die Gemeinde in den letzten Jahren einiges unternommen, um das Altstadtbild zu verschönern – und mit Erfolg. Das historische Zentrum, eine Fußgängerzone, ist ein kleines Juwel, das zum Einkaufen und Flanieren einlädt. In den zahlreichen Brasserien der hübschen Seitengassen findet man eine große Auswahl an sog. kleinen Gerichten. Aber Vorsicht: Die Portionen sind mächtig!

Mulhouse

Sundgau
Elsässischer Jura

Der Sundgau, eine sanft hügelige Landschaft zwischen Mulhouse und den Südvogesen einerseits und dem Schweizer Jura andererseits, ist im Vergleich zu anderen elsässischen Regionen weniger besiedelt und vom Massentourismus verschon geblieben. Man pflegt hier einen »tourisme vert«, einen grünen, sanften Tourismus der kleinen Dimensionen. So muss man sich im ca. 20 km südlich von Mulhouse gelegenen **Altkirch** mit seiner ruhigen Oberstadt erst an den Gedanken gewöhnen, in der Hauptstadt des Sundgaus zu sein. Und das noch weiter südlich liegende und ebenfalls über die D 432 erreichbare hübsche alte Grafenstädtchen 7 ✶ **Ferrette** wirkt noch gemächlicher und beschaulicher – in der Unter- wie in der Oberstadt. Beschaulich ist auch die Fahrt von Ferrette in westlicher Richtung über kleine Landstraßen nach Montbéliard, über sanfte Hügel, durch Wäldchen und Felder, vorbei an kleinen Teichen, in denen Karpfen gezüchtet werden. Aus dem Sundgau, dem Elsässischen Jura, stammt auch die ausgezeichnet schmeckende »carpe frite«, der gebackene Karpfen.

Franche-Comté

Nach der ruhigen Fahrt über Land wähnt man sich beim Eintreffen in 8 ✶ **Montbéliard** anfangs vielleicht in einer Großstadt, doch schnell ist zu erkennen, dass das frühere Mömpelgard mit dem schönen Schloss im Centre Ville nur die Ausmaße einer Provinzstadt hat. Einen provinziellen Charakter hat auch das nördlich gelegene, von Vauban, dem Festungsbaumeister Ludwigs XIV., heute noch stark geprägte 9 ✶ **Belfort**, das von Montbéliard aus am schnellsten über die Autobahn (auf dieser Teilstrecke keine »péage«, also keine Autobahngebühren!) erreicht werden kann. Die Rückfahrt von Belfort ins Südelsass ist am einfachsten über die nach Mulhouse führende, allerdings nun gebührenpflichtige A 36. Eine wesentlich schönere Fahrt bietet sich über die N 83 an, die direkt an der Zitadelle im Nordosten der Stadt vorbeiführt. Und der Zitadelle muss man einfach einen Besuch abstatten. Von hier oben hat man einen überwältigenden Blick über Belfort – Menschen mit Höhenangst sollten sich aber vom relativ niedrigen Sicherheitszaun unbedingt fernhalten.

! *Baedeker* TIPP

Netter Berggasthof

Unterhalb des Lac d'Alfeld (direkt an der Straße) liegt ein Berggasthof – ein rustikales Gasthaus mit sehr freundlichem Service und erschwinglichen Preisen. Man kann auch draußen sitzen und nach dem Essen einen Verdauungsspaziergang am See unternehmen.

Südvogesen Ballon d'Alsace

Über die hügelige, recht verkehrsarme N 83 und über kleine Landstraßen (Hinweisschild Rougement-le-Château folgen) gelangt man in den betulichen Vogesen- und Festspielort 10 **Masevaux**, wo in der Schulanstalt der damaligen Benediktinerabtei die spätere russische Zarin Katharina II. den Schliff fürs Leben erhielt. Von Masevaux fährt man nun über die D 466 in die Berge bzw. hinauf auf den Ballon d'Alsace. Bevor sich die Straße serpentinenartig auf den 1274 m hohen Berg hinaufschlängelt, sollte man am Lac d'Alfeld einen Zwischenstopp einlegen. Je mehr man sich dann dem Ballon d'Alsace nähert, umso mehr kann der Verkehr zunehmen, denn der Berg mit seinen Mattenhängen ist allseits beliebt. Auf den kurvigen und stellenweise engen Bergstrecken sollte man vor allem auf Mountainbiker und Motorradfahrer Acht geben. In St-Maurice-sur-Moselle (nordwestlich vom Ballon d'Alsace) kommt man auf die wieder besser ausgebaute N 66, der man in Richtung Le Thillot folgt. Hier biegt man auf die D 486 ab, eine hübsche Bergstrecke, die durch ruhige, teils verschlafen wirkende Orte führt. Erst in La Bresse spürt man mehr Leben, kann man wieder gut einkehren oder einkaufen. Einen wahren Rummel erlebt man im schön am See gelegenen 11 ✶ **Gérardmer**, einem Touristenort, wo Verkehrsstaus auf der Haupt- und Durchgangsstraße an warmen Wochenend- und Feiertagen keine Seltenheit sind. Idyllisch ist die Fahrt von Gérardmer zum Col de la Schlucht. Von der Bergstraße hat man stellenweise einen herrlichen Blick auf den rechts unten liegenden Lac de Longemer – allerdings nur der Beifahrer, der Fahrer sollte sein Augenmerk lieber auf die nicht gerade verkehrsarme, sehr kurvige und streckenweise unbefestigte Straße richten. Hie und da gibt es aber auch kleine Haltepunkte mit schöner Aussicht auf das Tal. Auf der Strecke unterwegs hat man unzählige Möglichkeiten, in den Vogesen zu wandern – natürlich auch am 1159 m hohen ⑫ ✶ **Col de la Schlucht,** auf den ein Sessellift hinaufführt. Der letzte Teil der hier beschriebenen Route führt durch die hübschen Bergorte Stosswihr und ⑬ **Munster**, wo der Münsterkäse seinen Ursprung hat, sowie den ansehnlichen Weinort Wintzenheim, bevor man wieder den Ausgangspunkt **Colmar** erreicht.

Touristikstraßen

Circuit Touristique Franco-Allemand und Route de l'Amitié

Die 409 km lange Deutsch-Französische Touristikroute (Circuit Touristique Franco-Allemand) führt durch die deutschen Bundesländer Baden-Württemberg und Rheinland-Pfalz sowie durch das französische Département Bas-Rhin (ausgehend vom badischen Achern über Haguenau, Wissembourg, Niederbronn-les-Bains, Bouxwiller, Saverne, La Petite Pierre und das lothringische Bitche). Die Freundschaftsstraße (Route de l'Amitié), eine grenzüberschreitende Touristikroute beginnt auf deutschem Gebiet in Stuttgart und führt am linken Oberrhein über Strasbourg, Obernai, Molsheim, Saverne, Bitche und Sarreguemines nach Metz, der lothringischen Hauptstadt. Darüber hinaus gibt es mehrere gut ausgeschilderte, themenorientierte Touristikstraßen, die zu landschaftlichen, kulturellen und kulinarischen Ausflugszielen führen.

Route du Vin / Route des Vins d'Alsace

Die bekannteste und meistbefahrene Touristikroute des Elsass ist die 170 km lange Weinstraße (Route du Vin). Sie beginnt westlich von Strasbourg in Marlenheim und erschließt über Colmar und zahlreiche traditionsreiche schöne Winzerdörfer bis Thann die sich zwischen dem Fuß der Vogesen und der Rheinebene erstreckende elsässische Weinbauregion. Die Strecke ist entsprechend beschildert (»Route des Vins d'Alsace«) und durch eine stilisierte Traube sowie das typische langstielige Elsässer Weinglas gekennzeichnet.

Route du Fromage

Die Käsestraße (Route du Fromage) führt von Munster hinauf zum Col de la Schlucht und verläuft dann – identisch mit der Route des Crêtes – südlich am Hohneck und Rainkopf vorbei zum Breitfirst (vor Markstein) und weiter unterhalb des 1258 m hohen Schnepfenriedkopfs hin nach Sondernach und wieder bergan zum Petit Ballon (Kleiner Belchen) und schließlich zurück nach Munster. Sie verbindet mehr als dreißig Hochweiden, Almen und Sennereien des oberen Münstertals.

Routes de la Carpe Frite

Die 250 km langen Karpfenstraßen (Routes de la Carpe Frite) verdanken ihre Existenz der »carpe frite« (gebratener / gebackener Karp-

Weinberge bei Guebwiller

fen), der kulinarischen Spezialität des Sundgaus ganz im Süden des Elsass, dessen zahlreiche Seen in sanft hügeliger Juralandschaft in großem Umfang zur Karpfenzucht genutzt werden. Hierbei handelt es sich um vier ineinander greifende touristische Touren, die in das Land zwischen Mulhouse und der französisch-schweizerischen Grenze führen. Natürlich werden allenthalben gebratene, gebackene oder fritierte (aber fast nirgends gekochte) Karpfen serviert.

Route des Crêtes

Die 103 km lange Vogesenkammstraße (Route des Crêtes) war ursprünglich eine Militärstraße, die im Ersten Weltkrieg angelegt wurde, um die Verbindung der verschiedenen Frontabschnitte sicherzustellen. Heute gehört die Vogesenkammstraße zu den landschaftlich eindrucksvollsten Strecken im Vogesenraum. Die Route beginnt unweit westlich von Colmar bzw. Kaysersberg auf dem 949 m hohen Col du Bonhomme und führt über den Col de la Schlucht und Grand Ballon hinunter nach Cernay bei Thann.

Route du Tabac

Die Tabakstraße (Route du Tabac) schließlich führt durch das wirtschaftlich wichtigste und größte Tabakanbaugebiet im Elsass, das sich in der Oberrheinebene um Strasbourg befindet. Die Tabakkultur und -verarbeitung spielen im Elsass wirtschaftlich eine wichtige Rolle:

Rund 1100 Betriebe bauen Tabak an und erzielen einen jährlichen Ertrag von 4500 t auf einer Nutzfläche von 1400 Hektar. In den entlang der Route du Tabac gelegenen Orten gibt es immer wieder Gelegenheiten zu Betriebsbesichtigungen – angefangen bei den Tabakbauern bis hin zu den staatlichen Betrieben (AlsaTabac und Seita) im Großraum Strasbourg.

Neben den oben beschriebenen Routen laden noch weitere zu einem Besuch ein, so die **Route de la Choucroute** (Sauerkrautstraße) südlich und westlich von Strasbourg, die **Route de la Truite** (Forellenstraße) von Uffholz bei Cernay nach Remiremont in Lothringen und die **Route Gourmande** (Feinschmeckerstraße) im nördlichen und Krummen Elsass.

Ihren Namen hat die Käsestraße von den ca. 20 Bauernhöfen, die den Münsterkäse herstellen und verkaufen.

Reiseziele von A bis Z

DAS ELSASS BIETET VIELE SEHENSWERTE KIRCHEN, ALTE STADTKERNE UND INTERESSANTE MUSEEN. DOCH AUCH AUSSERHALB DER STÄDTE WARTEN SCHÖNE SCHLÖSSER, ROMANTISCHE BURGRUINEN UND KLOSTERANLAGEN SOWIE IDYLLISCHE WINZERDÖRFER AUF IHREN BESUCH.

Altkirch

L 6

Région: Alsace (Elsass)
Höhe: 312 m. ü. d. M.
Département: Haut-Rhin
Einwohner: 5400

Altkirch gilt als das Zentrum des Sundgaus, der oberelsässischen Landschaft zwischen dem Oberrhein, den Vogesen und dem Schweizer Jura.

Der ruhige Urlaubsort, eine Station an der Route de la Carpe Frite, liegt knapp 20 km südlich von ►Mulhouse in wald- und seenreicher Landschaft auf einem Hügel über der Ill. Hier stand bis ins 19. Jh. hi-

ALTKIRCH ERLEBEN

AUSKUNFT

Place Xavier Jourdain
Tel. 03 89 40 02 90
Fax 03 89 40 21 80
www.ot-altkirch.com

ESSEN

► Preiswert

Caveau du Tonneau d'Or
33, Rue Gilardoni
Tel. 03 89 40 69 79

Sundgau-Spezialität: carpe frite – gebackener Karpfen

Solide Winstub vor einem schönen Weiher mit deftiger Elsässer Küche. Spezialität des Hauses sind – wie es sich im Sundgau gehört – gebackene Karpfen.

ÜBERNACHTEN

► Komfortabel

Auberge Sundgovienne
Route de Belfort
Tel. 03 89 40 97 18
Fax 03 89 40 67 73
www.auberge-sundgovienne.fr
Eine zum Ausspannen ideale Unterkunft (29 Z.), denn die Auberge liegt etwas außerhalb an der nach Belfort führenden Straße in einem kleinen Park. Im zugehörigen Restaurant werden echte Sundgauer Spezialitäten serviert.

► Günstig

Auberge du Tisserand
28, Route de Cernay
Gommersdorf (10 km westlich von Altkirch)
Tel. 03 89 07 21 80
Fax 03 89 25 11 34
Fachwerkhaus aus dem 17. Jh., das einem Weber gehörte. Viel Charme, gute, bodenständige Küche.

nein die Burg der Grafen von Pfirt (heute ► Ferrette), in deren Schutz der Ort im 13. Jh. entstand und die eine strategische Schlüsselstellung an der Burgundischen Pforte innehatte.

Sehenswertes in Altkirch

Place de la République, Hôtel de Ville

An der brunnengeschmückten Place de la République steht das Hôtel de Ville (Rathaus) mit Dachreiter und Mittelrisalit. Es wurde im 18. Jh. in klassizistischer Form nach Plänen von Jean-Baptiste Kléber, Architekt und späterer Feldherr Napoleons, erbaut. Rechts daneben ist in der alten Landvogtei, einem stattlichen Renaissancegebäude, das **Sundgau-Museum** eingerichtet. Auf zwei Stockwerke verteilt, zeigt es archäologische Fundstücke, Sundgau-Trachten, Möbel, Keramik, Waffen und Münzen sowie Gemälde elsässischer Künstler.

Église Notre-Dame

Die Église Notre-Dame am Schlossgarten, die sich auf dem ehemaligen Burggelände erhebt, wurde im 19. Jh. nach romanischen Vorbildern errichtet. Im Innern verdienen das romanische Taufbecken und eine Pietà (16. Jh.) Beachtung. Von der Rückseite der Kirche bietet sich ein schöner Blick auf die Landschaft des Sundgaus.

Saint-Morand

In der östlich etwas außerhalb gelegenen Wallfahrtskirche Saint-Morand befindet sich der aus dem 12. Jh. stammende Sarkophag des hl. Morandus (1075 – 1115), dem Missionar des Sundgaus; ferner enthält das Gotteshaus Fresken aus dem 18. Jh. von Appiani.

★ Andlau

F 7

Région: Alsace (Elsass)
Département: Bas-Rhin
Höhe: 246 m ü. d. M.
Einwohner: 1700

Andlau ist ein reizendes Städtchen an der Weinstraße, eingebettet zwischen Wald und Weinbergen (Grand Cru Kastelberg, Moenchberg, Wiebelsberg) am östlichen Fuß der Vogesen.

Entstanden ist der Ort um eine Benediktinerabtei, die um 880 von der später heilig gesprochenen Richardis gegründet wurde. Wie die Legende erzählt, hat ein **Bärenweibchen** der frommen Frau, die von ihrem Ehemann, Kaiser Karl dem Dicken (876 – 887), verstoßen worden war, die Stelle gezeigt, wo sie eine Abtei gründen solle. An diese Legende erinnern die Bärin auf dem Richardisbrunnen (19. Jh.) auf der Place de la Mairie sowie die romanische Bärin in der Krypta der Abteikirche. Dort zeigt man auch die Mulde im Boden mit Kratzspuren, wo die Bärin sich einst niederließ. Im Mittelalter wurden Bärenführer kostenlos im Ort untergebracht, und die Nonnen hielten sich sogar einen echten Bären im Kloster.

ANDLAU ERLEBEN

AUSKUNFT

5, Rue du Général de Gaulle
Tel. 03 88 08 22 57
Fax 03 88 08 42 22
www.pays-de-barr.com

EINKAUFEN

Boucherie Huchelmann
9, Rue du Général de Gaulle
Die Winzerpastete aus dieser besonderen Metzgerei und auch die anderen hausgemachten, mit Holz aus den Vogesenwäldern geräucherten Produkte schmecken einfach unvergleichlich.

Marc Kreydenweiss
12, Rue Deharbe
Tel. 03 88 08 95 83
www.kreydenweiss.com
Exzellenter Biowein, köstlicher Marc de Gewürztraminer. Eine Degustation ist nach telefonischer Voranmeldung möglich.

ESSEN

► Preiswert

Au Bœuf Rouge
6, Rue du Docteur Stoltz
Tel. 03 88 08 96 26
Solider Familienbetrieb in einer alten Poststation aus dem 17. Jahrhundert mit ausgezeichneter klassischer Küche und guten Weinen der Gegend.
Der Küchenchef hat unter anderem im Straßburger »Crocodile« (s. dort) gelernt.

ÜBERNACHTEN

► Luxus bis komfortabel

Zinck Hotel
13, Rue de la Marne
Tel. 03 88 08 27 30
Fax 03 88 08 42 50
www.zinckhotel.com
Dass dieses Haus in der Vergangenheit einmal eine Mühle war, merkt man spätestens im Eingangsraum, dessen Prunkstück ein altes Mühlrad ist, und im Salon, wo in Vitrinen Spulen, Spindeln und andere alte Arbeitsgeräte ausgestellt sind. Jedes der Zimmer widmet sich einem speziellen Thema, entsprechend heißen die Räume »La Japonaise«, »La Coloniale« oder auch »La Baroque«. Leider verfügt dieses Hotel aber über kein eigenes Restaurant.

Hotel Arnold
98, Route des Vins
Itterswiller (5 km südlich)
Tel. 03 88 85 50 58
Fax 03 88 85 55 54
www.hotel-arnold.com
Schöne Lage in den Weinbergen; modern-eleganter Landhausstil. Im Restaurant werden Produkte aus eigener Herstellung serviert, z. B. »choucroute royale«.

Clos Ermitage
34, Rue du Wittertalhof
Le Hohwald
Tel. 03 88 08 31 31
Fax 03 88 08 34 99
www.clos-ermitage.com
Am Waldrand gelegenes modernes Hotel (19 Z.) mit Sauna, Solarium und Terrasse. Diverse Kurse zur Stärkung von Körper und Geist, Wellnessanwendungen sowie vegetarische Küche.

► Günstig

Au Canon
2, Rue des Remparts
Tel. 03 88 08 95 08
Fax 03 88 08 90 82
Einfache gastliche Atmosphäre in dem hübschen Fachwerkhaus mit Terrasse. Sehr gut sind die schmackhaften, preiswerten Menüs.

Sehenswertes in Andlau

★ **Abbatiale (ehemalige Abteikirche)**

Hauptsehenswürdigkeit im Ortsbereich ist die romanische Kirche der einstigen Benediktinerabtei. Die der hl. Richardis geweihte Abteikirche, der Nachfolgebau eines im 11. Jh. errichteten Gotteshauses, stammt größtenteils aus dem 12. Jahrhundert. Nach einem Brand Ende des 17. Jh.s wurden Langhaus und Glockenturm umgebaut. Dementsprechend zeigt das Innere der Anlage, die nach der Auflösung des Klosters (1793) während der Französischen Revolution zur Pfarrkirche Sts-Pierre-et-Paul wurde, ein **eigenartiges Stilgemisch aus Romanik, Gotik, Renaissance und Klassik**. Die weiträumige Hallenkrypta aus dem 11. Jh. erreicht man vom linken Querhausarm. Zu den bedeutendsten Werken romanischer Plastik im Elsass gehören die um 1130 angefertigten Fries- und Portalfiguren am mächtigen Westwerk der Kirche. Auf dem 30 m langen und 60 cm hohen Fries sind detailfreudig und unterhaltsam Szenen aus Mythologie und Alltag, Reales und Phantastisches dargestellt: viele Tierarten, auch exotische, Fabelwesen sowie Jagd- und Gastmahlszenen, kämpfende Ritter und Weinpanscher. Die Reliefs auf dem Türsturz des Portals in der Vorhalle zeigen die Schöpfungsgeschichte und die Vertreibung aus dem Paradies. Im Tympanon übergibt Christus die Schlüssel des Garten Eden an Petrus und ein Buch an Paulus.

Umgebung von Andlau

Haut-Andlau, Spesbourg

Ungefähr 1,5 km nördlich erhebt sich die Ruine der im 13. / 14. Jh. erbauten und bis 1806 bewohnten Burg Haut-Andlau, der Stammburg der Grafen von Andlau. Westlich befindet sich die Ruine der Spesbourg (Spesburg), die im 13. Jh. von den Schutzvögten des Klosters Andlau errichtet wurde. Von beiden bietet sich eine prächtige Aussicht auf die Oberrheinebene und in die Vogesen.

Le Hohwald

Über die D 425 durch das malerische Andlautal erreicht man im Westen von Andlau die Vogesengemeinde Le Hohwald (380 Einw.) – eingebettet zwischen 200-jährigen Tannen- und Buchenwäldern. Der Tourismus begann hier mit der Eröffnung des ersten Gasthofs 1856 durch die Försterswitwe Dorothée Kuntz. Als der Ferienort für Wanderer und Winterurlauber seine besten Tage hatte, zählten zu den berühmtesten Gästen Sarah Bernhardt und Konrad Adenauer. Westlich von Le Hohwald bildet die Andlau den idyllischen Hohwalder Wasserfall (Wegweiser »Cascade«).

Le Champ du Feu

Ca. 11 km südwestlich von Le Hohwald liegt Champ du Feu (Hochfeld; 1100 m). Auf dem Champ du Feu, dessen Name auf keltische Zeiten zurückgeht, als hier Opfer- und Sonnwendfeuer brannten, ragt inmitten eines Straßenrondells ein Aussichtsturm auf, dessen Plattform (116 Stufen) einen umfassenden Rundblick gewährt. Die nahen Grashänge sind ein Wintersportgebiet mit Skiliften.

★ Baccarat

F 3

Région: Lorraine (Lothringen)
Höhe: 260 m ü. d. M.
Département: Meurthe-et-Moselle
Einwohner: 4700

Weltberühmt wurde das lothringische Baccarat durch seine Kristallwaren. Im Jahr 1764 entstand die erste Glashütte in dem Meurthe-Städtchen nordwestlich von ►Saint-Dié am westlichen Fuß der Vogesen.

Zu Beginn des 19. Jh.s wurde die Glasbläserei in eine Kristallmanufaktur umgewandelt, von der sich schon bald die Mächtigen der Welt beliefern ließen, darunter die spanische Königin Isabella II. in der Mitte des 19. Jahrhunderts.

BACCARAT

AUSKUNFT
Rue Adrien Michaut
Tel. 03 88 75 13 37
Fax 03 88 75 36 76
www.ville-baccarat.fr

Sehenswertes in Baccarat

Im östlich der Meurthe gelegenen Ortsteil befindet sich an der Rue des Cristalleries das **Kristallmuseum**, das neben Kristallglas seit dem frühen 19. Jh. auch eine Glasbläserei und -schleiferei besitzt, in der die Herstellung von Kristallwaren gezeigt wird (Öffnungszeiten: tgl. Apr. – Nov. 9.30 – 12.30, 14.00 – 18.30; Nov. – März 10.00 – 12.00, 14.00 – 18.00 Uhr). Zu den Glanzstücken der Sammlung zählt das für Könige und Staatschefs produzierte **Tafelkristall**. Unterhalb des Museums gibt es eine Verkaufsausstellung der Kristallerie.

★ **Saint-Rémy**

Über eine Straßenbrücke gelangt man ans andere Ufer der Meurthe, wo die Pfarrkirche Saint-Rémy steht, die 1957 an der Stelle der 1944 durch Beschuss zerstörten Vorgängerin in Sichtbeton erbaut wurde. Das Gotteshaus mit dem 55 m hohen, nadelförmigen Turm besitzt im Innern schöne Glasfenster der örtlichen Manufaktur mit Szenen der Schöpfungsgeschichte: 4000 Kristallplatten, bestehend aus 20 000 Kristallstücken, symbolisieren in 52 Farben »Leben und Licht«.

Musée Archéologique

Im südlichen Ortsteil Deneuvre wurde im ehemaligen Pfarrhaus das Archäologische Museum eingerichtet, das Funde aus gallo-römischer Zeit, u. a. aus einem vor kurzem freigelegten Herkules-Heiligtum, zeigt.

Umgebung von Baccarat

Raon-l'Etape

Ca. 8 km südöstlich von Baccarat liegt die »Brunnenstadt« Raon-l'Etape (6700 Einw.), ein auch als Wanderzentrum beliebter Ort an der Meurthe. Neben dem Rathaus von 1750, einem klassischen Bau mit Arkadenhalle im Erdgeschoss, und der direkt daneben stehenden klassizistischen Kirche von 1833, machen die zwölf Brunnen aus der zweiten Hälfte des 19. Jh.s den Reiz des Städtchens aus. Elf dieser Brunnen sind als historische Denkmäler anerkannt.

Barr

F 7

Région: Alsace (Elsass)
Höhe: 201 m ü. d. M.
Département:: Bas-Rhin
Einwohner: 6000

Das inmitten von Rebhängen am Fuß des Mont Ste.-Odile und im Kirnecktal gelegene Städtchen Barr ist die Weinmetropole des Département Bas-Rhin.

Ganz in der Nähe gedeiht der Edelwein **Klevener Heiligenstein**. Die vielen stattlichen, blumengeschmückten Fachwerkbauten – teilweise aus dem 14./15. Jh. – zeugen von dem Vermögen, das sich viele Bürger der Stadt mit dem Weinhandel erwirtschaftet haben.

Sehenswertes in Barr

Hôtel de Ville

Beherrscht wird der stark geneigte Rathausplatz von der lachsroten Hauptfront des Hôtel de Ville (1640), einem reich verzierten Renaissancebau mit Treppengiebel und prächtigem Erker. Im Rathaus findet alljährlich der Weinmarkt statt. Vom Innenhof des Rathauses, in den man durch ein Tor gelangt, kann man die schöne Rückfront des Gebäudes bewundern.

Église St-Martin

Erhöht hinter dem Rathaus und über eine Treppe vom Rathausinnenhof zu erreichen, steht die protestantische Kirche St. Martin, ein eigenartiges Ensemble aus romanischen und historisierenden Elementen. Die vier unteren Turmgeschosse stammen aus dem späten 12. Jh. und zeigen reizvollen Figurenschmuck. Im eigentlichen Kirchenbau (1850) befindet sich eine Orgel (1852) aus der Werkstatt der Gebrüder Stiehr in Seltz.

> ! *Baedeker* TIPP
>
> **Sentier viticole**
>
> Direkt hinter dem Rathaus, der Mairie, beginnt ein interessanter Weinlehrpfad. Auf dem ungefähr eine Stunde dauernden Spaziergang bietet sich ein schöner Blick auf Barr und die umliegenden berühmten Lagen wie Kirchberg und Klevener Heiligenstein.

Nahe dem östlichen Ortseingang steht in der Rue Sultzer das **»La Folie Marco«** genannte stattliche Barockgebäude (1763), das ein Museum regionaler Wohnkultur des 17. bis 19. Jh.s beherbergt. Zu sehen sind u. a. Möbel im Stil der Rheini-

ATTENT ON
je m ce
la
garde.

BARR ERLEBEN

AUSKUNFT

Place de l'Hôtel de Ville
Tel. 03 88 58 52 22
www.pays-de-barr.com

EINKAUFEN

Le Pot à crinoline
30, Rue des Cigognes
Schöne Auswahl elsässischer Spezialitäten und Keramik.

Fortwenger
144, Route de Strasbourg
Gertwiller (3 km westlich von Barr)
Berühmter elsässischer Lebkuchenhersteller (Besichtigung nach Voranmeldung unter Tel. 03 88 08 96 06).

Lips
110, Place de la Mairie
Nummer 2 der Lebkuchenhersteller.

ESSEN

▸ Erschwinglich

Winstub Gilg
1, Route du Vin
Mittelbergheim
(4 km südlich von Barr)
Tel. 03 88 08 91 37, Fax 03 88 08 45 17
Landestypischer kleiner Gasthof (15 Z.) in einem stattlichen Steinhaus aus dem frühen 17. Jh. Er verfügt über gemütliche und ruhige Zimmer sowie ein Restaurant, das mit seiner einfallsreichen Küche zu den besten Adressen des Elsass zählt.

▸ Preiswert

S'Barrerstubel
Place de l'Hôtel de Ville
Tel. 03 88 08 57 44
Klassische Winstub.

ÜBERNACHTEN

▸ Komfortabel

Le Brochet
9, Place de l'Hôtel de Ville
Tel. 03 88 08 92 42, Fax 03 88 08 48 15
www.brochet.com
Das schöne regionaltypische Fachwerkhaus (23 Z.) liegt im malerischen Ortskern; im Terrassenrestaurant werden elsässische Küche und Fischspezialitäten serviert.

BESICHTIGEN

Monsieur Baumert
4, Av. des Vosges
Tel. 03 88 08 92 39
Atelier eines Tonnelier (Fassmachers).

schen Renaissance sowie Tafelgeschirr, Fayencen und Zinn (Öffnungszeiten: Juli – Sept. Di. bis So. 10.00 – 12.00, 14.00 – 18.00; Mai, Juni, Okt., Dez. Sa. – So. 10.00 – 12.00, 14.00 – 18.00 Uhr). Als Louis Félix Marco, Advokat und Amtmann der früheren Herrschaft Barr, in den Jahren 1760 bis 1763 dieses Haus auf einem Grundstück außerhalb der Stadtmauern bauen ließ, nannten die Einwohner der Stadt dieses Unternehmen eine »Verrücktheit« (folie). Ganz Unrecht hatten sie nicht, denn tatsächlich war Marco nach diesem Bau finanziell ruiniert.

← Wie hier in Barr sind viele Bauernhofeinfahrten mit Maiskolben und alten Gerätschaften geschmückt.

Umgebung von Barr

Mittelbergheim Das südlich von Barr an der Route du Vin gelegene Mittelbergheim wird zu den hundert schönsten Dörfern Frankreichs gezählt. Tatsächlich entspricht der Ort, der sich malerisch an einen Berghang schmiegt, mit seinen hübschen Fachwerkhäusern dem Idealbild eines elsässischen Winzerdorfs.

★ Belfort

K 4

Région: Franche-Comté
Höhe: 358 m ü. d. M.
Département: Territoire de Belfort
Einwohner: 50 000

Belfort, die Hauptstadt des gleichnamigen Gebiets, spielte schon immer eine wichtige Rolle an der nur 30 km breiten Engstelle zwischen Vogesen und Jura. Diese Burgundische Pforte (trouée de Belfort) musste man passieren, wenn man unter Vermeidung schwieriger Alpenpässe vom Rhein an die Rhône und ans Mittelmeer gelangen wollte.

Nachdem das Heilige Römische Reich Deutscher Nation das Gebiet im Westfälischen Frieden (1648) an Frankreich verloren hatte, baute der geniale Sébastien le Prestre, Seigneur de Vauban, Festungsbauminister Ludwigs des XIV., 1687 die bestehende Anlage zu der gewaltigen Festung aus, die heute noch das Bild von Belfort prägt.
Im Deutsch-Französischen Krieg (1870 / 1871) leistete Belfort den preußischen Truppen hartnäckigen Widerstand, was dazu führte, dass es im Frankfurter Frieden nicht – wie das Elsass und Teile Lothringens – an die Siegermacht fiel, sondern bei Frankreich verblieb. Sogleich setzte ein rascher Wirtschaftsaufschwung ein, da sich zahlreiche elsässische Industrieunternehmen auf der Flucht vor der preußischen Besatzung hier niederließen. Heute spielen Maschinen-, Elektro-, Textil- und Chemiewerke sowie die Halbleiter-, Elektronik- und Computerindustrie im Wirtschaftsleben der Stadt eine bedeutende Rolle.

Sehenswertes in Belfort

Place de la République Den Mittelpunkt der am linken Ufer der Savoureuse gelegenen Altstadt bildet die Place de la République, auf der das vom Colmarer Bildhauer Frédéric-Auguste Bartholdi (►Berühmte Persönlichkeiten) geschaffene Monument des Trois Sièges steht, womit an die drei Belagerungen der Stadt (1813 / 1814, 1815 und 1870) erinnert werden soll. An der Nordseite des Platzes befindet sich das Palais de Justice (Justizpalast), auf der gegenüber liegenden Südseite die Préfecture (Präfektur) aus dem Jahr 1903.

Das Wahrzeichen von Belfort: Der Löwe aus Vogesensandstein, der an die vielen Belagerungen der Stadt erinnert.

Etwa 500 m nordwestlich erstreckt sich der **Square Lechten**, ein blumenreicher Park mit prächtigem altem Baumbestand.

Église Saint-Christophe

Unweit östlich der Place de la République steht an der Place d'Armes die Kirche Saint-Christophe (1727 – 1750), die während der Französischen Revolution vorübergehend zum »Tempel der Vernunft« umfunktioniert und 1981 zur Kathedrale erhoben wurde.

Hôtel de Ville

Das nahe gelegene Hôtel de Ville (Rathaus) mit der schönen Treppe in den ersten Stock und der prächtigen Salle Kléber im Innern wurde 1724 als Bürgerpalais errichtet und 1789 entsprechend seiner neuen Bestimmung umgebaut.

Porte de Brisach

Ein Teil der alten Befestigungsanlage ist die 1687 errichtete Porte de Brisach (Breisacher Tor), die den nordöstlichen Abschluss der Altstadt bildet. Im dreieckigen Giebelfeld sind eine in Stein gehauene Sonne, das Sinnbild von König Ludwig XIV., und dessen Wappenspruch »Nec pluribus impar« (Niemand ist ihm gleich) zu erkennen.

✶ Citadelle

Auf einem 70 m hohen Felsen über der Stadt baute Vauban an der Stelle des Château de Beaufort aus dem 13. Jh. sein Meisterwerk der Ingenieurskunst und Kriegstechnik. Auf einem Spaziergang durch die frei zugängliche Anlage kann man sich zwischen Bastionen, Gräben, Kasematten und Kurtinen (Verbindungsmauern zwischen Türmen) ein eindrucksvolles Bild machen. Von der Terrasse des Forts

BELFORT ERLEBEN

AUSKUNFT

2 bis, Rue Clemenceau
Tel. 03 84 55 90 90
Fax 03 84 55 90 99
www.ot-belfort.fr

EINKAUFEN

Épicerie Perello
Rue Porte de France / Place d'Armes
Die älteste Épicerie Frankreichs rühmt sich, bereits 1825 gegründet worden zu sein. Sehr schön anzusehen ist das gut erhaltene Originaldekor.

ESSEN

► Erschwinglich

① ***Le Molière***
6, Place de l'Etuve
Tel. 03 84 21 86 38
Wunderbare Gerichte wie »Papillotte de loup à la vanille et aux oranges«.

► Preiswert

② ***Au Pied du Lion***
1, Place de la Fontaine
Tel. 03 84 54 06 95
In der Altstadt unterhalb des »Löwen« gelegen, schöne Terrasse.

ÜBERNACHTEN

► Luxus

① ***Grand Hôtel du Tonneau d'Or***
1, Rue Reiset
Tel. 03 84 58 57 56
Fax 03 84 58 57 50
www.tonneaudor.fr
Das Entrée des Grand Hotel ist im Jugendstil gestaltet, die Glasfenster orientieren sich an der Schule von Nancy. Das Restaurant erinnert an eine Pariser Brasserie der Jahrhundertwende, doch die Zimmer sind ganz modern ausgestattet.

► Komfortabel

② ***Les Capucins***
20, Faubourg de Montbéliard
Tel. 03 84 28 04 60
Fax 03 84 55 00 92
www.logis-de-france.fr
Alteingesessenes Haus mit kleinen, aber charmant eingerichteten Zimmern und traditioneller Küche. Es gehört zu Logis de France.

► Günstig

③ ***Mon Village***
Offemont (5 km nördlich v. Belfort)
Tel. 03 84 54 82 00
Fax 03 84 26 18 50
laurent.klein15@wanadoo.fr
Ebenfalls zu Logis de France gehört das familiäre Hotel in ruhiger Lage im Grünen. Spezialitäten des hauseigenen Restaurants sind Froschschenkel und frittierter Karpfen.

bietet sich ein herrlicher Blick auf die Stadt, auf Jura und Vogesen. In der ehemaligen Kaserne zeigt das **Musée de l'Art et de l'Histoire** (Kunst- und Geschichtsmuseum) archäologische Funde von der Steinzeit bis in die gallo-römische Epoche, eine Gemäldesammlung (u. a. Signac, Vlaminck, Utrillo, Courbet, Rodin) und Modelle der Vauban'schen Befestigungen.
Hinter dem Tor gelangt man an Festungswällen entlang zum Wahrzeichen Belforts, der 22 m langen und 11 m hohen, aus Vogesensandstein geschaffenen Plastik des »**Lion de Belfort**« (Löwe von Bel-

Belfort Orientierung

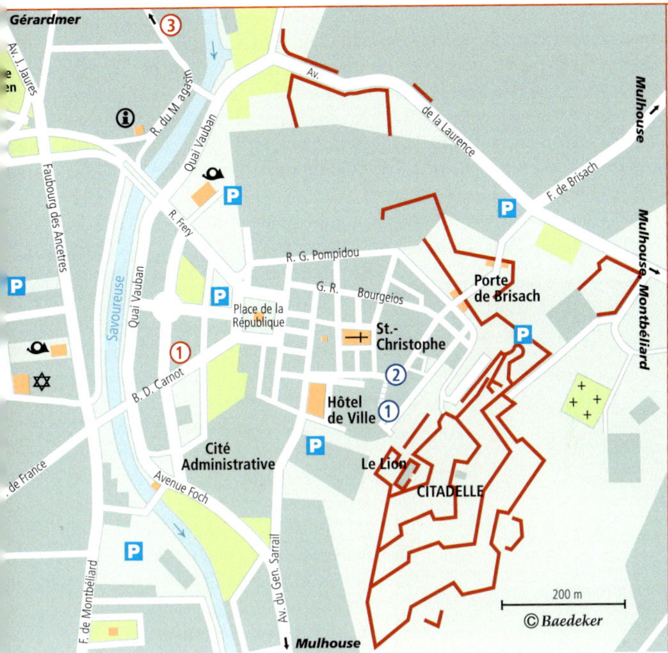

Essen
① Le Molière
② Au Pied du Lion

Übernachten
① Grand Hôtel du Tonneau d'Or
② Les Capucins
③ Mon Village

fort). Der Bildhauer **Frédéric-Auguste Bartholdi**, der auch Schöpfer der New Yorker Freiheitsstatue war, hatte sie in den Jahren 1875 – 1880 zur Erinnerung an den heldenhaften Widerstand bei der 103-tägigen Belagerung von 1870 / 1871 geschaffen. Von der Basis der Löwenplastik, die vor einer steilen Felswand steht, genießt man ebenfalls einen schönen Ausblick.

Umgebung von Belfort

Giromagny

Giromagny (3300 Einw.) am Fuß des Ballon d'Alsace, ca. 12 km nördlich von Belfort im Massiv des Ballon d'Alsace gelegen, war bis zum Westfälischen Frieden (1648) Eigentum der habsburgischen Krone. Es besaß seit dem 15. Jh. einen bedeutenden Blei- und Silbererzbergbau, in dem zahlreiche sächsische Arbeiter beschäftigt waren. Später entwickelte sich die Gemeinde zum Luftkurort, Wander- und Wintersportzentrum. Zu den Sehenswürdigkeiten des Orts zählen die Maison Mazarin, das 1565 erbaute Haus des Bergbaugerichts an der Grande Place, und das nahe gelegene Musée de la Mine (Bergbaumuseum), das einen guten Überblick über den Erzabbau vergangener Zeiten bietet. Am südwestlichen Ortsrand liegt ein Fort, das zum Vauban'schen Befestigungsgürtel von Belfort gehörte.

Ronchamp

★★ Notre-Dame-du-Haut ►

Öffnungszeiten: April – Sept. tgl. 9.30 – 18.30; Okt. – März tgl. 10.00 – 17.00

Architekturfreunden empfiehlt sich ein Abstecher nach Ronchamp (3000 Einw.), 31 km nordwestlich von Belfort. Oberhalb des ehemaligen Bergwerksstädtchens thront die dem Frieden geweihte Kapelle Notre-Dame-du-Haut. Diese Ikone moderner Architektur wurde 1950 – 1955 an der Stelle einer 1944 zerstörten Kirche nach Plänen des französisch-schweizerischen Architekten **Le Corbusier** erbaut, der die Kapelle dem Erzbischof von Besançon mit den Worten überantwortete, sie sei »vielleicht mit Tollkühnheit, gewiss aber mit Mut errichtet«. In den geschwungenen Formen von Dach und Wänden zeigt Le Corbusier, wie lebendig und bewegt sich das spröde Material Beton gestalten lässt. Innen- und Außenraum sind miteinander verflochten. Im Innern kann man eine neue Raumerfahrung machen: keine Symmetrie, unregelmäßiger Grundriss, geneigter Fußboden – nur das Licht gibt Orientierung und führt zum Gnadenbild beim Altar, einer Marienstatue (17. Jh.), die Ziel einer seit 1274 nachgewiesenen Wallfahrt (Hauptfest am 8. September) ist. Vom Kapellenhügel, auf dem auch ein Gefallenendenkmal steht, bietet sich ein schöner Blick nach Süden.

Notre-Dame-du-Haut, eine Ikone moderner Architektur

Im Ort selbst kann an der Place de la Mairie die **Maison de la Mine**, ein kleines Bergbaumuseum besichtigt werden, das bergmännische Arbeits- und Ausrüstungsgegenstände sowie eine Spezialsammlung zum Thema Silikose (Staublunge) zeigt, der seinerzeit im Bergbau verbreiteten Berufskrankheit.

★ Bitche

B 7

Région: Lorraine (Lothringen)
Département: Moselle
Höhe: 243 m ü. d. M.
Einwohner: 5500

Die lothringische Festungsstadt Bitche, am westlichen Vogesenrand auf der Höhe von Karlsruhe zwischen ►Sarreguemines und ►Wissembourg gelegen, ist noch gar nicht so alt. Sie entstand am Fuß eines Felsens, auf dem ab 1681 unter dem Sonnenkönig Ludwig XIV. eine Zitadelle erbaut wurde, die dazu dienen sollte, den Vogesenübergang vom Elsass nach Lothringen zu überwachen und zu verteidigen.

Sehenswertes in Bitche

✶ **Citadelle**

Die weithin sichtbare Zitadelle (306 m ü. d. M.) erhebt sich imposant über der Garnisonstadt. Errichtet wurde die Bergfestung zwischen 1681 und 1683 nach Plänen von Sébastien le Prestre, Seigneur de Vauban, dem Festungsbaumeister Ludwigs XIV. Wenige Jahre später ließ man die in den Fels gehauenen Werke schleifen, von 1740 bis 1754 jedoch wieder aufbauen. Im Deutsch-Französischen Krieg (1870 / 1871) bot die Festung bei der Belagerung von Bitche auch der Zivilbevölkerung Zuflucht, im Zweiten Weltkrieg bildete sie einen wichtigen Punkt der Maginot-Linie. Die Besatzung belief sich damals auf rund 1000 Mann.

Öffnungszeiten:
Juli / Aug. 10.00 – 18.00
Sept. 10.00 – 17.00
Mitte März – Mitte Nov. 10.00 – 17.00

In den Souterrains de la Citadelle (Kasematten) sind insgesamt 67 Räume zu besichtigen; audiovisuelle Darbietungen, Diaprojektionen, Ton- und Geruchseffekte veranschaulichen den Besuch. Auf dem höchsten Punkt der Zitadelle, von dem man ein eindrucksvolles Panorama genießt, steht ein Fahnenmast, an dem eine Orientierungstafel angebracht ist. **Vorsicht**: Die hoch gelegenen, grasbewachsenen Plattformen, von denen die Mauern der Bastionen nahezu senkrecht abfallen, sind völlig ungesichert.

Auf der obersten Plattform der Zitadelle befinden sich in der Nähe des Ausgangs aus den Kasematten zwei Museen. Das **Musée du Deu-**

BITCHE ERLEBEN

AUSKUNFT

Rue du Glacis du Château
Tel. 03 87 06 16 16
Fax 03 87 06 16 17
www.ville-bitche.fr, www.pays-de-bitche.com, www.bitcherland.de

ESSEN

▶ **Erschwinglich**

Auberge de la Tour
3, Rue de la Gare
Tel. 03 97 96 29 25
Fax 03 87 96 02 61
Klassische Küche.

Auberge du Lac
Am Hasselfurther Weiher (5 km südlich von Bitche)
Tel. 03 87 96 27 27
Fax 03 87 96 05 34
Spezialität des Hauses sind die leckeren Fischgerichte.

ÜBERNACHTEN

▶ **Komfortabel**

Auberge de Strasbourg
24, Rue Teyssier
Tel. 03 87 96 00 44
www.le-strasbourg.fr
Die Auberge liegt in der Altstadt von Bitche unterhalb der Zitadelle. Alles passt zusammen: eine gastliche Atmosphäre, die rustikale Ausstattung sowie eine typisch elsässische und lothringische Küche.

▶ **Günstig**

Relais des Chateaux Forts
16, Quai Branly
Tel. 03 87 96 14 14
Fax 03 87 96 07 36
hotelrelaisdeschateaux@wanadoo.fr
Modernes Hotel, zentral gelegen und familienfreundlich.

xième Empire (Museum des Zweiten Kaiserreichs) in der ehemaligen Bäckerei enthält Reproduktionen von Kupfer- und Stahlstichen sowie Grafiken aus der Zeit Napoleons III., ferner Bücher, Bildkeramik, Orden und Ehrenzeichen, Uniform- und Trachtenpuppen. Gegenüber liegt das **Musée Historique du Pays de Bitche** (Historisches Museum des Bitcherlandes), in dessen Erdgeschoss Versteinerungen von Pflanzen und Tieren, Funde aus der Steinzeit und der römischen Epoche sowie Gegenstände aus dem Bauernkrieg und dem Dreißigjährigen Krieg ausgestellt sind. Im Obergeschoss kann man als zentrales Exponat ein Modell der Zitadelle und des nahen Umlandes (1794) sowie Blank- und Feuerwaffen, Kürasse und Uniformteile bewundern.

Umgebung von Bitche

Simserhof

Von Bitche folgt man der in Richtung Zweibrücken führenden D 35 bis zur Abzweigung zu dem ca. 4 km entfernten, in die Maginot-Linie integrierten Festungswerk Simserhof (Hinweisschild »Ligne Maginot«). Das Panzerfort, eines der fünf wichtigsten seiner Art in der **Maginot-Linie**, ist seit 1940 in funktionstüchtigem Zustand erhalten geblieben. Die mit acht Kampfständen ausgerüstete und knapp 800 Mann Besatzung fassende Festungsanlage besitzt unterirdische Stollenanlagen von ca. 10 km Länge. Zu besichtigen sind Kraftwerk, Unterkünfte, Truppenküche, Krankenstation mit Operationssaal und Geschützstände. In den Gängen sind Geschützrohre aus beiden Weltkriegen zu sehen. Im Munitionsmagazin ist ein kleines Museum untergebracht, das Diaskope, Episkope, Negative u. a. zeigt. Da es innen nur ca. 11° C warm wird, ist warme Kleidung von Vorteil.

Saint-Louis-lès-Bitche

Im **Kristallmuseum La Grand Place** in Saint-Louis-lès-Bitche (ca. 7 km südlich von Bitche) kann man 1500 Kunstwerke bewundern, die in der 400 Jahre alten königlichen Manufaktur geschaffen wurden, wobei Farbkristall, Schleifarbeiten und Vergoldungen einen besonderen Stellenwert haben. Beleuchtet wird zudem die glorreiche Vergangenheit wie etwa das 18. Jh., als Saint-Louis als einzige Manufaktur Frankreichs das Geheimnis der Kristallerzeugung kannte (Öffnungszeiten: tgl. außer Di. 10.00 – 18.00 Uhr). In einem nahe gelegenen kleinen Laden hat man die Möglichkeit, allerlei Kristallgegenstände zu erwerben.
Auch die Kirche des Ortes ist sehenswert. Sie wurde von ehemaligen Fabrikdirektor gestiftet wie auch ein besonders kunstfertig gestalteter Glasaltar, der heute wieder – nachdem er viele Jahre verschollen war – zur Fronleichnamsprozession in Saint-Louis aufgebaut wird.

Meisenthal

Im rund 11 km südlich von Bitche gelegenen Ort Meisenthal, seit 1704 Sitz einer traditionsreichen Glasmanufaktur, zeigt die **Maison du Verre et du Cristal** (Haus des Glases und des Kristalls) eine sehenswerte Sammlung von Kunstglas, u. a. Werke von Emile Gallé

(1846 – 1904) und Gläser aus den dreißiger Jahren des 20. Jahrhunderts. Zum Museum gehört auch eine Demonstrationswerkstatt (Öffnungszeiten: Mi. – Mo. 14.00 – 18.00 Uhr).

Etang de Hanau

Von der N 62, die Bitche mit ► Niederbronn-les-Bains verbindet, zweigt nach knapp 12 km eine landschaftlich schöne Nebenstraße nach Norden ab. Sie führt durch Wald zu dem hübschen, als Naherholungsziel viel besuchten Etang de Hanau (Hanauer Weiher), einem rund 18 ha umfassenden Stausee. Hier gibt es Gartenrestaurants, angenehme Park- und Picknickplätze sowie ein großes Campinggelände und zahlreiche Wanderwege, über die eine Informationstafel beim Restaurant Bellevue informiert.
Auf der Westseite ragt über dem See die Ruine der um 1635 zerstörten Burg Waldeck auf; östlich erheben sich in einiger Entfernung vom See die als Wanderziel beliebten und eine schöne Aussicht gewährenden Reste der Burg Falkenstein, die 1677 von französischen Truppen zerstört wurde.

Bouxwiller

D 7

Région: Alsace (Elsass)
Höhe: 220 m ü. d. M.
Département: Bas-Rhin
Einwohner: 3700

Das alte Städtchen Bouxwiller (Buchsweiler), am westlichen Rand der Oberrheinebene rund 25 km westlich von ►Haguenau gelegen, war bis 1793 Hauptort der Grafschaft Hanau-Lichtenberg und des »Hanauer Landes«.

Aus dieser Zeit blieb jedoch nur wenig erhalten: Die Stadtmauer wurde abgerissen, das Schloss 1805 zerstört. Dennoch lohnt der ruhige und wenig touristische, hübsch verschachtelte Ort mit seinen schmalen Gassen und seinen liebevoll restaurierten Fachwerkhäusern aus dem 15. bis 18. Jahrhundert, u. a. an der Place du Marché-aux-Grains (Kornmarkt), einen Besuch.

Sehenswertes in Bouxwiller

Place du Château

Im südöstlichen Teil der Stadt – am Schlossplatz, der nach dem Verschwinden des Schlosses etwas verloren wirkt – steht ein großzügiger, niedriger Gebäudekomplex, der 1659 als gräfliche Kanzlei bzw. Rentkammer errichtet und 1909 umgebaut wurde. Er dient heute als Hôtel de Ville (Rathaus) und beherbergt im Obergeschoss das Musée de Bouxwiller et du Pays de

BOUXWILLER

AUSKUNFT

2, Place du Château
Tel. 03 88 03 30 15

Bouxwiller hat sein altes Ortsbild mit schmucken Fachwerkhäusern bewahrt.

Hanau, das volkstümliche Kunst, bemalte Bauernmöbel und Volkstrachten des Hanauer Landes zeigt. Rechts von der Hauptfront des Rathauses erhebt sich der einstige Marstall (1688), in dem heute das Postamt untergebracht ist.

St-Jacques

Jenseits der Altstadt-Durchgangsstraße Grand' Rue steht etwas abseits die 1614 erbaute, stilistisch der Gotik zuzuordnende protestantische Kirche St. Jakobus, die eine **Orgel von Jean-André Silbermann** (1778) besitzt.

Musée Judéo-Alsacien

In der ehemaligen Synagoge in der Grand' Rue Nr. 62 (am westlichen Ende von Bouxwiller) informiert das im Jahr 1998 eröffnete Jüdisch-Elsässische Museum in neun Ausstellungsräumen u. a. mittels Videovorführungen über die Geschichte der Juden im Elsass (► Baedeker Special, S. 208). Anhand von lebensgroßen Puppen und Keramikmodellen zeitgenössischer Künstler werden Alltagsszenen dreidimensional wiedergegeben (Öffnungszeiten: Apr. – Sept. Di. – Fr. 14.00 bis 17.00, So. 14.00 – 18.00 Uhr).

Bastberg

Vom südwestlich gelegenen Bastberg (320 m ü. d. M.), auf den ein geologischer Lehrpfad hinaufführt, bietet sich ein schöner Rundblick. Hier oben sollen, wie Dorfbewohner gern berichten, einst Hexen ihr Unwesen getrieben haben.

Umgebung von Bouxwiller

★ Lichtenberg

Das auf einer Höhe der Nordvogesen gelegene und als ruhiges Sommerferienziel besuchte Dorf Lichtenberg (800 Einw.) – 10 km nördlich von Bouxwiller – wird überragt von der **Ruine** einer der größten und schönsten Befestigungsanlagen im Elsass, der aus dem 13. Jh. stammenden Burg der Grafen von Hanau-Lichtenberg. Sie war später unter dem Festungsbaumeister Vauban umgebaut worden, um mit den Festungen von Bitche und La Petite Pierre die Nordvogesen zu sichern. Vom Turm der Burg hat man einen herrlichen Blick in die umliegende Waldlandschaft.

Auf der Burg gastiert ein eigenes Theaterensemble, zudem beherbergt sie ein regionales Kultur- und Begegnungszentrum, eine Burgendokumentation und eine naturhistorische Ausstellung (Öffnungszeiten: März tgl. 13.00 bis 16.00; Apr. – Mai Mo. 13.30 bis 18.00, Di. – Sa. 10.00 – 12.00, 13.30 bis 18.00, So. 13.30 – 18.00; Juni – Aug. Di. – So. 10.00 – 12.00 und 13.30 bis 18.00 Uhr).

! Baedeker TIPP

Kabarett à la Paris

In der südwestlich von Bouxwiller gelegenen 500-Seelen-Gemeinde Kirrwiller gibt es das einzige Dorfkabarett Frankreichs, dessen 1000 Plätze fast immer ausgebucht sind: In Paris und Las Vegas angeheuerte Revuetänzerinnen, Musiknummern und Magie mit Artisten von internationalem Renommee sorgen für Unterhaltung – ganz wie im Moulin Rouge von Paris, nur sind die Preise in Pierre Meyers Royal Palace wesentlich günstiger (Tel. 03 88 70 71 81, Fax 03 88 71 31 95, www.royal-palace.com).

Im Musée de l'Image populaire (Museum der Volkskunst) von **Pfaffenhoffen** – an der D 919 ca. 12 km nordöstlich von Bouxwiller – kann man sich ein Bild über »die Stärke der elsässischen Seele« machen, wie es Robert Werner, Chefredakteur bei TF 1 sowie Autor von zahlreichen Dialektsendungen und Werken über die elsässische Lebensart, einmal formulierte, denn das Museum zeigt »die Quintessenz der elsässischen Traditionen«: u. a. Hinterglasmalereien, gemalte Weihnachts-, Tauf-, Beerdigungs- und Votivbilder, Miniaturmalereien in kleinen Medaillons, die von einheimischen Laien und Künstlern angefertigt wurden.

Ganz in der Nähe des Museums steht die 1791 erbaute und damit **älteste noch erhaltene Synagoge des Elsass**. Sie ist auch das einzige erhaltene elsässische Beispiel einer so genannten versteckten Synagoge, die sich nicht von den Nachbarhäusern unterscheidet. In dem renovierten Gotteshaus, in dem kein religiöses Gemeindeleben mehr stattfindet, sind eine Kahlstub (Gemeindesaal), ein Ritualbad und ein Zimmer für durchreisende Gäste sowie ein Matze-Ofen und ein schöner Thora-Schrein zu sehen. Den Schlüssel für die Synagoge erhält man an der Kasse des Museums de l'Image Populaire (Öffnungszeiten: Mai – Sept. Di. 14.00 – 18.00, Mi. 10.00 – 12.00 u. 14.00 bis 18.00, Do. – So. 14.00 – 18.00; Okt. – April Di., Do., Fr. 14.00 – 17.00, Mi. 10.00 – 12.00, 14.00 – 17.00, Sa./So. 14.00 – 18.00 Uhr).

★★ Colmar

H 7

Région: Alsace (Elsass)
Höhe: 193 m ü. d. M.

Département: Haut-Rhin
Einwohner: 63 500

Colmar, Hauptstadt des Département Haut-Rhin und nach ►Strasbourg und ►Mulhouse die drittgrößte Stadt im Elsass, wird dank ihres Reichtums an Kunstwerken und gastronomischen Höhepunkten jeden Elsassbesucher erfreuen. Die Altstadt mit ihren architektonischen Kleinoden an Fachwerk- und Renaissancehäusern sowie das vorbildlich und behutsam restaurierte Altstadtviertel Petite Venise (Klein-Venedig) haben Colmar den Ruf eingebracht, die »elsässischste aller elsässischen Städte« zu sein.

Dank seiner Lage an der Mündung wichtiger Vogesentäler (Vallée de Munster, Vallée de la Fecht) in die Rheinebene ist Colmar der ideale Ausgangsort für den Besuch der Hochvogesen und der südlichen Route du Vin. Neben dem sehr lebhaften Tourismus spielen Verwaltungs- und Dienstleistungsunternehmen sowie in den Außenbezirken auch Industriebetriebe eine Rolle (Textil-, Nahrungsmittel- und Feinmechanikindustrie). Außerdem ist Colmar Zentrum des elsässischen Weinbaus.

Geschichte

Im Jahr 823 wurde das um einen karolingischen Königshof entstandene Colmar als Columbarium (Taubenhaus) erstmals erwähnt. 1226 erhob Kaiser Friedrich II. Colmar zur Freien Reichsstadt. Bald entwickelte sie sich zum bedeutendsten Handelsplatz im Oberelsass, an dem auch Kunst und Wissenschaft blühten. Als reichsunmittelbare Stadt schloss sich Colmar 1354 dem Elsässischen Zehnstädtebund an und war einer der wehrhaftesten Orte im Elsass; im Jahre 1474 konnte Colmar selbst Karl dem Kühnen von Burgund trotzen. Im Dreißigjährigen Krieg wurde die Stadt von den Schweden besetzt, 1673 von den Franzosen annektiert. Die neuen französischen Herren ließen die Festungswerke der Stadt schleifen und hoben die seit der Reformation bestehende Glaubensfreiheit auf. 1871 bis 1918/1919 war Colmar als Kolmar die Hauptstadt des Bezirks Oberelsass im deutschen Reichsland Elsass-Lothringen. Die Metropole wurde auch zu einem Zentrum des Widerstands gegen die neue Obrigkeit, zu dessen herausragenden

! *Baedeker* TIPP

Dreiländer-Pass

Mit dem oberrheinischen Museumspass hat man freien Eintritt in 170 Museen (einschließlich der Dauer- und Sonderausstellungen) im Elsass, in Baden und in der Nordwestschweiz. Der Jahrespass (57 Euro) und der Kurzzeitpass (28 Euro), einen Monat lang gültig an vier frei wählbaren Tagen) sind in den Museen und Offices de Tourisme erhältlich (www.museumspass.com).

COLMAR ERLEBEN

AUSKUNFT

4, Rue d' Unterlinden
Tel. 03 89 20 68 92
Fax 03 89 41 34 13
www.ot-colmar.fr

VERANSTALTUNGEN

Musik spielt eine zentrale Rolle: Hier gibt es Ende Mai die Musikfestspiele, das bedeutende Internationale Musikfestival (Anfang Juli), den Musikalischen Sommer (Mitte August) mit klassischen Konzerten sowie das renommierte Jazzfestival (Anfang September). Doch auch die Weinmesse in der zweiten Augusthälfte und das Sauerkrautfest Mitte Oktober sind sehr interessant.

EINKAUFEN

Antiquitäten
bei Pfeiffer (5, Rue des Marchands) und Philippe Donato(14, Rue des Tanneurs)
Elsässische Möbel.

Fromagerie St. Nicolas
18, Rue St. Nicolas
Colmars bekannter Käsespezialist: Hier zeigt sich das Käseland Frankreich in seiner ganzen Finesse und Vielfalt.

Traiteur Glasser
18, Rue des Boulangers
Absolut empfehlenswert ist hier die Gourmet-Pastete Bartholdi. Olivier Glasser ist in der dritten Generation Pastetenmacher.

Chocolatier Jean
6, Place de l'École
Bekanntermaßen macht Schokolade ja glücklich – und hier findet man absolut unwiderstehliche Kreationen.

ESSEN

► Fein & teuer

① ***Au Fer Rouge***
52, Grand' Rue,
Tel. 03 89 41 37 24
Das Spitzenrestaurant befindet sich in einem malerischen Fachwerkhaus in der Altstadt. Gourmets finden hier eine hervorragende traditionelle Küche und einen gepflegten Weinkeller.

Baedeker-Empfehlung

⑦ ***Auberge de l'Ill (Haeberlin)***
Das am Ufer der Ill gelegene, weit bekannte Luxusrestaurant des Starkochs Haeberlin (geleitet erst vom Vater, jetzt vom Sohn) ist das gastronomische Glanzlicht der gesamten Region – und das einzige Highlight des Dorfs Illhaeusern (15 km nördlich von Colmar). Es besticht durch eine hervorragende moderne und teilweise extravagante Küche und einen exzellent bestückten Weinkeller. Trotz der hohen Reputation läuft der Lokalbetrieb wie in einem normalen Restaurant ab, das Personal gibt sich keinesfalls kühl oder steif. Eine Vorbestellung ist auf alle Fälle ratsam (Rue Collonges, Tel. 03 89 71 89 00).

► **Erschwinglich**

② ***Maison des Têtes***
19, Rue des Têtes
Tel. 03 89 24 43 43
Das »Kopfhaus« aus dem 16. Jh. gehört zu den architektonischen Hauptsehenswürdigkeiten der Stadt. Außer dem geschmackvoll eingerichteten Feinschmeckerrestaurant gibt es seit 1996 auch einen Hotelbetrieb, der vier Sterne vorweisen kann.

Das berühmte »Kopfhaus« (Maison des Têtes) in Colmar.

③ ***Rendez-Vous de Chasse***
7, Place de la Gare
Tel. 03 89 41 10 10
Das zum Hotel Bristol gehörende Restaurant bietet hochklassige regionale Küche bei gedämpftem Licht und in einem Ambiente, das die Jagd zum Thema hat.

④ ***Restaurant Schillinger***
17, Rue de la Poissonnerie
Tel. 03 89 21 53 60
www.jean-yves-schillinger.com
Fassadenmalerei in »trompe-l'œil«, doch die moderne, kühle Einrichtung ist ohne jegliche Elsassgemütlichkeit. Hochgelobt ist die hier gebotene, kreative Sterneküche.

► **Preiswert**

⑤ ***Winstub Brenner***
1, Rue de Turenne
Tel. 03 89 41 42 33
Stimmungsvolle Weinstube und köstliche Spezialitäten der elsässischen Küche.

⑥ ***Au bon Nègre***
9, Rue des Têtes
Teesalon, erlesene Teesorten, Schokolade mit Zimt.

ÜBERNACHTEN

► **Luxus**

① ***Romantik-Hotel Maréchal***
4 – 6, Place des Six Montagnes Noires
Tel. 03 89 41 60 32
Fax 03 89 24 59 40
www.hotel-le-marechal.com
Das hochklassige Hotel ist in einem sehr schön in »Petite Venise« gelegenen historischen Haus aus dem 16. Jahrhundert eingerichtet. Die 30 Zimmer – vom großzügigen Appartement bis zum Mansardenstübchen mit rustikalen Deckenbalken – sind jeweils nach einem Komponisten benannt und bieten dem Gast sowohl Nostalgie als auch modernen Komfort. Die klassisch-regionalen Gerichte des hoteleigenen Restaurants »A l'Echevin« genießt man entweder im langen,

schmalen Saal mit herrlichem Blick auf Klein-Venedig oder auf der Terrasse direkt über dem Wasser.

② ***Europe***
Horbourg
15, Route de Neuf-Brisach
Tel. 03 89 20 54 00
Fax 03 89 41 27 50
www.hotel-europe-colmar.com
Das komfortable und idyllische Hotel liegt in einem östlichen Vorort an der Straße nach Neuf-Brisach, 3 km vom Stadtzentrum entfernt. Fürs körperliche Wohlbefinden sorgen Hallenbad, Tennisplatz und Fitnessraum.

► **Komfortabel**
③ ***Rapp***
1 – 5, Rue Weinemer
Tel. 03 89 41 62 10
Fax 03 89 24 13 58
www.rapp-hotel.com
Sehr zentral gelegenes Hotel mit gutem Komfort, Hallenbad und Sauna. In den beiden hoteleigenen Restaurants »Rapp« und »Rappstub« kann man elsässische Spezialitäten genießen.

► **Günstig**
④ ***Hôtel La Ville de Nancy***
48, Rue Vauban
Tel. 03 89 41 23 14
Fax 03 89 23 58 17
reservation@alavilledenancy.fr
Nur ein paar Schritte zum Zentrum sind es von diesem Hotel am Rand der Fußgängerzone. Familiär geführt seit drei Generationen, der nötige Komfort ist vorhanden, Restaurant mit regionaler Küche.

Gestalten der Karikaturist **Jean-Jacques Waltz** alias Hansi (► Berühmte Persönlichkeiten) zählte. 1919 wurde aus Kolmar wieder Colmar, doch nach Einmarsch der deutschen Truppen 1940 hieß die Stadt abermals Kolmar. Bei der fürchterlichen Kesselschlacht im Februar 1945 zwischen den Deutschen und den Alliierten, die als »Bataille de la Poche de Colmar« in die Geschichtsbücher einging und die die Naziherrschaft im Oberelsass beendete, blieb die Stadt wie durch ein Wunder nahezu verschont.
Colmar ist die Geburtsstadt des Malers und Kupferstechers **Martin Schongauer** (um 1450 – 1491, ► Berühmte Persönlichkeiten). Seine »Madonna im Rosenhag« in der Dominikanerkirche und der Isenheimer Altar des Malers Matthias Grünewald im Unterlindenmuseum sind unumstrittene Höhepunkte der Kunst an der Schwelle der Gotik zur Renaissance.

Sehenswertes in Colmar

Champ de Mars

Am Westrand der Altstadt erstreckt sich neben der verkehrsreichen Avenue de la République das ehemalige Exerzierfeld Champ de Mars, das 1804 in einen Park umgewandelt wurde. An seiner Südseite befindet sich die Préfecture (Präfektur, 1865 – 1890), im Westen die Hauptpost und im Norden die Place Rapp mit der von Bartholdi geschaffenen Reiterstatue des in Colmar geborenen Jean Rapp, General unter Napoleon und zeitweilig Gouverneur von Danzig.

Colmar *Orientierung*

1 Ancien Corps de Garde
2 Maison Pfister
3 Musée Bartholdi
4 Maison du Cygne
5 Maison Schongauer
6 Maison des Têtes

Essen
① Au Fer Rouge
② Maison des Têtes
③ Rendez-Vous de Chasse
④ Restaurant Schillinger
⑤ Winstub Brenner
⑥ Au bon Nègre
⑦ Auberge de l'Ill

Übernachten
① Romantik-Hotel Maréchal
② Europe
③ Rapp
④ Hôtel La Ville de Nancy

★ **Musée d' Unterlinden**

Öffnungszeiten:
Mai – Okt. tgl.
9.00 – 18.00
Nov. – Apr. tgl.
außer Di.
9.00 – 12.00
14.00 – 17.00

Noch weiter nördlich liegt die Place Unterlinden mit dem zu Beginn des 13. Jh.s gegründeten, während der Französischen Revolution aufgehobenen Dominikanerinnenkloster Unterlinden, das im Mittelalter eines der Zentren des Mystizismus war. In diesem Kloster, einschließlich der 1269 von Albertus Magnus geweihten frühgotischen Kirche, befindet sich das weltbekannte Musée d'Unterlinden (Unterlinden-Museum). In der Eingangshalle befinden sich romanische und gotische Steinskulpturen, darunter der Figurenschmuck des südöstlich stehenden Münsters St. Martin. Die Räume um den schönen frühgotischen Kreuzgang herum zeigen ein Lapidarium und religiöse Kunst (romanische und gotische Skulpturen, Glasgemälde, Goldschmiedearbeiten, darunter die Tafeln des Passionsaltars von Caspar Isenmann, der als Lehrmeister von Martin Schongauer gilt). Im schönen Klosterkeller (13. Jh.) sind Funde aus der Vor- und Frühgeschichte, aus gallo-römischer Zeit (Kleinbronzen, Terra sigillata, Mosaikfußboden) und aus der Merowingerzeit sowie eine recht umfangreiche Sammlung moderner Kunst (Grafik, Malerei, Plastik u. a. von Renoir, Picasso, Léger, Rouault, Mathieu, Vasarely, Braque) ausgestellt. Im ersten Obergeschoss gelangt man zunächst zur Empore der Kapelle mit einer volkskundlichen Sammlung (religiöse Kunst, Hausrat, Handwerksgerät, Wirtshausschilder, großbürgerliche Wohnkultur und Mobiliar aus dem 18. und 19. Jh., Blank- und Feuerwaffen)

Colmars berühmtestes Kunstwerk ist ein Besuchermagnet: der Isenheimer Altar von Matthias Grünewald.

sowie einer sehenswerten Sammlung von Puppen und Puppenstuben. Eine kleine Abteilung zeigt Aquarelle des Karikaturisten Hansi mit Motiven aus dem alten Colmar.

★★ ◀ Isenheimer Altar

Die größten Schätze befinden sich in der Kapelle. Hier sind Werke von Martin Schongauer zu bewundern. Der absolute Höhepunkt ist zweifellos der Isenheimer Altar, den **Matthias Grünewald** (eigentlich Mathis Gothardt Nithard) um 1515 für das Kloster Isenheim bei ▶ Guebwiller malte. Modelle an den Wänden rekonstruieren die ursprüngliche Anordnung des Flügelaltars, dessen einzelne Tafeln aus konservatorischen Gründen separat und unbeweglich aufgestellt sind. Der geschlossene Altar zeigt die Kreuzigung und die Heiligen Sebastian und Antonius; die erste Öffnung gibt den Blick frei auf den geschnitzten Schrein mit den Figuren der Heiligen Augustinus, Antonius und Hieronymus von Nikolaus von Haguenau, flankiert von der Versuchung des Antonius und der Begegnung des Antonius und Paulus in der Wüste. Berühmtheit erlangte das Werk wegen seiner für die damalige Zeit ungewöhnlichen Farbgebung und der nahezu surrealistischen Darstellungskraft.

★ **Altstadt**

Über die Rue des Têtes südlich des Unterlinden-Museums gelangt man in die hervorragend restaurierte historische Innenstadt von Colmar mit zum Teil engen und winkligen, von kunstvollen Aushängeschildern geschmückten Gassen sowie zahlreichen Bürgerhäusern aus dem 16. und 17. Jh. Dabei passiert man die **Maison des Têtes**, das »Kopfhaus« (19, Rue des Têtes), ein 1609 errichteter schöner Renaissancebau, der mit 105 Köpfen und Masken vor allem am Erker geschmückt ist und im Innern ein altbekanntes Weinrestaurant beherbergt. Weiter südlich in der Rue des Boulangers (Bäckergasse) und der Rue des Serruriers (Schlossergasse), zwei alten Zunftstraßen, stößt man ebenfalls auf alte Fachwerkbauten.

Église des Dominicains

An der Place des Dominicains erhebt sich die im 13. Jh. erbaute, heute profanierte frühgotische Église des Dominicains (Dominikanerkirche), ein schönes Beispiel für die rheinische Gotik. In dem von außerordentlich schlanken Pfeilern gestützten schmalen, hohen Chor und in der rechten Langhauswand finden sich beachtenswerte Glasmalereien aus dem 14. / 15. Jahrhundert. Die Hauptsehenswürdigkeit der Kirche aber ist im Chorraum zu finden: die Madonna im Rosenhag (1473), das früheste Gemälde von Martin Schongauer. Die äußeren Gemälde des Flügelaltars sind im 19. Jh. entstanden. Links vom Altar erläutern Schautafeln die Ikonografie.

✶ Madonna im Rosenhag ▶

Reizendes Meisterwerk: die »Madonna im Rosenhag«

Nördlich schließt an die Kirche das einstige Dominikanerkloster an (heute u. a. Stadtbibliothek), in dem **Wiegendrucke sowie Handschriften aus dem 8. – 15. Jh.** zu sehen sind. Im Kreuzgang (15. Jh.) werden im Sommer Serenadenkonzerte veranstaltet.

Nordöstlich des Klosters steht an der Rue des Clefs (Schlüsselstraße), der Hauptgeschäftsstraße der Altstadt, das in französischem Klassizismus errichtete **Hôtel de Ville** (Rathaus) aus dem 18. Jh.

Südöstlich von hier erhebt sich an der **Grand' Rue** die ehemalige Eglise des Franciscains (Franziskanerkirche, 14.–16. Jh.), die wertvolle Glasfenster aus dem 14. und 15. Jh. besitzt und seit 1575 als evangelische Kirche (St-Matthieu) dient. Südlich gegenüber der Kirche stößt man auf die Maison des Arcades, ein 1606 als protestantischer Pfarrhof errichteter, mit Erkern geschmückter Arkadenbau. Östlich befindet sich das Ancien Hôpital, ein ehemaliges Bürgerspital, das jetzt die Technische Universität Colmar beherbergt.

Musée Animé du Jouet et des Petits Trains

An der nach Nordosten verlaufenden Rue Vauban (östlich des Rathauses) befindet sich in Haus Nr. 40 das Musée Animé du Jouet et des Petits Trains (Spielzeug- und Modelleisenbahn-Museum; Öffnungszeiten: tgl. außer Di. 10.00 – 12.00, 14.00 – 18.00, Juli/Aug. 10.00 – 19.00 Uhr) u. a. mit einer umfangreichen Puppensammlung. Im dritten Stock des dreigeschossigen Museums ist eine riesige Spielzeugeisenbahnanlage mit ca. 20 Zügen aufgestellt. Und die Kinder haben sicher auch an der Kutsche von Aschenbrödel Spaß.

✶ Collégiale Saint-Martin

Den Mittelpunkt der Altstadt bildet die Place de la Cathédrale. Sie wird beherrscht von der ursprünglich gotischen, im 18. Jh. weitgehend umgestalteten Stiftskirche Saint-Martin, die von den Colmarern auch gern als Kathedrale bezeichnet wird. Weithin sichtbar ist der **Chinesenhut** auf dem 72 m hohen südlichen Turm der Westfassade – der nördliche wurde aus Kostengründen nicht gebaut –, eine pagodenähnliche Dachkonstruktion der Renaissance, die den gotischen Helm nach dem Brand von 1572 ersetzte. An der Südseite befinden sich eine Uhr und die Emailtafel mit der langgestreckten Achterschleife des Mittagspunktes sowie etwas weiter das Nikolausportal (um 1230). Im hochgotischen Chor (1350 – 1366) sind Glasmalereien und eine Kreuzigungsgruppe (beide 14. Jh.) beachtenswert.

Ancien Corps de Garde

Südwestlich des Münsters steht das Ancien Corps de Garde (Gerichtslaube, 1575), von dessen reich verziertem Renaissance-Erker früher die Bekanntmachungen des Magistrats verlesen wurden. Links daneben ist die gotische Maison Adolph (1350), eines der ältesten erhaltenen Privathäuser der Stadt.

✶ Maison Pfister

An der Ecke der malerischen Rue Mercière (Straße der Kurzwaren) und der Rue des Marchands (Straße der Händler) erhebt sich die Maison Pfister (Pfisterhaus) mit markantem Treppenturm und Fassadenmalerei. Das Gebäude zählt zu den aufwändigsten Häusern in der Altstadt. Es wurde 1537 für einen Hutmacher aus Besançon im Renaissancestil errichtet und besitzt schöne Holzgalerien. Die südlich gegenüber gelegene **Maison au Cygne** (Huselin zum Swan) wird als das **Wohnhaus Martin Schongauers** (►Berühmte Persönlichkeiten) bezeichnet.

! *Baedeker* TIPP

Hier wird man fündig

Antiquitätenliebhaber werden in der Rue des Marchands sicher fündig, z. B. bei Madame Pfeiffer im Haus Nr. 5 (Antiquités Brocante Pfeiffer): Hier gibt's Spiegel, Kerzenleuchter, Porzellan – auch für den kleinen Geldbeutel.

Musée Bartholdi

An der Rue des Marchands 30 zeigt das Musée Bartholdi Erinnerungen an den 1834 in diesem Barockgebäude geborenen Bildhauer Frédéric-Auguste Bartholdi, der u. a. die Freiheitsstatue in New York und den Löwen von ►Belfort geschaffen hat (Öffnungszeiten: tgl. außer Di. 10.00 – 12.00, 14.00 – 18.00 Uhr, Jan./Febr. geschlossen).

Ancienne Douane Unweit südöstlich der Maison Pfister steht an der Place du Marché aux Fruits (Obstmarkt) die Ancienne Douane, auch »Koifhus« (Altes Kaufhaus) genannt. Dieses Gebäude, 1480 errichtet und zwischen dem 16. und 18. Jh. erweitert, war einst der wirtschaftliche und politische Mittelpunkt der Stadt. Im Erdgeschoss wurden Waren gelagert und Zölle erhoben; im ersten Stock fanden Sitzungen des Zehnstädtebunds statt. Der schöne einstige Sitzungssaal der Reichsstädte zeigt in seinen Fenstern die Wappen der zehn elsässischen Reichsstädte.

Fontaine Schwendi An der Ostseite der Ancienne Douane befindet sich der gleichnamige Platz mit der Fontaine Schwendi (Schwendibrunnen), einem von Bartholdi geschaffenen Brunnendenkmal des kaiserlichen Feldhauptmanns Lazarus von Schwendi (1552 – 1584), der aus den Türkenkriegen von Ungarn die Tokaierrebe ins Elsass mitgebracht haben soll. Tatsächlich ist die früher als Tokaier bezeichnete hiesige Pinot-gris-Rebe nicht mit ihrem ungarischen Namensvetter verwandt.

Tribunal Civil, Maison des Chevaliers de Saint-Jean Südwestlich gegenüber der Ancienne Douane steht das Tribunal Civil (Justizpalast, 18. Jh.). Weiter südwestlich stößt man auf die in venezianischem Stil errichtete Maison des Chevaliers de Saint-Jean (Johanniterhaus, 1608), eines der originellsten Renaissancehäuser der Stadt.

★ Quartier des Tanneurs Südöstlich von hier erstreckt sich das Quartier des Tanneurs (Gerberviertel), das seit 1968 hervorragend restauriert worden ist und schöne Fachwerkhäuser mit den charakteristischen hohen Dächern zum Trocknen der Tierhäute besitzt. An der Westecke des Marché Couvert (Markthalle) gelangt man zur Fontaine des Vignerons (Rebmännleinbrunnen, elsässisch »Rabmännele«; 1869), ebenfalls ein Werk von Bartholdi.

Quartier de la Krutenau Noch weiter südöstlich schließt sich das von der Rue Turenne durchzogene Quartier de la Krutenau an, die einst befestigte Vorstadt Kräuterau, wo die Gemüsehändler lebten. Am Quai de la Poissonerie hatten die Fischer ihre Häuser. Begrenzt wird das Viertel im Süden durch den Boulevard Saint-Pierre.

★★ Petite Venise Das liebevoll restaurierte Bilderbuchviertel an der Lauch, Colmars meistfotografiertes Postkartenmotiv und zugleich der romantischste Teil des Stadtviertels Krutenau, wird »Petite Venise« (Klein-Venedig) genannt. Von der Petersbrücke (Pont Saint-Pierre) hat man einen sehr schönen Blick auf die von schmalen, hohen Häusern mit kleinen Gärten gesäumte Lauch und auf den Turm der Martinskirche.

Ganz verträumt in herbstlicher Stimmung: Petite Venise, Klein-Venedig →

Hôtel
Caveau St Pierre
Restaurant

Musée d'Histoire Naturelle et d'Ethnographie

Mitten in Krutenau, an der das Viertel von Nordwesten nach Südosten durchziehenden Rue de Turenne, befindet sich das Musée d'Histoire Naturelle (Naturhistorisches und Völkerkundliches Museum), das sich der Fauna und Flora der Region widmet und Exponate aus der Geologie, Mineralogie, Paläontologie, Ethnografie und Ägyptologie präsentiert (Öffnungszeiten: Feb. – Dez. tgl. außer Di. 10.00 bis 12.00, 14.00 – 17.00 Uhr).

Saint-Pierre

Nahe beim westlichen Ende des Boulevard Saint-Pierre erhebt sich die gleichnamige Kirche (auch Lyzeumskirche genannt), eine an der Stelle eines karolingischen Königshofs um 1750 errichtete barocke Jesuitenkirche. In den Anlagen westlich davon steht ein von Bartholdi geschaffenes Denkmal für den **Colmarer Physiker G. A. Hirn** (1815 – 1890).

Bahnhof

Weit im Westen des Parc du Château d' Eau steht am Place de la Gare der 1902 – 1906 errichtete wilhelminische Bahnhof, der an die Silhouette einer alten Dampflokomotive erinnert, wobei man den Hauptturm für den Schornstein halten könnte.

Dambach-la-Ville

G 7

Région: Alsace (Elsass)
Département: Bas-Rhin
Höhe: 215 m ü. d. M.
Einwohner: 2000

Das äußerst malerische Winzer- und Ackerbürgerstädtchen Dambach-la-Ville nördlich von ►Sélestat kann sich rühmen, mit 470 ha den größten Weinberg im Elsass zu besitzen. Überdies wurde der Ort im nationalen Wettbewerb »villes et villages fleuris« schon mehrmals für seinen üppigen Blumenschmuck ausgezeichnet.

Ein Rundweg führt auf die fast unversehrte Stadtmauer und zu den drei noch erhaltenen Toren aus dem 14. Jahrhundert. Viele spätgotische Erkerhäuser prägen das homogene Gesamtbild der ehemaligen Bischofsstadt. Besonders idyllisch ist der Marktplatz mit Renaissance-Rathaus (1547) und Brunnen, den das Symbol der Stadt ziert, ein Bär mit Weinbecher. Eine Freude für Augen und Gaumen ist die Winstub »Caveau Nartz« im schmalen Fachwerkhaus Nr. 12.

Sehenswertes in Dambach-la-Ville

Chapelle Saint-Sébastien

Unweit außerhalb der Porte Haute (Obertor), des nördlichen Stadttors, steht in westlicher Richtung auf einer Anhöhe mitten in den Weinbergen die Chapelle Saint-Sébastien (Sebastianskapelle) mit romanischem Turm, gotischem Chor und Beinhaus. Der sehenswerte, reich verzierte barocke Hochaltar ist dem hl. Sebastian geweiht; die

Mitten in den Weinbergen steht auf einer Anhöhe die Chapelle Saint-Sébastien.

Muttergottesstatue (15. Jh.) am linken Seitenaltar wird der Schule von Tilman Riemenschneider zugeschrieben. Die Skelette im Beinhaus außerhalb des Gotteshauses stammen von aufständischen Bauern, die Herzog Anton von Lothringen während des Bauernkrieges im **Kampf um Scherwiller** (1525) erschlagen ließ (►Geschichte). Vom Kirchlein hat man einen schönen Blick auf Dambach, die berühmte Lage des Grand Cru von Frankstein, und in die Oberrheinebene.

Umgebung von Dambach

Bernstein

Zu Fuß erreicht man von der Chapelle Saint-Sébastien in ca. 45 Min. die auf 562 m Höhe gelegene – jüngst renovierte – Ruine der im 12. / 13. Jh. errichteten Burg Bernstein. Vom 18 m hohen Donjou (Bergfried) bietet sich eine schöne Aussicht auf die Rheinebene und die Vogesenausläufer.

*** Epfig**

Nördlich von Dambach-la-Ville liegt an der viel befahrenen Durchgangsstraße N 422 der ruhige Winzerort Epfig (1700 Einw.). Östlich der Durchgangsstraße (Wegweiser) steht im ummauerten Friedhof die kleine, kreuzförmige, von einem mächtigen Vierungsturm be-

DAMBACH-LA-VILLE ERLEBEN

AUSKUNFT

11, Place du Marché
Tel. 03 88 92 61 00
Fax 03 88 92 47 11
www.pays-de-barr.com

ESSEN

► Erschwinglich

La Couronne
13, Place du Marché
Tel. 03 88 92 40 85
www.couronne-dambach.com
Sehr gutes Traditionsrestaurant, das die Familie Kiemtz seit 1569 betreibt. Sehr stimmungsvoll in einem schönen alten Fachwerkhaus mit skulptierten Fensterrahmen, in dem sich auch eine Winstub mit Terrasse befindet.

► Preiswert

Au Petit Rempart
1, Rue du Petit Rempart
Benfeld (12 km nordöstlich)
Tel. 03 88 74 42 26
Gemütlich eingerichteter Familienbetrieb mit vorwiegend regional orientierter Speisekarte.

Caveau Nartz
12, Place du Marché
Tel. 03 88 92 41 11
In der ehemals klassischen Winstub werden nur noch kleine Gerichte serviert zum Wein aus eigenem Anbau. Der Weinkeller des aus dem 17. Jh. stammenden Hauses kann besichtigt werden; günstige und behagliche Zimmer.

ÜBERNACHTEN

► Günstig

Au Raisin d'Or
28 bis, Rue Clemenceau
Tel. 03 88 92 48 66, Fax 03 88 92 61 42
www.au-raisin-dor.com
Kleines Hotel (8 Z.) nahe beim malerischen Ortskern mit zeitgemäßer Ausstattung.

✶ Chapelle Sainte-Marguerite ►

herrschte Margarethenkapelle (11. Jh.) mit Beinhaus (19. Jh.) und kreuzgangartiger Arkadenvorhalle im Süden und Westen. Im Innern finden sich Reste von Gewölbefresken, die einen thronenden Christus und die Evangelistensymbole zeigen.

Ebersmunster

✶ Église Abbatiale St-Maurice ►

Ebersmunster (600 Einw.), ca. 10 km östlich von Dambach-la-Ville an der Ill, kann stolz darauf verweisen, mit seiner Kirche das bedeutendste Zeugnis der vom oberdeutschen Raum beeinflussten Barockbaukunst am linken Oberrhein zu besitzen. An der Stelle der barocken dreitürmigen Kirche stand einst ein Benediktinerkloster, das der Vater der hl. Odilie (►Mont Sainte-Odile) gegründet haben soll und das im Dreißigjährigen Krieg (1618 – 1648) niederbrannte. In der Folgezeit wurden Kirche und Klostergebäude wieder aufgebaut. Die Kirche mit den beiden weithin sichtbaren Zwiebeltürmen und dem »Heidenturm«, der dem Chor angefügt ist, entstand im Jahr 1727 nach Plänen des Vorarlberger Baumeisters Peter Thumb. Im heiteren, lichtdurchfluteten Innern lenken das Chorgestühl, die Stuckverzierungen, Beichtstühle und Deckenfresken den Blick auf sich. Der monumentale, mit Gold und Skulpturen verzierte Hochaltar von 1728 reicht mit seinem kronenförmigen Baldachin bis zum Chorgewölbe. Die große Orgel von 1732 ist eines der letzten Instrumente, die der aus Sachsen stammende Andreas Silbermann gebaut hat; im Mai und manchmal auch im Juni finden hier sonntags um 17.00 Uhr Konzerte statt (Tel. 03 88 78 32).

Benfeld

Nördlich von Ebersmunster bzw. nordöstlich von Dambach-la-Ville liegt an der Route du Tabac, zwischen N 83 und dem Fluss Ill, das hübsche alte Städtchen Benfeld. Hauptsehenswürdigkeit des Orts ist die astronomische Uhr am Rathausturm (15. – 17. Jh.) mit der Zwiebelkuppel. Jede volle Stunde tritt an der schiefergedeckten Haube der »**Stubehansel**« hervor. Der Sage nach soll dieser Ratsdiener im Hundertjährigen Krieg die Stadt an die Söldnerbanden der Armagnaken verraten haben, weshalb er nun bei seinem Erscheinen immer die Kinnlade fallen lässt – wie einst, als er sein Todesurteil erfuhr.

★★ Eguisheim

H 6

Région: Alsace (Elsass)
Höhe: 204 m ü. d. M.
Département: Haut-Rhin
Einwohner: 1500

Eguisheim (Egisheim), ein altes Winzerstädtchen von höchst malerischem Reiz südwestlich von ► Colmar, zählt zu den ältesten Ortschaften der Gegend und zeigt einen einheitlichen und ungebrochenen kreisrunden Stadtgrundriss: um eine im 8. Jh. gegründete Wasserburg verlaufen die Straßen in konzentrischen Ringen.

Auf einem Spaziergang durch die verwinkelten Gassen mit ihren in liebevoller Kleinarbeit restaurierten Fachwerkhäusern wird man auf die repräsentativen Zehnthöfe stoßen, die einst zu Klöstern gehörten. Damals wie heute stehen sie im Zeichen des Weins, der in Eguisheim die Hauptrolle spielt und den man hier in Traditionsgasthöfen und bei den Winzern selbst in Ruhe genießen kann, z. B. einen Grand Cru Eichberg oder Pfersigberg.

Eguisheim gilt als **Geburtsort von Papst Leo IX.** (1049 – 1054), dem vormaligen Bruno Graf von Eguisheim, der bald nach seinem Tod heiliggesprochen wurde. Entlang der den Ort schützenden kreisförmigen Stadtmauer ist ein lohnender Rundgang ausgeschildert, der zwischen schön restaurierten Häuschen (17. Jh.) hindurchführt.

Sehenswertes in Eguisheim

Château

Den Ortsmittelpunkt bildet die eigenartige achteckige Pfalz, die Ringmauer einer aus der Stauferzeit stammenden, aber bereits im 8. Jh. gegründeten kleinen Wasserburg, die 1894 erneuert wurde. Die

EGUISHEIM ERLEBEN

AUSKUNFT

22a, Grand' Rue
Tel. 03 89 23 40 33
Fax 03 89 41 86 20
www.ot-eguisheim.fr

ESSEN

► Erschwinglich
La Grangelière
59, Rue du Rempart Sud
Tel. 03 89 23 00 30
www.lagrangeliere.com
Das vor kurzem renovierte reizvolle Fachwerkgebäude an der alten Stadtmauer bietet einfallsreiche Küche auf regionaltypischer Basis, wobei allerdings auch mediterrane Einflüsse stark zur Geltung kommen.

► Preiswert
Caveau le Heuhaus
7, Rue Monsieur Stumpf
Tel. 03 89 41 85 72
Rustikale Atmosphäre, traditionelle Gerichte wie Flammkuchen, abends oft Kabarettprogramm.

ÜBERNACHTEN

► Komfortabel
Hostellerie du Château
2, Rue du Château
Tel. 03 89 23 72 00, Fax 03 89 41 63 93
www.hostellerieduchateau.com
Altehrwürdiges Haus am Hauptplatz, innen modern eingerichtet. Der Besitzer ist Architekt und hat sorgsam auf jedes Detail geachtet.

► Günstig
Auberge des Comtes
1, Place Charles de Gaulle
Tel. 03 89 41 16 99, Fax 03 89 24 97 10
Einen schönen Blick hat man von den hübschen Zimmern entweder auf das alte Winzerstädtchen oder auf die »Drei Egsen«. Die drei Zimmer, von denen man auf die Burgruinen blickt, verfügen auch über einen Balkon. Der traditionelle Familienbetrieb mit dem zuvorkommenden Service bietet im hoteleigenen Restaurant elsässische Spezialitäten, die man unbedingt probieren sollte.

1889 gebaute neuromanisch-byzantinische Kapelle, deren Inneres von historisierenden Wandmalereien bedeckt ist, bewahrt das Andenken an Papst Leo IX. aus dem Geschlecht der Grafen von Egisheim. Der Brunnen davor wird von seiner Statue bekrönt.

Église St-Pierre-et-St-Paul

Oberhalb des Brunnens steht die Pfarrkirche, die an der Stelle eines 1807 abgebrochenen romanischen Gotteshauses entstand, von dem noch der Turm und das Westportal (12. / 13. Jh.) stammen.

Umgebung von Eguisheim

✶ Route des Cinq Châteaux

In Husseren-les-Châteaux, etwa 3 km westlich, beginnt die 11 km lange Fünfburgenstraße (Route des Cinq Châteaux), die 1963 angelegt wurde. Sie führt – kurvenreich und nicht sonderlich breit –

Papst Leo IX. wurde 1002 in Eguisheim geboren. →

hauptsächlich in nördliche Richtung und endet in Wintzenheim. Nachts ist die Fünfburgenstraße gesperrt. Die erste Station an der Straße bildet die ausgedehnte Anlage der Ruine Haut-Eguisheim (Hoch-Egisheim, 591 m ü. d. M.), deren drei weithin sichtbare Türme »Drei Egsen » (Besitz der Eguisheimer Grafen) genannt werden und ursprünglich jeweils zu eigenständigen Burgen gehörten, nämlich Dagsburg (12. Jh.), Wahlenburg (11. Jh.) und Wekmund (13. Jh.). Man vermutet, dass auf Hoch-Egisheim Papst Leo IX. im Jahr 1002 geboren wurde. Von der obersten Plattform des Bergfrieds von Wahlenburg, dem mittleren Turm, genießt man eine hervorragende Rundsicht über die Oberrheinebene. Erhöht über der Straße steht als nächstes Ziel 6 km weiter die im 13. Jh. erbaute, 1635 zerstörte und gründlich restaurierte Burg Hohlandsberg (627 m ü. d. M.). Von hier steigt man in 1 Std. zur Pflixburg ab. Die gut erhaltene Ruine dieser bereits 1220 erwähnten, aber 1434 zerstörten Burg bildet die letzte Station an der Fünfburgenstraße.

Gueberschwihr Ein **elsässisches Bilderbuchdorf** ist das auf einem Rebhügel gelegene Winzerdorf Gueberschwihr, 10 km südlich von Eguisheim. Es besitzt nicht nur stattliche Winzerhöfe aus dem 16. und 17. Jh. beiderseits der schmalen, natursteingepflasterten Hauptstraße, sondern auch einen 36 m hohen romanischen Glockenturm (um 1120), der aufgrund seiner Fenstergalerien in den oberen drei Etagen als der schönste romanische Kirchturm an der Route du Vin gilt.

★★ Ensisheim

J 7

Région: Alsace (Elsass)
Höhe: 217 m ü. d. M.
Département: Haut-Rhin
Einwohner: 6100

Ensisheim an der Ill war von 1135 bis zum Ende des Dreißigjährigen Kriegs 1648 Hauptort und Verwaltungszentrum der habsburgisch-österreichischen Besitzungen im Oberelsass. Mit seinen teils prächtigen Häusern aus dem 15. und 16. Jh. zeigt das alte Städtchen in der Oberrheinebene 12 km nördlich von ►Mulhouse noch heute ein malerisches Bild. Ein hübscher Spazierweg folgt dem Verlauf der alten Stadtmauer.

Sehenswertes in Ensisheim

Hôtel de Ville Das mit einer säulengetragenen offenen Vorhalle gezierte Rathaus (1535 – 1547), der einstige Sitz der österreichischen Verwaltung, entstand nach einem spätgotischen Gesamtplan und verdankt seinen reichen Fassadenschmuck der Renaissance. Im Rathaus ist das **Musée de la Régence** (Regimentshaus) mit einer historischen und archäolo-

ENSISHEIM ERLEBEN

AUSKUNFT
Point Info im Musée
Tel. 03 89 26 49 54
www.ville-ensisheim.fr

ESSEN
► Preiswert
Le Bœuf Rouge
7, Place de l'Église
Tel. 03 89 81 01 21
Einfache, aber sehr gute regionale Gerichte.

► Günstig
La Couronne
47, Rue de la Première Armée
Tel. 03 89 81 03 72
Ein Haus aus dem 17. Jh. bildet den stimmungsvollen Rahmen für zeitgemäße elsässische Kochkunst.

ÜBERNACHTEN
► Komfortabel / Günstig
Les Loges de l'Écomusée
Chemin du Grosswald
Ungersheim (4 km westlich)
Tel. 03 89 74 44 95, Fax 03 89 74 44 68
www.ecomusee-alsace.com
Die Hotelanlage (auch Apartments / Ferienwohnungen) in authentischem ländlichen Stil liegt im Écomusée (Oberelsässisches Freilichtmuseum) bei Ensisheim und verteilt sich auf mehrere Häuser.

gischen Abteilung sowie mit einer Sammlung zum Kali-Abbau in der Umgebung zu finden. Das Prunkstück ist ein 54 kg schwerer Meteorit, der am 7. November 1492 »mit Donnerschlag von oben herab aus dem Gewülk« fiel, wie die Chronik des Sebastian Brant berichtet, und als der älteste historisch erwähnte seiner Art in Europa gilt. Ursprünglich soll der Stein 130 kg schwer gewesen sein – an Gewicht verlor er, weil wichtigen Besuchern gern Stücke des Himmelskörpers überreicht wurden.

Umgebung von Ensisheim

★★ Écomusée

Öffnungszeiten:
Juli/Aug. tgl. 9.30 – 19.00
Apr./Mai/Juni/Sept. tgl. 10.00 – 18.00
Okt – Mitte Nov. 10.00 – 17.00
Mitte Nov. – März So. 10.00 – 17.00

Bei dem 4 km westlich gelegenen Ort Ungersheim präsentiert das Écomusée de Haute-Alsace (Oberelsässisches Freilichtmuseum), Frankreichs größtes und beliebtestes Freilichtmuseum, etwa 70 traditionelle Fachwerkhäuser, die in ihrem Ursprungsort in der Oberrheinebene und im Sundgau demontiert und hier sorgfältig wieder aufgebaut wurden. In einigen dieser Gebäude sind dörfliche Werkstätten eingerichtet, wo man den Handwerkern bei der Arbeit zusehen kann: Töpfer, Bäcker, Holzschuhschnitzer, Wagenbauer und Sattler; auch eine Schmiede, ein Sägewerk, eine Ölmühle und eine Schnapsbrennerei lassen alte Berufe wieder aufleben. Anziehungspunkt für Besucher ist auch die umfangreiche Sammlung von Holzmodellen aller möglichen Kuppelkonstruktionen im Gebäude Nr. 49, sowie der mittelalterliche Garten und das »Eden-Palladium«, ein noch in Betrieb befindliches Hallenkarussell der Belle Époque

Unterricht wie anno dazumal in der Dorfschule im Écomusée

(1901). Neben handwerklichen Vorführungen gibt es auch diverse Veranstaltungen. Für das leibliche Wohl sorgen drei Restaurants, zudem stehen Picknickplätze zur Verfügung; auch kann hier übernachtet werden, im Drei-Sterne-Hotel »**Les Loges de l'Écomusée**« (s.v.).

Bioscope In Ungersheim, nur wenige Kilometer weiter westlich, rückt der Freizeitpark Bioscope die Umwelt in den Mittelpunkt. Themen sind der Schutz der Meere, Abfallvermeidung, Klimaschutz und Energien u.a., wobei alle Informationen in Deutsch und Französisch gehalten sind. Zum Park gehören viele Spieleangebote, ein 3D-Kino sowie zwei Theater (Öffnungszeiten: Mi.–So. Mai / Juni / Sept. 10.00 bis 18.00, Juli / Aug. 9.30–19.00, Okt. / Nov. 10.00–17.00 Uhr).

Épinal

westl. G 2

Région: Lorraine (Lothringen)
Höhe: 325 m ü. d. M.
Département: Vosges
Einwohner: 36 800

Berühmt wurde Épinal, die Hauptstadt des Département Vosges (etwa auf der Höhe von ► Colmar), durch die bunten Bilderbogen »Images d'Épinal«, Vorgänger der Comicstrips, die in die ganze Welt gingen.

ÉPINAL ERLEBEN

AUSKUNFT

6, Place St. Goëry
Tel. 03 29 82 53 32
Fax 03 29 82 88 22
www.epinal.fr

EINKAUFEN

Pâtisserie du Musée
2, Quai du Musée
Tel. 03 29 82 10 73
Köstliche Charbonnettes des Vosges (Schokoladenpralinés) und andere süße Verführungen.

ESSEN

► **Erschwinglich**
Le Calmosien
37, Rue d' Épinal
Chaumoussay
(10 km südwestlich von Épinal)
Tel. 03 29 66 80 77
Klassische Küche mit regionalen Spezialitäten.

ÜBERNACHTEN

► **Luxus**
Manoir des Ducs
5, Avenue Provence
Tel. 03 29 29 55 55
Fax 03 29 29 55 56
www.chateauxhotels.com
Schöne Villa im Tudorstil, renoviert mit neuester technischer Ausstattung.

► **Komfortabel**
Mercure
13, Place Émile Stein
Tel. 03 29 29 12 91
Fax 03 29 29 12 92
Das komfortable Hotel (46 Z.) liegt in der Nähe des Kunstmuseums am Moselkanal.

1796 ließ sich der Drucker und Verleger Jean Charles Pellerin (1756 – 1836) in der einst den Bischöfen von Metz gehörenden Stadt nieder. Seine Holzschnitte, bislang meist zur Bebilderung religiöser Schriften verwendet, zeigten bald auch zeitgenössische Themen, wie Motive aus dem Berufsalltag und Soldatenleben, sowie Märchenbilder für Kinder. Die Bilder wurden in Holz geschnitten und auf einer Gutenberg-Presse gedruckt, die Kolorierung erfolgte dann mit Hilfe von Schablonen.

Sehenswertes in Épinal

★ **Musée Départemental d'Art Ancien et Contemporain**

An der Südspitze der von der Mosel umflossenen Insel präsentiert sich das Museum für alte und zeitgenössische Kunst seit 1992 in neuem architektonischem Gewand (Öffnungszeiten: tgl. außer Di., April – Sept.: 10.00 – 18.00, Okt. – März 10.00 – 12.30 und 13.30 bis 18.00 Uhr). Auf vorbildliche Weise wird der Besucher durch die hellen, abwechslungsreichen Räume geführt. Nach der Devise »Schauen und genießen« kann man die einzelnen Sammlungen entdecken: das Lapidarium, die Volkskunde-, Münz- und Gemäldesammlung (Primaticcio, Guardi, Tiepolo, Rembrandt, Breughel) und die zeitgenössische Kunst (Andy Warhol, Mario Merz).

Parc du Cours Südöstlich vom Museum erstreckt sich am jenseitigen Flussufer der Parc du Cours mit schönem, teils exotischem Baumbestand.

Saint-Maurice Östlich der Insel steht die Kirche Saint-Maurice (13. Jh.) mit dem im 11. Jh. erbauten Turm eines Vorgängerbaus. Im rechten Querhausarm befindet sich eine schöne Grablegung aus dem 15. Jh., in der anstoßenden Kapelle die im 14. Jh. entstandene Statue »Madonna mit der Rose«.

Parc du Château Jenseits der Stadtmauerreste kommt man auf dem einstigen Schlossberg zum Parc du Château, in dem die Ruinen des 1670 zerstörten Schlosses stehen und ein Damwildgehege eingerichtet ist.

Imagerie d'Épinal
Baedeker Tipp S. 89 ►

Folgt man dem rechten Moselufer, so gelangt man nördlich vom Zentrum zu der am Quai de Dogneville gelegenen Imagerie d'Épinal (Bilderbogendruckerei, Eingang Nr. 42 bis). Es gibt hier einen Ausstellungs- und Verkaufsraum, auch alte Maschinen und Herstellungstechniken werden vorgeführt (Öffnungszeiten: Sept. – Juni Mo. – Sa. 9.00 – 12.00, 14.00 – 18.30, So. 14.00 – 18.30; Juli / Aug. Mo. – Sa. 9.00 – 12.30, 14.00 – 19.00, So. 14.00 – 19.00 Uhr).

★ Ferrette

M 6

Région: Alsace (Elsass)
Höhe: 470 m ü. d. M.
Département: Haut-Rhin
Einwohner: 1000

Das mittelalterliche, von der Burgruine Hohenpfirt überragte Städtchen Ferrette (Pfirt) ist der hübscheste und charmanteste Ort des Sundgaus und der ideale Ausgangspunkt für Wanderungen in der stillen Landschaft des elsässischen Jura.

Die Grafen von Pfirt (später: Ferrette, ►Altkirch) beherrschten einst fast den gesamten Sundgau. Im 14. Jh. fiel die unabhängige Grafschaft durch Heirat an Österreich, im Westfälischen Frieden kam sie an Frankreich. Ludwig XIV. schenkte sie mitsamt den oberelsässischen Gütern der Habsburger dem Kardinal Mazarin und seinen Erben. Ein späterer Nachkomme dieser Familie, der Fürst Albert II. von Monaco, führt heute noch den Titel eines Grafen von Ferrette.

Sehenswertes in Ferrette

Unterstadt In der mit historischen Bürgerhäusern geschmückten Unterstadt steht eine einschiffige, z. T. noch gotische Kirche (13. / 14. Jh.) mit bemerkenswertem Chor und farbigen Fenstern, die im 19. Jh. entstanden. Hier steht auch eine Madonnen-Skulptur mit einem dreiarmigen Jesuskind; erkennbar sind jedoch immer nur zwei Arme.

FERRETTE ERLEBEN

AUSKUNFT

Route de Lucelle
Tel. 03 89 08 23 88
Fax 03 89 40 33 84
www.jura-alsacien.net

ESSEN

► Erschwinglich / Preiswert

Moulin Bas
1, Route Raedersdorf
Ligsdorf (4 km südlich von Ferrette)
Tel. 03 89 40 31 25
Die Mühle aus dem 18. Jh. am Ufer der Ill verfügt über zwei Restaurants und einige komfortable Gästezimmer. Das teurere »Mezzanine« ist der gepflegten traditionellen Küche verpflichtet, im »Stuba« werden vor allem regionale Gerichte serviert.

► Preiswert

Restaurant du Jura
33, Rue du Château
Tel. 03 89 40 32 09
Solides Restaurant an der steil zur Burgruine hinaufführenden Straße. Besonders zu empfehlen sind gebackener Karpfen und andere elsässische Spezialitäten.

ÜBERNACHTEN

► Günstig

Hôtel-Restaurant Collin
4, Rue du Château
Tel. 03 89 40 40 72
Fax 03 89 40 38 26
rest-collin@kbleu.net
Kleiner sympathischer Gasthof im Zentrum.

Hôtel de Ville

Von der Kirche führt die schmale und sehr steile Rue du Château hinauf in die historische Oberstadt und zum Hôtel de Ville, einem ochsenblutrot gestrichenen Bau aus dem 16. Jh. im Stil der deutschen Renaissance.

! Baedeker TIPP

Käse vom Feinsten

Stolz verweist Käseproduzent Bernard Antony in Vieux-Ferrette (2 km nordwestlich von Ferrette) darauf, dass er Kunden in Übersee per Luftpost mit seinen vielfältigen Köstlichkeiten versorgt. Nach Voranmeldung finden in seinem Betrieb auch Käsedegustationen statt (Vieux Ferrette, 17, Rue de la Montagne, Tel. 03 89 40 42 22).

Über dem Städtchen erhebt sich ein bewaldeter Hügel von 613 m Höhe. Auf diesem liegt, über die steile Rue du Château erreichbar, die Ruine des einstigen Grafenschlosses (**Burg Hohenpfirt**; 1125). Nach Durchschreiten zweier Tore (16. Jh.) gelangt man zunächst zum Unterschloss (14. / 16. Jh.), das aufständische Bauern während der Französischen Revolution zerstörten, und zu den 1975 freigelegten Resten des vierkantigen Turms. An der ehemaligen Katharinenkapelle vorbei kommt man zur Oberburg (12. Jh.), dem ältesten Teil der Anlage, die schon während des Dreißigjährigen Kriegs in Schutt und Asche gelegt wurde. Von der Aussichtsplattform bietet sich ein weiter Blick auf die Oberrheinebene, den Schwarzwald und den Elsässischen Jura.

Herbstliche Dekoration mit Kürbissen in einem Dorf im Sundgau

★ Gérardmer

H 4

Région: Lorraine (Lothringen)
Höhe: 665 m ü. d. M.
Département: Vosges
Einwohner: 9000

Dass sich Gérardmer als »Perle der Vogesen« sieht, ist verständlich, liegt der Südvogesenort – etwa auf der Höhe von Colmar – doch prächtig zwischen bewaldeten Bergen am gleichnamigen See. Zusammen mit den östlich gelegenen Seen Lac de Longemer und Lac de Retournemer sowie den umliegenden Orten bildet Gérardmer ein zusammenhängendes Urlaubsgebiet.

Im Winter ist Gérardmer, der größte Luftkurort der Vogesen, ein beliebtes Skigebiet, im Sommer bietet der Lac de Gérardmer gute Wassersportmöglichkeiten. In den umliegenden Wäldern, die sich hervorragend zum Wandern eignen, jagte schon Karl der Große. Bereits 1875 wurde das Fremdenverkehrsamt der Stadt gegründet, damit ist es das älteste Tourismusbüro Frankreichs.
Der vor allem an schönen Tagen sehr überlaufene Ort, in dessen Straßen sich nicht selten der Verkehr staut, erlebt vor allem um den 20. April, wenn das **Narzissenfest** stattfindet, einen ungeheuren Touristenandrang. Neben dem Tourismus spielt in Gérardmer die **Textilindustrie** noch eine wichtige Rolle. Die Region um die Stadt ist eins der bedeutendsten Zentren der Textilbranche in den Vogesen. Hier wird hier ein Drittel aller französischen Baumwollstoffe produziert. Einige der Textilfabriken von Gérardmer sind zu besichtigen.

GÉRARDMER ERLEBEN

AUSKUNFT

4, Place des Déportes
Tel. 03 29 27 27 27
Fax 03 29 27 23 25
www.gerardmer.net

EINKAUFEN

Maison de Montagne
5, Place du Vieux Gérardmer
Reiches Angebot an Produkten aus den Vogesen.

ESSEN

▶ Erschwinglich

① ***A la Belle Marée***
144, Route de La Bresse
Tel. 03 29 63 06 83
Das etwas außerhalb gelegene Restaurant ist wie das Innere eines Luxusdampfers gestaltet. Preisgünstige Fischspezialitäten und Meeresfrüchte.

ÜBERNACHTEN

▶ Luxus

① ***Le Manoir au Lac***
59, Chemin de la Droite du Lac
Tel. 03 29 27 10 20
Fax 03 29 27 10 27
www.manoir-au-lac.com
Am See inmitten eines Parks gelegen, Terrasse mit Blick auf den See. Es verfügt über Schwimmbad, Sauna, und Hammam sowie über ein Restaurant mit regionalen Spezialitäten.

▶ Komfortabel

② ***La Jamagne***
2, Boulevard de la Jamagne
Tel. 03 29 63 36 86
Fax 03 29 60 05 87
www.jamagne.com
Das große, rustikal ausgestattete Hotel (50 Z.) liegt zentrumsnah und unweit vom See. Sauna, Hallenbad und Kinderspielplatz vorhanden.

▶ Preiswert

③ ***Auberge de Martimprey***
26, Col de Martimpré
4 km vom Zentrum in Richtung St. Dié
Tel. 03 29 63 06 84
Fax 03 29 63 06 85
Auf 800 m Höhe befindet sich die Auberge im Chaletstil, die auch gute regionale Küche bietet.

Sehenswertes in Gérardmer

✶ **Uferpromenade**

Neben einigen schönen Privathäusern und großen Hotels hat Gérardmer in baulicher Hinsicht nicht allzu viel zu bieten, da der Ort im Zweiten Weltkrieg zu ca. 85 % zerstört wurde. Am schönsten ist die gepflegte, parkartig gestaltete Uferpromenade, an der das Kasino (u. a. Roulette, Black-Jack) liegt und wo man gemütlich spazieren gehen kann und dabei einen herrlichen Blick auf den See, auf Surfer und Boote genießt. Auf die Kleinsten wartet ein Karussell.

✶ **Lac de Gérardmer**

Der unmittelbar westlich an den Ort anschließende See von Gérardmer ist mit einer Fläche von 115 ha (Länge 2,2 km, Breite 750 m, Tiefe 38 m) der größte See der Vogesen. Das hervorragende Wasser-

Gérardmer Orientierung

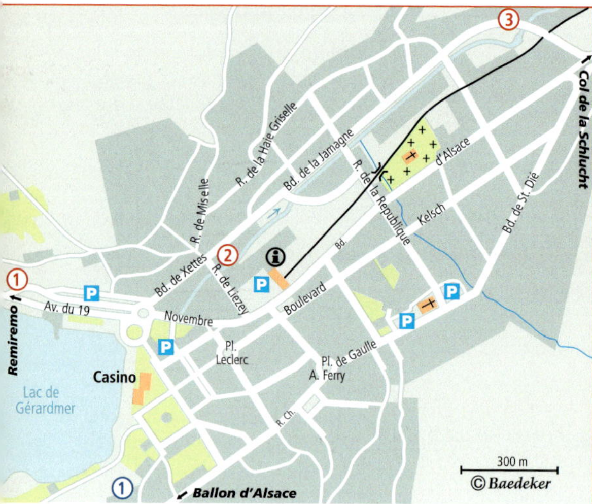

Essen
① A la Belle Marée

Übernachten
① Le Manoir au Lac
② La Jamagne
③ Auberge de Martimprey

sportgebiet (baden, surfen, segeln, angeln) kann auf einer 6,5 km langen Uferstraße mit dem Auto umfahren werden; natürlich gibt es auch einen Wanderweg um den See herum. Bei einer Fahrt auf dem See kann man sich die idyllische Uferlandschaft ansehen. Es verkehren Fahrgastschiffe, darüber hinaus können Ruder- und Tretboote gemietet werden.

! *Baedeker* TIPP

Herrliche Aussicht

Von der Südwestbucht des Sees vor dem Camping- und Badekomplex Lido führt ein ca. 5 km langer Rundwanderweg auf die 897 m hohe Tête de Mérelle, von deren Aussichtsturm man einen prächtigen Blick auf Gérardmer, den See und die umliegenden Berge hat.

Umgebung von Gérardmer

Eine reizvolle Rundfahrt (besonders schön im April, wenn überall die Narzissen blühen) führt von Xonrupt-Longemer zunächst in Richtung Col de la Schlucht, zweigt nach etwa einem Kilometer rechts ab und zieht sich am nordöstlichen Ufer des lang gestreckten, zwischen bewaldeten Hängen und Wiesen gelegenen, zweieinhalb Kilometer langen und bis 30 m tiefen **Lac de Longemer** hin, der Gelegenheit zum Baden, Windsurfen, Bootfahren und Angeln bietet.

Lac de Retournemer

Weiter südöstlich folgt der kleinere, fast kreisrunde Lac de Retournemer, der vom Roche du Diable (Teufelsfelsen) überragt wird. Anschließend kehrt man zurück zum Lac de Longemer und folgt der an seinem südlichen Ufer verlaufenden D 67 A nach Xonrupt-Longemer (s. unten La Moineaudière), falls man es nicht vorzieht, von Retournemer die weiter nach Süden ausgreifende Strecke über die Colline de Vologne und La Bresse (s. unten) zurück nach Gérardmer zu nehmen.

La Moineaudière

Nordöstlich von Gérardmer befindet sich an der D 23 zwischen Xonrupt-Longemer und Le Valtin die Domäne »La Moineaudière«, die erstaunliche Sammlungen von Mineralien, Fossilien, Insekten sowie Kakteen und Dickblattgewächsen besitzt. Sehenswert sind auch die Masken und Kunstgegenstände verschiedener Naturvölker.

La Bresse

Zu den wichtigsten Wintersportorten der Vogesen gehört La Bresse (5200 Einw.), 12 km südlich von Gérardmer. Bis zur Französischen Revolution war La Bresse ein fast autonomer Freistaat, in dem die Bewohner von Weberei und Käseherstellung lebten; auch heute noch ist der aromatische **Münsterkäse** ein geschätztes Produkt der Gegend. Da La Bresse im Kriegsjahr 1944 fast völlig zerstört wurde, sind kaum historische Bauten übrig geblieben. Erhalten ist die Église Saint-Laurent (Laurentiuskirche), die bis auf den gotischen Chor im 18. Jh. neu errichtet wurde. Die neuzeitlichen Fenster zeigen neben religiösen Motiven auch die Zerstörung des Orts.

★★ Grand Ballon

J 5

Région: Alsace (Elsass) **Département:** Haut-Rhin
Höhe: 1423 m ü. d. M.

Mit 1423 m ü. d. M. ist der westlich von ►Guebwiller bzw. nördlich von ►Thann an der Route des Crêtes (Vogesenkammstraße) gelegene Grand Ballon (Großer oder Gebweiler oder Sulzer Belchen) der höchste Gipfel der Vogesen. Im Ersten Weltkrieg bildete das heute viel besuchte Bergmassiv ein starkes französisches Bollwerk.

Auf der Passhöhe des Bergs, wo in frühgeschichtlicher Zeit die Kultstätte eines keltischen Sonnengottes namens Bel oder Belen lag, was in dem Namen Belchen erhalten ist, gibt es Skilifte, eine Sommerrodelbahn, Hotels, Restaurants und große Parkplätze, von denen man zu Fuß zum Grand Ballon aufsteigt. Der von alpiner Mattenflora bedeckte Gipfelbereich ist Naturschutzgebiet (Wege nicht verlassen!). Eine Rundwanderung dauert ca. 30 Min. und führt über den Vorgipfel zum Hauptgipfel. Von dem mit zahlreichen Orientierungstafeln versehenen Umlauf an der Radarstation auf der Gipfelhochfläche bietet sich ein fantastischer Rundblick – bei klarer Sicht sogar bis zu den Alpen. Etwas tiefer steht ein Denkmal für die französische Elitetruppe der »Diables Bleus« (»Blaue Teufel«, Gebirgsjäger), die hier im Ersten Weltkrieg kämpfte.

Idyllische Abendstimmung über den sanften Hügeln des Grand Ballon

Umgebung des Grand Ballon

Lac du Ballon Auf der Norseite unterhalb des Gipfels liegt im Wald der 1699 von Vauban, dem Festungsbaumeister Ludwigs XIV., künstlich aufgestaute, ca. 7,5 ha große Lac du Ballon (Belchensee, 986 m ü. d. M.).

Markstein Die Route des Crêtes führt in nordwestlicher Richtung weiter und erreicht dann nach 7 km den Markstein (1176 m ü. d. M.), einen mattenbedeckten Bergsattel mit schöner Aussicht, der als Wanderstützpunkt und Wintersportziel gern besucht wird. Neben Skiliften bietet er auch eine Sommerrodelbahn.

Lac de la Lauch Nördlich des Markstein liegt in 920 m Höhe der 1894 in einem waldumrahmten Felskessel aufgestaute Lac de la Lauch, von dessen Staumauer sich ein hübscher Blick zur Oberrheinebene öffnet.

✶ Vieil Armand (Hartmannsweilerkopf) Rund 8 km Luftlinie südöstlich des Grand Ballon und über die recht kurvenreiche D 431 erreichbar, erhebt sich der 956 m hohe Vieil Armand (Hartmannsweilerkopf), der als östlicher Vorgipfel der Vogesen im Ersten Weltkrieg erbittert umkämpft war, wobei auf beiden Seiten schätzungsweise 30 000 Soldaten den Tod fanden. Heute steht auf dem Felsplatz ein 22 m hohes Kreuz als Denkmal für den Frieden und Erinnerung an die Gefallenen. Vom »Kleinen Kreuz«, 10 Min. zu Fuß südlich des Gipfels auf einem kleinen Bergvorsprung gelegen, genießt man einen prächtigen Fernblick. Unmittelbar an der Straße, rund 10 Min. zu Fuß westlich unterhalb des Gipfels, erstreckt sich bis zum Silberlochsattel ein französischer Soldatenfriedhof. Ganz in der Nähe befindet sich das Monument National, ein Ehrenmal mit einem altarähnlichen Bronzeblock, unter dem eine Krypta mit den Gebeinen von 12 000 unbekannten Soldaten liegt. Ein kleines Museum zeigt hier gefundene Waffen und Ausrüstungsgegenstände. In der Umgebung sind noch Reste der Gräben und Unterstände zu sehen.

*** Wildenstein**

Das wegen seiner reizvollen Lage gern besuchte Vogesendorf Wildenstein (500 Einw.), ca. 15 km nordwestlich des Grand Ballon, liegt in dem von wilden Granitfelsen umrahmten obersten Thurtal an der Route des Crêtes. Talabwärts gelangt man zum Stausee Kruth-Wildenstein, über dem sich der 666 m hohe Schlossberg mit den spärlichen Resten der 1644 zerstörten Burg Wildenstein erhebt.

* Guebwiller

J 6

Région: Alsace (Elsass) **Département:** Haut-Rhin
Höhe: 288 m ü. d. M. **Einwohner:** 1200

Die im 8. Jh. aus einem Meierhof der Abtei Murbach hervorgegangene Stadt Guebwiller (Gebweiler), die all die Jahrhunderte über bis zum Ausbruch der Französischen Revolution Hauptort der Besitztümer dieser Abtei war, liegt zwischen ► Colmar und ► Mulhouse, dort wo Lauch- und Illtal zusammentreffen. Bis zum 18. Jh. lebte der Ort vom Weinbau, anschließend zusätzlich von der Textil- und Maschinenbauindustrie.

Sehenswertes in Guebwiller

*** Église Saint-Léger**

An der Place St-Léger steht die gleichnamige fünfschiffige Kirche (Leodegarkirche) mit beeindruckender Doppelturmfassade und achteckigem Vierungsturm, ein Zeugnis des Übergangsstils der Hohenstaufenzeit (12. Jh.). Der gotische Chor datiert aus dem 14. Jh., die beiden äußeren Seitenschiffe aus dem 16. Jahrhundert. Die Sturmleitern der Armagnaken, die die Stadt 1445 vergeblich belagerten, hängen als Votivgabe im Gewölbe des rechten äußeren Seitenschiffs.

Hôtel de Ville

Von der Kirche führt die Rue de la République, die Hauptstraße der Stadt, südöstlich zum Hôtel de Ville (Rathaus, 1514), einem im spätgotischen Flammenstil (»style flamboyant«) erbauten Patrizierhaus.

Église des Dominicains

Weiter südöstlich, links abseits der Rue de la République, steht die ehemalige Dominikanerkirche, eine 1312 begonnene gotische Basilika mit reichen Wandmalereien aus dem 14. / 15. Jahrhundert.

GUEBWILLER ERLEBEN

AUSKUNFT

73, Rue de la République
Tel. 03 89 76 10 63
Fax 03 89 76 52 77
www.florival.net

ESSEN

► **Preiswert**

Taverne du Vigneron
7, Place St. Léger
Tel. 03 89 83 05 00
Gemütliche Weinstube bei der Kirche.

ÜBERNACHTEN

► **Erschwinglich**

Château-Hôtel de la Prairie
Allée des Marroniers
Tel. 03 89 74 28 57, Fax 03 89 74 71 88
www.chateauxhotels.com/prairie
Sehr reizvoll am Fuß der Weinberge gelegenes, schlossartiges kleines Hotel (18 Z.), das mit Nostalgie lockt. Salon mit Kamin, einige Zimmer der Luxuskategorie. Kein Restaurant, aber ein 3 ha großer Park.

Hostellerie Saint-Banarbé
Tel. 03 89 76 92 15, Fax 03 89 76 67 80
www.hostellerie-st-banarbe.com
Großzügig angelegtes, komfortables Hotel traditionellen Stils am Waldrand. Unterschiedlich große Zimmer, auch sehr schöne Suiten im Landhausstil. Tennis- und Reitgelegenheit, empfehlenswertes Restaurant mit elsässischer Küche und internationalen Gerichten.

► **Günstig**

Hôtel du Lac
244, Rue de la République
Tel. 03 89 76 63 10, Fax 03 89 74 24 84
Einfaches Hotel, aber mit sehr angenehmer Atmosphäre.

Notre-Dame Unweit südlich erreicht man die Place Jeanne d'Arc mit der wuchtigen klassizistischen Église Notre-Dame (Liebfrauenkirche) aus rotem Vogesensandstein, die 1764 – 1785 als Ritterstiftskirche der Murbacher Fürstäbte erbaut wurde und der größte elsässische Kirchenbau des 18. Jh.s war.

Musée du Florival Links neben der Hauptfassade von Notre-Dame ist in einem Gebäude aus dem 18. Jh. das Musée du Florival (Museum des »Blumentals«, wie das Lauchtal auch genannt wird) mit seinen heimatkundlichen Sammlungen und einem Überblick über das Werk des in Guebwiller geborenen Keramikkünstlers Théodore Deck (1823 – 1891) untergebracht. Dieser Künstler entdeckte ein Verfahren zur Herstellung des Türkistons persischer Keramiken, der von da an »Deck-Blau« genannt wurde, und schrieb das Fachbuch »La Faïence«, das auf dem Gebiet der Keramik immer noch als Standardwerk gilt.

Umgebung von Guebwiller

Murbach Der ca. 5 km westlich von Guebwiller in einem hübschen, engen Waldtal gelegene kleine Ort Murbach (130 Einw.) ist aus einer im

Jahr 727 gegründeten Benediktinerabtei, der ältesten des Elsass, hervorgegangen, die im 8. und 9. Jh. ein kulturelles Zentrum des karolingischen Reichs war. Im Kloster wurden nur Mitglieder des hohen Reichsadels aufgenommen. Der Abt war Reichsfürst und hatte Sitz und Stimme im Reichstag. 1764 wurde Murbach in ein weltliches Ritterstift mit Sitz in Guebwiller umgewandelt, das 1789 von aufständischen Bauern zerstört wurde. Von der im 12. Jh. erbauten einstigen Abteikirche, die neben ►Marmoutier und ►Rosheim eines der ältesten und bedeutendsten Denkmäler romanischer Baukunst im Elsass ist, sind nur die beiden Türme, das Querhaus und der Chor erhalten. Die Außenfassaden zeigen einen bemerkenswerten Relief- und Figurenschmuck. Gleich hinter dem Torbogen, dem Zugang zum einstigen Klosterareal, steht eine Statue des ersten Abts und Klostergründers Pirmin von der Reichenau.

★ ◄ Église de Murbach

Buhl

Ca. 4 km nordwestlich von Guebwiller befindet sich in der neoromanischen Pfarrkirche des Industrieorts Buhl ein mit 7 m Breite außergewöhnlich großer Flügelaltar, dessen Altarbild um 1500 von einem Schüler Martin Schongauers gemalt wurde.

Lautenbach

2 km hinter Buhl gelangt man nach Lautenbach. Im Ortsteil Zell, südlich der nach Markstein führenden Straße, kann man im Vivarium du Moulin, das in einer alten Mühle untergebracht ist, die faszinierende Welt von Spinnen und Insekten erleben. Kunsthistorisch bedeutend ist die **ehemalige Klosterkirche** des Ortes, in erster Linie durch die gut erhaltene Vorhalle (»Paradies«) innerhalb des Westwerks. Es handelt sich um eine dreischiffige Halle mit zwei Jochen, die sich durch schlanke Säulen und einen Fries auszeichnet; errichtet in den Jahren 1145 bis 1155.

Weinlese bei Guebwiller

Soultz-Haut-Rhin Das alte Städtchen Soultz-Haut-Rhin, 3 km südlich von Guebwiller, besitzt noch Reste der Stadtmauer und zahlreiche Häuser aus dem 16. – 18. Jh. mit schönen Erkern, Treppentürmen und Innenhöfen.

✶ Haguenau

D 9

Région: Alsace (Elsass)
Höhe: 130 m ü. d. M.
Département: Bas-Rhin
Einwohner: 34 000

Haguenau (Hagenau), Hauptort des elsässischen Unterlands zwischen Rhein und Nordvogesen am Rand der ausgedehnten Waldungen der Forêt de Haguenau (Hagenauer Forst), war einmal die Lieblingsresidenz der staufischen Herrscher. Doch von der einst mächtigen Pfalz ist nichts mehr zu sehen.

Die viertgrößte elsässische Stadt, die vor allem von mittelständischer Industrie geprägt ist, zählt nicht zu den touristischen Hochburgen am linken Oberrhein, doch sie besitzt noch einige sehenswerte Bauwerke und Museen sowie eine hübsche Fußgängerzone mit schönen Geschäften und gemütlichen Cafés. Die Region um Haguenau ist **Frankreichs Hauptanbaugebiet für Hopfen**. In der **Halle aux Houblons** (Hopfenhalle) bei der Place de Barberousse – heute Markthalle – wurden früher die internationalen Hopfenmärkte abgehalten.

HAGUENAU ERLEBEN

AUSKUNFT

Place Charles de Gaulle
Tel. 03 88 90 68 50
Fax 03 88 93 68 05
www.ville-haguenau.fr

ESSEN

► Preiswert

① ***Taverne Barberousse***
8, Place Barberousse
Tel. 03 88 73 31 09
Bodenständige Elsässer Taverne mit solider Hausmannskost, Terrasse.

② ***Winstub s'Buerehiesel***
13, Rue Meyer
Tel. 03 88 93 30 90
Preiswerte, gute Weinstube direkt neben dem Theater.

ÜBERNACHTEN

► Komfortabel

① ***L'Ermitage***
4, Place de la Basilique
Marienthal (5 km südlich)
Tel. 03 88 93 41 23, Fax 03 88 73 91 55
www.hotel-ermitage.com
Zum Hotel (14 Z.) gehören ein gutes Restaurant, Säle für Festlichkeiten und eine hauseigene Brauerei.

► Günstig

② ***De l'Europe***
15, Avenue Professeur Leriche
Tel. 03 88 93 58 11
Fax 03 88 06 05 43
Außerhalb vom Zentrum gelegenes, gut ausgestattetes Hotel (80 Z.). Sauna, Schwimmbad und Fitnessraum.

Haguenau Orientierung

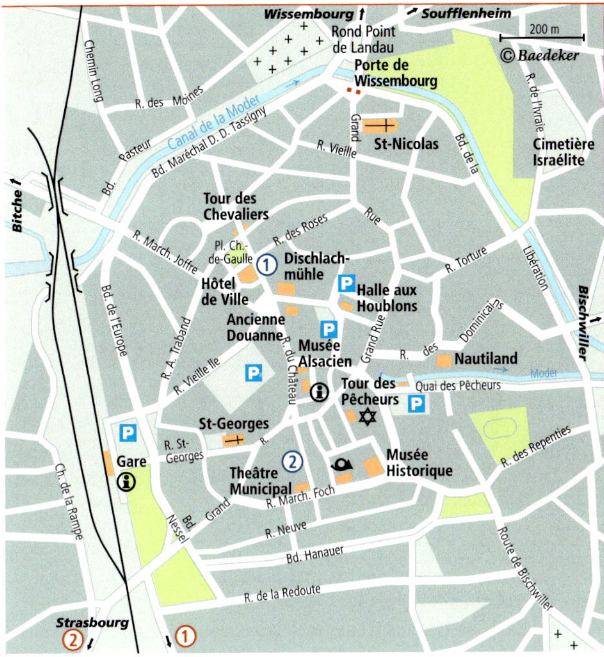

Essen
① Taverne Barberousse
② Winstub s'Buerehiesel

Übernachten
① L'Ermitage
② De l'Europe

Geschichte

Haguenau entwickelte sich zunächst um eine 1115 von dem Stauferherzog Friedrich dem Einäugigen errichtete Burg, wurde von Kaiser Friedrich I. Barbarossa als dessen Lieblingssitz zur Stadt erhoben und war Aufbewahrungsort der Reichsinsignien und Stätte glänzender Reichstage.
Im Jahr 1257 erlangte die Stadt die Reichsunmittelbarkeit und wurde 1354 Hauptort des elsässischen Zehnstädtebundes. Der Dreißigjährige Krieg und die Brandschatzung der Stadt durch Truppen Ludwigs XIV. im Jahr 1677 brachten schwere Schäden, und erst im frühen 18. Jh. setzten Erneuerungsarbeiten größeren Stils ein. Gegen Ende des Zweiten Weltkriegs verlief an der Moder die Frontlinie, was wieder große Zerstörungen bedeutete.

Sehenswertes in Haguenau

Stadtbefestigung

Von den einstmals 40 Türmen der Stadtbefestigung sind nur noch drei erhalten: Aus dem 13. Jahrhundert stammen der Fischerturm an der Moder (Tour des Pêcheurs) und der Ritterturm beim Rathaus (Tour des Chevaliers). Erst später bei der Stadterweiterung um 1300 wurde die Porte de Wissembourg (Weißenburger Tor) errichtet.

Detail am Flügelaltar von Saint-Georges

Saint-Georges Westlich der Place d'Armes, dem an der Grand' Rue gelegenen Hauptplatz der Altstadt, steht die Église Saint-Georges (Georgskirche), die 1189 unter den Hohenstaufen geweiht wurde. In der Gotik fügte man den Chor an. Im dreischiffigen Innern prangt gegenüber der spätgotischen Kanzel (16. Jh.) ein großes hölzernes Kruzifix von 1488; im Chor verdient das 10 m hohe Sakramentshaus (1523) von Hans Hammer mit seinem reichen Skulpturenschmuck besondere Beachtung. Im achtkantigen Vierungsturm sollen die ältesten Glocken Frankreichs (1268) hängen.

Musée Alsacien Von der Place d'Armes folgt man der nach Norden verlaufenden Rue du Château, an der links die 1677 zerstörte Kaiserpfalz stand. Hier im stattlichen, rot verputzten Gebäude der einstigen Stadtkanzlei (15. Jh.) mit einer astronomischen Uhr am linken Fassadenturm ist das Musée Alsacien (Elsässisches Museum) untergebracht. Die Küche, die »Stub« und ein Töpferatelier zeigen elsässische Traditionen.

Ancienne Douane, Dischlachmühle Vorbei an der Ancienne Douane (Alter Zoll), einem ursprünglich gotischen Gebäude nördlich des Musée Alsacien, kommt man zu einem kleinen Park mit den Resten der Dischlachmühle, die bereits im 13. Jh. erwähnt wurde.

Hôtel de Ville Weiter nordwestlich erreicht man die Place Charles de Gaulle mit dem klassizistischen Hôtel de Ville (Rathaus, 1908).

Saint-Nicolas

Am Nordrand der Altstadt, die hier von einem kanalisierten Arm der Moder begrenzt wird, erhebt sich die gotische Église Saint-Nicolas (Nikolauskirche, 13.–15. Jh.), deren Ursprünge auf eine Gründung Friedrich Barbarossas (1189) zurückgehen. Sie birgt ein heiliges Grab (14. Jh.) sowie Holzschnitzereien, Chorgestühl, Kanzel und eine Orgelempore (alles aus dem 18. Jh.) des nordwestlich der Stadt gelegenen, jetzt zerstörten Klosters Neuburg.

! Baedeker TIPP

Spaß beim Baden

Wer sich zwischendurch entspannen möchte – an der Rue de Dominicains, am nördlichen Ufer der Moder (nahe dem östlichen Altstadtrand) befindet sich das Nautiland (tgl. geöffnet), ein Bade- und Freizeitzentrum mit Rutschbahn, Sauna, Solarien und Gastronomie. Hier wird auch ein Sonderprogramm für Kinder angeboten.

Im Südosten der Altstadt (Rue du Maréchal Foch Nr. 9) befindet sich in einem stattlichen Neorenaissance-Gebäude aus der Zeit um 1900 das **Musée Historique** (Historisches Museum). Es beherbergt die reichen archäologischen Funde der Region, Skulpturen der Stauferzeit und Dokumente zur Stadtgeschichte.

Théâtre Municipal

Westlich vom Museum steht an der hübschen Place du Maire Guntz der rote Sandsteinbau des Theaters (1842).

Umgebung von Haguenau

Forêt de Haguenau

Unmittelbar nördlich der Stadt beginnt der Haguenauer Forst (Forêt de Haguenau), ein von vielen Wanderwegen durchzogener prächtiger, 14 000 ha großer Mischwald. Nach den vielen einst hier ansässigen Klöstern wird das Gebiet, das sich östlich fast bis an den Rhein erstreckt, auch **»Forêt Sainte«** (Heiliger Wald) genannt. Die örtliche Überlieferung führt diese Tradition auf den hl. Arbogast (6. Jh.) zurück, der vom Frankenkönig mit der Bekehrung des Nordelsass betraut worden war.

Gros Chêne

Rund 4 km östlich von Haguenau zweigt von der N 63 links ein Forststräßchen ab, das zu einer viel besuchten Lichtung führt, wo im 6. Jh. der hl. Arbogast, der spätere Bischof von Strasbourg, als Einsiedler gehaust haben soll. Die Stelle bezeichnen eine uralte Eiche (Gros Chêne = Dicke Eiche), die 1913 der Blitz traf und von der nur noch ein Stumpf übrig ist, und daneben eine 1955 erbaute kleine Kapelle. Nordwestlich der Dicken Eiche erinnert ein wieder hergestellter Kohlenmeiler an das Köhlerhandwerk, das hier bis ins 20. Jh. hinein ein recht bedeutender Wirtschaftszweig war. Das Gebiet rund um Gros Chêne, wo es zahlreiche **Spiel- und Picknickplätze** sowie das Ausflugslokal Auberge de la Fôret Gros Chêne (Mo. geschlossen) gibt, eignet sich ideal zum Spazierengehen und Radfahren (markierte Wanderwege).

Walbourg Ungefähr 10 km nördlich von Haguenau liegt am nördlichen Waldrand der Ort Walbourg. Seinen Namen verdankt er der im 11. Jh. von bayerischen Mönchen gegründeten Benediktinerabtei, die der hl. Walburga (8. Jh.) geweiht war. Vom Kloster ist nur noch die Kirche (15. Jh.) mit schönen Glasfenstern erhalten.

✶✶ Haut-Kœnigsbourg

G 7

Région: Alsace (Elsass) **Département:** Bas-Rhin
Höhe: 755 m ü. d. M.

Sie war der große Stolz von Kaiser Wilhelm II. und ist heute wahrscheinlich das beliebteste Ausflugsziel im Elsass – die trutzige, majestätisch aufragende Bilderbuchfestung Haut-Kœnigsbourg (Hochkönigsburg), 12 km westlich von ►Sélestat.

Die größte, heute in Staatsbesitz befindliche Burg im Elsass steht auf dem Plateau eines überraschend ebenmäßigen Bergkegels, der eine prachtvolle Aussicht über die Rheinebene und den Schwarzwald, bei klarem Wetter selbst bis zu den Alpen bietet.

Die mächtige Haut-Kœnigsbourg: Kaiser Wilhelm II. ließ sie als Westpfeiler des Deutschen Reichs erbauen, strategische Bedeutung aber fiel ihr nicht mehr zu.

HAUT-KŒNIGSBOURG ERLEBEN

ÜBERNACHTEN/ESSEN

► **Komfortabel**

Munsch/Aux Ducs de Lorraine
16, Route du Vin
Saint-Hippolyte (5 km südöstlich)
Tel. 03 89 73 00 09, Fax 03 89 73 05 46
www.hotel-munsch.com
Großzügig gestaltetes Haus im altertümlichen Stil der Region (40 Z.). Hoher Komfort, Garten, Tennisplatz, Terrassenrestaurant. Alle Zimmer haben Balkon und gewähren einen Blick bis zur Hochkönigsburg. Das »Aux Ducs De Lorraine« serviert gute regionale Küche und Wein aus eigenem Anbau.

VERKEHRSVERBINDUNG

Von Sélestat erreicht man die Burg sowohl über Kintzheim als auch über Saint-Hippolyte auf kurvenreicher Straße durch einen schönen Bergwald. Parkmöglichkeiten gibt es in der Straßenschleife um die Burg herum.

Baugeschichte

Die Haut-Kœnigsbourg gehörte um 1147 den Hohenstaufen, wurde 1462 durch die oberrheinischen Städte zerstört, 1479 als Reichslehen von den Grafen von Thierstein neu aufgebaut und 1633, im Dreißigjährigen Krieg, durch die Schweden in Schutt und Asche gelegt. 1865 kam die Ruine in den Besitz der Stadt Schlettstadt (►Sélestat), die sie im Jahr 1899 – nachdem das Elsass 1871 an das Deutsche Reich gefallen war – Kaiser **Wilhelm II.** zum Geschenk machte. Der Hohenzollernkaiser ließ die Burg, deren Ruine trotz ihres Verfalls immer noch sehr beeindruckend war, auf Reichskosten wieder aufbauen – als symbolische preußische »Grenzfeste« an der neuen Westgrenze. Der mit dem Wiederaufbau um 1900 beauftragte junge Berliner Architekt **Bodo Ebhardt** (1865 – 1945), ein Experte auf dem Gebiet des mittelalterlichen Wehrbaus, orientierte sich zwar an den originalen Plänen von 1479; dennoch warfen ihm Kritiker vor, sein Werk sei nahezu völlig von einem romantisierend-idealisierenden Historismus geprägt, was der Burg in späterer Zeit die Bezeichnung »preußisches Disneyland« eingebracht hat. Erst in jüngster Zeit ist die Wissenschaft zu der Erkenntnis gelangt, dass Bodo Ebhardt historisch relativ exakt arbeitete, also eine Burg wieder auferstehen ließ, wie sie im Spätmittelalter tatsächlich ausgesehen haben könnte.

Besichtigung

Die Burg, die eine dreifache Rundmauer, Wachtürme, Gräben und eine Zugbrücke besitzt, kann besichtigt werden. Es gibt Führungen, man kann sich aber auch frei bewegen. Zu sehen gibt es eine Burgkapelle und Säle, die mit zahlreichen, aus vielen Teilen Europas zusammengekauften Möbeln, Bildern und Waffen (meist aus dem 15. bis 17. Jh.) eingerichtet sind, darunter den Fest- oder Kaisersaal, die Waffenkammer, den Jagdsaal und das lothringische Zimmer. Von den Wehrgängen und -türmen bieten sich viele herrliche Ausblicke. Im unteren Burghof beim Eingang befindet sich ein Restaurant.

HAUT-KŒNIGSBOURG

★★ Eines der meistbesuchten Ausflugsziele in Frankreich ist die von Kaiser Wilhelm II. wiederaufgebaute Haut-Kœnigsbourg im Elsass. Sie liegt zwischen Strasbourg und Colmar in der Nähe von Sélestat auf einem 757 m hohen Bergkegel am Osthang der Vogesen. Ursprünglich im 12. Jahrhundert erbaut und um 1480 erneuert, wurde die Burg im Dreißigjährigen Krieg in Brand gesetzt. Als Wilhelm II. sie 1899 als Geschenk erhielt, ließ er die Ruine im Stil einer Ritterburg des 15. Jahrhunderts neu errichten.

Öffnungszeiten der Burgkasse:
Jan. / Febr. / Nov. / Dez. 9.45 – 12.00 und 13.00 – 16.30, März / Okt. 9.45 – 16.30, April / Mai / Sept. 9.30 – 17.00, Juni / Juli / Aug. 9.30 – 18.00 Uhr

1 Tor an der Ringmauer

Von der Kasse aus geht man durch dieses mit dem Wappen der Thiersteiner geschmückte Tor und kommt zum Ehrenportal mit Fallgitter.

2 Burghof

Hinter einem Vorratsraum liegt ein Innenhof mit Ecktürmchen und von Arkaden umrahmten Holzgalerien, auf die einige der einstigen Wohnräume abgehen. Gegenüber befindet sich die Burgküche mit einer mittelalterlichen Spüle.

3 Westbau

Eine Treppe führt in den zweiten Stock des Palas, der sich um den Innenhof schließt. Hier findet man den festlichen Kaisersaal mit dem kaiserlichen Adler an der Decke, Wandmalereien (z. B. ein Turnier der Herren von Rathsamhausen) und etlichen Hohenzollern-Wappen. Die meisten Stücke im lothringischen Zimmer waren Geschenke aus der Region an den Kaiser; interessant ist die verkleinerte Replik des »Graoully«, des mythischen Drachen aus der Metzer Kathedrale. Über eine Wendeltreppe steigt man in den ersten Stock hinunter zur Burgkapelle, dem Jagdtrophäensaal und der Waffenkammer. Neben der Kopie eines imposanten Ofens aus glasierter grüner Keramik sind hier spätmittelalterliche Hellebarden, Schwerter, Armbrüste und Harnische ausgestellt. Auf einer Zugbrücke gelangt man nun über einen Graben in den Garten und von dort zum westlichen Bollwerk.

4 Großes Bollwerk

Von hier aus bietet sich eines der beliebtesten Postkartenmotive des Elsass: Hinter der imposanten Burg mit Bergfried kann man den Blick weit über das Land schweifen lassen.

Haut-Kœnigsbourg Grundriss

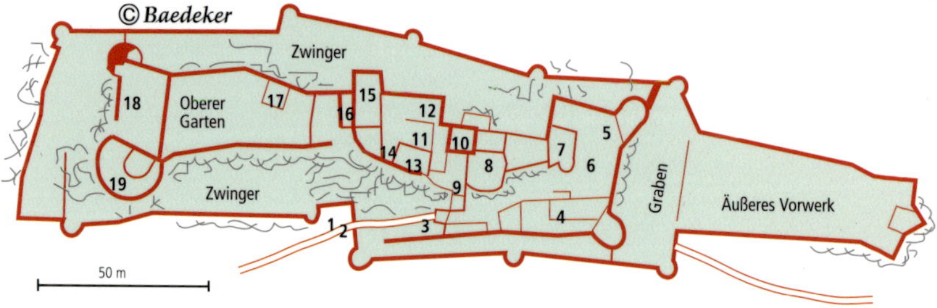

1 Kasse
2 Zwingertor (Eingang)
3 Haupttor
4 Gaststätte "Elsässer Haus/ Maison Alsacienne", Souvenirs
5 Mühlenturm
6 Vorhof (Beginn der Führungen)
7 Schmiede
8 Löwentor
9 Brunnen
10 Bergfried
11 Burghof, Wendeltreppe
12 Nordbau
unten: Küchen
oben: Thierstein-Gemächer
13 Südbau
unten: Damengemächer
oben: Herrengemächer
14 Kapelle
15 Westbau
unten: Waffensaal
oben: Festsaal
16 Vorratsraum
17 Zisterne
18 Großes Bollwerk (Aussicht)
19 Großer Turm

Fachwerkhäusern aus dem 18. Jahrhundert. Zu trauriger Berühmtheit gelangte der Ort im Bauernkrieg 1525, als der Herzog von Lothringen 26 000 elsässische Bauern, die sich ergeben hatten, nachdem ihnen freier Abzug versprochen worden war, von seinen albanischen Söldnern brutal niedermetzeln ließ.
Nordwestlich über dem Ort Schwerwiller befinden sich zwei Burgruinen, die so genannten **Châteaux de Scherwiller** (Scherweiler Schlösser), die den Zugang ins benachbarte Villé-Tal und damit in die Vogesen kontrollierten: die wohlerhaltene mächtige Ruine der 1262 von Rudolf von Habsburg erbauten Ortenburg (430 m ü. d. M.), die im Dreißigjährigen Krieg 1633 von schwedischen Truppen zerstört wurde, und die kleinere Ruine der Burg Ramstein (13. Jh.). Von beiden hat man einen weiten Blick auf das Vogesenvorland und auf die Oberrheinische Ebene.

Hunawihr

G 7

Région: Alsace (Elsass) **Département:** Haut-Rhin
Höhe: 200 m ü. d. M. **Einwohner:** 500

Das mitten in den Weinbergen gelegene kleine Winzerdorf Hunawihr (Hunaweier), ein malerischer Ort mit schmalen ansteigenden Gassen, schönen Brunnen und vielen Fachwerkhäusern, liegt zwischen ►Ribeauvillé und ►Riquewihr an der Route du Vin, aber abseits der Hauptverkehrstraße. Seit einiger Zeit spielt das ruhige Städtchen bei den Bemühungen um die Wiedereinbürgerung des Weißstorchs eine bedeutende Rolle.

Sehenswertes in Hunawihr

Église de Hunawihr

Das Dorf und die Rebberge werden beherrscht von der hoch gelegenen gotischen Wehrkirche, die im 15. / 16. Jh. entstanden ist und deren befestigter Friedhof mit sechs runden Schalentürmen. zu den besterhaltenen seiner Art im Elsass gehört. Das Innere des Gotteshauses – einer Simultankirche, die sich Protestanten und Katholiken teilen – ist von ungewöhnlichem Grundriss: Nur Haupt- und linkes Seitenschiff sind voll ausgebildet. In der Apsis befinden sich neuzeitliche farbige Glasfenster, an denen sich die wechselvolle Geschichte des Elsass ablesen lässt: Das mittlere Fenster (Szenen aus dem Leben der heiligen Huna) ist nach 1871 entstanden und daher deutsch beschrif-

HUNAWIHR

AUSKUNFT

Mairie de Hunawihr
Tel. 03 89 73 60 42

Wer denkt, nur die Storchenmama sitzt brütend auf den Eiern, der irrt: Die männlichen Störche übernehmen annähernd 50 Prozent der Brutpflege.

ES KLAPPERT WIEDER IN DEN DÖRFERN

Fast wäre der Storch im Elsass ausgestorben, doch dank vielfältiger Initiativen lässt sich das elsässische Wappentier in vielen Gemeinden wieder blicken. Der anspruchslose Großvogel kann mancherorts sogar das ganze Jahr über beobachtet werden.

Er war nicht nur der gefiederte Freund, der die Babys brachte und den Frühling ankündigte. Der Klapperstorch verhieß auch Glück, vor allem für diejenigen, auf deren Haus er sein Nest errichtete. Seine Rückkehr aus dem Winterquartier in Afrika wurde stets vom ganzen Dorf gefeiert. Die Kinder kündigten lauthals seine Ankunft an, der Dorflehrer unterbrach den Unterricht, alle Bewohner rannten auf die Straße, um den Storch zu sehen und ihn zu begrüßen. Doch mit den Jahren warteten die Elsässer im Frühling immer öfter vergeblich auf ihr geliebtes Wappentier. Im 19. Jahrhundert sollen 4000 Störche im Elsass gelebt haben, 1945 waren es 350 Exemplare, 1974 zählte man nur noch neun Paare.

Fünf vor zwölf

Ursachen für den **Rückgang des Storchenbestandes** waren der mit der Regulierung des Rheins und dem Verschwinden von Altwässern einhergehende Verlust von Nahrungsflächen, der Einsatz von Chemikalien in der Landwirtschaft sowie die Hochspannungsleitungen, die den Flugraum der Vögel durchschnitten und in denen diese oft den Tod fanden. Darüber hinaus sind die Tiere auf ihrem Zug in die Überwinterungsgebiete in Afrika vielen Gefahren ausgesetzt, sie werden teilweise abgeschossen oder mit Schlingen gefangen; fast 90 % der Jungvögel verlieren bei der weiten Reise ihr Leben. Forschern wie dem Makromolekular-Biologen Dr. Alfred Schierer oder dem Ornithologen Jacques Renaud

ist es zu verdanken, dass man in zahlreichen Gemeinden Meister Adebar wieder durch die Lüfte schweben bzw. auf Tortürmen, Kirchengiebeln oder Hausdächern stehen sieht und manchmal sogar klappern hört. Gerade noch rechtzeitig ließen diese Männer Jungvögel aus Afrika einführen, die sich in elsässischen Storchenparks und -aufzuchtstationen kräftig vermehrten. Die Stammeltern fast aller derzeit im Elsass lebenden Störche kommen aus solchen Einrichtungen.

Die ersten drei Lebensjahre verbringen auch heute noch zahlreiche Jungstörche unter menschlicher Aufsicht in den Gehegen, in denen sie vergessen, im August in den Süden zu ziehen. Nach diesen drei Jahren werden die nun brutreifen Großvögel in die Freiheit entlassen, wo sie sich einen Partner suchen und ein Nest bauen. Interessant ist, dass die in den Zuchtstationen aufgewachsenen Tiere auch in Freiheit ganzjährig standorttreu sind – ihre in freier Wildbahn geborenen Nachkommen machen sich aber alljährlich wieder auf den Zug nach Süden.

Wenig wählerisch

Die alten Störche kommen bereits im nächsten Frühjahr – zwischen Mitte März und Anfang April – aus Afrika zurück, die Jungstörche bleiben vier oder fünf Jahre, bis sie erwachsen sind, dann kehren auch sie zurück – in den ersten Jahren oft nur bis in den Mittelmeerraum, um dort zu brüten. Auf ihren weiten Flügen nutzen die Störche als **ausgesprochene Segelflieger** die Aufwinde der Landmassen und umfliegen das Mittelmeer. Bei seiner Rückkehr sucht Meister Adebar oft den alten Wohnort auf, aber er bezieht nicht immer dasselbe Nest. Ist ihr Platz auf dem Kirchturm besetzt, bauen sich die Vögel einfach ein Nest nebenan. Wenig wählerisch zeigt sich der als Klapperstorch bezeichnete Weiße Storch (Ciconia ciconia) auch bei der Auswahl der Nahrung. Regenwürmer, Insekten wie Heuschrecken oder Maikäfer, Feldmäuse, Maulwürfe, Eidechsen, die er in Auenlandschaften von Flussniederungen sowie auf Wiesen und Weiden erbeutet, stehen ebenso auf dem Speiseplan wie Jungvögel von Bodenbrütern oder Fische – eher kranke oder verendete –

und kleinere Wassertiere, gelegentlich sogar Schlangen. Frösche hingegen spielen auf der Speisekarte des Storchs keine so überragende Rolle, wie gern vermutet wird. Bei der Partnersuche legt sich Meister Adebar nicht dauerhaft fest. Zwar bleibt ein Paar das Frühjahr und den Sommer über zusammen, doch im nächsten Jahr wird meist ein neuer Partner gesucht. **Männchen und Weibchen sind schlecht voneinander zu unterscheiden**. Beide haben einen langen roten Schnabel und lange rote Beine und tragen ein weißes Gefieder, von dem nur die Schwungfedern und Teile der Oberflügel-Decken schwarz sind. Ausgewachsene Tiere werden etwa 1 m groß, 3 bis 4 kg schwer und weisen eine Flügelspannweite von rund 2 m auf. Männchen sind in der Regel etwas größer und haben einen längeren Schnabel als die Weibchen. Weißstörche können bis zu 25 Jahre alt werden. In der Luft erreichen sie eine Fluggeschwindigkeit von 45 Stundenkilometern. Mittelpunkt im Leben eines Storchenpaares ist der Horst, in dem nach der Rückkehr im Frühjahr die Paarbindung stattfindet und der von beiden Tieren gemeinsam errichtet wird. Auch während der 33-tägigen Brutzeit und der Aufzucht der drei bis sechs Jungen, die nach zehn Wochen fliegen können, bauen die Elterntiere am Nest weiter, so dass ein Horst im Lauf von Jahrzehnten bis zu 2 m hoch und 500 kg schwer werden kann. Nicht selten finden sich in einem Nest Regenschirme und Plastiktüten – als Nistmaterial. Die Horste werden von ihren Inhabern gegen später eintreffende Störche erbittert verteidigt, wobei es sogar zu blutigen Kämpfen kommen kann.

Klappern das ganze Jahr über

Derzeit leben im Elsass wieder **220 Storchenpaare**. In manchen Gemeinden sind regelrechte Kolonien zuhause, etwa an der Place de la République in Rouffach, wo es auch eine Station zur Aufzucht von Störchen gibt. Aus der Nähe betrachten kann man die wunderschönen und eleganten Großvögel das ganze Jahr über im Centre de Réintroduction des Cigognes in Hunawihr, im Parc des Cigognes in Kintzheim und im Parc de l'Orangerie in Strasbourg.

Herbstlich gefärbte Weinberge um Hunawihr

tet, die beiden seitlichen (Leben und Taten des heiligen Deodatus) wurden nach 1918 gefertigt und haben daher französischen Wortlaut. Im Chorgewölbe entdeckt man schöne Schlusssteine, auf denen u. a. der doppelköpfige Reichsadler und die württembergischen Geweihstangen zu sehen sind. Das Seitenschiff endet in der Turmbasis, desen Gewölbe mit gut erhaltenen, nur wenig restaurierten Fresken des 15. Jh. verziert ist, die Szenen aus dem Leben des hl. Nikolaus von Myra zeigen (Beleuchtungsautomat an der rechten Wand). Hier steht auch die 1700 gegossene, nach der heiligen Huna benannte Glocke. Der heiligen Huna, der Frau eines Gutsherrn aus dem 7. Jh., soll es gelungen sein, während eines besonders trockenen Jahrs das Weinwunder von Kanaan zu wiederholen. Im Mittelalter war Hunawihr ein bekannter Wallfahrtsort.

Circuit historique

Im Ortszentrum gibt es eine große Anzahl bemerkenswerter Gebäude; ein historischer Rundgang ist ausgeschildert. An der Grand' Rue, nahe der Abzweigung zur Kirche, befindet sich die Halle aux Blés (ehemalige Kornhalle) mit dem kombinierten Wappen der Herzogtümer Württemberg (Geweihstangen), Teck (Rauten) und Mömpelgard (Montbéliard; zwei Fische) sowie dem Reichsbanner am Portal. Gegenüber steht das barocke protestantische Presbyterium. Ganz am unteren Ende der Grand' Rue erhebt sich ein von Heinrich Schickhardt (1558 – 1634, ►Montbéliard), dem Hofbaumeister des Herzogs von Württemberg, entworfenes Renaissancehaus, das heute das Restaurant Caveau du Vigneron beherbergt.

Jardin à papillons

Am östlichen Ortseingang sind zwei zoologische Attraktionen zu finden. Der Jardin des Papillons (Schmetterlingspark) besteht aus einer Reihe klimatisierter Glashäuser, in denen Schmetterlinge aus Afrika, Asien und Amerika frei fliegen können, sowie aus einer umfangreichen Orchideensammlung (Öffnungszeiten: tgl. Apr. / Okt. 10.00 bis 17.00, Aug. 10.00 – 19.00; Mai, Juni, Sept. 10.00 – 18.00 Uhr; von Nov. bis Ostern geschlossen).

Parc des Cigognes

Im Centre de Réintroduction des Cigognes et des Loutres (Zentrale Aufzuchtstation für Weißstörche und Fischotter) erfreut man sich das ganze Jahr über am Anblick der Störche – sie bleiben mittlerweile auch im Winter hier. Die Fische, die in der Region vorkommen. werden in einem Aquarium gezeigt. Nachmittags, um 15.00, 16.00, im Sommer auch um 17.00 Uhr werden Vorführungen mit Kormoranen, Fischottern, Pinguinen, Robben, Seelöwen und Bisamratten gezeigt. Den Zuschauern stehen dabei knapp 500 überdachte Sitzplätze zur Verfügung (Öffnungszeiten: tgl. April 10.00 – 12.30, 14.00 bis 17.30; Mai 10.00 – 12.30 u. 14.00 – 18.00; Juni 10.00 – 18.30; Aug. 10.00 – 19.00, Sept. 10. – 12.30 u. 14.00 – 18.00, Okt. 10.00 bis 12.30 u. 14.00 – 17.00, Nov. Mi. Sa. So. 10.00 – 12.30 u. 14.00 bis 17.00 Uhr, vom 11. Nov. bis Ostern geschlossen).

Umgebung von Hunawihr

Zellenberg

Westlich der von Hunawihr nach ►Riquewihr führenden Straße liegt auf einem isolierten Hügel das Winzerdorf Zellenberg mit einer ursprünglich gotischen, um 1760 barockisierten Kirche und zahlreichen Häusern aus dem 15., 16. und 17. Jahrhundert.

★★ Kaysersberg

H 6

Région: Alsace (Elsass)
Département: Haut-Rhin
Höhe: 242 m ü. d. M.
Einwohner: 2800

Es geht meist lebhaft zu in dem herausgeputzten Kaysersberg. Das Städtchen nordwestlich von ►Colmar gehört zu den meistbesuchten Zielen im Elsass. Seine Attraktionen sind wahrhaft vielfältig: eine schöne Lage inmitten berühmter Weinberge, stattliche Häuser in gotischem und Renaissance-Stil, mittelalterliche Befestigungsreste, die Brücken über die Weiss und die vielen verträumten Winkel, die man in den Seitenstraßen entdecken kann. Ein besonderer Genuss sind die exzellenten Obstbrände.

Kaysersberg mit seinen schönen gotischen und Renaissance-Bürgerhäusern zieht das ganze Jahr über Besucher an. →

MAISON GI

Kaysersberg wurde 1227 von Kaiser Friedrich II. von Hohenstaufen erworben, war seit 1293 Freie Reichsstadt und seit 1354 Mitglied des elsässischen Zehnstädtebunds. Zudem ist der Ort die Heimat verschiedener Geistesgrößen: Hier wurden der Urwalddoktor und Friedensnobelpreisträger **Albert Schweitzer** (► Berühmte Persönlichkeiten) und der erste Reformator von Strasbourg Matthias Zell (1477-1558) geboren. Zudem wuchs in Kaysersberg der humanistisch gebildete Strasbourger Münsterprediger Johann Geiler, genannt Geiler von Kaysersberg (► Berühmte Persönlichkeiten) auf.

Sehenswertes in Kaysersberg

Ein besonders reizvoller Überblick über das von einer ehemaligen Kaiserburg überragte Städtchen mit seinen mittelalterlichen Befestigungsresten, stattlichen Bürgerhäusern im gotischen oder Renais-

KAYSERSBERG ERLEBEN

AUSKUNFT

39, Rue du Général de Gaulle
Tel. 03 89 71 30 11
Fax 03 89 71 34 11
www.kaysersberg.com

EINKAUFEN

Distillerie Miclo
Lapoutroie
(9 km westlich von Kaysersberg)
www.distillerie-miclo.com
Traditionsbetrieb, Spaziergang durch den Obstgarten möglich.

ESSEN

► Erschwinglich

① ***Au Lion d'Or***
66, Rue du Général de Gaulle
Tel. 03 89 47 11 16
Solides Restaurant mit Terrasse, regionale Gerichte.

② ***Les Armes de France***
1, Grand Rue
Ammerschwihr
(5 km Route de Colmar)
Tel. 03 89 47 10 12
Sehr zu empfehlen sind die Foie gras und die Schokoladen.

► Preiswert

③ ***La Vieille Forge***
1, Rue des Écoles
Tel. 03 89 47 17 51
Elsässische Küche wie Reh mit Preiselbeeren, Schnecken und »foie gras«.

ÜBERNACHTEN

► Komfortabel

① ***Chambard***
9–13, Rue du Général de Gaulle
Tel. 03 89 47 10 17, Fax 03 89 47 35 03
hotelrestaurantlechambard@wanadoo.fr
Bestens ausgestattetes Hotel traditionellen Stils (20 Z.) mitten im Ortskern, dessen Inhaber für sehr individuelle Gastlichkeit sorgen. Für die exquisiten Gerichte im eleganten Feinschmeckerrestaurant oder im Bistro sorgt der Hausherr selbst.

► Günstig

② ***Hôtel du Château***
38, Rue du Général de Gaulle
Tel. 03 89 78 24 33
Fax 03 89 78 75 50
Nette Herberge (8 Z.) mit gemütlicher Weinstube.

Kaysersberg Orientierung

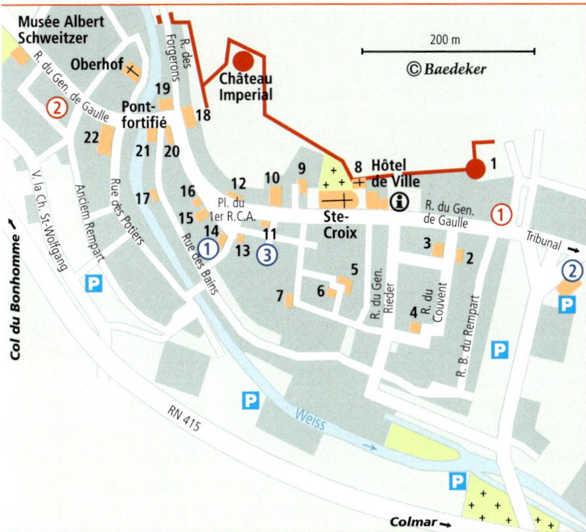

1 Tour des Sorcières
2, 3 Galerienhäuser (16. Jh.)
4 Maison Guilleaume Korne (16. Jh.)
5 Haus der Edlen von Bavière-Hunawihr
6 Maison Buchele (15. Jh.)
7 Maison Vollraht (16. Jh.)
8 Chapelle St-Michel
9 Maison Bohn (17. Jh.)
10 Maison Lœwert (16. Jh.)
11 Maison Lœcken (16. Jh.)
12 Fassaden aus dem 16.-18. Jh.
13 Ehem. Winzerhaus (16. Jh.)
14 Gebäude von 1618
15, 16 Kellerei und lokalhistorisches Museum
17 Eckhaus von 1617
18 Maison Herzer (1592)
19-21 Häuser aus dem 16. Jh.
22 Maison Offinger

Essen
① Au Lion d'Or
② Les Armes de France
③ La Vieille Forge

Übernachten
① Chambard
② Hôtel du Château

sance-Stil, mit Brücken und lauschigen Winkeln bietet sich von der Wolfgangskapelle, die erhöht jenseits der Durchgangsstraße nach Saint-Dié steht.

Hôtel de Ville

Wenn man die Altstadt von Osten betritt, gelangt man zunächst zum Hôtel de Ville (Rathaus), einem Renaissancebau mit zweistöckigem Erker von 1604. Im Innenhof mit Brunnen und Holzgalerien wurde 1993 ein Wandgemälde angebracht, das die Erhebung Kaysersbergs zur reichsunmittelbaren Stadt durch Adolf von Nassau zeigt. Im Erdgeschoss des Gebäudes finden Kunstausstellungen statt.

✶ Église Sainte-Croix

Westlich vom Rathaus erhebt sich an der Hauptstraße die stattliche Pfarrkirche, die im Jahr 1227 begonnen und in der Spätgotik umgebaut wurde. In der Westfassade öffnet sich ein romanisches Rundbogenportal, in dessen Bogenfeld die Krönung Mariä dargestellt ist. Das dreischiffige Innere ist im unteren Teil romanisch, im oberen Teil gotisch; der hohe Vierungsturm stammt allerdings aus dem 19. Jahrhundert. Im Chorbogen hängt ein mächtiger Kruzifixus, flankiert von Maria und Johannes (um 1500). Im linken Querhausarm befindet sich ein sehenswertes Heiliges Grab von 1514 mit einer Frauengruppe. Das wohl imposanteste Kunstwerk ist der große Flügelaufsatz auf dem Hauptaltar, den der Colmarer Hans Bongartz im

Jahr 1518 in Anlehnung an Vorlagen von Martin Schongauer (► Berühmte Persönlichkeiten) schuf und deren geschnitzte Reliefs die Passion Christi zeigen.

Chapelle Saint-Michel

Hinter der Kirche steht die kleine Chapelle St-Michel (Michaelskapelle, 1463), deren Inneres mit Fresken aus der Erbauungszeit geschmückt ist und die im Untergeschoss ein Beinhaus mit über 20 000 Knochen enthält. Es schließt sich ein französischer Soldatenfriedhof an, auf dem Soldaten, die bei der Befreiung der Stadt 1945 den Tod fanden, beigesetzt sind.

Musée d'Histoire Locale

Die von schmucken alten Bürgerhäusern flankierte Hauptstraße führt weiter nach Westen. An ihrer linken Seite befinden sich die Cave Coopérative (Genossenschaftskellerei) und die ehemalige Residenz der Silberminenbesitzer-Familie Wide (1521), in der das Historische Museum eingerichtet ist. Ausgestellt sind hier kirchliche Kunst, Zeugnisse alter Wohnkultur, Hinterglasbilder und Porträts.

✶ Pont fortifié

Schließlich biegt die Hauptstraße scharf links ab zu der mit einer Kapelle geschmückten Weissbrücke (1514), der einzigen mit Schießscharten und Brustwehr befestigten Brücke im Elsass. Hier ist eine der malerischsten Ecken in Kaysersberg.

Musée Albert Schweitzer

Am westlichen Rand der Altstadt steht in der Rue Général de Gaulle das Geburtshaus von Albert Schweitzer, das heute ein kleines Museum beherbergt. Im angrenzenden Park ist ein Denkmal mit seiner Büste aufgestellt.

Château Impérial

Vor der Weissbrücke (s. zuvor) folgt man der geradeaus weiterführenden Rue des Forgerons zur Porte des Pucelles (13. Jh.). Dahinter zweigt rechts der Fußweg ab, der zur Ruine der einstigen Kaiserburg führt. Die Feste war seit 1227 in staufischem Besitz und wurde im Dreißigjährigen Krieg von den Schweden zerstört (1632). Insbesondere vom runden Bergfried hat man einen reizvollen Blick.

Umgebung von Kaysersberg

Ammerschwihr

Knapp 5 km südöstlich liegt das für seinen Wein berühmte ehemalige Reichsstädtchen Ammerschwihr (Ammerschweier), das im Zweiten Weltkrieg weitestgehend zerstört wurde und daher nur noch einige wenige Reste historischer Bauten besitzt, wie die Porte Haute (Obertor) mit Fachwerkobergeschoss und Sonnenuhr, die runde Tour des Voleurs (Schelmenturm) und die gotische Église Saint-Martin (Martinskirche).

Fréland

Etwa 5 km nordwestlich von Kaysersberg trifft man abseits der Durchgangsstraße auf den Weiler Fréland. In diesem Landstrich, »pays welche« (welsche Gegend) genannt, wurde noch vor einigen

Jahrzehnten eine altertümliche romanische Sprache gesprochen. Die Maison du Pays Welche zeigt eine volkskundliche Sammlung mit altem Mobiliar, Bauern- und Handwerkergerät und vielem anderen.

Lapoutroie

Knapp 9 km westlich von Kaysersberg liegt abseits der N 415 der Erholungsort und Wanderstützpunkt Lapoutroie. Das örtliche Musée des Eaux-de-Vie (Schnaps- und Likörmuseum) dokumentiert alle Phasen der Branntweinbereitung. Ein Verkaufsraum, wo man eine Kostprobe bekommen kann, ist angegliedert.

Orbey

Orbey (Urbeis), 3 km südlich von Lapoutroie, ist ein weit verstreutes Vogesendorf, das wegen der herrlichen Umgebung als ruhiger Sommerurlaubsort und zum Wandern besucht wird.

Col du Bonhomme

Fährt man von Lapoutroie auf der N 415 in Richtung Westen weiter, gelangt man zum Col du Bonhomme (949 m ü. d. M.), einem Gebirgsübergang, der das Elsass mit Lothringen verbindet. Von der Westrampe der Passstraße hat man einen reizvollen Ausblick.

★ Lac Blanc

Ca. 8 bis 12 km südwestlich des Col du Bonhomme befinden sich die Seen Lac Blanc und Lac Noir. An beiden Seen gibt es Parkplätze mit je einer Gaststätte. Der Lac Noir ist von der D 48 aus allerdings nur über eine kleine Seitenstraße erreichbar. Der nördlicher gelegene Lac Blanc (Weißer See; 1055 m ü. d. M., bis 72 m tief), mit 29 ha Flä-

Der in über 1000 m Höhe liegende Lac Blanc mit dem von einer Statue der Heiligen Jungfrau bekrönten Rocher Château Hans

che der größte Vogesensee auf der Ostseite des Hauptkamms, liegt in einem eiszeitlichen Granitkessel. Seinen Namen soll er vom hellen Quarzsand auf dem Grund des Sees haben. Am Südufer des Gewässers, auf dem jede Art von Wassersport untersagt ist, erhebt sich der von einer Statue der Heiligen Jungfrau bekrönte Rocher Château Hans, auf dem einst das sagenumwobene Schloss des Hans von Felsenstein stand. Die Sage erzählt, dass der Burgherr wegen seiner Untaten samt Schloss von der Erde verschlungen wurde. Vom Lac Blanc zum Lac Noir kann man in ca. 1 Std. auf einem bequemen Wanderweg hinüberwandern. Über dem Südufer des Lac Blanc ragt der 1272 m hohe Aussichtsfelsen Belmont auf, der den Weißen und den Schwarzen See voneinander trennt. Vom Observatoire (Aussichtspunkt) hat man jedoch nicht mehr den überwältigenden Blick auf beide Gewässer wie einst – wegen der in die Höhe gewachsenen Fichten ist der Zwei-Seen-Blick mittlerweile unmöglich.

★ Lac Noir

Auch der Lac Noir (Schwarzer See) befindet sich in einem von bewaldeten Felshängen umgebenen Felskessel. Dieser Stausee (950 m ü. d. M.) verdankt seinen Namen dem wegen des moorigen Untergrunds schwärzlich erscheinenden Wasser. Ein einstündiger Fußweg am See entlang bietet immer wieder idyllische Ausblicke. Nur das Turbinenhaus am nördlichen Ufer beeinträchtigt das Landschaftsbild ein wenig. Seit 1930 ist der Lac Noir an dieser Stelle durch einen Druckstollen mit dem Lac Blanc verbunden: Nachts wird das Wasser in den höher gelegenen Lac Blanc gepumpt, am Tag, wenn Elektrizität mehr kostet, fließt das Wasser wieder zurück.

Kientzheim

H 6

Région: Alsace (Elsass) **Département:** Haut-Rhin
Höhe: 225 m ü. d. M. **Einwohner:** 1000

Der bedeutende Weinort Kientzheim (Kienzheim) direkt neben dem Ort ►Kaysersberg ist ein hübsches altes Städtchen. Da die meisten Touristen die größere und touristisch interessantere Nachbargemeinde ansteuern, wirkt der Ort sehr ruhig und friedlich.

Japanern jedenfalls gefällt es wohl in Kientzheim, denn hier befindet sich das Lycée Seijo, ein Elite-Gymnasium mit rund 130 japanischen Schülern – den Kindern der rund 1000 Japaner, die im Elsass leben und in japanischen Firmenniederlassungen arbeiten.

Sehenswertes in Kientzheim

Ortskern

Innerhalb der mittelalterlichen Ummauerung stehen zahlreiche Fachwerkhäuser, der älteste erhaltene Bau stammt von 1558. Das

KIENTZHEIM ERLEBEN

AUSKUNFT

s. Kaysersberg

ESSEN

► Erschwinglich

Hostellerie Schwendi
2, Place Schwendi
Tel. 03 89 47 30 50
Rustikaler Keller, Terrasse am Brunnen des schönen, gepflasterten Platzes, sehr gute Fischgerichte. Das Lokal gehört zu einem Hotel mit liebevoll eingerichteten Zimmern.

ÜBERNACHTEN

► Komfortabel

L'Abbaye d'Alspach
2–4, Rue Foch
Tel. 03 89 47 16 00
Fax 03 89 78 29 73
www.abbayealspach.com
Das Hotel (29 Z.) befindet sich in einer aus dem 13. Jahrhundert stammenden einstigen Abtei. Die um einen hübschen historischen Innenhof gruppierten Zimmer sind unterschiedlich groß und allesamt individuell eingerichtet. Von der großzügigen Terrasse hat man einen schönen Blick auf die örtlichen Weinberge.
Die Abbaye verfügt über kein richtiges Restaurant, aber zum Abendessen auf der Terrasse werden gern Gläser, Teller und Besteck zur Verfügung gestellt.

spätbarocke Rathaus wurde 1775 errichtet. Davor befindet sich ein origineller Winzerbrunnen, an dessen Becken die Elsässer Rebsorten im Relief dargestellt sind.

Porte Haute

An der Stelle des 1875 zerstörten Obertors erhebt sich eine mächtige Linde, unter der ein Sherman-Panzer der französischen Armee steht, der an der Befreiung Kientzheims am 17. Dezember 1944 beteiligt war.

Porte Basse

Das Untertor (Porte Basse) trägt auf der Feldseite den »**Lalli**«, einen Fratzenkopf aus dem 16. Jh., der dem Angreifer, dem es gelungen war, den äußeren Wall zu überwinden, spöttisch die Zunge herausstreckte. Um den Spott zu verstärken, konnte die Eisenzunge bewegt werden.

Musée du Vin

Direkt beim Untertor ist in der weitläufigen ehemaligen Residenz des Hauses Hohenlandsberg (16. Jh.) das Musée du Vignoble et du Vin d'Alsace (Elsässisches Winzer- und Weinmuseum) eingerichtet. In dem mit Weinlaub zugewucherten Schwendi-Schloss – benannt nach dem kaiserlichen Stadtvogt Lazarus von Schwendi, der das Gebäude Ende des 16. Jh.s ausbaute – befindet sich auch der Sitz der Confrérie St-Étienne d'Alsace (Stephansbruderschaft), die sich nach den Regeln ihrer Satzung aus dem Jahr 1561 mit der Qualitätskontrolle der elsässischen Weine befasst.

Herbstliche Impressionen

Umgebung von Kientzheim

Sigolsheim Etwa 2 km östlich liegt Sigolsheim, gleichfalls ein altes Winzerdorf. Beachtung verdient die Pfarrkirche St. Peter und Paul, die aus dem 12. Jh. stammt, aber großenteils erneuert wurde. Über dem Hauptportal im Bogenfeld erkennt man Christus und die Apostel Petrus und Paulus, flankiert von Winzern, die ein Fass und einen Setzling darreichen.

Lauterbourg

C 11/12

Région: Alsace (Elsass)
Département: Bas-Rhin
Höhe: 115 m ü. d. M.
Einwohner: 2300

Von strategischer Bedeutung war die kleine Grenzstadt Lauterbourg (Lauterburg) im nordöstlichsten Zipfel des Elsass zwischen Rhein und Lauter schon immer: in römischer Zeit, als der Ort zum Bistum Speyer gehörte, und zur Zeit Ludwigs XIV. Dessen genialer Baumeister Vauban ließ die Stadt zur Festung ausbauen.

Mehrmals wurde Lauterbourg zerstört, die schlimmste Verwüstung erlebte der Ort am Ende des Zweiten Weltkriegs. Dennoch gibt es in der östlichsten Stadt Frankreichs noch ansehnliche Spuren der Vergangenheit.

Sehenswertes in Lauterbourg

Tour des Bouchers

Von der einstigen Stadtmauer aus dem 13. Jh., zu der 15 Türme gehörten, sind nur noch einige Mauerreste und der Metzgerturm (Tour des Bouchers) erhalten, der bis 1761 als Gefängnis diente. Aus der Zeit, da Lauterbourg zum Bistum Speyer gehörte (1254–1790), stammen die ursprünglich barocke Kirche (1716), die einen gotischen Chor enthält, das Rathaus (1731) mit dem älteren schönen Renaissanceportal und das ehemalige Bischofspalais (1716). An die Zeit Vaubans erinnert noch die **Porte de Landau** (Landauer Tor) mit dem Reiterstandbild und den Insignien des Sonnenkönigs. Zu den sehenswertesten Gebäuden des Orts zählt die **Église de la Trinité** (Dreifaltigkeitskirche), die wohl aus dem 13. Jh. stammt, im 18. Jh. aber umgebaut wurde. Im Innern sieht man eine Kanzel aus behauenem Sandstein (1581) und farbige Kirchenfenster des Pariser Künstlers Jean Gaudin (1950). Das Gehäuse der Orgel (1777) ist ein Werk des Orgelbauers Ferdinand Stieffell aus Rastatt.

Umgebung von Lauterbourg

Seltz

Der 10 km südlich von Lauterbourg an der Salzstraße über den Rhein gelegene Ort Seltz (3000 Einw.) war als »Saletio« bereits eine Römersiedlung, im Mittelalter dann Sitz eines von Kaiserin Adelheid, der Gemahlin Ottos I., gegründeten Benediktinerklosters, von dem allerdings nichts erhalten ist. Sehenswert ist die Église St-Etienne

LAUTERBOURG ERLEBEN

AUSKUNFT

21, Rue de la 1ère Armée
Tel. 03 88 94 80 18
Fax 03 88 54 61 11
www.mairie-lauterbourg.fr

ESSEN

► Fein & teuer

La Poêle d'Or
53, Rue du Général Mittelhauser
Tel. 03 89 94 84 16
Zentrumsnah gelegenes Gourmetlokal mit Terrasse, wo mit viel Phantasie nach elsässischen Rezepten gekocht wird. Für eilige Gäste gibt es ein sehr gutes, freundlich kalkuliertes Mittagsmenü.

ÜBERNACHTEN

► Günstig

Au Cygne
39, Rue du Général Mittelhauser
Tel. 03 88 94 80 59
Fax 03 88 94 61 90
lecygne@tiscali.fr
Netter Gasthof mit 18 einfach, aber sympathisch ausgestatteten Zimmern. Eigenes, sehr gutes Restaurant.

(Stephanskirche), ein Neubau von 1964, der den gotischen Chor des Vorgängerbaus einbezieht. Das farbige Fassadenrelief zeigt die Auferstehung Christi.

Lembach

B 9

Région: Alsace (Elsass)
Höhe: 190 m ü. d. M.
Département: Bas-Rhin
Einwohner: 1700

Das reizvolle Städtchen Lembach, im oberen Tal der Sauer gelegen, wird als Sommerurlaubsort und Wanderziel gern besucht.

Ligne Maginot

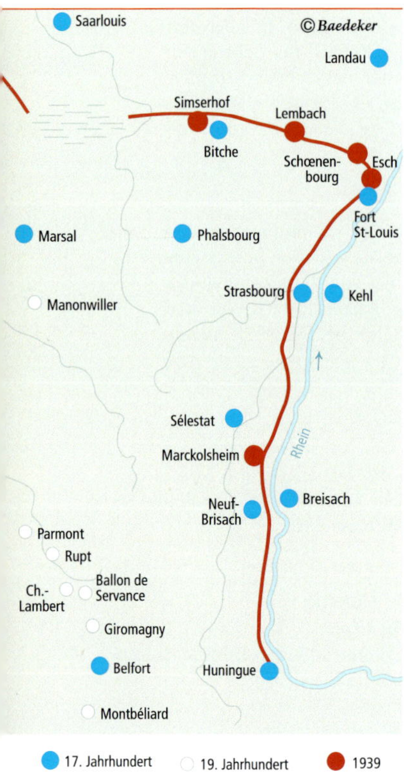

Der Parc Naturel Régional des Vosges du Nord (Regionaler Naturpark Nordvogesen) mit seinen ausgedehnten Mittelgebirgswäldern, aber auch die zahlreichen Burgen in der Region westlich von ►Wissembourg sind beliebte Ausflugsziele.

Sehenswertes in Lembach

Unmittelbar am südlichen Ortsrand zweigt von der nach Wœrth (s. unten) führenden Strecke eine Stichstraße ab, die zur Bunkerfestung **Four à Chaux** (Kalkofen) führt. Dieses Artilleriefort an der Maginot-Linie (►Baedeker Special, S. 319) wurde 1930 bis 1935 angelegt und kann seit 1983 besichtigt werden. Zu sehen sind die Mannschaftsräume, die Munitions- und Verpflegungslager, einige Geschütztürme, eine Funkzentrale sowie eine Kraftwerksanlage (Führungen: Ende März – Apr. und Okt. bis Anf. Nov. 10.00, 14.00 und 15.00 Uhr; Mai – Juni 10.00, 14.00, 15.00 und 16.00; Juli – Sept. 10.00, 11.00, 14.00, 15.00 und 16.00 Uhr). Eine Besonderheit dieses Befestigungswerks ist die Zahnrampe für die Munitionsloren. Beim Eingang zeigt ein Museum Waffen, Ausrüstungsgegenstände und Dokumente, die die Geschichte des Forts illustrieren.

LEMBACH ERLEBEN

AUSKUNFT

23, Route de Bitche
Tel. 03 88 94 43 16
Fax 03 88 94 20 04
www.ot-lembach.com

ESSEN

▶ **Fein & teuer**

Auberge au Cheval Blanc
4, Route de Wissembourg
Tel. 03 88 94 41 86
Feinschmeckerlokal am Ortsrand in einer ehemaligen Poststation. Spezialitäten sind Wildgerichte (je nach Jahreszeit) und Fisch. Der Patron liebt Gewürze, die Gerichte sind meist recht pikant. Hier kann man zudem Kochkurse buchen und sich in die Grande Cuisine einweihen lassen.

▶ **Erschwinglich**

Anthon
40, Rue Principale
Obersteinbach (5 km nordwestlich)
Tel. 03 88 09 55 01
Ruhig und angenehm gelegenes, zu einem Hotel gehörendes elegantes Panoramarestaurant mit Garten und Terrasse. Klassisch-bürgerliche Küche.

▶ **Preiswert**

Auberge Bæchel-Brunn
3, Route de Soultz
Merkwiller-Pechelbronn
(8 km südlich)
Tel. 03 88 80 78 61
Das am östlichen Ortsrand gelegene, relativ kleine Terrassenrestaurant bietet vorzügliche elsässische Spezialitäten und zudem einige einfache Zimmer.

ÜBERNACHTEN

▶ **Komfortabel**

Hotel Au Heimbach
15, Rue de Wissembourg
Tel. 03 88 94 43 46
Fax 03 88 94 20 85
www.hotel-au-heimbach.fr
Schönes Hotel gegenüber der Auberge du Cheval Blanc, Angebote für Schlemmertage im Gourmetrestaurant und Hotel.

▶ **Günstig**

Gimbelhof
Nördlich von Lembach
nahe Burg Fleckenstein
Tel. 03 88 94 43 58
Fax 03 88 94 23 30
www.gimbelhof.com
Mitten im Wald in einer landlichen Idylle liegt dieser nette Gasthof, der bodenständige, elsässische Küche serviert. Dazu gehört ein familiengeführtes Hotel.

Umgebung von Lembach

✶ **Château de Fleckenstein**

Von Lembach folgt man der Straße nach Bitche. Nach 4 km biegt man rechts ab und gelangt nach weiteren 3 km auf der Nebenstraße zum Château de Fleckenstein. Die im 12. Jh. errichtete und 1680 durch französische Truppen geschleifte Burg Fleckenstein (370 m ü. d. M.) ist die eindrucksvollste Ruine in den Nordvogesen. Sie erhebt sich – Nahe der deutsch-französischen Grenze – mitten im Wald auf der Höhe eines Vogesenbergs, der von einem mächtigen

Château de Fleckenstein

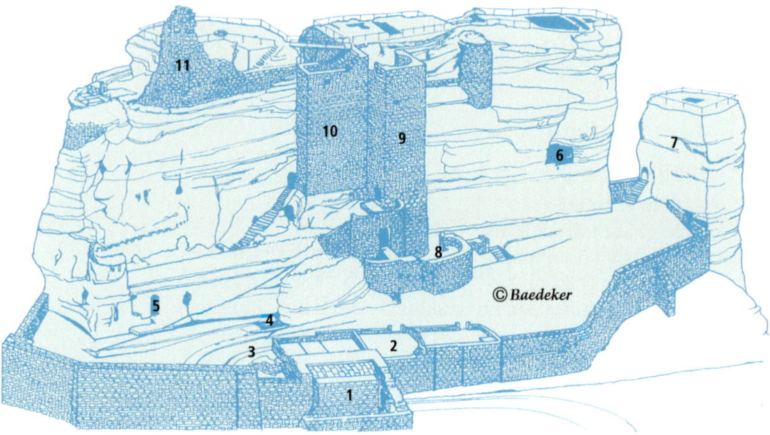

1 Eingang
2 Wachstube
3 Innerer Burghof
4 Pferdetränke
5 Museum
6 Backofen
7 Wachturm
8 Haupteingang mit Zugbrücke
9 Treppenturm
10 Bergfried
11 Palas

Buntsandsteinblock bekrönt ist. Die meisten Wohn- und Verteidigungsräume sowie die Verbindungstreppen sind in den Stein gehauen. Da die Treppen im Lauf der Zeit stark ausgetreten wurden, ist festes Schuhwerk zu empfehlen. Im Innenhof vor dem einstigen Haupttor steht der Nachbau eines Lastenaufzugs mit Tretrad. Rechts davon befindet sich der so genannte Wachtturm, ein isoliert stehender, oben abgeplatteter Sandsteinpfeiler, in dessen Innerem eine Wendeltreppe aufwärts führt. Eine der in den Fels gegrabenen Kavernen enthält eine Sammlung von Keramikfragmenten, Waffen und Geräten sowie Reproduktionen historischer Darstellungen der Burg. Von der Burgkapelle ist nichts mehr erhalten. Die Hauptburg umfasst mehrere Ebenen. Die oberste Plattform, welche die spärlichen Mauerreste der einstigen Wohnräume trägt, bietet einen hervorragenden Rundblick auf die Waldberge der nördlichen Vogesen.

Niedersteinbach, Obersteinbach

Auf der durch das malerische Steinbachtal führenden Straße von Lembach nach Bitche erreicht man weiter westlich die idyllisch gelegenen Orte Nieder- und Obersteinbach. Lohnend sind Wanderungen zu den Burgruinen Schœneck, Wineck und Windstein (das südliche Neuwindstein und Altwindstein) bzw. Wasigenstein, das aus zwei Burgen besteht, die durch einen in den Fels gehauenen Graben getrennt sind, sowie Lutzelhardt nahe der französisch-deutschen Grenze. In Obersteinbach sollte man die **Maison des Châteaux Forts** (Haus der Burgen und festen Schlösser) besuchen, wo anhand von Fotosdokumenten, historischen Funden und Modellen über die Burgen der Nordvogesen informiert wird.

Wœrth

Das Städtchen Wœrth (Wörth an der Sauer, 2000 Einw.), ca. 8 km südwestlich von Lembach, wurde bekannt durch die Schlacht vom 6. August 1870 im Deutsch-Französischen Krieg (1870/1871). Damals siegten die vom preußischen Kronprinzen und späteren deutschen Kaiser Friedrich III. befehligten 80 000 Preußen, Bayern, Hessen, Württemberger und Thüringer über 40 000 Franzosen unter Marschall Mac-Mahon. Bei dem Kampf starben mehr als 10 000 Soldaten und Offiziere.
Das einstige Schlachtfeld liegt westlich des Städtchens, im Bereich der Ortschaften Elsasshausen und Frœschviller, wo sich mehrere französische und deutsche Denkmäler sowie ein deutscher Soldatenfriedhof befinden. Zu den Sehenswürdigkeiten des hübschen Städtchens Wœrth – »Word« bedeutet auf Altdeutsch Insel – zählt das nahe an der Sauer im 16. Jh. errichtete Renaissanceschloss, dessen Turm noch zwei Jahrhunderte älter ist. Im Schlossturm ist das Musée de la Bataille du 6 août 1870 eingerichtet. Besonders sehenswert ist das mit 4000 Zinnsoldaten besetzte Diorama.

Merkwiller-Pechelbronn

Merkwiller-Pechelbronn (830 Einw.), südöstlich von Lembach und ca. 6 km östlich von Wœrth, ist ein im Flachland gelegenes Straßendorf, das dank seiner gegen Rheuma wirksamen Thermalquellen auch als Heilbad eine gewisse Bedeutung hat. Der Namen des Ortsteils Pechelbronn (= »Pechbrunnen«) verweist darauf, dass sich hier Erdöl- und Asphaltlagerstätten befinden. Seit dem 15. Jh. und noch bis ins Jahr 1970 war die Erdölförderung in dieser Region ein erheblicher Wirtschaftsfaktor. 1857 entstand die erste Raffinerie, im Jahr 1936 deckte die hiesige Produktion 17 % des französischen Benzinbedarfs.
Die 65 °C heiße Hélions-Quelle, auf die der Ort besonders stolz ist, wurde übrigens bei der Ölsuche nur zufällig entdeckt. In der Rue de l' École Nr. 4 informiert das **Musée du Petrole** (Erdölmuseum) über die einstige Bedeutung des Erdöls (Öffnungszeiten: Apr. – Okt. nur So. und Fei. 14.30 – 18.00 Uhr).

Kutzenhausen

Nördlich von Merkwiller-Pechelbronn, nur wenige Autominuten entfernt, befindet sich in Kutzenhausen auf der Hauptstraße neben der weißen Kirche die Maison Rurale de l'Outre-Forêt, ein kleines Freilichtmuseum mit einem vollständigen Gutshaus. Dort kann man sich über die bäuerliche Lebensweise und die Veränderungen des ländlichen Lebens im Elsass zwischen 1920 und 1950 informieren.

Surbourg

Etwa 4 km südöstlich von Merkwiller-Pechelbronn liegt das Dorf Surbourg. Hier wurde im 7. Jh., in merowingischer Zeit, ein Benediktinerkloster gegründet. Dessen aus dem 11. Jh. stammende schlichte romanische Kirche St. Arbogast (heute Pfarrkirche) zählt zu den ältesten Gotteshäusern im Elsass. Im Innern befindet sich am östlichen Abschluss des linken Querhauses ein Golgatha-Fresko aus gotischer Zeit.

Luxeuil-les-Bains

westl. K 2

Région: Franche-Comté
Höhe: 306 m ü. d. M.
Département: Haute-Saône
Einwohner: 9000

Der am westlichen Rand der Südvogesen, auf der Höhe von Mulhouse gelegene Thermalkurort Luxeuil-les-Bains geht auf die Römersiedlung Luxovium zurück. In der Nähe dieser Siedlung gründete der iroschottische Missionar Columban d. J. um 590 ein Kloster, dessen Scriptorium als die Wiege abendländischer Buchmalerei gilt. Unter Karl dem Großen wurde die Abtei als Benediktinerkonvent erneuert.

Sehenswertes in Luxeuil-les-Bains

★ **Saint-Pierre**

Der engere Altstadtkern wird von Gebäuden aus Gotik und Renaissance geprägt. Östlich etwas abseits der Durchgangsstraße steht die höchst bemerkenswerte Basilique St-Pierre (13. – 14. Jh.) aus rotem Vogesensandstein, die einstige Klosterkirche des 1792 aufgelösten Be-

Im Elsass häufig zu sehen – das Vélo als Verkehrsmittel.

LUXEUIL-LES-BAINS ERLEBEN

AUSKUNFT

Maison du Cardinal Jouffroy
Tel. 03 84 40 06 41
Fax 03 84 93 74 47
www.luxeuil-les-bains.fr

ESSEN

▸ **Preiswert**

Auberge Alsacienne
1, Rue Victor Genoux
Tel. 03 84 40 03 42
Einfacher Gasthof mit sehr guten elsässischen Spezialitäten.

ÜBERNACHTEN

▸ **Komfortabel**

Beau Site
18, Rue G. Moulimard
Tel. 03 84 40 14 67
Fax 03 84 40 50 25
Das sehr komfortable Hotel mit seinen 33 Zimmern ist in der Nähe des Casinos und der Thermalquellen von Luxeuil-les-Bains gelegen. Neben einem großem Park gehören zum »Beau Site« auch ein Freibad und eine Liegewiese.

▸ **Günstig**

De la Poste
7, Rue Clémenceau
Saint Sauveur
(3 km südlich von Luxeuil)
Tel. 03 84 40 16 02
Nettes Hotel mit 22 Zimmern, freundliches Personal.

nediktinerkonvents. Das dreischiffige Innere wirkt imposant; in der Apsis und dem linken Querhaus befinden sich Glasgemälde, die im 19. Jh. nach spätgotischen Mustern gefertigt wurden. Das geschnitzte Chorgestühl ist ein Werk der Renaissance; der riesige, wuchtige Orgelprospekt entstand im 17. Jahrhundert. An die Kirche schließt sich der frühgotische Kreuzgang an.

Tour des Echevins

Einen Block weiter nördlich erhebt sich an der rechten Straßenseite der ehemalige Schöffentutm (Tour des Echevins, 16. Jh.), der heute ein Museum für Archäologie und Schöne Künste mit gallorömischen Sammlungen sowie Gemälden des 19. und frühen 20. Jh.s (vor allem von dem 1865 in Luxeuil geborenen Maler Jules Adler) beherbergt. Gegenüber steht das **Maison du Cardinal Jouffroy** (Haus des Kardinals Jouffroy, 15. Jh.), wo 1412 der spätere Kardinal und Berater Ludwigs XI. geboren wurde. Der Steinbalkon des Hauses gilt als der älteste noch erhaltene Balkon Frankreichs. Wenige Schritte östlich davon gelangt man zur spätgotischen **Maison du Bailli** (Landvogtshaus) mit der Stadtbibliothek.

Kurgebiet

Nördlich vom Stadtzentrum breitet sich das Kurgebiet aus. Es besteht aus mehreren traditionsreichen Grand Hotels und dem hübschen, nicht sonderlich großen Thermalium (Quellengebäude, 18. Jh.), das an der Stelle der gallo-römischen Bäder errichtet wurde, sowie einem kleinen Kurpark.

Marckolsheim

G/H 8

Région: Alsace (Elsass) **Département:** Bas-Rhin
Höhe: 172 m ü. d. M. **Einwohner:** 3300

Marckolsheim (Markolsheim), südöstlich von ► Sélestat am linken Rheinufer gelegen, war 1940 hart umkämpft und wurde stark beschädigt. Es besitzt daher fast keine historische Bausubstanz mehr.

Sehenswertes in Marckolsheim

Rhein-Staustufe

Auf der Höhe von Marckolsheim befindet sich eine der wichtigsten Staustufen des Rheinseitenkanals (Canal d'Alsace). Sie wurde 1961 fertig gestellt und besitzt eine Doppelschleuse (Abmessungen: 185 m x 23 m bzw. 185 m x 12 m; Hubhöhe 10,80 m bis 13,80 m) sowie ein Niederdruck-Wasserkraftwerk mit einer installierten Turbinenleistung von 155 Megawatt.

► MARCKOLSHEIM

AUSKUNFT

13, Rue du Maréchal Foch
Tel. 03 88 92 56 98
Fax 03 88 92 56 07
www.grandried.free.fr

Rund 1,5 km östlich von Marckolsheim verlief – erreichbar über die D 10 – die Maginot-Linie (► Baedeker Special, S. 319). Bei Kämpfen vom 15. bis 17. Juni 1940 wurde die Kasematte 35 / 3 von nur 30 Mann drei Tage lang verteidigt. Im Festungswerk ist das **Musée Mémorial de la Ligne Maginot du Rhin** (Gedenkstätte und Museum Maginotlinie) eingerichtet (Öffnungszeiten: Mitte Juni – Mitte Sept. tgl. 9.00 – 12.00, 14.00 – 18.00; Mitte März – Mitte Juni, Mitte Sept. – Mitte Nov. nur So. und Fei. 9.00 – 12.00, 14.00 – 18.00 Uhr).

★★ Marmoutier

D 7

Région: Alsace (Elsass) **Département:** Bas-Rhin
Höhe: 230 m ü. d. M. **Einwohner:** 2000

Das südlich von ► Saverne an der N 4 und am Übergang zwischen Oberrheinebene und Vogesen gelegene Städtchen Marmoutier (Maursmünster) – benannt nach St. Maurus, einem Abt des 8. Jh.s – geht auf eine Benediktinerabtei zurück, die sich zu einer der reichsten und mächtigsten im gesamten Elsass entwickelte, bis in den Bauernkriegen ihr Niedergang einsetzte und sie 1792 während der Französischen Revolution aufgelöst wurde.

In der Stadt lebten neun Jahrhunderte lang christliche Handwerker und jüdische Handelsleute friedlich nebeneinander, d. h. die Juden genossen den Schutz der Abtei, den diese sich allerdings teuer bezahlen ließ.

Sehenswertes in Marmoutier

★★ St-Maurus

Die einstige Abtei zählt zu den frühesten religiösen Baudenkmälern des Elsass, und die ehemalige Abteikirche, in der sich drei verschiedene Baustile vereinigen (Romanik, Gotik, Barock), ist eines der schönsten Gotteshäuser am linken Oberrhein. Gegründet wurde der Konvent im Jahr 589 von irischen Mönchen unter Leitung des hl. Leobardus. Die ältesten erhaltenen Gebäudeteile, die erst 1974 freigelegten Reste einer kleinen dreischiffigen Kirche mit Rundapsis aus karolingischer Zeit, bilden heute die Krypta (Zugang im rechten Querhausarm). Die großartige, aus rotbraunem Sandstein errichtete Westfassade mit den drei Türmen, dem dreifachen Rundbogenportal und kargem Figurenschmuck wurde um 1150 bis 1160 erbaut. Das Quer- und Hauptschiff folgten im 13. Jh. und zeigen bereits gotische

MARMOUTIER

AUSKUNFT

1, Rue du Général Leclerc
Tel. 03 88 71 46 84
Fax 03 88 71 44 07
www.marmoutier.net

Eines der frühesten religiösen Baudenkmäler des Elsass: die Abteikirche von Marmoutier mit ihrer wehrhaften Westfassade

Der älteste jüdische Friedhof des Elsass bei Ettendorf südwestlich von Pfaffenhofen

JUDENTUM IM ELSASS

Wie in fast ganz Europa waren auch die Elsässer Juden im Mittelalter Pogromen ausgesetzt. Doch in der frühen Neuzeit genossen sie Rechte, die ihnen woanders noch verwehrt waren.

»Wir sind im Elsass sehr stolz auf ›unsere Juden‹, sie sind Teil unserer Literatur, unserer Identität, sogar unserer Gastronomie. Wir haben in Harmonie gelebt mit unseren Juden«, so der elsässische Künstler Tomi Ungerer in einem Interview. Im Jahr 2000 gründete er gemeinsam mit dem Strasbourger Bürgermeister das »Centre Européen de la Culture Yiddish« (CECY), in dem Bücher und Dokumente aus der ganzen Welt zusammengetragen werden. Es finden außerdem Kongresse statt und auch die jiddische Sprache wird unterrichtet.

Wie in fast ganz Europa

Eine jüdische Gemeinde gibt es im Elsass schon seit zwei Jahrtausenden, doch haben die christlichen Elsässer mit ihr nicht immer »in Harmonie gelebt«, wie Tomi Ungerer behauptete. Die ersten Juden kamen vermutlich mit den Römern ins Elsass. Im 12. Jh. beschrieb der spanische Jude Benjamín de Tudela die jüdische Gemeinde von Strasbourg: Ein blühendes Gemeindeleben konnten die Elsässer Juden dann führen, wenn sie den – nicht kostenlosen – Schutz des Kaisers oder eines Feudalherren genossen. Doch zwischenzeitlich schlug den Juden im Elsass wie in anderen Teilen Europas immer wieder Hass entgegen, wurden sie etliche Male **Opfer grausamer Pogrome**, so während des ersten Kreuzzuges 1096 oder mit dem Aufkommen der Pest in Europa ab 1348. Juden durften keine Grundstücke besitzen und sich Handwerkszünften nicht anschließen; zum Lebensunterhalt blieb ihnen nur das den Christen verbotene Geld- und Zinsgeschäft, was die Feindseligkeit der Schuldner gegenüber den als Wucherern verschrieenen Geldgebern schürte. Der von den Kreuzfahrern gepredigte Glaubensfanatismus, der Vorwurf des Christusmordes und ein allgemeiner Fremdenhass taten ein Übriges. Im Jahr 1362, während der Pestepidemie, wurden in Strasbourg 2000 Juden verbrannt, die man bezichtigt hatte, durch Brunnenvergiftung den Schwarzen Tod über Europa gebracht zu haben. Darüber hinaus wurden die Juden in ihrem Alltagsleben eingeschränkt: Seit dem 4. Laterankonzil von 1215 mussten sie als Angehörige ihrer Religion einen

gelben Fleck auf der Brust tragen und durften nicht mehr in den Städten wohnen, sondern sich nur tagsüber dort aufhalten. Spätestens wenn vom Straßburger Münster das »Gruselhorn« geblasen wurde, mussten die Juden die Stadt verlassen.

Elsässische Besonderheiten

Das nun entstehende **Dorfjudentum** mit seinen den ärmeren Schichten oder dem Kleinbürgertum angehörenden Vieh- und Getreidehändlern sowie Hausierern war aber nicht wie in Osteuropa gettoisiert, teilweise lebten die »Dorfjedden« sogar in gutem Einklang mit den christlichen Nachbarn. Als König Ludwig XIV. die Juden unter seinen Schutz stellte, wuchs die Zahl der jüdischen Gemeinden durch den Zustrom deutscher Juden enorm. Bei Ausbruch der Französischen Revolution lebten im Elsass 20 000 Personen jüdischer Herkunft, in ganz Frankreich damals etwa 40 000. Die Französische Revolution gab den Juden die **volle bürgerliche Gleichberechtigung** (1791), womit Frankreich das erste Land in Europa war, das einen solchen Beschluss fasste. Auch wurde den jüdischen Bürgern erlaubt, wieder in die Städte zu ziehen und ihnen bisher verwehrte Berufe zu ergreifen. Die Gleichheit vor dem Gesetz veranlasste viele deutsche Juden, sich im Elsass niederzulassen. Auch wenn den Juden alle bürgerlichen Rechte zugestanden wurden, dauerte es noch lange, bis ihnen der Aufstieg ins Bürgertum gelang, doch dann begann für das elsässische Judentum eine Blütezeit. Bis 1914 entstanden im Elsass 176 Synagogen, im übrigen Frankreich gab es davon nur 80. Die Annexion von Elsass-Lothringen durch das Deutsche Reich 1871 trieb allerdings viele Juden in die Emigration nach Frankreich, weil sie nur hier volle Bürgerrechte gewährleistet sahen. Mit dem Nachrücken deutscher Juden wurde der Exodus jedoch wieder ausgeglichen.

Hilfe durch Sephardim

Während der deutschen Besatzungszeit ab 1940 waren auch die elsässischen Juden Verfolgungen ausgesetzt. 5000 von ihnen, d. h. ein Zehntel der Elsässer Juden, fielen dem **Holocaust** zum Opfer; alle Synagogen wurden zerstört. Nach dem Krieg wuchs die jüdische Gemeinde im Elsass wieder an, u. a. durch 4000 Sephardim, die in den 1960er- und 1970er-Jahren aus Nordafrika kamen. Das einst für das Elsass typische Dorfjudentum aber ist so gut wie verschwunden. Heute leben die rund 15 000 elsässischen Juden in den Städten, v. a. in Strasbourg, und gehören den wichtigsten jüdischen Gemeinden in Frankreich an.

Stilelemente. Die Seitenschiffe entstanden ab 1519, wogegen der weite Chor mit seinem prächtigen geschnitzten Chorgestühl aus dem 18. Jh. stammt. Auf der **Silbermann-Orgel** von 1709 werden gelegentlich Konzerte gegeben.

Centre européen de l'orgue-flûtes au monde

Anknüpfend an die **Tradition des Orgelspiels** im Elsass ist in der Rue du Couvent seit 2002 das europäische Orgelzentrum eingerichtet worden, das sich nicht nur als Museum für Orgeln, sondern auch als Forschungs- und Dokumentationszentrum versteht. Die Sammlung von **Flöten aus aller Welt** ist beeindruckend (Öffnungszeiten: tgl. 10.00 – 18.00 Uhr).

Musée d'Arts et Traditions Populaires

Wenige Schritte von der Kirche entfernt steht an der Rue du Général Leclerc ein schönes Renaissancefachwerkhaus (1590), das lange von Juden bewohnt war. Im Hinterhaus existiert noch eine Mikwe, ein Bad für rituelle Waschungen. Das Gebäude beherbergt das Musée d'Arts et Traditions Populaires mit Stücken zu volkstümlicher Kunst und Traditionen sowie jüdischen Kult- und Gebrauchsgegenständen (Öffnungszeiten: Mai – Oktober So. und Fei. 10.00 – 12.00, 14.00 bis 18.00 Uhr).

Einen schönen Blick auf Marmoutier hat man vom 300 m hohen, nordwestlich von Marmoutier gelegenen **Sindelberg**, wo sich Reste eines Benediktinerklosters und die Chapelle St. Blaise mit Wandmalereien des 16. Jh.s erhalten haben.

! *Baedeker* TIPP

Judentum entdecken

In den elsässischen Fremdenverkehrsämtern ist eine Informationsbroschüre über jüdische Kulturstätten erhältlich, in der mehr als 200 Synagogen, Friedhöfe oder kunsthistorische Zeugnisse zwischen Wissembourg und Mulhouse beschrieben sind (www.sdv.fr/judaisme).

Jüdischer Friedhof

Den Schlüssel für den über die Rue Neuve erreichbaren jüdischen Friedhof kann man im Verkehrsamt abholen.

Umgebung von Marmoutier

Wasselonne

Das an der N 4 südöstlich von Marmoutier am Fuß der Vogesen gelegene Wasselonne (Wasselnheim, 5000 Einw.) geht auf eine Burg aus dem 14. Jh. zurück, die 1674 zerstört wurde. Einziger Rest der Burg, die eine der mächtigsten Festungsanlagen des Unterelsass war, ist der Uhrturm (Tour de l'Horloge) an der Place du Général Leclerc. Hier befindet sich auch die 1755 – 1777 entstandene protestantische Kirche mit einer **Silbermann-Orgel** von 1754.

Elsässische Schweiz, Wangenbourg

Wangenbourg (Wangenburg, 1200 Einw.), ein beliebter ruhiger Urlaubs- und Luftkurort, liegt verstreut in einem weiten Vogesenhochtal ca. 10 km südwestlich von Marmoutier und gehört mit dem lothringischen Ort Dabo (s. unten) zu den Petites Vosges (Kleine Vogesen), dem malerischen Bergland zwischen Lothringen und dem Elsass südlich der Zaberner Steige. Größte Sehenswürdigkeit ist die originalgetreue Rekonstruktion der 1220 erbauten, einst zur Abtei Andlau gehörenden Wangenburg, die sich südöstlich im Wald erhebt.

Dabo (Dagsburg, 3000 Einw.), nordwestlich von Wangenbourg bzw. südwestlich von Marmoutier, ist als Ausflugs-, Wander- und Langlaufzentrum ein gern besuchter Ort, in dessen Umland es etliche Kristallglasschleifereien mit Verkaufsausstellung und Atelierbesichtigung gibt. Er nimmt für sich in Anspruch, Geburtsstätte von Bruno Graf von Egisheim und Dagsburg zu sein, dem späteren **Papst Leo IX.**, zu sein (►Eguisheim). Südöstlich über dem Ort erhebt sich weithin sichtbar der 664 m hohe Fels Rocher de Dabo (Rocher St-Léon), auf dem bis 1679 die von den Franzosen zerstörte Dagsburg stand. An ihrer Stelle wurde im Jahr 1890 zu Ehren von Papst Leo IX. (1049 – 1054) die Chapelle Saint-Léon (Sankt-Leo-Kapelle) erbaut. Vom Turm der neuromanischen Gedenkkapelle genießt man einen bezaubernden Rundblick. Auf dem Rocher de Dabo befindet sich auch ein Aussichtsrestaurant. **Dabo**

Masevaux

K 4

Région: Alsace (Elsass)
Département: Haut-Rhin
Höhe: 405 m ü. d. M.
Einwohner: 3200

Die gewerbereiche Vogesenstadt Masevaux (Masmünster), südwestlich von ►Thann, ist vor allem wegen ihrer auf Deutsch aufgeführten Passionsspiele während der Fastenzeit bekannt.

Der Ort entstand im 8. Jh. um eine Benediktinerabtei, die ihren Namen »Masonis Monasterium« ihrem Gründer verdankt, Fürst Maso aus dem Geschlecht der Etichonen. Im 18. Jh. entwickelte sie sich zu einer angesehenen Bildungsanstalt für junge Damen aus dem Hochadel, darunter die spätere Zarin Katharina II. Während der Französischen Revolution wurde die Abtei schließlich aufgelöst.

Sehenswertes in Masevaux

Typisch für das Erscheinungsbild der Innenstadt von Masevaux sind die vielen hübschen, blumengeschmückten Brunnen und die aus dem 16. und 17. Jh. stammenden, von Wohlstand zeugenden Bürgerhäuser.

MASEVAUX

AUSKUNFT

1, Place Gayardon
Tel. 03 89 82 41 99
Fax 03 89 82 49 44
www.ot-masevaux-doller.fr

Am westlichen Ende der Rue Foch, einer Fußgängerzone, steht die klassizistische Kirche **St-Martin** (1787), die nach dem Brand von 1966 originalgetreu wieder aufgebaut wurde. Die Orgel stammt aus der Werkstatt Kern in Strasbourg (1976), deren Klang man in Konzerten sonntagnachmittags von Juli bis September genießen kann.

Umgebung von Masevaux

Route Joffre

Die Route Joffre, eine schöne, aber enge und kurvige 15 km lange Bergstraße mit herrlicher Aussicht, führt von Masevaux nordwärts über den Col du Hundsrück nach Bitschwiller nördlich von ►Thann. Angelegt wurde die Straße im Ersten Weltkrieg von Marschall Joffre.

Im Sommer wie im Winter ist der 1274 m hohe **Ballon d'Alsace** (Elsässer Belchen) ungefähr 20 km nordwestlich von Masevaux am südwestlichen Ende der Vogesen gern besucht. Von 1871 bis 1919 verlief hier die französisch-deutsche Grenze. Von der mattenbedeckten, plateauartigen Höhe bietet sich bei guter Sicht ein grandioser Panoramablick über die Oberrheinebene und vom Schwarzwald bis zu den Alpen. Ein Bauerngasthof und ein Hotel bieten Rastmöglichkeiten.

! *Baedeker* TIPP

Pause zwischendurch

Der Ballon d'Alsace zieht viele Mountainbiker an. Eine herrliche Strecke bietet die D 466 ab Masevaux, die nicht allzu sehr befahren ist. Und wer mal pausieren möchte (die Hartgesottenen mögen den Tipp nachsehen!), kann in einem schönen Berggasthof am idyllischen Lac d'Alfeld gemütlich einkehren.

★ Molsheim

E 7

Région: Alsace (Elsass)
Höhe: 200 m ü. d. M.
Département: Bas-Rhin
Einwohner: 8000

Autoliebhabern schlägt das Herz höher, wenn sie den Namen »Molsheim« hören, denn hier baute Ettore Bugatti (► Baedeker Special, S. 214) seine legendären Fahrzeuge.

Die teilweise noch mauerumgürtete, altertümliche und sehr malerische Kleinstadt Molsheim südwestlich von ►Strasbourg, am Ausgang des Tals der Bruche (Breusch), entwickelte sich zu einem Zentrum der Gegenreformation von überregionalem Ruf.

Sehenswertes in Molsheim

Place de l'Hôtel de Ville

Den Mittelpunkt der Altstadt bildet die mit einem Löwenbrunnen geschmückte dreieckige Place de l'Hôtel de Ville (Rathausplatz). An ihrer Ostseite steht beherrschend der stattliche Renaissancebau **La Metzig** (16. Jh.). Das einstige Haus der Fleischerzunft ist mit seinen geschweiften Giebeln, den Balkonen an den Giebelseiten, der doppelläufigen Freitreppe und dem Erkertürmchen ein Paradebeispiel der elsässischen Renaissance. An der astronomischen Uhr über der Freitreppe schlagen zwei Engel die Stunden. Heute beherbergt die Metzig ein beliebtes Restaurant.

Elsässische Renaissance par exellence: das ehemalige Fleischerzunfthaus Metzig in Molsheim

Vom Rathausplatz führt die Rue Jenner westlich – vorbei an der Maison des Chanoines (Kanonikerhaus, 1828) – zum ehemaligen **Kartäuserkloster** (1598 – 1792), wo man rekonstruierte Mönchszellen, Reste des Kreuzgangs und einen hübschen Kräutergarten besuchen kann. Von der Cour des Chartreux (Hof der Kartäuser) hat man Zugang zu zwei Museen, die in verschiedenen Gebäuden untergebracht sind. Das Musée de la Chartreuse zeigt in schönen Rokoko-Räumen mit Rocaille-Stuckaturen altes Mobiliar, Werkzeug und bäuerliches Gerät, römische Kleinkeramik, stein- und bronzezeitliche Funde sowie mehrere Stadtmodelle. Die **Bugatti-Stiftung** umfasst Dokumente, Abbildungen fast aller Bugatti-Automodelle und einen Achtzylinder-Automotor von 1930. Im unteren Geschoss können originale Bugatti-Autos bewundert werden (Öffnungszeiten: Mitte Juni bis Mitte Sept. Mo./Mi./Do./Fr. 10.00 – 12.00, 14.00 – 18.00, Sa./So. 14.00 – 17.00; Mai bis Mitte Juni und Mitte Sept. bis Mitte Okt. tgl. außer Di.14.00 – 17.00 Uhr).

Église des Jesuites

Am südöstlichen Rand der Altstadt erhebt sich die Église des Jesuites (1614 – 1619), ein bedeutendes Beispiel der sog. Jesuitengotik. Das Gotteshaus war Teil der Molsheimer Jesuitenuniversität, die 1617 als Gegengewicht zur protestantischen Straßburger Universität gegründet worden war. Nach dem Anschluss von Strasbourg an Frankreich wurden beide Hochschulen 1702 zusammengelegt. Der Rückgriff der Molsheimer Jesuiten auf die altbewährten Bauformen der Gotik ist sichtbarer Ausdruck ihres Widerstands gegen jegliche Neuerungen und reformatorischen Strömungen. Baumeister war der aus Unterfranken stammende Christoph Wamser, der auch die Kölner Jesuitenkirche baute. Im Innern sind eine **Silbermann-Orgel** von 1781 und ein steinernes Kruzifix sehenswert.

Ein Prunkstück von Ettore Bugatti – der Bugatti »Esders« im Automobilmuseum in Mulhouse

NICHTS IST ZU SCHÖN, NICHTS IST ZU TEUER

Bugatti ist ein Mythos. Der geniale Autobauer aus Mailand baute vor dem Zweiten Weltkrieg im elsässischen Molsheim Luxuslimousinen und Rennsportwagen, die ihrer Epoche technisch und stilistisch weit voraus waren, sich zu Legenden entwickelten und noch heute zu den kostbarsten Automobilen aller Zeiten gehören. Nachdem seit nahezu einem halben Jahrhundert kein Bugatti mehr produziert worden ist, versucht nun die Volkswagen AG eine neue Bugatti-Epoche einzuleiten – mit einem wahren »Geschoss«.

Seine Meisterwerke wollte Ettore Bugatti nur in würdigen Händen wissen. Nicht einmal jeder Monarch schien ihm hierfür geeignet. König Zogu von Albanien z. B., dessen Tischmanieren dem genialen Autobauer während eines Verkaufsgesprächs beim Essen missfallen hatten, wurde kurzerhand von der Liste gestrichen.

Mythos »Bugatti«

Bereits mit 17 Jahren rüstete der 1881 in Mailand geborene Ettore Bugatti ein Dreirad mit zwei Motoren aus und nahm an einigen Rennen teil. 1902 wurde der erst 20-jährige Spross einer Künstlerfamilie von der elsässischen Industriellen-Dynastie De Dietrich als Fahrzeugingenieur in Niederbronn unter Vertrag genommen, wo in den folgenden zwei Jahren rund 100 Automobile unter dem Namen Dietrich-Bugatti entstanden. 1907 zog Bugatti nach Köln und produzierte für die Gasmotoren-Fabrik Deutz großhubige Vierzylinder-Motoren. Parallel begann er im Keller seiner Villa in Köln-Mülheim auf eigene Rechnung ein kleines Chassis mit Vier-Zylinder-Motor und Kardanwellenantrieb zu konstruieren. 1909 schließlich machte der Wahl-Elsässer in Molsheim seine eigene Firma auf. Hier baute er bis 1939 mit seinen Mitarbeitern vor allem Renn- und Sportwagen, die sich nach Ettore

Bugattis Motto »Nichts ist zu schön, nichts ist zu teuer« durch fortschrittliche Technik, hohe Verarbeitungsqualität und ästhetisches Design auszeichneten und die, darunter der legendäre 8-Zylinder-Bugatti 35, zahlreiche Siege einfuhren. Allein im Jahr 1927 heimsten Bugatti-Fahrer 806 Trophäen ein. 1926 rollte auch ein Luxusauto vom Band, das es mit Ikonen der Zeit wie Rolls-Royce aufnehmen sollte: der nicht von Ettore Bugatti selbst, sondern von seinem Sohn Jean konstruierte **»Royale«**. Das Luxusgefährt mit der 12,7-Liter-Maschine hatte zwischen 250 und 300 PS, erreichte eine Höchstgeschwindigkeit von 200 km/h, benötigte aber zum Betrieb 23 Liter Motoröl und 48 Liter Kühlwasser – der Tank fasste 170 Liter Kraftstoff. Billig war der Benzinschlucker mit dem für Bugatti typischen Kühler in Hufeisenform in der Anschaffung nicht, allein das Fahrgestell dieser Limousine kostete das Dreifache des damals teuersten Rolls-Royce. Es dauerte dann auch lange, bis sich der erste Käufer fand. Zum einen schlitterte die Luxuskarosse direkt in die Weltwirtschaftskrise, zum anderen wollte der eigensinnige Ettore Bugatti den Royale, dessen Wahrzeichen die Kühlerfigur, ein sich aufbäumender Elefant, war, eben nur in ausgesuchte geben, wie etwa Zogu von Albanien schmerzlich erfahren musste. Wer einen Bugatti fuhr, gehörte denn auch zur erlesensten Gesellschaft: Wenn der Firmengründer und -inhaber erlauchte britische Kunden zur Jagd ins Elsass einlud, wurden alle Straßen von der Küstenstadt Calais bis nach Molsheim gesperrt, damit die Gäste die vielen Pferdestärken ihrer schönen Bugatti-Wagen ungehindert bis ans Ziel ausfahren konnten. Von den geplanten 25 Royales wurden schließlich nur sechs Exemplare gebaut, die aber alle noch existieren und in Museen bewundert werden können. Das Automobilmuseum von Mulhouse weist gern darauf hin, mit seinem **»Royale Coupé Napoléon«** den teuersten Wagen der Welt zu besitzen. Die übrigen Royale-Motoren, die für die geplante größere Serie produziert worden waren, machten weniger von sich reden: Sie mussten jahrelang als Antrieb für Schienenbusse herhalten. Der Zweite

Werbeplakat aus dem Jahr 1930

Weltkrieg beendete die Produktion in Molsheim. Nach dem Krieg wurden hier nur noch Wartungsarbeiten durchgeführt, 1963 (also 16 Jahre nach dem Tod von Bugatti) musste die Firma, in der 7950 Bugatti gebaut worden waren, ihre Pforten schließen.

Wiedergeburt eines großen Namens

In der Folgezeit gab es mehrere Versuche, dem alten Namen wieder zu neuem Ruhm zu verhelfen, die jedoch alle misslangen. 1998 erwarb der VW-Konzern die Bugatti-Markenrechte und präsentierte bereits im selben Jahr auf dem Pariser Autosalon den Bugatti EB 118 mit 555 PS. Der neueste Coup: In einem neuen Montagewerk auf dem Gelände der früheren Bugatti-Werke in Molsheim, zu dem auch das mittlerweile von VW renovierte Schloss St-Jean gehört, wird der Supersportwagen **Bugatti EB 16.4 Veyron** gebaut, der schnellste Seriensportwagen der Welt, dessen 16-Zylinder-Direkteinspritzer 1001 PS (736 kW) leistet.

Als Namensgeber für das 4,28 m lange und 1,2 m flache, bullig-aggressive Geschoss, das vor Steuern 1 Million € kostet, fungiert der legendäre Rennfahrer Pierre Veyron Pate, der mit Bugatti in den 1930er-Jahren zahlreiche Grand-Prix-Rennen gewann, darunter das 24-Stunden-Rennen von Le Mans 1939, und das Modell 51 A zum erfolgreichsten Motorsport-Bugatti machte. Mit diesem 140 PS starken Sportwagen, der für damalige Verhältnisse sensationelle 210 km/h leistete, stellte Veyron mehrere internationale Geschwindigkeitsrekorde auf.

Mit Bugatti nach Dubai

Die Höchstgeschwindigkeit des neuen Bugatti 16.4 Veyron wird mit 406 Stundenkilometer angegeben. Wo man eine so hohe Geschwindigkeit ausfahren kann? Die Zeitschrift »Auto-Bild« weiß die Antwort: In US-amerikanischen Salzwüsten oder im Wüstenstaat Dubai! In diesem Land der Vereinigten Arabischen Emirate haben die Ölscheichs eine 180 km lange, schnurgerade Autobahn erbaut, damit sich die Prinzen in ihren superschnellen Flitzern einmal richtig austoben können.

Den südlichen Abschluss der Altstadt bildet die Porte des Forgerons (Schmiedtor, 1412) in der Rue de Strasbourg. Im Torturm der Stadtmauer hängt eine Glocke von 1412, eine der ältesten des Elsass.

Porte des Forgerons

Folgt man der Ausfallstraße in Richtung Sélestat, kommt man an den Bugatti-Werken vorbei.

Bugatti-Werke

Umgebung von Molsheim

Von Molsheim lohnt ein Ausflug zu dem 3 km nördlich gelegenen Avolsheim, das zwei bedeutende Sakralbauten besitzt. Abseits der Durchgangsstraße steht die um das Jahr 1000 gebaute Chapelle St-Ulrich. Der Turm datiert von 1160, die Taufkapelle auf dem Grundriss eines vierblättrigen Kleeblatts mit herrlichen romanischen Freskenresten. in der Hauptkuppel ebenfalls aus dem 12. Jahrhundert. Die in einem ummauerten Friedhof neben einer angeblich tausendjährigen Linde stehende romanische Kirche Dompeter (»Domus Petri«, 9./10. Jh. mit Überresten aus dem 6. Jh.), gilt – trotz einiger Erneuerungen im 18. und 19. Jh. – als das älteste Gotteshaus im Elsass.

Avolsheim

Nordwestlich von Molsheim liegt in einer fruchtbaren, sanft hügeligen Landschaft am östlichen Fuß der Vogesen der altertümliche Ort Westhoffen (Westhofen, 1500 Einw.). Das Städtchen lebt vom Weinbau und vom Kirschenanbau – nicht umsonst bezeichnet sich der Ort selbst als »**Kirschenhauptstadt des Elsass**«. Im Altstadtkern sind schöne Stein- und Fachwerkhäuser aus dem 16. / 17. Jh., weite Teile der Stadtmauer und vier Türme erhalten. Die protestantische Kirche St-Martin, im späten 19. Jh. größtenteils erneuert, besitzt einen Chor aus dem 14. Jh. und Chorfenster aus dem 15. Jahrhundert.

Westhoffen

Südöstlich von Molsheim und nördlich der A 352 steht in dem Ort Altorf **eines der schönsten Beispiele barockisierter romanischer Kirchen**. Während das Langhaus romanischen Ursprungs ist, wurden Querschiff und Chor vom Vorarlberger Peter Thumb im Stil des süddeutschen Barock erbaut.

Altorf

★ Montbéliard

L 3

Région: Franche-Comté
Höhe: 318 m ü. d. M.
Département: Doubs
Einwohner: 29 000

Die Industriestadt Montbéliard, in der Senke der Burgundischen Pforte am Rhein-Rhône-Kanal südlich von ▶ Belfort gelegen, war unter dem Namen Mömpelgard seit dem 10. Jh. Hauptort der gleichnamigen burgundischen Grafschaft.

MONTBÉLIARD ERLEBEN

AUSKUNFT

1, Rue Henri-Mouhot
Tel. 03 81 94 45 60
Fax 03 81 94 14 04
www.ot-pays-de-montbeliard.fr

EINKAUFEN

Le Divin
Die Épicerie Fine (Feinkostladen) bietet eine ausgezeichnete Auswahl an Weinen und kulinarischen Besonderheiten. Ideal für einen kleinen Imbiss ist die zugehörige Tapasbar.

ESSEN

▸ Fein & teuer

Le Saint-Martin
1, Rue du Général Leclerc
Tel. 03 81 91 18 37
Ausgezeichnetes Gourmetrestaurant. Empfehlenswert: Meeresfrüchteplatte.

▸ Erschwinglich

Chez Joseph
17, Rue de Belfort
Tel. 03 81 91 20 02
Fischspezialitäten.

▸ Preiswert

Le Jardin d'Epicures
Parc du Près la Rose
Tel. 03 81 91 49 46
Sehr schöne Lage im Park, regionale Küche der Comté.

Chez Cass'Graine
4, Rue de Général Leclerc
Tel. 03 81 91 09 97
Kleines sympathisches Restaurant, das frische Marktküche anbietet.

Au Fil des Saisons
Tel. 03 81 94 17 12
Etupes (3 km nordwestlich)
Schnörkelloses, sehr erfreuliches Restaurant. Wurde vom Michelin für ein optimales Preis-Leistungs-Verhältnis ausgezeichnet.

ÜBERNACHTEN

▸ Komfortabel

Balance
40, Rue Belfort
Tel. 03 81 96 77 41, Fax 03 81 91 47 16
hotelbalance@wanadoo.fr
Im Herzen der Altstadt gelegenes Gebäude aus dem 16. Jh. mit renovierten Zimmern und gepflegtem Restaurant mit traditioneller Küche.

▸ Günstig

Le Vieille Ferme
33, Av. du Général de Gaulle
Etupes (3 km nordwestlich)
Tel. 03 81 32 21 75, Fax 03 81 32 25 39
www.la-vieille-ferme.fr
Ländlich charmanter Gasthof mit schönem Restaurant und schattiger Terrasse.

Diese fiel 1397 durch Heirat an das Haus Württemberg, dem sie fast 400 Jahre angehörte. Bis zum Anschluss an Frankreich 1793 bildete das Gebiet eine Enklave innerhalb Frankreichs. Schon früh breiteten sich hier die Ideen der Reformation aus, und Ende des 16. Jh.s flüchteten viele Hugenotten hierher. So ist es kein Zufall, dass Montbéliard und Ludwigsburg 1950 die **erste Städtepartnerschaft zwischen Frankreich und Deutschland** gründeten. Entscheidend geprägt wurde die Stadtarchitektur von Mömpelgard vom berühmten württembergischen Architekten Heinrich Schickhardt (1558 – 1634). Heute bildet Montbéliard mit Sochaux eine Industriezone, in der die Herstellung von Kraftfahrzeugen (Peugeot) die größte Rolle spielt.

Sehenswertes in Montbéliard

Château

Den Kern der Altstadt bildet das hoch gelegene Château aus dem 15. Jahrhundert. In den beiden Türmen und im Wohngebäude, das 1750 erbaut wurde, ist ein naturgeschichtliches und archäologisches Museum untergebracht.

Place St-Martin

An der Place St-Martin stehen das Rathaus von 1776, das Hôtel Beumier-Rossel (1774) mit dem Musée Historique (Historisches Museum), das u. a. Exponate zur Wohnkultur zeigt, sowie die Maison des Princes und der Temple St-Martin, die **erste protestantische Kirche Frankreichs**, die 1601 – 1604 nach Plänen des Württembergers Heinrich Schickhardt erbaut wurde und bis ins 19. Jh. hinein für zahlreiche Sakralbauten in Deutschland und Frankreich als Vorbild diente.

✶ Musée Peugeot

Öffnungszeiten:
tgl. 10.00 – 18.00

In der östlich gelegenen Industrievorstadt Sochaux hat das Musée Peugeot, das Werksmuseum der bekannten französischen Automobilfabrik, in einer ehemaligen Brauerei (Carrefour de l'Europe) seinen Sitz. Es präsentiert einen geschlossenen Überblick über die Peugeot-Modellreihen mit dem Löwen auf der Kühlerhaube. Das Museum verfügt auch über eine historische Werkstatt aus den 50er-Jahren des 20. Jh.s mit einer authentischen Geräuschkulisse, eine 28-m-Leinwand, auf der Filme von Autorennen zu sehen sind, sowie Fahrsimulatoren und 3 D-Animationen.

Umgebung von Montbéliard

Audincourt

In der östlich von Montbéliard am Doubs gelegenen Stadt Audincourt lohnt die Église Sacré-Cœur einen Besuch. Die 1949 – 1951 nach Plänen des Architekten Novarina erbaute Kirche birgt Glasgemälde von Fernand Léger und Jean Baraine.

✶✶ Mont Sainte-Odile

F 7

Région: Alsace (Elsass) **Département:** Bas-Rhin
Höhe: 764 m ü. d. M.

Der sich westlich von ▶Barr erhebende Mont Sainte-Odile (Odilienberg), der »heilige Berg des Elsass«, ist die bedeutendste Wallfahrtsstätte der Region.

Hier wird die Patronin der Gegend, die am 13. Dezember ihren Namenstag hat, verehrt. Auf dem bewaldeten Bergrücken von etwa 10 km Länge steht das weithin sichtbare Kloster. Von hier oben genießt man eine prächtige Aussicht, die schon Ludwig Uhland in einem Gedicht lobte.

Sehenswertes auf dem Mont Sainte-Odile

★★ Kloster Das Kloster Sainte-Odile hieß ursprünglich Hohenburg und dürfte gegen Ende des 7. Jh.s an der Stelle der gleichnamigen Burg des elsässischen Herzogs Attich gegründet worden sein. Erste Äbtissin war die hl. Odilie, die blind geborene Tochter des Herzogs, die durch die

MONT SAINTE-ODILE ERLEBEN

ESSEN

► Erschwinglich

L' Ami Fritz
8, Rue des Châteaux
Ottrott (4 km nordöstlich)
Tel. 03 88 95 80 81
Traditionelle Winstub mit hübscher Terrasse unter einer alten Platane vor dem Eingang. Innovative Küche regionaler Prägung und eigener Wein.

► Preiswert

Winstub le Rouge d'Ottrott
2, Route de Barr
Ottrott (4 km nordöstlich)
Tel. 03 88 95 91 77
Gute Gelegenheit, den Rouge d'Ottrott zu probieren.

ÜBERNACHTEN

► Komfortabel

Le Clos des Délices
17, Rue de Klingenthal
Ottrott (4 km nordöstlich)
Tel. 03 88 95 81 00, Fax 03 88 95 97 71
www.leclosdesdelices.com
Das in einem schönen Park gelegene moderne Ferienhotel (23 Z.) ist auf Urlaub und Erholung eingestellt. Hallenbad, Sauna, Solarium – und im neu erbauten Teil der Anlage gibt es auch ein Restaurant. Vor allem Naturliebhaber und Gourmets kommen hier auf ihre Kosten.

Romantik-Hotel-Restaurant L'Ami Fritz
8, Rue des Châteaux
Ottrott (4 km nordöstlich)
Tel. 03 88 95 80 81
Fax 03 88 95 84 85
www.amifritz.com
Romantikhotel (22 Z.) am Fuße des Odilienberges in altem Natursteinhaus mit elsässischen Spezialitäten in Winstub und Kamistub (s.v.).

► Günstig

Relais du Klevener
51, Rue Principale
Heiligenstein
(6 km südlich von Ottrott)
Tel. 03 88 08 40 83, Fax 03 88 08 40 83
relaisduklevener@wanadoo.fr
Malerisch gelegenes Hotel in den Weinbergen. Sommerangebot des angeschlossenen Restaurants ist »brochet de sanglier« (Wildschweinspieß).

Le Relais de la Schliff
Route du Mont Sainte-Odile
Tel. 03 88 48 13 13, Fax 03 88 48 13 14
www.relais-schliff.com
Elsässisches Spezialitätenrestaurant.

Die bedeutendste Wallfahrtstätte des Elsass – der Mont Sainte-Odile

Taufe sehend geworden war. In der Stauferzeit war der Odilienberg ein Hort kirchlicher Kultur. Die gebildete Äbtissin Herrad von Landsberg (► Berühmte Persönlichkeiten) verfasste hier den »**Hortus Deliciarum**« (Garten der Köstlichkeiten), ein reich illustriertes Kompendium zeitgenössischer Bildung, dessen Original während der Belagerung von Strasbourg im Jahr 1870 dem Feuer zum Opfer fiel.

Besichtigung

Von den großen Parkplätzen aus betritt man den allseits geschlossenen Klosterkomplex durch ein stattliches Torgebäude. Im Innenhof steht ein Stein zum Gedenken an den Besuch Papst Johannes Pauls II. am 11. Oktober 1988, links gelangt man zur Hostellerie. Rechts kommt man zum Weg, der zur Ost- und Nordseite des Gipfelplateaus führt und herrliche Ausblicke in die Oberrheinebene öffnet. Am äußersten Punkt stehen die Chapelle des Larmes (Tränenkapelle), wo Odilie für ihren Vater gebetet und Tränen vergossen haben soll, und die Chapelle des Anges (Engelskapelle), deren Ursprünge im 12. Jh. liegen. Die goldgrundigen Mosaiken in der Engelskapelle – teilweise mit Motiven aus dem »Hortus Deliciarum« – stammen aus dem 19. Jahrhundert. Durch die 1687 nach einem Brand erneuerte Klosterkirche gelangt man in die Chapelle Sainte-Odile (Odilienkapelle) mit romanischem Langhaus und gotischem Chor, wo die sterblichen Überreste der Heiligen ruhen. Mit der Klosterkirche gleichfalls verbunden ist die Chapelle de la Croix – Kreuzkapelle (11. Jh.) –, der bedeutendste Rest des romanischen Baukomplexes.

Fontaine de Sainte-Odile Etwas unterhalb des Konvents liegt an der ziemlich steil nach Saint-Nabor hinabführenden Straße (D 33) die Fontaine de Sainte-Odile (Odilienquelle), deren Wasser in der Lage sein soll, Augenleiden zu heilen. Die hl. Odilie schlug hier, der Sage nach, an den Felsen, worauf die Quelle hervorbrach, und gab einem alten Mann von dem Wasser, der um die Heilung seines blinden Kindes gebeten hatte.

Mur Païen (Heidenmauer) Der Gipfel des Odilienbergs wird von der »Mur Païen« (Heidenmauer) umzogen, einem etwa 10 km langen, meist durch schönen Wald führenden Mauerwall. Dieses **bedeutendste vorgeschichtliche Denkmal im Elsass** ist wahrscheinlich ein Ringwall, der in keltischer Zeit eine Fliehburg umgab. Die Heidenmauer – den Begriff prägte der elsässische Papst Leo IX. im 11. Jh. – ist teilweise noch 2 bis 3 m hoch und bis 2 m dick. An den Blöcken sind stellenweise die Löcher für die Eichenholzklammern zu sehen, die die Mauersteine zusammenhielten.

Umgebung von Mont Sainte-Odile

Niedermunster Abseits der D 109, in welche die vom Odilienberg kommende D 33 einmündet, steht etwas oberhalb von St-Nabor die zwischen Bäumen verborgene Ruine der 1180 geweihten Klosterkirche der einstigen, ebenfalls von Odilie gegründeten, aber im Jahr 1540 zerstörten Nonnenabtei Niedermunster. Unweit talabwärts befindet sich die kleine Nikolauskapelle aus dem 12. Jh., die im 19. Jh. größtenteils restauriert wurde.

Ottrott Etwa 2 km nördlich von St-Nabor liegt an der Route du Vin zwischen Weinbergen und naturbelassenen Wiesen der Winzerort Ottrott, wo einer der wenigen elsässischen Rotweine, »**Le Rouge D'Ottrott**«, gekeltert wird. Der ruhige Ort teilt sich in Unter- und in Oberdorf. Im Unterdorf wohnen die Winzer, im Oberdorf befinden sich die meisten Restaurants und Hotels.

In einer alten Spinnerei an der Straße nach Klingenthal ist das Schauaquarium »**Les Naïades**« eingerichtet, in der neben mehr als 3000 Fischen aus Asien, Afrika und Südamerika auch Krokodile und Schildkröten bewundert werden können. Ihre natürlichen Lebensräume wie Höhlen und Wildbäche sind nachgebildet (Öffnungszeiten: Okt. – Jan. Mo. – Sa. 14.00 – 18.30, So. 10.00 – 18.30; Febr. – Sept. tgl. 10.00 – 18.30 Uhr).

Eine Wanderung von ungefähr einer Stunde Dauer führt zu den nordwestlich über dem Ort gelegenen »**Ottrotter Schlössern**«, den relativ gut erhaltenen Burgruinen Lützelburg (12. Jh.) und Rathsamhausen (13. Jh.). Die beiden Burgen waren nur durch einen Graben voneinander getrennt. Solche Konstellationen findet man auch an anderen Orten im Elsass. Sie stellten ein im Mittelalter nicht unübliches feindliches Burgenpaar dar, d. h. die eine Burg wurde nur gebaut, um die andere zu erobern.

★★ Mulhouse

K 6/7

Région: Alsace (Elsass)
Höhe: 240 m ü. d. M.
Département: Haut-Rhin
Einwohner: 110 000

Mulhouse (Mülhausen), die zweitgrößte Stadt im Elsass, liegt an der Ill und am Rhein-Rhône-Kanal, zwischen Sundgau und Rheinebene. Im Gegensatz zu den romantischen Weinorten und Winzerstädtchen bestimmt Industrie das Bild von Stadt und Umgebung.

Daher erhielt Mulhouse den Beinamen »**französisches Manchester**« oder »Stadt der hundert Schornsteine«. Dennoch lohnt der Ort durchaus einen Besuch. Zum einen haben sich die Stadtväter seit einigen Jahren mit Erfolg um die Verschönerung der Innenstadt bemüht, zum anderen besitzt die Stadt zahlreiche äußerst interessante technische Museen. Pro Jahr besuchen über eine halbe Million Menschen die Mülhausener Museen, womit die Stadt hinsichtlich des Besucheraufkommens in den französischen Museumsstädten direkt hinter Paris auf Platz zwei liegt.

Geschichte

Der Ort wurde 803 erstmals urkundlich erwähnt und 1246 als Besitz der Straßburger Bischöfe geführt. Nach der Herrschaft Rudolfs von Habsburg erhielt Mülhausen von dessen Sohn Adolf von Nassau 1293 das Stadtrecht, wurde 1308 reichsunmittelbar und trat 1354 der Dekapolis (Bund der zehn elsässischen Reichsstädte) bei. Von 1515 bis zum Westfälischen Frieden (1648) gehörte die Stadt als »zugewandter Ort« zur schweizerischen Eidgenossenschaft und war dann wieder selbstständig. Nach Einführung der Reformation und vor allem nach der Aufhebung des Edikts von Nantes 1685 wurde Mulhouse zu einer Hochburg der Calvinisten, was sich auch im wirtschaftlichen Aufschwung niederschlug. 1746 gründeten die vier Einwohner Schmaltzer, Kóchlin, Feer und Dollfus eine Stoffdruck-Manufaktur, der Beginn der Mühlhausener Textilindustrie. Der Anschluss an Frankreich 1792 beschleunigte die industrielle Entwicklung. Heute verfügt die größte elsässische Industriestadt u. a. über eine bedeutende Maschinen-, Chemie-, Elektro-, Textil-, Nahrungsmittel- und Papierindustrie sowie über Automobilwerke (Peugeot), Brauereien und Verlage. Die Stadt ist auch Sitz mehrerer Fachhochschulen und einer Universität (seit 1969), an der in erster Linie technische Berufe gelehrt werden. 1993 eröffnete das nach Plänen von Claude Vasconi erbaute Kulturzentrum La Filature (u. a. Musik, Theater, Tanz).

! *Baedeker* TIPP

Wenn der Hunger kommt ...

In den Altstadtgassen um das Rathaus gibt es zahlreiche Bars mit exquisiten kleinen Mittagsgerichten. Die meisten Gäste sind Angestellte aus den umliegenden Büros und Geschäften – was für die Qualität des Essens spricht.

MULHOUSE ERLEBEN

AUSKUNFT

9, Av. du Maréchal Foch
Tel. 03 89 35 48 48
Fax 03 89 45 66 16
www.tourisme-mulhouse.com

EVENTS

Das ganze Jahr über gibt es in Mulhouse interessante Konzerte, Musikfestivals und Märkte. Besonderheiten sind zudem die große Oldtimer-Parade im Sommer, das Bachfestival, ein historisches Kellner-Wettrennen (Anfang September) und die alemannische Fastnacht mir Guggenmusik.

EINKAUFEN

Fromagerie Au Bouton d'Or
Place de la Réunion
Tel. 03 89 45 50 17
Wunderbare Auswahl an Käsesorten.

Tissage Gander
Rue de l'Étang
Traditionsbetrieb für schöne Leinen- und Baumwollstoffe (auch Meterware).

ESSEN

► Erschwinglich

① ***La Poste Kieny***
7, Rue Général de Gaulle
Riedisheim (2 km östlich)
Tel. 03 89 44 07 71
Das in einer ehemaligenPostkutschenstation untergebrachte luxuriöse Feinschmeckerlokal befindet sich im südöstlichen Vorort Riedisheim und ist schon seit über 150 Jahren im Besitz ein und derselben Familie.

► Preiswert

② ***Auberge des Franciscains***
46, Rue des Franciscains
Tel. 03 89 45 32 77
Regionaltypisches Restaurant mit bodenständiger, solider Küche und eindrucksvoller Weinkarte.

③ ***Café Leffe***
17, Rue Henriette
Tel. 03 89 45 28 74
Die Brasserie in einer Gasse der historischen Altstadt bietet den Gästen »Kleinigkeiten«, die sich dann als mächtige Portionen erweisen. Um die Mittagszeit kommen in das Lokal, vor dem man im Sommer auch draußen speisen kann, vorwiegend Angestellte aus den umliegenden Geschäften und Büros.

④ ***Mehlala***
7, Rue d'Illzach
Tel. 03 89 59 41 32
Winstub mit Spezialitäten aus dem Sundgau.

ÜBERNACHTEN

► Luxus

① ***Du Parc***
26, Rue de la Sinne
Tel. 03 89 66 12 22
Fax 03 89 66 42 44
www.hotelduparc-mulhouse.com
Hochklassiges, 1926 erstmals eröffnetes Hotel (76 Z.) zwischen Bahnhof und Altstadt. In dem im Art-déco-Stil eingerichteten Haus werden die »wilden« zwanziger Jahre des letzten Jahrhunderts wieder lebendig, wie vor allem im Entrée zu sehen ist. Ganz exklusiv: Die Bäder sind aus weißem griechischem Marmor.

► Komfortabel

② ***Mercure Centre***
4, Place Charles de Gaulle
Tel. 03 89 36 29 39
Fax 03 89 36 29 49
www.accorhotel.com
Das bestens ausgestattete Hotel (96 Z.)

liegt gegenüber dem Hauptbahnhof und beim Sportboothafen des Rhein-Rhône-Kanals.

③ ***Bourse***
14, Rue de la Bourse
Tel. 03 89 56 18 44, Fax 03 89 56 60 51
bourse@wanadoo.fr
Ziemlich zentral und direkt am hübschen Jardin de la Bourse gelegen, bietet das Hotel (50 Z.) einen sehr guten Komfort.

Baedeker-Empfehlung

► **Günstig**

④ ***Le Clos du Murier***
Der Name des charmanten Hotels in Rixheim (4 km östlich von Mulhouse) geht auf einen mehr als 200 Jahre alten Maulbeerbaum (frz. »murier«) zurück, der mitten im Garten des schönen Fachwerkanwesens steht (42, Grand' Rue, Tel. 03 89 54 14 81, Fax 03 89 64 47 08).

Sehenswertes im Zentrum

✶ **Hôtel de Ville**

Mittelpunkt der Innenstadt bildet die von gut restaurierten Bürgerhäusern umrahmte Place de la Réunion (Rathausplatz), an deren Ostseite das Rathaus (Hôtel de Ville) steht, ein nach einem Brand 1552 im rheinischen Renaissancestil neu errichteter Bau mit prächtigen Fassadenmalereien und einer doppelten gedeckten Freitreppe. An der rechten Seite des Gebäudes hängt eine Kopie des sog. **Klappersteins**, einer ca. 13 kg schweren, Grimassen schneidenden Schandmaske. Bürger, die mit üblen Nachreden Zwietracht gesät hatten, mussten diese Maske tragen und, rückwärts auf einem Esel sitzend, durch die Stadt reiten.
Das im Rathaus untergebrachte **Historische Museum** (Musée Historique) informiert über Geschichte und Kultur der Stadt. Im früheren Kornspeicher sind eine Spielzeugsammlung und eine Volkskunstabteilung zu besichtigen.

Der »Klapperstein« am reich verzierten Rathaus von Mulhouse

Die neugotische evangelische Kirche **St-Étienne** (Stephanskirche) an der Place de la Réunion steht an der Stelle des 1858 abgerissenen Baus. Heute dient sie auch als Ausstellungssaal.

Mulhouse *Orientierung*

Essen
1. La Poste Kieny
2. Auberge des Franciscains
3. Café Leffe
4. Mehlala

Übernachten
1. Du Parc
2. Mercure Centre
3. Bourse
4. La Clos du Murier

Musée des Beaux-Arts

Südlich vom Rathausplatz, am weiten Square Steinbach, befindet sich das Musée des Beaux-Arts (Kunstmuseum). In einer stattlichen Villa aus dem 18. Jh. werden Gemälde verschiedener Meister vom Mittelalter bis zur Gegenwart (u. a. Breughel, Boucher, Courbet, Boudin) ausgestellt und eine schöne Kollektion des Sundgauer Malers Jean-Jacques Henner (Öffnungszeiten: Sept. bis Juni tgl. außer Di. 10.00 bis 12.00 u. 14.00 – 18.00; Juli bis August tgl. außer Di. 10.00 – 12.00, 14.00 – 18.30 Uhr).

! *Baedeker* TIPP

Römisch baden

Die römischen Bäder (Sauna, Dampfbad, Kalt- und Warmwasserbecken) in großzügig gestalteten Jugendstilräumen – ein Genuss vor allem in der kälteren Jahreszeit. Piscine Pierre et Marie Curie (im Norden von Mulhouse, gegenüber der Mairie). Öffnungszeiten: Mitte September – Mai.

Vom Rathausplatz nach Norden gehend, erreicht man jenseits der Rue du Sauvage (s. unten) den Europaplatz, an dessen Ostseite sich der 1969 – 1972 errichtete, 100 m hohe Europaturm (**Tour de l'Europe**) erhebt, dessen drei Seiten für die drei Grenzen im Dreiländereck stehen. Auf dem weiten Platz sind als farbige Steinmosaiken die Wappen europäischer Städte zu sehen. Im obersten Stockwerk der Turms befindet sich ein Panoramarestaurant. Unweit südlich steht der Bollwerkturm (14. Jh.), ein Rest der einstigen Stadtbefestigung.

Rue du Sauvage

Von der Place de l'Europe bis zur Place de la République bildet die Rue du Sauvage (Wildemannsgass) – größtenteils Fußgängerzone – die Hauptachse der Innenstadt.

*** Musée de l'Impression sur Étoffes**

In der Mitte des überwiegend modern geprägten Gebiets zwischen Place de la République und Bahnhof (Gare) befindet sich in der Rue Jean-Jacques Henner Nr. 14, das Musée de l'Impression sur Étoffes (Stoffdruckmuseum), das die Geschichte und Entwicklung des Stoffdrucks vom 18. Jh. bis heute nachzeichnet und zu den bedeutendsten seiner Art gerechnet wird. Neben französischen Stoffen werden englische Stoffe, herrliche Wandbehänge aus dem 18. Jh. sowie bedruckte Taschentücher und handbemalte Stoffe aus aller Welt gezeigt. Das Museum verfügt insgesamt über 3 Mio. Muster und 50 000 so genannte textile Zeitdokumente (Öffnungszeiten: tgl. außer Di. 10.00 bis 12.00, 14.00 – 18.00 Uhr).

Gare

Parallel zur Bahnhofsfassade verläuft der Rhein-Rhône-Kanal, dessen Vieux Bassin (Altes Becken) zum Sportboothafen ausgebaut ist. Unweit jenseits der Kanalbrücke steht ein Denkmal für die Erste Französische Panzerdivision, die 1944 / 1945 maßgeblich an der Befreiung von Mulhouse beteiligt war.

Weitere Sehenswürdigkeiten

**** Musée National de l'Automobile**

Vom Zentrum erreicht man auf der Avenue de Colmar das nahe des Nordbahnhofs (Gare du Nord) gelegene Musée National de l'Automobile (Nationales Automuseum). Dieses weltberühmte Museum,

Paradies für Eisenbahnfreunde: das Musée Français du Chemin de Fer

auch »**Louvre der Autoindustrie**« genannt und eines der meistbesuchten Museen Frankreichs, ist aus der Sammelleidenschaft der aus der Schweiz stammenden Brüder Schlumpf entstanden, die neben ihrer Textilfabrik eine eigene Restaurierungswerkstatt für Oldtimer unterhielten, allerdings mit ihrem kostspieligen Hobby das Unternehmen ruinierten. Nachdem die beiden Brüder vor der Justiz in die Schweiz geflohen waren und die Arbeiter zur Sicherung ihrer Ansprüche die Automobilsammlung in Besitz genommen hatten, die dann vorübergehend »Musée de l'Ouvrier« (Arbeitermuseum) hieß, übernahm der Staat schließlich die kostbare Kollektion. Heute gehört das Automobilmuseum, das die über 100-jährige Automobilgeschichte widerspiegelt, zu den größten technischen Museen in Frankreich.
In der riesigen ehemaligen Werkshalle der früheren Kammgarnspinnerei sind auf 17 000 m rund 500 hervorragend restaurierte Sport- und Luxuswagen, die meisten aus der Zeit zwischen den Weltkriegen, ausgestellt, darunter Modelle von Alfa Romeo, Ferrari, Porsche, Mercedes, Maserati und Peugeot. Darüber hinaus besitzt das mit 900 Jugendstillaternen dekorierte Museum die umfassendste Bugatti-Sammlung. Absolutes Glanzstück ist der **Bugatti »Royale Coupé Napoléon« (1930)**, den der italienische Automobilbauer Ettore Bugatti persönlich fuhr und der als eines der elegantesten Automobile aller Zeiten gilt. Das Museum bietet Interaktion mittels neuester Technologien und Multimedia-Mittel: Plasmabildschirme, Simulatoren, Filme, Geräusche und Gerüche, Animationen, Audioführungen etc.

(Öffnungzeiten: Anf. Jan. bis Anf. Febr. Mo. – Fr. 13.00 – 17.00 u. Sa./ So. 10.00 – 17.00; Anf. Febr. bis Mai 10.00 – 17.00; April – Okt. 10.00 – 18.00; Nov. – Anf. Jan. 10.00 – 17.00 Uhr).

★★ Musée Français du Chemin de Fer

Im Norden der Stadt zeigt das Musée Français du Chemin de Fer (Französisches Eisenbahnmuseum) die schönste Sammlung von Zügen in Europa. In einem neuen Parcours spectacle kann man sich mittels Filmen und Spezialeffekten auf höchst unterhaltsame Weise in die Welt der Eisenbahn und Eisenbahntechnik begeben. Besonders interessant sind die historischen Schlaf-, Speise- und Salonwagen mit ihrer eleganten, historischen Ausstattung. Im Freigelände gibt es die verschiedensten Bahnhofseinrichtungen wie Kräne, Signalanlagen und Gleisbaugerät zu besichtigen (Öffnungszeiten: Mitte bis Ende März tgl. 10.00 – 17.00, Apr. – Okt. tgl. 10.00 – 18.00, Nov. – Jan. tgl. 10.00 bis 17.00 Uhr).

★ Électropolis

Unmittelbar neben dem Eisenbahnmuseum liegt das »Électropolis« genannte Elektrizitätsmuseum (offiziell »Musée de l'Énergie Électrique«), das über alle denkbaren Aspekte von Elektrizitätsgewinnung, -transport und -nutzung unterrichtet. Den Einstieg bildet in der »Galerie Jupiter« ein 80 m langes Diorama (Kommentar auf Wunsch auch in deutscher Sprache), das die Stromerzeugung und Übertragungsarten vom Kraftwerk über Trafostation und Fernleitung bis in

Im Musée Électropolis stehen einem die Haare zu Berge.

die Haushalte zeigt. Im Versuchskabinett kann man u. a. den Geheimnissen der Elektrostatik auf die Spur kommen und sehen, wie einem die Haare – im wahrsten Sinne des Wortes – zu Berge stehen. Das Kernstück des Museums bildet die »Grande Machine«, eine 170 t schwere Dampfgeneratoranlage von 1901 / 1902. Auch über Telekommunikation, Lasertechnik, Holografie und elektronische Musikinstrumente wird man informiert. Im angegliederten Jardin Technologique (Garten der Technologie) gibt das Haus der Elektrizität (Maison de l'Électricité) einen Ausblick auf den Wohnkomfort der Zukunft (Öffnungszeiten: tgl. außer Di. 10.00 – 18.00 Uhr).

✶ Parc Zoologique et Botanique

Südlich vom Hauptbahnhof liegt im Stadtteil Tannenwald der wunderschöne Parc Zoologique et Botanique (Zoologisch-Botanischer Garten). Man beginnt den Rundgang am besten beim Haupteingang am oberen Ende des Geländes (Großparkplätze vorhanden, Hundeverbot). Der 25 ha große Zoologisch-Botanische Garten mit seinen über 1000 Tierarten ist in einem prachtvollen, an alten Bäumen reichen Parkgelände eingerichtet. Er bildet eine Harmonie zwischen Flora und Fauna, die ihresgleichen sucht. Zu sehen sind u. a. mehrere Landschaftsbiotope (Alpen, Jura, Vogesen) und eine Volierenanlage, in der Betrachter und Vögel einander in ein und demselben Raum begegnen können.

! Baedeker TIPP

Mulhouse im Visier

Einen herrlichen Blick über Mulhouse bis zu den Vogesen hat man vom Belvédère, einem kleinen Aussichtsturm auf dem Rebberg nahe beim Zoo.

Umgebung von Mulhouse

Rixheim

Im 6 km östlich von Mulhouse gelegenen Städtchen Rixheim hat Tapetenherstellung seit 1797 Tradition. Die alteingesessene Manufaktur Zuber produziert heute noch. In der einstigen Commanderie des deutschen Ordens (18. Jh.), die heute als Rathaus dient, zeigt auch das Musée du Papier Peint (Tapetenmuseum) seine Schätze: rund 130 000 Dokumente, Tapetenmuster und Panoramatapeten (Öffnungszeiten: Okt. – Mai tgl. außer Di. 10.00 – 12.00 u. 14.00 bis 18.00; Juni – Sept. 10.00 – 12.00 u. 14.00 – 18.00; Vorführungen des Druckverfahrens Juni – Sept. Di./Do./Sa. 15.30 Uhr).

✶ Musée du Papier Peint ►

Ottmarsheim

✶ St-Pierre-et-St-Paul (Abb. S. 46) ►

Bekannt ist das kleine Städtchen Ottmarsheim (2000 Einw.), ca. 12 km nordöstlich von ► Mulhouse am Rhein gelegen, durch seine 1049 geweihte einst zu einem Benediktinerkloster gehörende Kirche St. Pierre-et-Paul. Der Zentralbau ist in geringfügig kleineren Maßen die romanische **Nachbildung der karolingischen Pfalzkapelle Karls des Großen in Aachen**. Die Reste gotischer Fresken vor dem Eingang zur Sakristei und auf der Empore stammen aus dem 15. Jahrhundert. Auch die Kapellenanbauten im Osten entstanden im 15. / 16. Jahrhundert.

St-Pierre-et-St-Paul • Ottmarsheim

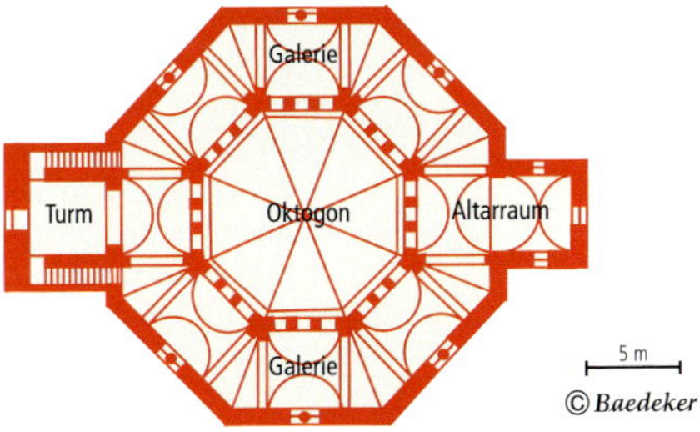

Munster

H 5

Région: Alsace (Elsass)
Höhe: 381 m ü. d. M.
Département: Haut-Rhin
Einwohner: 4700

Munster (Münster), der Hauptort des von der Fecht durchflossenen Münstertals (Vallée de Munster), liegt an der D 417 gut 15 km südwestlich von ► Colmar und ist wegen seiner schönen Umgebung ein beliebtes Ausflugsziel.

Der Ursprung der Stadt geht auf ein im 7. Jh. gegründetes Benediktinerkloster zurück, worauf auch der Stadtname zurückgeht (lat. »monasterium« = Kloster). Munster war im 13. Jh. Freie Reichsstadt, trat 1354 dem elsässischen Zehnstädtebund bei und schloss sich 1536 der Reformation an. Im Ersten Weltkrieg wurde der Ort besonders stark zerstört, da die Frontlinie mitten durch die Gemeinde verlief. Heute ist Munster für seine Textilindustrie, seine Thermalbadeinrichtungen und vor allem für seinen **aromatischen, stark riechenden Rotschmierkäse** bekannt, der wie die guten Weine mit der Ursprungsgarantie »Appellation d'origine contrôlée« versehen ist. Der »Munster« wird aus der rohen Milch der Vogeser Kühe hergestellt. Eine Liste der Bauernhöfe, wo man den Käse probieren kann, gibt es im Tourismusbüro.

Sehenswertes in Munster

Ruines de l'ancien cloître

Die Reste der während der Französischen Revolution aufgelösten Benediktinerabtei befinden sich südlich der zentralen Place du Marché (Marktplatz) mit dem Rathaus von 1555 und dem Löwenbrunnen von 1576. Unmittelbar daneben steht die **Maison du Parc**, das moderne Verwaltungsgebäude des Parc Régional Naturel des Ballons des

MUNSTER ERLEBEN

AUSKUNFT

1, Rue du Couvent
Tel. 03 89 77 31 80
Fax 03 89 77 07 17
www.la-vallee-de-munster.com

ÜBERNACHTEN

► **Komfortabel**

A la Verte Vallée
10, Rue Alfred Hartmann
Tel. 03 89 77 15 15, Fax 03 89 77 17 40
www.vertevallee.com
Modernes und familienfreundliches Komforthotel (107 Z.) mit einem großen Garten und zahlreichen Freizeitaktivitäten: Hallenbad, Sprudelbäder, Sauna, Solarium, Wassergymnastik, Massagen und Fitnessraum. Zudem werden Wandertouren angeboten.

Vosges (s. unten), wo man sich anhand von fünf Dioramen und einem großen Landschaftsmodell auf den Besuch des Naturparks einstimmen kann.

Umgebung von Munster

Hohrodberg Ausflüge in die nähere Umgebung führen zum Kriegerdenkmal unmittelbar am Rand des kleinen Luftkurorts Hohrodberg (750 – 800 m ü. d. M.) nördlich von Munster, von dem man einen herrlichen Panoramablick über das Münstertal und in die Vogesen genießt.

Gunsbach Einen Abstecher lohnt das östlich, links der Fecht gelegene Gunsbach (4 km in Richtung Colmar), wo Albert Schweitzer (►Berühmte Persönlichkeiten) seine Jugendjahre verbrachte. Hier gibt es auch einen Plan zum **Sentier Albert Schweitzer**, einem ca. 1 km langen Rundweg auf den Spuren dieses außergewöhnlichen Mannes.

Soultzbach-les-Bains An der Straße in Richtung Colmar liegt rechts der Fecht der auch als Sommerurlaubsziel besuchte kleine Kurort Soultzbach-les-Bains (Bad Sulzbach), ein einst befestigtes Städtchen mit malerischen alten Gassen und eisenhaltigen Mineralquellen.

Muhlbach In Muhlbach, 4 km südwestlich von Munster, erinnert das Musée de la Schlitte et des Métiers du Bois (Museum der Schlitten und der Holz verarbeitenden Berufe) an die Bedeutung der Forstwirtschaft für die Vogesen und an den Holztransport mit Schlitten.

Parc Naturel Régional des Ballons des Vosges Der seit Sommer 1989 als Schutzgebiet ausgewiesene Parc Naturel Régional des Ballons des Vosges (Regionaler Naturpark Vogesenbelchen) erstreckt sich von Munster nördlich bis in die Gegend von ►Sainte-Marie-aux-Mines und südlich bis zum Vogesenrand unweit nördlich von ►Belfort. Seinen Namen verdankt er den »Belchen«

Spezialität der Region: der aromatische, intensiv riechende Munsterkäse

(franz. Ballons), den hier landschaftsprägenden kuppelförmig gewölbten Vogesenbergen. Der Naturpark umfasst sowohl die Tallagen mit ihrer Landwirtschaft als auch die empfindlichen Ökosysteme der Hochmoore und die Hochlagen über 1000 m, die sog. chaumes, ausgedehnte Hochweiden mit alpiner Flora. Von den oft baumlosen Kammlagen bieten sich prachtvolle Panoramablicke. Zahlreiche Wanderwege und Fahrradpisten durchziehen die Landschaft. Rustikale Unterkünfte findet man vielerorts in den sog. **Fermes-Auberges**, Bauernhöfen überwiegend mit Viehwirtschaft, wo man bodenständige Spezialitäten wie den berühmten Munsterkäse und Géromé (Munster von der lothringischen Seite der Vogesen), aber auch Räucherspeck bekommen kann. Auskünfte z.B. über naturkundliche Exkursionen erhält man bei der Maison du Parc in Munster (s. zuvor) und bei den örtlichen Tourismusbüros.

★ Col de la Schlucht

Der Col de la Schlucht (1159 m ü. d. M.), westlich von Munster, war schon immer ein wichtiger Gebirgspass auf dem Kamm der Hochvogesen, und über ihn verlief auch bis 1919 die deutsch-französische Grenze. Hier kreuzen sich die ungemein reizvolle und landschaftlich schöne Vogesenkammstraße (Route des Crêtes) und die von ►Colmar nach ►Gérardmer verlaufende Straße D 417. Als hervorragender Tourenstützpunkt wird das Gebiet ebenso gern besucht wie als Wintersportort (mehrere Lifte). Von der Passhöhe erreicht man zu Fuß in 30 – 45 Minuten (im Sommer auch Sessellift) den **Montabey** (Martinswand, 1246 m ü. d. M.), von dessen 15 m hohem Turm man eine grandiose Aussicht genießt.

★ **Jardin d'Altitude du Haut Chitelet**

Rund 2 km südlich vom Col de la Schlucht und gut erreichbar über einen schönen Wanderweg, befindet sich an der Route des Crêtes in 1228 m Höhe der Jardin d'Altitude du Haut Chitelet mit der reichsten alpinen Flora ganz Frankreichs. Ein Bereich widmet sich ausschließlich der in den Vogesen vorkommenden Flora. Interessant ist auch das geschützte Torfmoorgebiet, das sich westlich talwärts an den Garten anschließt. Auf spezielle Fragen erteilt das fachkundige Personal gern nähere Auskünfte (Öffnungszeiten: Juni tgl. 10.00 bis 12.00 u. 14.00 – 18.00; Juli – Aug. 10.00 – 18.00; Sept. tgl. 10.00 bis 12.00 u. 14.00 – 17.30 Uhr).

★ **Gazon du Faing**

Ein besonders reizvolles Hochalmgelände ist der Gazon du Faing (1306 m, Naturreserrvat) mit seiner alpinen Flora 4 km nördlich des Col de la Schlucht. Empfehlenswert ist ein Spaziergang (von der am Straßenrand gelegenen Auberge ca. 20 Min. in jeder Richtung) zum Steilabfall der Hochfläche, von wo man einen grandiosen Ausblick über den künstlich aufgestauten Lac des Truites in die Vogesenberge genießt.

Mutzig

E 7

Région: Alsace (Elsass)
Höhe: 187 m ü. d. M.
Département: Bas-Rhin
Einwohner: 4600

Das altertümliche, von reizvollen Fachwerkhäusern gesäumte Städtchen Mutzig im unteren Tal der Bruche (Breusch) westlich von ►Strasbourg ist in erster Linie als Garnisonsstadt, als Bierstadt und als einstiger Waffenproduktionsort bekannt.

1810 wurde hier eine Bierbrauerei gegründet, die, in Mutzig mittlerweile geschlossen, heute zur Heineken-Gruppe gehört. Bei Ausbruch des Ersten Weltkriegs besaß der Ort das größte deutsche Verteidigungsbollwerk.

Sehenswertes in Mutzig

Porte du Bas

Die östliche Begrenzung der Altstadt (in Richtung Molsheim) bildet die Porte du Bas (Untertor), ein Überrest der aus dem 14. Jh. stammenden Stadtummauerung. Von hier führt die Hauptstraße durch den großenteils verkehrsberuhigten Ortskern, an dessen anderem Ende die alte Brauerei liegt, ein Bau im historisierenden Stil einer Ritterburg.

Place de la Fontaine

Den Hauptplatz der Innenstadt bildet die Place de la Fontaine mit einem hübschen Renaissancebrunnen und dem stattlichen Fachwerkbau der Hostellerie de la Poste. Im nördlichen Abschnitt befindet

MUTZIG ERLEBEN

AUSKUNFT

19, Place Hôtel de Ville
Tel. 03 88 38 11 61, Fax 03 88 49 80 40
www.ot-molsheim-mutzig.com

ESSEN

▶ **Preiswert**

Au Nid des Cigognes
25, Rue du 18 Novembre
Tel. 03 88 38 11 97
Typisch elsässisches Lokal, gegenüber der ehemaligen Brauerei gelegen

ÜBERNACHTEN

▶ **Günstig**

Hostellerie de la Poste
4, Place de la Fontaine
Tel. 03 88 38 38 38
Fax 03 88 49 82 05
www.hostellerie-la-poste.com
Mitten im verkehrsberuhigten Zentrum des Städtchens gelegenes Hotel (19 Z.) mit hohem Komfort. Terrassenrestaurant mit regionalen Spezialitäten.

sich das Hôtel de Ville (Rathaus) aus dem 18. Jh., das von einem kunstvoll gearbeiteten und mit Schindeln gedeckten Zwiebelturm bekrönt ist. In einer Öffnung des Rathausturms erkennt man einen grimassenschneidenden Kopf, den »**Rothüssmann**«, der die Zunge herausstreckt und gleichzeitig mit den Ohren wackelt, wenn die Turmuhr zur vollen Stunde schlägt.

Château Rohan

Am südwestlichen Ortsrand steht das Château Rohan, das 1674 erbaute ehemalige bischöfliche Schloss. Die reizvolle kleine Dreiflügelanlage beherbergt heute ein Kulturzentrum sowie das Musée régional des Armes (Waffenmuseum) mit Blankwaffen aus Klingenthal und Feuerwaffen aus Mutzig.

Umgebung von Mutzig

Fort Guillaume II

Nördlich der Stadt steht auf einem Hügel die 254 ha große Festung »Wilhelm II.«, die der Kaiser ab 1893 erbauen ließ, um die Rheinebene gegen jeden französischen Angriff aus dem Südelsass abzuschirmen. Von fünf geplanten Forts wurden nur die ersten beiden gebaut, das Ostfort im Jahr 1893 und das Westfort zwei Jahre später. Der dreieckige Umriss der Forts war zu dieser Zeit einmalig im Deutschen Reich. Mit einer Feuerkraft von 6 t Munition pro Minute und einer Garnison von 6500 Soldaten war diese Anlage 1914 die größte Festung des deutschen Kaiserreichs.
Für die Besichtigung der Festung sollte man sich mit entsprechender Kleidung wappnen, da die Innentemperatur – die Besichtigung erfolgt zur Hälfte in unterirdischen Gängen – zu jeder Jahreszeit ca. 11 °C beträgt. Führungen, auch auf deutsch, dauern 2 – 3 Stunden (Führungen: Mai – Sept. Sa. 14.00 u. 15.00, Juli bis Aug. tgl. 14.00 u. 15.00 Uhr).

Neuf-Brisach

H 8

Région: Alsace (Elsass)
Höhe: 205 m ü. d. M.
Département: Haut-Rhin
Einwohner: 2100

Das Grenzstädtchen Neuf-Brisach (Neubreisach), 17 km östlich von ►Colmar, gegenüber der deutschen Grenzstadt Breisach am Rhein gelegen, entstand in den Jahren 1699–1708 im Auftrag Ludwigs XIV. nach den Plänen seines Festungsbaumeisters Vauban.

Er gab der Stadt den auffälligen achteckigen Grundriss und die regelmäßigen Straßenzüge, um eine schnellere Truppenbewegung zu ermöglichen. Um den für den Bau der Anlage notwendigen Granit aus den Vogesen zu holen, ließ der geniale Festungsbauer eigens einen 40 km langen Kanal, den Canal Vauban, bis nach Rouffach anlegen. Die als Gegengewicht zum damals habsburgischen Breisach erbaute Bastion galt als die größte Festungsanlage ihrer Zeit und als das Meisterwerk des königlichen Ingenieurs.

Sehenswertes in Neuf-Brisach

Place d'Armes

Den Mittelpunkt des Städtchens bildet die Place d'Armes, der weite einstige Paradeplatz, mit der Garnisonkirche St-Louis von 1731, dem prächtigen Rathaus und vier Brunnen.

NEUF-BRISACH ERLEBEN

AUSKUNFT

6, Place d'Armes
Tel. 03 89 72 56 66
Fax 03 89 72 91 73
www.neuf-brisach.com

ESSEN

► Preiswert

La Petite Palette
16, Rue de Bâle
Tel. 03 89 72 73 50
Das Restaurant in traditioneller Aufmachung bietet zeitgemäße Varianten der regionalen Küche.

ÜBERNACHTEN

► Komfortabel

Hostellerie Groff aux deux Clefs
50, Grande Rue
Biesheim
(3 km nördlich von Neuf-Brisach)
Tel. 03 89 30 30 60
Fax 03 89 72 92 94
www.deux-clefs.com
Nettes Hotel mit behaglich eingerichteten Zimmern inmitten eines schönen Parks. Dazu gehört auch noch ein gemütliches Restaurant.

► Günstig

Aux Deux Roses
11, Route de Strasbourg
Tel. 03 89 72 56 03
Fax 03 89 72 90 29
hotelauxdeuxroses@yahoo.fr
Das Hotel (43 Z.) liegt verkehrsgünstig an der nach Strasbourg führenden Landstraße.

Margeriten am Wegesrand

Von den ehemals vier Stadttoren der ca. 2,5 km langen, begehbaren Festungsmauer sind zwei erhalten, die barocke Porte de Colmar (Colmarer Tor) und die etwas nüchterner wirkende Porte de Belfort (Belforter Tor). In der Porte de Belfort wurde das Vauban-Museum eingerichtet. **Musée Vauban**

★ Niederbronn-les-Bains

C 8

Région: Alsace (Elsass)
Höhe: 192 m ü. d. M.
Département: Bas-Rhin
Einwohner: 5000

Niederbronn-les-Bains ist das größte Thermalbad des Elsass, schon den Römern waren die heilenden Kräfte des hiesigen Wassers bekannt. Die hübsche Kleinstadt am Ostfuß der nördlichen Vogesen ist auch als Luftkurort und Wanderzentrum beliebt.

Der Vogesenort, dessen neuzeitliche Bäderkarriere bereits im 16. Jh. begann, ist sogar das bedeutendste Heilbad im Elsass, doch einem Vergleich mit so exklusiven Badeorten wie Baden-Baden oder Bad Kissingen hält Niederbronn natürlich nicht stand. Die hübsche Kleinstadt, geschützt im unteren Talabschnitt des Falkensteinbachs am Ostfuß der nördlichen Vogesen gelegen, ist auch als Luftkurort und Wanderzentrum beliebt.

NIEDERBRONN-LES-BAINS ERLEBEN

AUSKUNFT

6, Place de l'Hôtel de Ville
Tel. 03 88 80 89 70
Fax 03 88 80 37 01
www.niederbronn.com

ESSEN

▸ **Erschwinglich**
Le Parc
10, Place des Thermes
Tel. 03 88 80 84 84
Zentral gelegenes Restaurant von gehobenem Standard. Spezialitäten sind Gerichte mit frischem Seefisch.

▸ **Preiswert**
Les Acacias
35, Rue des Acacias
Tel. 03 88 09 00 47
Entspannte Atmosphäre in der rustikalen Auberge, regionale Küche, begrünte Terasse

ÜBERNACHTEN

▸ **Komfortabel**
Muller
16, Avenue de la Libération
Tel. 03 88 63 38 38
Fax 03 88 63 38 39
hotel-muller@wanadoo.fr
Modernes Haus traditionellen Zuschnitts (41 Z.) mit Hallenbad, Sauna, Solarium, Fitnessraum sowie Terrasse und Restaurant. Nur ca. 5 Min. vom Zentrum entfernt.

▸ **Günstig**
Bristol
4, Place de l'Hôtel de Ville
Tel. 03 88 09 61 44
Fax 03 88 09 01 20
hotel.lebristol@wanadoo.fr
Angenehmes und einfaches Hotel, in zentraler Lage. Sehr gute regionale Küche.

Sehenswertes in Niederbronn-les-Bains

Thermalquellen Heute werden die Source Romaine (Römerquelle, 18 °C) mit einem Trinkbrunnen vor dem Casino und die Source Celtique (Keltenquelle, 10 °C) am nördlichen Ortsende zur Behandlung von Stoffwechselstörungen, Rheuma, Bluthochdruck und Arteriosklerose genutzt. Unmittelbar am westlichen Ortsrand steht das neue Brunnengebäude der Keltenquelle (mit Restaurant), dessen Flaschenabfüllanlage besichtigt werden kann.

Kurbezirk Etwas abseits der schmalen Durchgangsstraße befindet sich der nicht sonderlich große Kurpark mit dem Casino, in dem Poker, Blackjack und Roulette angeboten werden.

Maison de l'Archéologie Die vom Kurpark östlich verlaufende Avenue Foch führt zur Maison de l'Archéologie des Vosges du Nord. In diesem Museum wird außer den archäologischen Funden eine umfangreiche Sammlung von gusseisernen Öfen, die in Niederbronn seit drei Jahrhunderten produziert werden, gezeigt (Öffnungszeiten: März – Okt. tgl. außer Di. 14.00 – 18.00, Nov. – Feb. So. 14.00 – 17.00 Uhr).

Blick vom Grand Wintersberg

Château de Wasenburg

Rund 2 km westlich steht auf einem steilen Berg die Ruine der Wasenburg (432 m ü. d. M.). Über dem Eingang der Ruine, von der man eine interessante Rundsicht genießt, hängt eine Gedenktafel, die an den Besuch Goethes (1770) erinnert. Nordöstlich der Burg befinden sich die Reste eines römischen Merkurtempels.

★ **Grand Wintersberg**

Beim neuen Betriebsgebäude der Keltenquelle (s. zuvor) beginnt die landschaftlich schöne, aber nicht sehr breite Straße, die zum Großen Wintersberg führt, der mit 580 m ü. d. M. höchsten Erhebung der Nordvogesen. Auf dem Gipfel steht ein bereits im Jahr 1890 errichteter 25 m hoher Aussichtsturm mit Orientierungstafel.

Umgebung von Niederbronn-les-Bains

Oberbronn

Das malerische, sorgfältig restaurierte Dorf Oberbronn (1500 Einw.), drei Kilometer südwestlich, liegt gleichfalls am Vogesenhang. Das Schloss aus dem 16. Jh., am Ortsanfang in einem Park gelegen, ist heute ein Kloster, in dem man auch übernachten kann. An einigen Häusern in den reizvollen Gässchen kann man sehr schöne Zunftzeichen erkennen, deren Bedeutung mittels kleiner Schrifttäfelchen erläutert wird. Außerdem sind mit Steinscheiben verschließbare Lüftungsöffnungen der Gärkeller zu sehen. Über dem Ort erhebt sich der 522 m hohe Berg Wasenkœfel (Wasenköpfel) mit dem Stöberturm (Rundsicht).

Reichshoffen Etwa 3 km südöstlich von Niederbronn gelangt man in das alte Städtchen Reichshoffen (Reichshofen) mit einer schönen spätbarocken Kirche (gotischer Turm) und dem in einem Park gelegenen Schloss der Freiherren von Dietrich (1769), eine bedeutende Industriellenfamilie des Elsass. Das **Musée de Fer** (Eisenmuseum) beherbergt die archäologische Sammlung und illustriert die hiesige Eisenindustrie, u. a. die Entwicklung vom Hochofen von 1767 bis zum französischen Hochgeschwindigkeitszug TGV von 1986.

✶ Niederhaslach

E 6

Région: Alsace (Elsass)
Höhe: 255 m ü. d. M.
Département: Bas-Rhin
Einwohner: 1100

Das südwestlich von ► Strasbourg an der östlichen Vogesenflanke gelegene Niederhaslach ist für seine gotische Kirche bekannt. Das im 7. Jh. um eine Benediktinerabtei entstandene Straßendorf bildet auch den Mittelpunkt eines bewaldeten Gebiets, das gern von Wanderern, Rad- und Motorradfahrern aufgesucht wird.

Sehenswertes in Niederhaslach

✶ Église St-Florent Von der Benediktinerabtei existiert noch die Kirche, die auf den Resten einer älteren errichtet wurde. Sie ist dem hl. Florentinus geweiht, der sich hier als Eremit niedergelassen hatte und 614 in Strasbourg als Bischof starb. Die heutige Kirche – Mitte des 19. Jh.s von Boeswillwald restauriert – wurde zwischen 1274 und 1385 gebaut, u. a. von Gerlach von Steinbach, dem Sohn des Straßburger Münsterbaumeisters Erwin von Steinbach. Die Westfassade mit dem frei erfundenen imposanten Turmaufsatz (19. Jh.) zeichnet sich durch eine Fensterrose und das schmale hohe Hauptportal aus, dessen Tympanon eine Marienkrönung und Szenen aus dem Leben des hl. Florentinus zeigt. An den Langhausseiten befinden sich phantasievolle Wasserspeier. Besonders wertvoll sind die Glasmalereien im Innern: im Chor aus dem 13. Jh. sowie in den Seitenschiffen aus dem 14. und 15. Jahrhundert. An der linken Seitenwand des Chors steht der vergoldete Reliquienschrein des hl. Florentinus. Eine Wallfahrt findet immer am Sonntag nach dem 7. November statt.

▶ NIEDERHASLACH

AUSKUNFT

22, Route de Nideck (Oberhaslach)
Tel. 03 88 50 90 15
Fax 03 88 48 75 24
www.suisse-alsace.com

25 m stürzt der Wasserfall von Nideck in einen Felskessel. →

Umgebung von Niederhaslach

★ **Cascade du Nideck**

Talaufwärts gelangt man hinter dem ruhigen Ortsteil Oberhaslach über einen rechts von der Straße abzweigenden Wanderweg zur malerischen Cascade du Nideck, einem Wasserfall, der im dicht bewaldeten Talschluss 25 m in einen von steilen Porphyrfelsen umrahmten Felskessel hinabstürzt.

Château de Nideck

Die Straße selbst zieht sich weiter in Windungen bergan, und ca. 1 km vor dem Wanderparkplatz erreicht man den Aussichtspunkt (belvédère), von dem sich ein reizvoller Blick auf die beiden Turmruinen der Burg Nideck aus dem 13. / 14. Jh. (1636 niedergebrannt) öffnet. Vom Wanderparkplatz, direkt bei der Maison Forestière du Nideck (Forsthaus), führt ein ziemlich steil abwärts führender Fußweg in etwa 20 Minuten zur Burgruine Nideck, die der spätromantische Dichter Adelbert von Chamisso (1781 – 1838) in seinem Gedicht »Das Riesenspielzeug« verewigte.

★★ Obernai

F 7

Région: Alsace (Elsass)
Höhe: 181 m ü. d. M.

Département: Bas-Rhin
Einwohner: 10 000

Viel Trubel beim Volksfest »Hans em Schnokeloch« in Obernai

Kaum eine andere Gemeinde im Unterelsass hat ein so reizvolles Ortsbild zu bieten wie das Städtchen am Fuß des ► Mont Sainte-Odile: stattliche Bürgerhäuser in vielfältigen Fachwerkformen, mit reich verzierten steinernen Erker und schönen Innenhöfen.

Obernai (Oberehnheim), wo die hl. Odilie geboren sein soll, ist das **touristische Zentrum der nördlichen Route du Vin**. Der Ort, der von der Stauferzeit bis 1648 reichsunmittelbare Stadt war und im 14. Jahrhundert. dem elsässischen Zehnstädtebund (Dekapolis) beitrat, ist noch heute zu einem großen Teil von einer sehr eindrucksvollen mittelalterlichen Befestigung mit Türmen und Gräben umzogen.

OBERNAI ERLEBEN

AUSKUNFT

Place du Beffroi (Belfried)
Tel. 03 88 95 64 13
Fax 03 88 49 90 84
www.obernai.fr

EINKAUFEN

Au Comptoir d'Alsace
1, Rue du Marché
Schöne Souvenirs, Keramik und Stoffe.

Distillerie Lehmann
Chemin des Peupliers
Tel. 03 88 50 41 29
Alles, was das Elsass an Schnäpsen zu bieten hat.

ESSEN

▶ Fein & teuer

① ***La Fourchette des Ducs***
6, Rue de la Gare
Tel. 03 88 48 33 38
Verbindet Tradition und Moderne, überraschende Kreationen.

▶ Erschwinglich

② ***L'Agneau d'Or***
99, Rue du Général Gouraud
Tel. 03 88 95 28 22
Nette Winstub.

▶ Preiswert

③ ***La Halle aux Blés***
Place du Marché
Tel. 03 88 95 56 09
Historisches Gebäude mit Terrasse, traditionelle Küche.

ÜBERNACHTEN

▶ Luxus

① ***A la Cour d'Alsace***
3, Rue de Gail
Tel. 03 88 95 07 00
Fax 03 88 95 19 21
www.jpmoser.com
Hochklassiges, ruhig gelegenes Hotel (43 Z.) im ehemaligen Stadtsitz der Barone von Gail an den Wallmauern, das ein deutscher Unternehmer restaurieren ließ. Alle um einen gepflasterten Innenhof angelegten Zimmer sind geräumig, hell und dezent-rustikal. Garten sowie ein edles Feinschmeckerlokal und eine rustikale Winstub.

② ***Le Parc***
169, Rue d'Ottrott
Tel. 03 88 95 50 08
Fax 03 88 95 37 29
www.hotel-du-parc.com
Das sehr angenehme, hochkomfortable Hotel im regionaltypischen Stil (56 Z.) ist eingebettet in einen weitläufigen Park. Den Gästen stehen geschmackvoll eingerichtete Zimmer sowie Freibad, Hallenbad, Sauna, Bowlingbahn und ein empfehlenswertes Restaurant zur Verfügung. Im Dachgeschoss kann man in zwei hübschen Apartments übernachten.

▶ Komfortabel

④ ***Le Colombier***
6-8, Rue Dietrich
Tel. 03 88 47 63 33
Fax 03 88 47 63 39
www.hotel-colombier.com
Hinter der schönen Fachwerkfassade steckt ein modernes, helles Hotel.

▶ Günstig

③ ***Hotel du Gouverneur***
13, Rue de Sélestat
Tel. 03 88 95 63 72
Fax 03 88 49 91 04
Einfach, sympathisch, sehr netter Service. Sehr schön ist der Innenhof des ehemaligen Hauses des Stadtkommandanten aus dem 16. Jahrhundert.

Obernai Orientierung

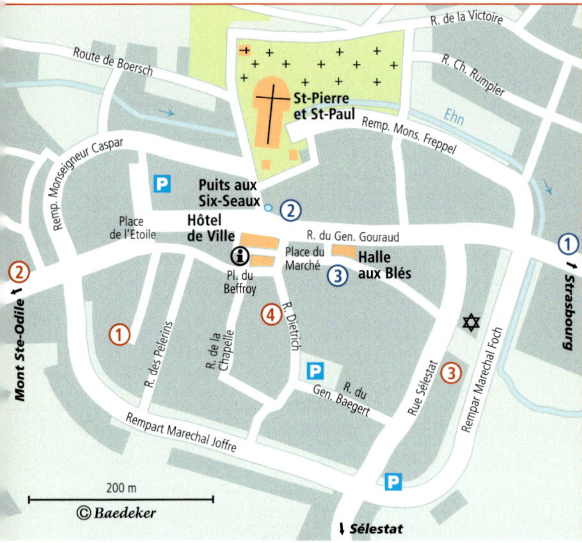

Essen
① La Fourchette des Ducs
② L'Agneau d'Or
③ La Halle aux Blés

Übernachten
① A la Cour d'Alsace
② Le Parc
③ Hotel du Gouverneur
④ Le Colombier

Sehenswertes in Obernai

★★ Place du Marché

Den Mittelpunkt der Altstadt bildet die große malerische Place du Marché (Marktplatz), in deren Mitte ein Brunnen mit der Statue der hl. Odilie (1904) steht. Im Osten wird der Marktplatz von der Ancienne Halle aux Blés (Alte Kornhalle) begrenzt, einem 1554 errichteten stattlichen Renaissancebau. Am westlichen Ende des Platzes befindet sich das 1523 erbaute, 1860 – 1870 erheblich veränderte Rathaus. Gegenüber der Nordfassade, vor dem Hôtel de la Cloche, steht der runde **Puits aux Six Seaux** (**Sechseimerbrunnen**), der als der berühmteste Renaissancebrunnen des Elsass gilt. Auf dem Rand des Baldachins, der von drei verzierten korinthischen Säulen getragen wird und auf dem ein Posaune blasender Engel steht, sind Bibelsprüche eingemeißelt. Direkt neben dem Rathaus ragt der 60 m hohe Kappellturm (Beffroi, 13. / 16. Jh.) auf. Der 60 m hohe Turm ist der Rest einer gotischen Kirche, die 1873 abgerissen wurde.

St-Pierre-et-St-Paul

Am Sechseimerbrunnen vorbei kommt man zur neugotischen Stadtkirche **St. Peter und Paul** (1867 – 1873). Auf dem Vorplatz steht ein Denkmal für den hier geborenen Kleriker Charles Freppel (1827 – 1891), der als Bischof von Angers die katholische Fakultät der dortigen Universität gründete. Im Kircheninnern befinden sich vier beachtenswerte Fenster des im Jahr 1867 zerstörten Vorgängerbaus von Peter Hemmel aus Andlau (um 1480). Im linken Querschiff steht der Reliquienschrein mit dem Herzen von Charles Freppel.

Von der Stadtkirche St. Peter und Paul kann man einen Spaziergang entlang der Stadtmauern unternehmen. Erhalten sind noch 30 der einst 52 meist halbrunden Türme. Der zum Teil abgetragene Wall ist heute ein beliebter Spazierweg. Direkt an der östlichen Stadtmauer befindet sich die neuromanische Synagoge (1876). **Stadtmauer, Synagoge**

★ La Petite Pierre

C 6

Région: Alsace (Elsass)
Höhe: 339 m ü. d. M.
Département: Bas-Rhin
Einwohner: 650

Das teilweise noch befestigte, als Sommerziel und Tourenstützpunkt geschätzte Städtchen La Petite Pierre (Lützelstein) liegt – in etwa auf der Höhe von ►Haguenau – reizvoll auf dem Vogesenrücken des Altenbergs (384 m ü.d.M.), von dem man einen weiten Blick über Waldberge und tief eingeschnittene Täler genießt.

Sehr sehenswert in der nach dem ersten Burgherrn Walther de Parva Petra benannten Ortschaft sind die von Befestigungen geschützte Altstadt und die Burg – im Volksmund »Staedel« genannt. Im neueren Stadtteil am Fuß des Burgbergs befinden sich das Rathaus, Hotels, Restaurants und Geschäfte.

Sehenswertes in La Petite Pierre (Oberstadt)

Musée du Sceau Alsacien

An der Straße, die die Oberstadt der Länge nach durchzieht, steht die profanierte Chapelle St-Louis (Ludwigskapelle, 1684), in der das Musée du Sceau Alsacien, das elsässische und gleichzeitig auch das **größte Siegelmuseum Europas** eingerichtet ist.

Musée d'Arts et Traditions Populaires

Nahebei im einstigen Pulverhaus ist das Musée d'Arts et Traditions Populaires zu finden, das sich fast ausschließlich den »Springerle« genannten kunstvollen Backmodeln bzw. deren Abdrücken (Anisplätzchen) widmet.

Église Simultanée

Die kleine, um 1418 erbaute Simultankirche am Burgeingang, deren Kirchturm und Langhaus im 19. Jh. erneuert wurden, hat noch einen gotischen Chor aus dem 15. Jh. mit schönen Wandmalereien.

Château

Auf dem Sporn, der den Altenberg abschließt, steht das einstige pfalzgräfliche Schloss, das 1205 von Graf Hugo I. von Lützelstein gegründet wurde. Nach diesem war das Dorf bis zur Annexion durch Frankreich unter Ludwig XIV. benannt. Das vor allem im 16. Jh. umgebaute Schloss beherbergt heute das Informationszentrum des Parc Naturel Régional des Vosges du Nord sowie die Dauerausstellung »L'Aventure des Vosges du Nord« (**»Abenteuer Nordvogesen«**).

LA PETITE PIERRE ERLEBEN

AUSKUNFT

2 a, Rue du Château
Tel. 03 88 70 42 30
Fax 03 88 70 41 08
www.ot-paysdelapetitepierre.com

ESSEN

► **Erschwinglich**

Restaurant du Château
15, Rue du Château
Tel. 03 88 70 45 18
Kleines Lokal mit elsässischen Spezialitäten und Tartes flambées, die auch auf der schmalen Außenterrasse serviert werden.

ÜBERNACHTEN

► **Luxus / Komfortabel**

La Clairière
Route d'Ingwiller
Tel. 03 88 71 75 00
Fax 03 88 70 41 05
www.la-clairiere.com
Das moderne, sehr gut ausgestattete Hotel (50 Z.) liegt auf einer Anhöhe inmitten des Naturparks. Von dort hat man eine wunderbare Aussicht auf die Umgebung. Zu der Hotelanlage gehört ein Hallenbad, eine Sauna, ein Fitnessraum und auch ein Gartenrestaurant.

Citerne Links vom Burgtor gelangt man über eine Treppe durch die Ummauerung zu einem Fußpfad, auf dem man die am Übergang zwischen Burgfelsen und steilem Waldhang in den Felsen geschlagene Zisterne (Citerne) erreicht. Zwei runde Schächte (einer davon einige Meter im Berginnern, Taschenlampe zweckmäßig) führen von den Brunnenkammern senkrecht nach oben, wo sie im Bereich der Rue des Remparts und der Stadtmauer an die Oberfläche treten.

Umgebung von La Petite Pierre

Graufthal Die Sehenswürdigkeiten in Graufthal – 10 km südwestlich von La Petite Pierre – sind drei in eine 70 m hohe Felswand gebaute Wohnungen, die bis 1958 bewohnt waren. Heute ist in den Wohnungen ein kleines Museum untergebracht.

Phalsbourg

D 6

Région: Lorraine (Lothringen)
Höhe: 330 m ü. d. M.
Département: Moselle
Einwohner: 4200

Phalsbourg (Pfalzburg), westlich von ►Saverne, zeigt das Erscheinungsbild einer barocken Garnison. 1570 wurde das Städtchen durch den Pfalzgrafen Johann Georg von Veldenz gegründet, um flüchtenden Protestanten eine neue Heimat zu geben.

Heilbad mit Tradition: Bereits dieser Holzschnitt von 1559 zeigt die Badefreuden in Plombières.

Sehenswertes in Plombières-les-Bains

Die **Kureinrichtungen** konzentrieren sich um die Rue Stanislas und die Rue Liétard, den wichtigsten Straßenzug der Innenstadt. Südwestlich der Mairie (Rathaus) steht das stattliche Gebäude der Bains Stanislas aus dem 18. Jh. mit dem 1856 bei Grabungen entdeckten römischen Schwitzbad im Innern. Westlich davon, am Place du Bain-Romain, führt eine Treppe ins unterirdisch angelegte Bain Romain (Römerbad). Schräg gegenüber befindet sich das Bain National, das auf Anordnung Napoleons I. im Empire-Stil errichtet wurde.

Musée Louis Français

An der Avenue Louis Français befindet sich das dem in Plombières geborenen Maler Louis Français (1814 – 1897) gewidmete Museum. Neben Gemälden dieses Künstlers zeigt es Werke seiner zur Schule von Barbizon gehörenden Freunde (Corot, Courbet, Diaz u. a.).

Parc Impérial

Am südwestlichen Ortsende erstreckt sich der Parc Impérial, eine sehr reizvolle Anlage, die nach Plänen von G. E. Haussmann entstand und unter dessen Regie Paris im 19. Jh. modernisiert wurde.

Remiremont

H 2

Région: Lorraine (Lothringen)
Département: Vosges
Höhe: 400 m ü. d. M.
Einwohner: 9100

Die Textil- und Handelsstadt Remiremont im oberen Moseltal, 16 km südwestlich von ► Épinal, war einst bekannt wegen ihres einflussreichen Frauenklosters, das direkt Papst und Kaiser unterstand und sogar über eine Kompanie eigener Soldaten verfügte.

Die Äbtissin durfte den Titel einer Reichsfürstin tragen. Sie allein war der Keuschheit verpflichtet, keineswegs die ihrer Obhut anvertrauten Stiftsdamen, die dem Hochadel angehörten und 16 adlige Vorfahren nachweisen mussten. Diese nahmen zwar an den Messen teil, lebten aber nicht im Kloster, sondern bevorzugten schmucke Häuser in der Stadt – wie man sie an der Place de Mesdames sehen kann. Während der Französischen Revolution wurde das Kloster aufgelöst.

Sehenswertes in Remiremont

Abbatiale St-Pierre

Im Mittelpunkt der Stadt erhebt sich die schon im Jahr 910 gegründete Kirche St-Pierre, deren heutige Bausubstanz aus dem 13.–16. Jh. stammt. Fassade und Glockenturm wurden im 18. Jh. erneuert. Unter dem Chor der Abteikirche befindet sich eine Krypta aus dem 11. Jh., deren Gewölbe auf monolithischen Säulen mit Würfelkapitellen ruht.

An die Kirche ist die barocke **Abbaye**, das ehemalige Nonnenkonvent von 1752, angefügt. Sie dient dem Ort seit langem als Rathaus.

REMIREMONT

AUSKUNFT

2, Rue Charles de Gaulle
Tel. 03 29 62 23 70
Fax 03 29 23 96 79
www.ot-remiremont.fr

Musées Municipaux

Remiremont besitzt zwei städtische Museen (Musées Municipaux). Nordöstlich der Kirche ist an der arkadengesäumten Rue Charles de Gaulle das Stadtmuseum Charles de Bruyères untergebracht, das u. a. Dokumente zur Ortsgeschichte, regionales Kunstgewerbe und Gemälde aus dem 17. bis 19. Jh. (Öffnungszeiten: Mi.–Mo. Mai bis Dez. 10.00–12.00, 14.00–18.00; Jan.–Apr. 14.00–18.00; im Sommer bis 19.00 Uhr).

Das andere städtische Museum (Fondation Charles Friry) befindet sich im ehemaligen Kanonikerinnenstift (18. Jh.), südwestlich der Kirche. Zu den Ausstellungsstücken gehören Gemälde des 17. und 18. Jh.s sowie Dokumente und religiöse Kunstgegenstände aus dem Damenstift.

★★ Ribeauvillé

G 6

Région: Alsace (Elsass)
Höhe: 240 m ü. d. M.
Département: Haut-Rhin
Einwohner: 4800

Neben ► Riquewihr und ► Kaysersberg gehört Ribeauvillé zu den meistbesuchten Orten im Elsass. Das alte Winzerstädtchen – deutsch Rappoltsweiler und elsässisch Rappschwihr – liegt nördlich von ► Riquewihr und nordwestlich von ► Colmar im rebenreichen Vogesenvorland am Eingang des Strengbachtals.

Den Grafen von Rappoltstein oblag seit dem 14. Jh. der Schutz der fahrenden Spielleute und Gaukler am Oberrhein. Daran erinnert noch heute eines der größten traditionellen Feste im Elsass, der so genannte »**Pfifferdaj**« (Pfeifertag) alljährlich am ersten Septembersonntag. An diesem Tag sieht man die Menschen in mittelalterlichen Kostümen – vom Minnesänger bis zum Burgfräulein.

RIBEAUVILLÉ ERLEBEN

AUSKUNFT

1, Grand' Rue
Tel. 03 89 49 08 40
Fax 03 89 49 08 49
www.ribeauville-riquewihr.com

EINKAUFEN

La Poterie du Vignoble
60, Grand' Rue
Elsässische Keramik und Steingut.

Foie Gras Liesel
3, Route de Bergheim
Unter dem Logo der Gänseliesel findet man hier allerbeste Qualität: Handwerk und Kunst braucht man für die Herstellung einer Gänseleberpastete, die auf keinem französischen Festtagstisch fehlen darf.

Beauvillé
16, Route de Sainte Marie-aux-Mines
Repräsentiert seit 1838 die Tradition der Stoffdruckkunst im Elsass. In der Fabrikboutique kann man sehr schöne Stoffe erwerben.

ESSEN

▶ Fein & teuer

① ***Haut-Ribeaupierre***
1, Route de Bergheim
Tel. 03 89 73 87 63
Das hochklassige Restaurant ist in einem traditionellen Elsässer Haus eingerichtet. Originelle Küche mit mediterranem und exotischem Einschlag.

④ ***Winstub du Sommelier***
51, Grand' Rue
Bergheim (4 km nordöstlich)
Tel. 03 89 73 69 99
Seit die frühere typisch elsässische Weinstube einen neuen Besitzer hat, gibt es hier mehr als nur Choucroute oder Hering. U. a. wechselnde Tagesgerichte.

▶ Erschwinglich

② ***Winstub zum Pfifferhüs***
14, Grand' Rue
Tel. 03 89 73 62 28
Renommiert und bei Touristen sehr beliebt. Im einstigen Zunfthaus der Pfeiffer werden elsässische Spezialitäten serviert.

▶ Preiswert

③ ***S'Rappschwirer Stebala***
6, Place del'Ancien Hôpital
Tel. 03 73 64 64
Exzellente Flammkuchen.

⑤ ***Winstub l'Altenberg***
14, Place du Dr. Walter
Bergheim (4 km nordöstlich)
Tel. 03 89 73 73 97
Gute, regionale Gerichte.

ÜBERNACHTEN

▶ Luxus

① ***Le Clos Saint Vincent***
Route de Bergheim
Tel. 03 89 73 67 65
Fax 03 89 73 32 20
closvincent@aol.com
Hochklassiges, sehr ruhig in den Weinbergen gelegenes Hotel (15 Z.) mit schönem Panoramablick. Hallenbad, Garten, Terrassenrestaurant.

► Komfortabel

④ ***La Cour du Bailli***
57, Grand'Rue
Bergheim (4 km nordöstlich)
Tel. 03 89 73 73 46
Fax 03 89 73 38 81
www.cour-bailli.com
Kinderfreundliche »Résidence Hôtelière« (24 Z.) in einem alten Weingut mit Bauresten aus dem 15. Jh. und einem hübschen Innenhof mitten im malerischen Kern des Winzerstädtchens. Geschmackvoll möblierte und dekorierte, komplett ausgestattete Ferienwohnungen.

② ***Hôtel Au Lion***
6, Place de la Sinne
Tel. 03 89 73 60 11
Fax 03 89 73 80 64
Netter, gemütlicher Gasthof mit 15 unterschiedlich großen Zimmern und einem guten, preiswertem Restaurant.

► Preiswert

③ ***Au Mouton***
5, Place de la Sinne
Tel. 03 89 73 60 11
Fax 03 89 73 74 62
Nette, kleine Herberge mit freundlichem Service.

Sehenswertes in Ribeauvillé

✶✶ Ortsbild und Burgruinen

Der weitgehend verkehrsberuhigte Ort besitzt einen überaus malerischen Kern mit vielen altertümlichen Fachwerkhäusern. Überragt wird das Städtchen von den drei Burgen Girsberg (528 m, 13. Jh.), Ulrichsburg (530 m, 11. Jh.) und Haut-Ribeaupierre (Hoch-Rappoltstein, 642 m, 14. Jh.), auf die sich der schon im Jahr 1663 von Matthäus Merian zitierte Spruch bezieht: »Drey Schlösser auff einem Berge, Drey Kirchen auff einem Kirchhoffe (Riquewihr), Drey Städte in einem Thal (Ammerschwihr, Kientzheim, Kaysersberg), Ist das gantze Elsaß überall.« Außer Haut-Ribeaupierre, der höchstgelegenen Burg, sind die Ruinen der kleineren Anlage Girsberg und die rötliche Hauptburg St-Ulrich begehbar. Von beiden bietet sich ein wunderschöner Ausblick.

Pfifferhüs

An der Grand' Rue No. 14, der Hauptstraße des Städtchens, steht das »Pfifferhüs« (nach der Erkerinschrift auch »Ave-Maria-Haus« genannt), ein reich verzierter Fachwerkbau aus der Zeit um 1680. Einst war er Hauptversammlungsort der Pfeifenbruderschaft, heute ist darin eine Winstub untergebracht.

Place de l'Hôtel de Ville

In nordwestlicher Richtung erstreckt sich an der Grand' Rue der Rathausplatz, an dessen Südseite sich das 1773 erbaute barocke Hôtel de Ville (Rathaus) erhebt. Das Rathaus beherbergt im »roten Salon« eine Sammlung mit dem sog. Ratssilber: Silberbecher aus dem 17. Jh., die die Feudalherren von Ribeauvillé im 18. Jh. zur Begleichung ihrer Schulden der Bürgerschaft aushändigen mussten.
Mitten auf dem Marktplatz steht ein schöner **Renaissancebrunnen** von 1536, die Fontaine du Vin (Weinbrunnen), der einen wappenhaltenden Löwen trägt und aus dem am Pfifferdaj Wein fließt.

Ribeauvillé Orientierung

Essen
1. Haut-Ribeaupierre
2. Winstub zum Pfifferhüs
3. S'Rapschwierer Stebala
4. Winstub du Sommelier
5. Winstub l'Altenberg

Übernachten
1. Le Clos Saint Vincent
2. Hôtel Au Lion
3. Au Mouton
4. La Cour du Bailli

Église du Couvent

Gegenüber dem Rathaus befindet sich jenseits des Platzes die 1412–1452 vom Augustinerorden errichtete Kirche, die heute dem Orden der Sœurs de la Divine Providence (Schwestern von der Göttlichen Vorsehung) gehört. Beachtung verdient die »« aus dem 15. Jh., die an einem neugotischen Altar am Ende des linken Seitenschiffs zu finden ist.

Tour des Bouchers

Den nordwestlichen Abschluss des Rathausplatzes bildet der Metzgerturm (Tour des Bouchers) aus dem 13. und 16. Jh., der früher die Mittelstadt von der Altstadt trennte. Seinen Namen erhielt der Turm, der zeitweise als Gefängnis diente, von dem davor errichteten Schlachthaus.

St-Grégoire-le-Grand

Etwas abseits der Grand' Rue und leicht erhöht befindet sich die Église St-Grégoire-le-Grand (kath. Pfarrkirche), ursprünglich ab 1282 erbaut, aber im 19. Jh. erheblich verändert. Vor dem Kirchenportal steht ein Mammutbaum (Sequoia sempervirens), der im Jahr 1865 zum Gedenken an die Geburt des Kronprinzen Eugène Louis Napoléon Bonaparte gepflanzt wurde. Im Innern des Gotteshauses beeindruckt vor allem das harmonische gotische Maßwerk. Am Ende des rechten Seitenschiffs entdeckt man eine gotische Madonna mit einer Flügelhaube, aus der sich die Kopfbedeckung der elsässischen Frauentracht entwickelt haben soll. Die Orgel mit dem Rokokogehäuse, eine der ältesten Orgeln im Elsass, wurde um 1700 gebaut.

Maison du Bailli

An der **Place de la Sinne** ist im einstigen Rappoltsteinischen Amtshof (Maison du Bailli) ein Kulturzentrum untergebracht. Eine Gedenktafel erinnert an den hier geborenen Physiker **C. A. Steinheil** (1801–1870), der 1836 den ersten Schreibtelegrafen baute.

Wistub
zum
Pfifferhüs
Kodak
Patisser
Kodak

Im Osten des Orts, an der **Route de Colmar**, ist im Kellergeschoss der Cave Vinicole de Ribeauvillé ein privates Wein- und Weinbaumuseum eingerichtet. Tafeln mit Texten in Blindenschrift und ein Reliefmodell machen den Besuch auch für Blinde und Sehbehinderte lohnenswert.

Musée de la Vigne et de la Viticulture

Umgebung von Ribeauvillé

Dusenbach

Westlich unterhalb von Hoh-Rappoltstein liegt das Wallfahrtsziel Dusenbach, dessen Kapelle 1884 aus mittelalterlichen Trümmern neu errichtet worden ist (von Ribeauvillé 45 Min. Fußweg).

Aubure

Biegt man von der nach ►Sainte-Marie-aux-Mines führenden Straße nach rund 7 km links ab, so gelangt man nach Aubure (Altweiler, 800 m ü. d. M.), dem als Luftkurort und Tourenstützpunkt besuchten höchstgelegenen Dorf im Elsass.

★ Bergheim

Rund 4 km nordöstlich von Ribeauvillé versteckt sich das hübsche alte Winzerstädtchen Bergheim (1800 Einw.) hinter seiner fast komplett erhaltenen Stadtmauer aus dem 14. / 15. Jh. An der Nordseite sind noch drei schlanke Rundtürme intakt: der Pulverturm (Tour de la Poudrière), der Hexenturm (Tour des Sorcières) und das malerisch mit roten Ziegeln gedeckte Obertor (Porte Haute). Beim Obertor ist ein kleiner Park angelegt, in dem eine angeblich tausendjährige Linde steht.; Nahe beim unteren Ortsende steht die ursprünglich gotische dreischiffige Basilika mit Resten gotischer Fresken in der Vorhalle. Das **Museum der Hexenprozesse** (Musée de la Sorcellerie) an der Place de l'Église informiert über die Hexenprozesse in Bergheim im 16. und 17. Jahrhundert.

★★ Riquewihr

G / H 6

Région: Alsace (Elsass)
Département: Haut-Rhin
Höhe: 300 m ü. d. M.
Einwohner: 1000

Riquewihr (Reichenweier), das hübsche Winzerstädtchen südlich von ► Ribeauvillé und nordwestlich von ► Colmar, ist mit seinem gut erhaltenen mittelalterlichen Stadtbild der wohl meistbesuchte Ort im Elsass.

Auch wegen seiner ausgezeichneten Weine steht das alte Städtchen, das sich selbst gern als **»Perle der Weinstraße«** bezeichnet und dessen gesamtes Gebiet Fußgängerzone ist, als Ausflugsziel hoch im Kurs.

← *Die Grand' Rue von Ribeauvillé mit der Ulrichsburg im Hintergrund*

RIQUEWIHR ERLEBEN

AUSKUNFT

s. Ribeauvillé

EINKAUFEN

Biscuiterie au Bredala
60, Rue du Général de Gaulle
Wunderbares Gebäck, viele verschiedene Sorten.

Caveau des Cigognes
16, Rue du Général de Gaulle
Kunsthandwerk aus dem Elsass, Gravur auf Glas.

ESSEN

► Fein & teuer

① ***La Table du Gourmet***
5, Rue de la Première Armée
Tel. 03 89 49 09 09
In einem Gebäude aus dem 16. Jh., eigenwillige und originelle Innengestaltung in Rot und Schwarz. Experimentierfreudiger Küchenchef, der sich auf Blumen- und Kräuterküche spezialisiert hat.

► Preiswert

② ***Le Tire-Bouchon***
29, Rue du Général de Gaulle
Tel. 03 89 49 04 17
Klassische Winstub.

③ ***La Maison Dissler***
6, Rue de la Couronne
Tel. 03 89 47 87 31
Intimes kleines Restaurant in einem Gebäude aus dem 17. Jh. Verträumter Innenhof, traditionelle Küche.

ÜBERNACHTEN

► Komfortabel

① ***A l'Oriel***
3, Rue des Écuries Seigneurales
Tel. 03 89 49 03 13
Fax 03 89 47 92 87
www.hotel-oriel.com
Das rustikal-gemütliche Hotel (19 Z.) steht im Ortskern, direkt neben dem Postkutschenmuseum. In der Hotelbar treffen sich auch Bewohner des Orts zu einem Gläschen Wein.

Sehenswertes in Riquewihr

✶✶ Ortsbild Das durch seine Weine reich gewordene Städtchen bildet eine überraschend geschlossene Einheit. Wohlerhaltene Mauern und Tortürme sowie zahlreiche stattliche Häuser aus der Renaissance des 16. und 17. Jh.s mit malerischen Innenhöfen formen das sicherlich **idyllischste Ortsbild im Elsass**. Beachtenswert sind an der Hauptstraße die Maison Irion (1606) mit zweigeschossigem Eckerker und die Maison Liebrich (1535) mit hübschem Innenhof sowie in einer Querstraße die Maison Dissler (1610), ein schönes Beispiel rheinischer Renaissance. Die Hauptstraße (Rue du Général de Gaulle) mit ihren vielen Weinhandlungen und Restaurants kann allerdings besonders an Sommerwochenenden den Besucherstrom kaum fassen.

Château Unweit vom klassizistischen Hôtel de Ville (Rathaus) steht südlich der Hauptstraße das wenig restaurierte und schlichte ehemalige Schloss (1539) der Grafen und späteren Herzöge von Württemberg-

Riquewihr Orientierung

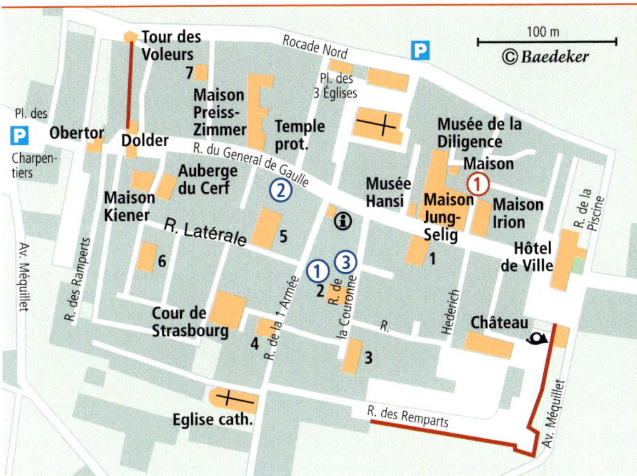

Essen
① La Table du Gourmet
② Le Tire-Bouchon
③ La Maison Dissler

Übernachten
① L'Oriel

1 Maison Behrel
2 Maison Dissler
3 Maison Jung
4 Maison Bouton d'Or
5 Erkerhaus (1551)
6 Erkerhaus (1581)
7 Maison Schaerlinger (17. Jh.)

Mömpelgard (Montbéliard). An der Fassade sind Plaketten angebracht: eine Gedenkplakette für den durch Wilhelm Hauffs »Lichtenstein« bekannten Herzog Ulrich von Württemberg (1487 – 1550) und ein Porträtmedaillon von Maria Caroline Flachsland, der späteren Gattin Herders, die hier 1750 geboren wurde.
Heute befindet sich im Schloss das **elsässische Postmuseum** (Musée d'Histoire des P. T. T. d'Alsace), worauf eine vor dem Gebäude aufgestellte Postkutsche aus dem 18. Jh. hinweist.

Musée de la Diligence

Folgt man der Hauptstraße bergauf und wendet sich dann rechts, so kommt man zum Postkutschenmuseum (Musée de la Diligence), das sich im ehemaligen Pferdestall des Schlosses befindet und dem Postmuseum angegliedert ist. Zu sehen sind hier Postkutschen vom 18. bis zum 20. Jh., ferner Uniformen der Postkutscher und Postbücher.

★ Musée Hansi

Direkt an der Hauptstraße steht das Musée Hansi. Es ist dem Werk des im Elsass ungemein populären Grafikers, Karikaturisten und Schriftstellers Jean-Jacques Waltz (genannt Hansi; ► Berühmte Persönlichkeiten) gewidmet und zeigt in sechs Räumen seine graphischen und zeichnerischen Arbeiten. Nachdrucke von vielen seiner humoristisch-satirischen Bilderbücher können hier gekauft werden. Hansi wurde zwar in Colmar geboren, doch sein Bruder war Apotheker in Riquewihr (Öffnungszeiten: Apr. – Dez. Di. – So. 10.30 – 18.00; Juli – Aug. auch Mo. 14.00 – 18.00; Jan. Sa. – So. 14.00 – 18.00; Feb. bis März Di. – So. 14.00 – 18.00 Uhr).

Tour des Voleurs

Nahe dem Dolder, dem bergwärtigen Stadttor, führt eine Querstraße nach rechts zur Tour des Voleurs (Diebsturm; um 1300), dem ehemaligen Gefängnis, in dem eine mittelalterliche Folterkammer, ein

Idyll in Riquewihr

Verlies, eine Wachstube und die Wohnung des Wärters zu besichtigen sind.

Der stattliche **Dolder**, ein Torturm von 1291, schließt den Ortskern im Westen ab. Im Dolder, was »Spitze« oder »Gipfel« heißt, ist ein kleines **stadthistorisches Museum** untergebracht, das Haushalts- und Handwerksgerät, Keramik sowie allerlei Kriegsgerät aus der Zeit seit 1870 zeigt. Von den oberen Stockwerken bietet sich ein lohnender Blick in die Oberrheinebene. Hinter dem Dolder folgt das **Obertor** (1548) mit Fallgatter, Pechnase und Schießscharten. Direkt beim Dolder steht der **Sinnbrunnen** aus dem 16. Jh. mit dem wappenhaltenden Löwen der Herzöge von Württemberg-Mömpelgard.

★ Rosheim

E/F 7

Région: Alsace (Elsass)
Département: Bas-Rhin
Höhe: 194 m ü. d. M.
Einwohner: 4550

Das hübsche alte, in einer Talmulde gelegene Winzerstädtchen Rosheim an der Route du Vin südwestlich von ►Strasbourg, einst eine der zehn Freien Reichsstädte des Elsass, nennt sich nicht ohne Grund »cité romane« (romanische Stadt).

Auch die mittelalterlichen Mauern und Tortürme sowie viele Fachwerkhäuser sind gut erhalten. Insgesamt muss man durch vier spätmittelalterliche Stadttore fahren, um das Straßenstädtchen zu durchqueren. Jahrhundertelang war in dem kleinen Ort eine der drei großen jüdischen Gemeinden des Elsass ansässig. Auch **Josel von Rosheim** (►Berühmte Persönlichkeiten) lebte hier einige Zeit.

Sehenswertes in Rosheim

★ **St-Pierre-et-St-Paul**

Unmittelbar westlich des mittleren Stadttors, das von der im 13. Jh. angelegten ersten Ummauerung stammt, erhebt sich die Église St-Pierre-et-St-Paul (Peter-und-Paul-Kirche), einer der bedeutendsten romanischen Bauten im Elsass. Der Eingang befindet sich in dem von schön skulptierten Säulen eingefassten Portal beim rechten Querhausarm. Der um 1132–1160 errichtete, klar gegliederte Bau aus goldgelbem Vogesensandstein wird von einem wuchtigen achteckigen Vierungsturm (14. Jh.) überragt. Besonders beachtenswert ist die romanische Bauplastik: die Tier- und Menschengestalten und Giebel, das mittlere Fenster der Hauptapsis und im Innern die Kapitelle. Im rechten Seitenschiff ziemlich versteckt befindet sich eine **Silbermann-Orgel** von 1733.

Hôtel de Ville

Vor dem nüchtern-eleganten Hôtel de Ville (Rathaus, 1775) steht der hübsche Marktbrunnen (1605 / 1762) mit drei Säulen und sechs Eimern – bei Fotografen ein **beliebtes Elsass-Motiv**.

Maison Romane oder Maison Païenne

An der links der Straße stehenden klassizistischen protestantischen Kirche mit romanischem Turm vorbei kommt man zur Maison Romane (Romanisches Haus) oder auch Maison Païenne (Heidenhaus bzw. »Heidehüss«). Das zweistöckige Gebäude wurde in der zweiten Hälfte des 12. Jh.s von einer Rosheimer Patrizierfamilie errichtet und gilt als der älteste noch erhaltene profane Steinbau im Elsass.

Umgebung von Rosheim

Rosenwiller

Westlich von Rosheim liegt in einem malerischen Wiesental der kleine Ort Rosenwiller. Seine im 19. Jh. größtenteils erneuerte Kirche lohnt einen Besuch wegen der gut erhaltenen gotischen Fresken in der Turmbasis und der farbigen Chorfenster. In Rosenwiller befindet sich seit dem 14. Jh. am Waldrand auch ein jüdischer Friedhof (Cimetière Israélite), der zu den ältesten im Elsass zählt, der jedoch während der Französischen Revolution profaniert wurde.

✶ Guirbaden

Folgt man von Rosheim der über Grendelbruch nach ► Schirmeck führenden Bergstraße, kommt man nach einer Strecke von ca. 10 km

Château de Guirbaden Grundriss

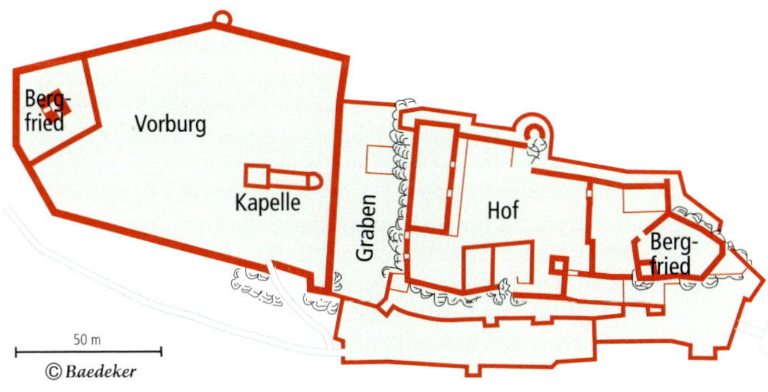

zu dem nördlich oberhalb gelegenen Château de Guirbaden (565 m ü. d. M.). Der wunderbare Blick belohnt für den 40-minütigen Aufstieg. Die auf römischen Fundamenten errichtete Burg war eine der größten Festen im Elsass. Ursprünglich im 10. Jh. erbaut, wurde sie nach wechselvoller Geschichte 1657 von den Franzosen endgültig geschleift. Im Bereich der Vorburg steht die ursprünglich romanische, aber im 19. Jh. erneuerte Valentinskapelle.

★ **Bœrsch**

Südwestlich von Rosheim an der Route du Vin befindet sich inmitten von Obstgärten, Weinbergen und Wiesen das reizvolle und winzige, in seinen Festungsmauern eingezwängte Landstädtchen Bœrsch (1500 Einw.) – ein elsässisches Winzerdorf wie aus dem Bilderbuch. In der Dorfmitte erhebt sich auf dem von alten Fachwerkhäusern gesäumten Rathausplatz das Hôtel de Ville (Rathaus), ein schlichter Renaissancebau von 1572. Davor steht der hübsche, reich verzierte, jetzt mit Blumen bepflanzte Sechseimerbrunnen (1617), der neben dem Brunnen von Obernai als einer der schönsten im Elsass gilt.

★ Rouffach

J 6

Région: Alsace (Elsass)
Département: Haut-Rhin
Höhe: 204 m ü. d. M.
Einwohner: 4800

Sehr sehenswert und doch von Touristen nicht überlaufen ist das Bauern- und Winzerstädtchen Rouffach (Rufach), Sitz einer staatlichen Weinschule, rund 10 km südlich ► Colmar. Ein Juwel ist die weite Place de la République, ein bemerkenswertes wunderschönes Ensemble – für die Einwohner der prächtigste Marktplatz im ganzen Elsass.

In Rouffach erzählt man sich gern folgende Geschichte: Als König Heinrich V., der spätere Kaiser, im Jahr 1106 auf der Durchreise im Rufacher Schloss Quartier bezog, ließ er sich, wie damals üblich, ein hübsches junges Mädchen in seine Gemächer bringen. Vergebens bat die verzweifelte Mutter des Mädchens die Männer des Orts um Hilfe, Unterstützung fand sie schließlich bei den Frauen. Diese zogen dann bewaffnet auf die Isenheimer Burg und schlugen alles nieder, was sich ihnen in den Weg stellte. Die königliche Leibwache floh, und auch dem König selbst blieb nur noch die Flucht – ohne Zepter und ohne Krone. Als Heinrich um die Herausgabe der Reichsinsignien bat und versprach, gegen die Stadt keine Repressalien zu ergreifen, kamen die Rufacher Bürger seinem Wunsch nach. Doch der König hielt nicht Wort und ließ den Ort zerstören. Tatsächlich wurde Rouffach Anfang des 12. Jh.s von Kaiser Heinrich V. niedergebrannt – und zwar als »Papistenstadt« im Investiturstreit zwischen Kaiser und Papst.

ROUFFACH ERLEBEN

AUSKUNFT

8, Place de la République
Tel. 03 89 78 53 15
Fax 03 89 49 75 30
www.ot-rouffach.com

Überall in Rouffach begegnet man Hexenfiguren.

ESSEN

► Erschwinglich

Auberge Au Vieux Pressoir
Bollenberg (6 km südwestlich)
Tel. 03 89 49 60 04
Schöne Lage in Weinbergen. Gediegene Stuben mit alten elsässischen Möbeln. Obstbrände, Wein und Eingemachtes, z.B. Gelee aus Gewürztraminer oder Zwiebelkonfit (»confit d'oignon«) aus eigener Herstellung können erworben werden.

► Preiswert

Caveau du Haxakessel
7, Place de la République
Tel. 03 89 49 76 76
Nettes Lokal mit schöner Sonnenterrasse, Spezialität ist das »Choucroute nach Hexenart«.

ÜBERNACHTEN

► Luxus

Château d'Isenbourg
Tel. 03 89 78 58 50
Fax 03 89 78 53 70
www.grandesetapes.com
isenbourg@grandesetapes.fr
Das Hotel (40 Z.) darf sich seit 1999 zu den »Small Luxury Hotels of the World« zählen und ist in der einstigen Residenz der Straßburger Erzbischöfe eingerichtet. Großer Park, Hallenbad, beheiztes Freibad, Fitnessraum, Tennisplatz, ausgezeichnetes Restaurant – und dazu einen herrlichen Blick auf die Dächer von Rouffach und die Vogesen.

► Komfortabel / Günstig

Hostellerie A la Ville de Lyon
1, Rue Poincaré
Tel. 03 89 49 62 49
Elegantes Landgasthaus in ehemaliger Poststation am nördlichen Ortsausgang mit angenehmem Ambiente. Zum Hotel gehören zwei Restaurants: Philippe Bohrer, einst Koch im Dienst des französischen Staatspräsidenten und Schüler von Paul Bocuse, repräsentiert die Gourmetküche, daneben gibt es in der »Brasserie Chez Julien« traditionelle Gerichte zu moderaten Preisen.

Sehenswertes in Rouffach

Blickpunkt an der Place de la République ist die dreitürmige Pfarrkirche Mariä Himmelfahrt mit ihrer hochgotischen Westfassade und dem Radfenster (14. Jh.). Erbaut wurde sie zwischen dem 11. und 14. Jh., die Turmaufsätze datieren aus dem 19. Jahrhundert.

★ **Église Notre-Dame-de-l'Assomption**

Halle aux Blés Schräg gegenüber der Kirche steht das ehemalige Kornhaus (Halle aux Blés), ein zweistöckiger Renaissancebau von 1569, in dem sich das Musée Municipal der Stadtgeschichte widmet.

Ancien Hôtel de Ville An die Stadtmauer ist der Komplex des Alten Rathauses (Ancien Hôtel de Ville) angefügt, ein harmonisches Ensemble zweier Häuser von 1581 bzw. 1617 mit Renaissancefassaden. Daneben erinnert der mittelalterliche **Hexenturm** (Tour des Sorcières), der einzige noch erhaltene Turm der Stadtbefestigung, der bis ins 18. Jh. als Gefängnis diente, an die Zeiten, als Rouffach Hochburg von Hexenprozessen war. Zusätzliche Attraktion sind die Störche, die sich öfters auf dem Turm und dem Alten Rathaus bewundern lassen.

Place Georges Clemenceau Auf der Place Georges Clemenceau steht ein Denkmal für den in Rouffach geborenen François-Joseph Lefebvre (1755 – 1820), Herzog von Danzig und Marschall von Frankreich. Gegenüber befindet sich die klassizistische Mairie (Rathaus).

Château d'Isenbourg Nördlich der Stadt erblickt man auf dem Rehberg das den Ort dominierende Schloss Isenburg. Es wurde 1880 auf den Fundamenten einer merowingisch-fränkischen Pfalz erbaut (heute ein Hotel).

Umgebung von Rouffach

Pfaffenheim Die Pfarrkirche des 4 km nördlich von Rouffach gelegenen hübschen kleinen Winzerorts Pfaffenheim ist großteils neuromanisch umgestaltet, interessant ist der im ursprünglichen Zustand erhaltene Chor im Übergangsstil zwischen Romanik und Gotik.

Soultzmatt Das 5 km westlich von Rouffach gelegene malerische Winzerdorf Soultzmatt ist noch von Resten der einstigen Befestigung umzogen. Am östlichen Ortseingang steht das ehemalige Schloss Wangenbourg (16. Jh., jetzt Weingut) mit Rundturm und Staffelgiebel. Im Ortszentrum erhebt sich die romanisch-gotische Kirche (12. Jh.).

★ Saint-Dié

G 4

Région: Lorraine (Lothringen)
Höhe: 343 m ü. d. M.
Département: Vosges
Einwohner: 23 000

Sie nennt sich »Taufpatin Amerikas« – die auf der Höhe von Sélestat an der Meurthe gelegene Vogesenstadt Saint-Dié (offiziell Saint-Dié-des-Vosges). Denn hier veröffentlichte ein Kreis humanistischer Gelehrter 1507 die »Cosmographiae Introductio«, in der die Neue Welt erstmals als »America« bezeichnet wurde.

SAINT-DIÉ ERLEBEN

AUSKUNFT

8, Quai Maréchal de Lattre de Tassigny
Tel. 03 29 42 22 22
Fax 03 29 42 22 23
www.ville-saintdie.fr

ESSEN

► Preiswert

① ***Restaurant des Voyageurs***
2, Rue d'Hellieule
Tel. 03 29 56 21 56
Das moderne, etwas nüchtern gestaltete Restaurant liegt unweit südlich der Meurthe und bietet einen hübschen Blick auf den Stadtpark mit der Tour de la Liberté.

ÜBERNACHTEN

► Komfortabel

① ***Auberge de la Cholotte***
Les Rouges-Eaux (16 km südwestlich von Saint-Dié an der N 420)
Tel. 03 29 50 56 93
Fax 03 29 50 24 12
www.lacholotte.com
Inmitten der herrlichen Vogesenlandschaft liegt diese nette Auberge mit einem benachbarten kleinen Weiher. Sie bietet einige romantisch eingerichtete Zimmer, eine gute Küche mit regionalen Spezialitäten und gute Wandermöglichkeiten in der Umgebung.

► Günstig

② ***Le Haut-Fer***
230, Chemin du Port
Taintrux
(6 km südwestlich von Saint-Dié)
Tel. 03 29 55 03 48
Fax 03 29 55 23 40
www.lehautfer.fr
Sympathisches Hotel der Logis-de-France-Gruppe. Die ruhige Lage mit Garten macht das Haus auch für Familien interessant. Zusätzlich bietet das Hotel noch ein beheiztes Freibad, einen Tennisplatz und ein gutes Restaurant.

Von der alten Bischofsstadt, die heute in erster Linie von der Textil- und Holzindustrie lebt, ist außer dem Ensemble dreier Sakralbauten nicht viel übrig geblieben, da der Ort im Zweiten Weltkrieg weitgehend abbrannte.

Sehenswertes in Saint-Dié

Am nördlichen Rand der Innenstadt steht etwas erhöht die im 12. bis 14. Jh. entstandene ehemalige Stiftskirche (seit 1777 Kathedrale), die im 18. Jh. die imposante Zweiturmfassade erhielt. Die 53 modernen farbigen Glasfenster (1987) wurden von einer Künstlergruppe um Jean Bazaine gestaltet. Aus dem linken Seitenschiff betritt man den unvollendet gebliebenen **gotischen Kreuzgang** aus rotem Vogesensandstein (15. / 16. Jh.), der die Kathedrale mit der bemerkenswerten romanischen Kirche **Notre-Dame de Galilée** (Liebfrauenkirche), einem schönen Beispiel rheinisch-romanischer Baukunst des 12. Jh.s, verbindet.

★ **Cathédrale Saint-Dié**

Saint-Dié Orientierung

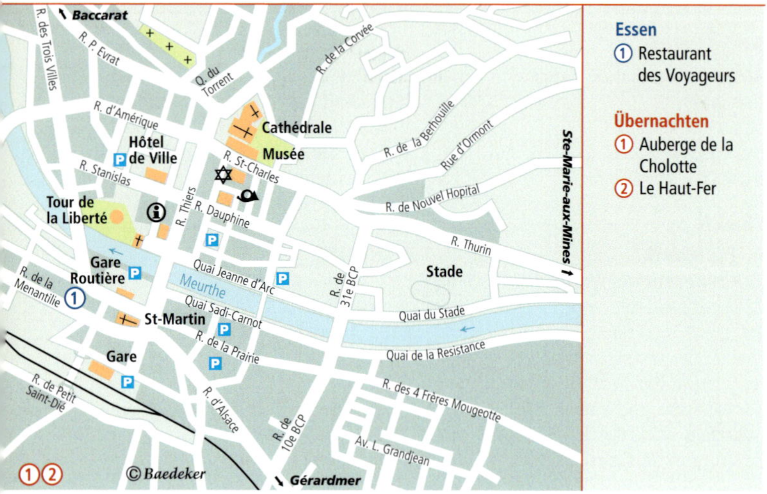

Musée Pierre Noël An die Kathedrale schließt das städtische Museum an (Musée Pierre Noël – Musée de la Vie dans les Hautes Vosges). Das Heimatmuseum umfasst die **Sammlung Claire und Ivan Goll** sowie Werke u. a. von Chagall, Dalí und Moore. Ein Raum ist dem in Saint-Dié gebürtigen Minister Jules Ferry (1832 – 1893) gewidmet, der die »laïcité« (Trennung von Kirche und Staat) sowie konfessionsfreien und kostenlosen Schulunterricht durchsetzte (Öffnungszeiten: Mai – Sept. Di. – Sa. 10.00 – 12.00, 14.00 – 19.00, So. 14.00 – 19.00; Okt. – Apr. Di., Do., Fr., Sa., So. 14.00 – 18.00, Mi. 10.00 – 12.00, 14.00 – 18.00 Uhr).

Tour de la Liberté Südwestlich der Kathedrale steht der 36 m hohe und 1440 t schwere Freiheitsturm (Tour de la Liberté), der anlässlich der 200-Jahr-Feier der Französischen Revolution im Pariser Tuileriengarten aufgestellt wurde und 1990 hierher kam. Er symbolisiert den Vogel der Freiheit, der sich in die Lüfte schwingt. Der gläserne Kubus in halber Höhe birgt eine kleine **Sammlung mit Gold- und Edelsteinschmuck**, dessen Gestalter sich von den Werken des kubistischen Malers **Georges Braque** inspirieren ließ. Von oben hat man einen guten Rundblick.

Umgebung von Saint-Dié

Camp celtique de la Bure Fährt man auf der N 59 Richtung Raon-l'Étape und biegt nach 4 km bei La Pêcherie rechts auf die Forststraße von La Bure, dann links auf die Forststraße von La Crenée, gelangt man zum Col de la Crenée und von dort über einen Fußweg zur keltischen Siedlungsstätte Camp celtique de la Bure aus der Zeit zwischen 2000 v. Chr. und dem 4. nachchristlichen Jahrhundert.

★ Sainte-Marie-aux-Mines

G 6

Région: Alsace (Elsass)
Höhe: 370 m ü. d. M.
Département: Haut-Rhin
Einwohner: 5800

Wie der Name des im Val d'Argent (Silbertal) bzw. im Tal der Liepvrette gelegenen Vogesenorts andeutet, lebten die Menschen hier einst vom Bergbau. Tatsächlich war Sainte-Marie-aux-Mines (Markirch), das sich fast auf der Höhe von ►Sélestat befindet, vom Mittelalter bis in die Neuzeit ein bedeutender Bergbauort, ja zwischen dem 15. und 18. Jh. die wichtigste Grubenstadt in Ostfrankreich.

Im 17. / 18. Jh. trat an die Stelle des Bergbaus die Textilindustrie, von der der Ort heute noch lebt. Alljährlich treffen sich in Sainte-Marie-aux-Mines am letzten Wochenende im Juni Mineralien- und Edelsteinsammler zu einer der größten Mineralienbörsen Europas. Bei den Stoffmessen im Frühjahr und Herbst werden u. a. Textilien gezeigt, die zum größten Teil für die Haute Couture bestimmt sind. In Sainte-Marie-aux-Mines sammelten sich Ende des 17. Jh.s auch die aus der Schweiz ausgewanderten strenggläubigen Mennoniten, die die Rückkehr zu einem einfachen Leben forderten und im 18. und 19. Jh. in die Vereinigten Staaten emigrierten, wo sie bis heute ihre Lebensart bewahren.

Sehenswertes in Sainte-Marie-aux-Mines

Statt Fachwerkbauten Bürgerhäuser der Renaissance: Kein anderer Ort im Elsass verfügt über so viele Renaissancehäuser wie die einstige Bergbaustadt. Unter denen ca. 50 Gebäuden fallen besonders die türmchenverzierten Paläste der Bergbaubarone ins Auge.

SAINTE-MARIE-AUX-MINES ERLEBEN

AUSKUNFT

86, Rue Wilson
Tel. 03 89 58 80 50
Fax 03 89 58 67 92
www.valdargent.com

ESSEN

► **Preiswert**

Aux Mines d'Argent
Rue du Docteur Weisgerber
Tel. 03 89 58 55 75
Das rustikale Restaurant in einem schönen Haus aus dem 16. Jh. liegt nahe beim Rathaus. Solide traditionelle elsässische Küche, zudem gibt es hier günstige Gästezimmer.

ÜBERNACHTEN

► **Günstig**

Auberge Les Bagenelles
15, La petite Lièpvre
Tel. 03 89 58 70 77, Fax 03 89 58 67 69
www.bagenelles.com
Wanderer, Skifahrer, Rad- und Motorradfahrer können sich hier bestens von ihren Touren erholen.

Nicht nur ein Gebäck – die »Bretzel D'Or« beispielsweise ist die höchste kulturelle Auszeichnung im Elsass.

Maison de Pays In der Maison de Pays an der Place du Prensoureux kann man sich über den Bergbau und die Textilindustrie informieren. Zu sehen sind eine Mineraliensammlung, eine rekonstruierte Textilwerkstatt und eine Bergbauabteilung.

Mine d'Argent St-Barthélemy Darüber hinaus können in Sainte-Marie-aux-Mines auch zwei Silberminen besichtigt werden. Die Silbermine St-Barthélemy erreicht man, wenn man am westlichen Stadtrand, oberhalb der klassizistischen Kirche Ste-Madeleine und des Rathauses, der Beschilderung folgt. Die Besichtigung der **Silbermine St-Louis-Eisenthür** erfordert mehr Zeit. Die Exkursion dauert rund 3 Stunden, wovon etwa die Hälfte unter Tage verbracht wird. Robustes Schuhwerk und warme Kleidung sind erforderlich, da die Temperatur im Stollen nur 8 °C beträgt. Ausgangspunkt der Besichtigung ist das Gebäude des Centre du Patrimoine Minier (Rue Weisgerber 4).

★ Sarrebourg

D 5

Région: Lorraine (Lothringen) **Département:** Moselle
Höhe: 250 m ü. d. M. **Einwohner:** 13 300

Die über 2000 Jahre alte, kleine lothringische Industrie- und Handelsstadt Sarrebourg (Saarburg), die sich gern »Porte des Vosges« (Pforte der Vogesen) nennt, kann sich rühmen, ein großes Werk des Künstlers Marc Chagall zu besitzen. Der Ort, der im Jahr 1766 mit Lothringen an Frankreich fiel, liegt am Vogesenrand an der oberen Saar (Sarre) westlich von ►Saverne.

Sehenswertes in Sarrebourg

Für die Chapelle des Cordeliers (Franziskanerkapelle) aus dem 13. Jh., die sich in der Stadtmitte etwas nördlich der Grand' Rue erhebt und wo heute das Office de Tourisme untergebracht ist, schuf Marc Chagall (1887 – 1985) das 12 m x 7,5 m große Buntglasgemälde »**La Paix**« (Der Friede), das u. a. die Schöpfungsgeschichte und den Einzug Jesu in Jerusalem zeigt. Die Kapelle beherbergt auch den Wandteppich »La Paix«: die Transposition eines Kirchenfensters, das Chagall den Vereinten Nationen in New York schenkte.

*** Chapelle des Cordeliers**

Im Westen der Innenstadt, an der Avenue de France, befindet sich das Musée du Pays de Sarrebourg (Regionalmuseum). Besonders interessant sind die archäologischen Funde aus gallo-römischer Zeit, die großteils aus der Villa St-Ulrich (s. unten) stammen. Daneben gibt es mittelalterliche Kunst sowie eine bemerkenswerte Fayence- und Porzellansammlung aus Niderviller (18. Jh.) zu sehen.

Musée du Pays de Sarrebourg

Umgebung von Sarrebourg

Ungefähr 4 km nordwestlich erreicht man das Ausgrabungsgelände von St-Ulrich. Seit 1963 wurden hier die Fundamente eines stattlichen gallo-römischen Gutshofs (ca. 1. Jh. n. Chr.) mit Mauerresten von über 100 Zimmern freigelegt.

Villa St-Ulrich

SARREBOURG ERLEBEN

AUSKUNFT

Chapelle des Cordeliers
Tel. 03 87 03 11 82
Fax 03 87 07 13 93
www.sarrebourg.org

ESSEN

► Erschwinglich

Mathis
7, Rue Gambetta
Tel. 03 87 03 21 67
Rustikales Restaurant von gehobenem Standard. Spezialitäten des Hauses sind Fisch und Meeresfrüchte.

► Preiswert

L'Auberge Maître Pierre
24, Rue Saint-Martin
am Ortsausgang Richtung Morhange
Tel. 03 87 03 10 16
Schöner Blick auf die Stadt, gute lothringische Küche.

ÜBERNACHTEN

► Günstig

Les Cèdres
Chemin d'Imling, Zone de loisirs (West)
Tel. 03 87 03 55 55
Fax 03 87 03 66 33
www.hotel-lescedres.fr
Modernes Hotel mit klaren, hellen Räumen. Schöne, ruhige Lage am Waldrand mit einem kleinen Weiher in der Nähe. Restaurant mit regionalen Spezialitäten und Terrasse.
In unmittelbarer Nähe existieren einige Möglichkeiten, sich sportlich zu betätigen (wie z. B. Schwimmen oder Tennis spielen).

Hartzviller Südöstlich von Hesse, bei Hartzviller, ist eine Kristallglasmanufaktur, die eine Glassammlung besitzt und Betriebsführungen durchführt.

★ **Fénétrange** 15 km entfernt von Sarrebourg, erreichbar über die D 43 in nördlicher Richtung, liegt Fénétrange (1000 Einw.). Der Ort am Saaroberlauf konnte sein altertümliches Stadtbild bewahren. Das Zentrum wird vom einstigen Château (Schloss) der Herren von Fénétrange beherrscht. An der Place de l'Église lohnt die gotische Collégiale Saint-Rémy (Remigiuskirche, 15. Jh.) mit ihrer aus dem 18. Jh. stammenden Orgel einen Besuch. Fénétrange, wo im Sommer der Nachtwächter in Originaltracht seine Runden dreht, wird nicht nur wegen seines mittelalterlichen Ortskerns besucht. Im Juni lockt auch ein internationales Musikfestival Gäste an. Darüber hinaus erstreckt sich in einem seenreichen Hügelland südwestlich der Parc Naturel Régional de Lorraine (Regionaler Naturpark Lothringen), dessen Wiesenlandschaft ein lohnendes Wandergebiet ist.

★ Sarreguemines

B 5

Région: Lorraine (Lothringen) **Département:** Moselle
Höhe: 220 m ü. d. M. **Einwohner:** 23 200

Errichtet wurde Sarreguemines (Saargemünd) einst als Grenzstadt zur Sicherung der Randgebiete des Herzogtums Lothringen. Einen Namen machte sich der Ort am Zusammenfluss von Saar und Blies unmittelbar an der französisch-deutschen Grenze und 18 km südlich von Saarbrücken mit seinen Fayencen.

Ab 1790 wurden hier 200 Jahre lang Fayencen, Porzellan, Majolika, später auch Schilder hergestellt. 1979 kaufte ein Konzern die örtliche Manufaktur auf, seither werden in erster Linie Kacheln produziert.

Sehenswertes in Sarreguemines

★ **Musée des Faïences de Sarreguemines** Unweit vom westlichen Ufer der Saar steht das Hôtel de Ville (Rathaus) und unmittelbar daneben das Musée de Sarreguemines (Städtisches Museum), das im ehemaligen Haus des Direktors der Porzellanmanufaktur eingerichtet ist. Den Hauptteil der Sammlungen bildet die überaus reiche Abteilung örtlicher Fayencen. Im schönen Wintergarten ist ein monumentaler Majolika-Brunnen zu bewundern (Öffnungszeiten: Mi. – Mo. 10.00 – 12.00, 14.00 – 18.00 Uhr).

Musée des Techniques Faïencières In der alten Mühle an der Blies (Moulin de la Blies), die einst zur Porzellanfabrik gehörte und im Nordosten der Stadt liegt (125, Avenue de la Blies), unterrichtet ein Museum mittels alter Maschinen und Werkzeuge über die industrielle Porzellanproduktion.

SARREGUEMINES ERLEBEN

AUSKUNFT
11, Rue du Maire Massing
Tel. 03 87 98 80 81
Fax 03 87 98 25 77
www.sarreguemines-museum.com

EINKAUFEN
Le Magasin de la Vaisselle
Rue Col. Cazal (neben dem Casino)
Fabrikverkauf der Fayencen (Marken Saarguemines und Lunéville).

ESSEN
► **Fein & teuer**
Auberge Saint-Walfrid
Route Grobsliebersdorff
Tel. 03 87 96 43 75
Am Stadtrand gelegenes ländliches Restaurant mit einem Garten und einer Terrasse. Wildgerichte je nach Saison. 11 komfortable Zimmer.

► **Preiswert**
Casino des Sommeliers
4, Rue Col. Cazal
Tel. 03 87 02 90 41
Bistro in schöner Lage inmitten eines Parks, Terrasse unter Arkaden. In der ehemaligen Dependance der Fayencerien wird stilecht im Fayencegeschirr der Region serviert.

ÜBERNACHTEN
► **Günstig**
Amadeus
1, Avenue de la Gare
Tel. 03 87 98 55 46
Fax 03 87 98 66 92
www.amadeus-hotel.fr
Zentral gelegenes, schön renoviertes Gebäude von 1930. Der Service ist sehr freundlich und die Zimmer sind klar und hell.

Umgebung von Sarreguemines

Parc Archéologique Européen

Die 6000-jährige Siedlungsgeschichte der Region wird im deutsch-französischen Archäologiepark bei Bliesbruck-Reinheim, ca. 10 km östlich von Sarreguemines, gezeigt. In dem von der Grenze durchschnittenen, seit 1978 bestehenden Parc Archéologique Européen sind Überreste einer prachtvollen römischen Villa freigelegt worden.

★★ Saverne

D 7

Région: Alsace (Elsass)
Höhe: 210 m ü. d. M.
Département: Bas-Rhin
Einwohner: 11 000

Saverne (Zabern) verdankt seine politische und wirtschaftliche Bedeutung der äußerst verkehrsgünstigen Lage am Fuß der Zaberner Steige (Col de Saverne), einem nur 6 km breiten und mit 410 m Höhe relativ flachen Vogesenkamm, der das lothringische Hochland mit der Oberrheinebene verbindet. Eisenbahn, Autobahn und der Rhein-Marne-Kanal passieren hier die Vogesen.

Nicht nur eines der schönsten Gebäude von Saverne, sondern auch ein Geheimtipp für Feinschmecker: die Maison Katz

Porte de l'Alsace

Als »Tres Tabernae« war Saverne ein wichtiger Verkehrsknotenpunkt in römischer Zeit, im Mittelalter Hauptstadt des Wasgaus und von 1414 bis 1789 glanzvolle Residenz der Bischöfe von Strasbourg.

Sehenswertes in Saverne

★ Château des Rohans

Von 1779 an ließ **Louis-René de Rohan**, der in die »Halsbandaffäre« verwickelt war (► Berühmte Persönlichkeiten) auf den abgebrannten Fundamenten des Schlosses seiner Familie, aus der im 18. Jh. die mächtigen Fürstbischöfe Strasbourgs hervorgingen, einen wahrhaft herrschaftlichen Neubau in ungebremstem Luxus errichten. Nicht zuletzt wegen der 140 m langen Gartenfront – Prunkstück des Schlosses – bekam Saverne den schmeichelhaften Titel »Elsässisches Versailles«. Der stattliche Sandsteinbau diente nach der Französischen Revolution als Wohnheim für Witwen verdienter Beamter und Militärs, dann als Kaserne.

Neben einer Jugendherberge und einem Kulturzentrum ist im Schloss das **Musée du Château des Rohan** (Schlossmuseum) untergebracht. Gallo-römische Altertümer, religiöse Kunst, Gemälde lokaler Künstler des 19. / 20. Jh.s und stadtgeschichtliche Exponate sind ausgestellt. Die Schenkung »**Donation Louise Weiss**« umfasst interessante Dokumente, die die Journalistin, Frauenrechtlerin und überzeugte Europäerin Louise Weiss (► Berühmte Persönlichkeiten) dem Mu-

seum Anfang der 1980er-Jahre vermachte (Öffnungszeiten: März bis Mitte Juni tgl. 14.00 – 17.00; Mitte Sept. – Nov. tgl. außer Di. 14.00 – 17.00; Mitte Juni – Mitte Sept. tgl. außer Di. 10.00 – 12.00, 14.00 – 18.00; Dez. – Feb. So. u. Fei. 14.00 – 17.00 Uhr).
Vor der Stadtfront des Schlosses erstreckt sich die Place de Gaulle (Schlossplatz) mit dem **Einhornbrunnen** an der westlichen Ecke, der das Wappentier der Stadt trägt.

✶ **Maison Katz**

Besonders beachtenswert in der von schönen alten Häusern gesäumten Grand' Rue ist das Haus Katz, ein prächtiger, reich mit Schnitzereien verzierter Fachwerkbau von 1605, den der Generalsteuereinnehmer Heinrich Katz errichten ließ und in dem heute eine Winstub untergebracht ist. Unmittelbar daneben steht das um 1900 erbaute wilhelminische Rathaus.

SAVERNE ERLEBEN

AUSKUNFT

37, Grand' Rue
Tel. 03 88 91 80 47
Fax 03 88 71 02 90
www.ot-saverne.fr

ESSEN

▸ Erschwinglich

① ***Zum Stæffele***
1, Rue Poincaré
Tel. 03 88 91 63 94
Sehr gemütliche Edelwinstub mit traditionellem Ambiente sowie überwiegend bodenständiger Küche, aber auch ausgefalleneren Speisen und absolut bemerkenswerten Fischgerichten.

▸ Preiswert

② ***Taverne Katz***
80, Grand' Rue
Tel. 03 88 71 16 56
Renommierte Winstub in einem schönem Fachwerkhaus aus dem 17. Jahrhundert.

ÜBERNACHTEN

▸ Komfortabel

① ***Europe***
7, Rue de la Gare
Tel. 03 88 71 12 07, Fax 03 88 71 11 434
www.hotel-europe-fr.com
Das Hotel mit den in verschiedenen Stilen eingerichteten Zimmern liegt verkehrsgünstig in der Nähe des Bahnhofs und nicht weit vom Rohan-Schloss. Zum »Europe« gehört kein Restaurant.

② ***Hotel-Restaurant Villa Katz***
42, Rue du Général Leclerc
Tel. 03 88 71 02 02, Fax 03 88 71 80 30
www.tavernekatz.com
Das Hotel befindet sich in einer Jugendstilvilla auf der Anhöhe von Saverne.

▸ Günstig

③ ***Chez Jean***
3, Rue de la Gare
Tel. 03 88 91 10 19
Fax 03 88 91 27 45
www.chez-jean.com
Die Zimmer in dem ehemaligen Kloster aus dem 17. Jh. sind allesamt im elsässischen Stil eingerichtet. Zu dem netten Hotel gehören die rustikale Winstub S'Rosestiebel und ein empfehlenswertes Restaurant.

Saverne Orientierung

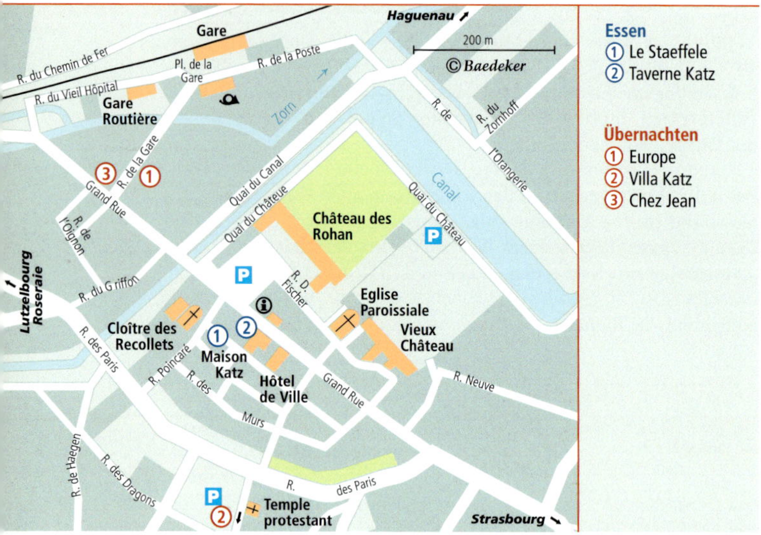

Ancien Cloître des Récollets Südwestlich etwas abseits der Grand' Rue steht die Kirche des einstigen Rekollektenkonvents, eines besonders strengen Zweiges des Franziskanerordens, der heute als Schule dient. Neben der Kirchentür kommt man in den restaurierten Kreuzgang, in dem noch einige Wandgemälde unterschiedlicher Stilepochen erhalten sind.

Église paroissiale Die im 14. / 15. Jh. errichtete Pfarrkirche befindet sich, etwas von der Grand' Rue zurückversetzt, auf der Anhöhe oberhalb des Schlosses. Durch die Basis des romanischen Viereckturms (12. Jh.) betritt man das gotische Innere, in dem vor allem die Bischofsgräber und die aus dem 15. und 16. Jh. stammenden Glasgemälde interessant sind.

Vieux Château In dem zwischen Kirche und Stadtmauern gelegenen barocken Gebäude des Oberschlosses bzw. Alten Schlosses (einstige Bischofsresidenz) ist heute die Sous-Préfecture (Unterpräfektur) zu finden.

*** Roseraie** Westlich der Innenstadt und jenseits des Rhein-Marne-Kanals liegt der um 1900 angelegte Rosengarten (Roseraie). Die Anlage besitzt rund 450 verschiedene Rosenarten. Während der Öffnungszeit von Mitte Juni bis Mitte September blühen hier rund 7000 Rosenstöcke.

Umgebung von Saverne

Jardin Botanique Wenn man die Stadt auf der N 4 in Richtung Phalsbourg verlässt, kommt man nach etwa 2,5 km zu dem an der Zaberner Steige gelegenen Botanischen Garten, der auf einer Fläche von 2,3 ha ein Arboretum, ein Alpinum und ein kleines Torfmoor umfasst. Bekannt ist der Jardin Botanique vor allem für seine Vielfalt an wilden Orchideen.

★★ Haut-Barr

Das beliebteste Ausflugsziel in der Umgebung von Saverne ist der leuchtend rote, weithin sichtbare und auf einer gut beschilderten, 5 km langen Bergstraße erreichbare Burgberg von Haut-Barr. Wegen seiner hervorragenden Rundsicht wird er auch »Auge des Elsass« genannt. Vom Parkplatz am Eingang der Burgruine führt ein kurzer Fußpfad zu dem 1794 von Claude Chappe entwickelten, 1968 restaurierten optischen **Flügeltelegrafen**, der einst zur Signalübertragungsstrecke Paris – Strasbourg gehörte. Frankreich verfügte bereits 1794 als erstes Land über ein Telekommunikationsnetz. Im kleinen Nebengebäude ist ein Museum (Musée du Télégraphe Claude Chappe) eingerichtet (Öffnungszeiten: Mitte Mai – Mitte Sept. Mi. bis So. 13.00 – 18.00 Uhr).
Die **Ruinen des mächtigen Schlosses** Haut-Barr (458 m ü. d. M.) stehen auf drei Buntsandstein- und Konglomeratfelsen, die über eine Metalltreppe und eine Brücke (Pont du Diable) miteinander verbun-

Die Ruinen des mächtigen, »Auge des Elsass« genannten Schlosses Haut-Barr mit dem beliebten Ausflugslokal

den sind. Das Schloss wurde um 1170 vom Bischof von Strasbourg erbaut, 1583 – 1590 durch den Landgrafen und Bischof von Manderscheid-Blankenheim erneuert, aber 1650 geschleift. Zur Burg gehören die im 12. Jh. erbaute Kapelle sowie ein stattlicher Fachwerkbau, in dem ein Restaurant untergebracht ist. Von den Türmen bietet sich ein grandioser Rundblick.

Saint-Jean-Saverne

Nördlich von Saverne liegt malerisch am Hang des Mont St-Michel (Michaelsberg), von dessen romanischer Gipfelkapelle man eine schöne Aussicht genießt, das Dorf St-Jean-Saverne (550 Einw.). Die romanische Kirche gehörte einst zu einem von den Armagnaken und Schweden zerstörten Benediktinerkloster; neun kostbare Wandteppiche aus dem 16. Jh. sind dort zu sehen.

Neuwiller-les-Saverne

Das alte Städtchen Neuwiller-les-Saverne (1100 Einw.) mit dem noch weitgehend intakten mittelalterlichen Ortsbild liegt etwa 10 km nördlich von Saverne. Es war einst Sitz einer im Jahr 726 vom hl. Pirmin gegründeten Benediktinerabtei, von der die Église **St-Pierre-et-St-Paul** (Kirche St. Peter und Paul) zeugt.

Die mächtige Basilika auf einem kreuzförmigem Grundriss entstand ursprünglich im 13. Jh. im romanisch-gotischen Übergangsstil; Westturm und Westfassade wurden erst im 17. Jh. angefügt. An der Nordseite befinden sich zwei mit reichem Skulpturenschmuck versehene Portale. Davor stehen die 1988 freigelegten und restaurierten Grundmauern der aus dem 10./11. Jh. stammenden Chapelle St-Nicolas. Gleich links vom Hauptportal sieht man ein romanisches Taufbecken (12. Jh.), rechts das Hochgrab des hl. Adelphus (14. Jh.), eines Bischofs von Metz. Das Ende des linken Seitenschiffs enthält eine spätgotische Grablegung Christi in farbiger Fassung.

Im rechten Querhausarm führt eine kleine Türe zu der schlichten romanischen **Doppelkapelle** (»chapelles superposées«). In der oberen, dem hl. Sebastian geweihten Kapelle befinden sich **vier wunderschöne gewebte Bildteppiche** aus dem frühen 16. Jahrhundert von hervorrag-

St-Pierre-et- St-Paul • Neuwiller

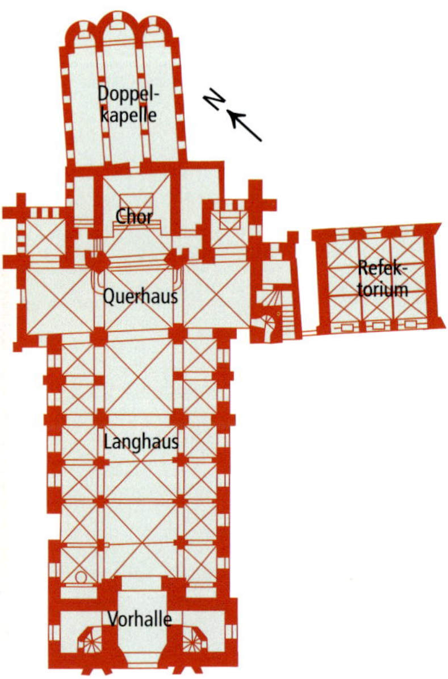

ender Qualität, die das Leben des hl. Adelphus schildern. Um diese Wandteppiche besichtigen zu können, muss man im Pfarrhaus gegenüber nachfragen.

Schirmeck

F 6

Région: Alsace (Elsass)
Höhe: 317 m ü. d. M.
Département: Bas-Rhin
Einwohner: 2200

Das von vielen wilhelminischen Bauten geprägte, belebte Städtchen Schirmeck, der wirtschaftliche und touristische Mittelpunkt des Tals der Bruche (Breusch), liegt am südöstlichen Fuß des Col du Donon. Während des Zweiten Weltkriegs befand sich hier als ein weiteres KZ neben dem Konzentrationslager Natzweiler-Struthof ein so genanntes Sicherungslager.

Sehenswertes in Schirmeck und Umgebung

Château

Östlich über dem Ort liegt die 1969 erneuerte Ruine der einstigen Burg. Man erreicht sie von dem hinter der Kirche gelegenen Groß-

Ende 2005 wurde in Le Struthof das »Europäische Zentrum des deportierten Widerstandskämpfers« errichtet.

SCHIRMECK ERLEBEN

AUSKUNFT

114, Grand' Rue
Tel. 03 88 47 18 51
Fax 03 88 97 09 09

ESSEN

► Preiswert

Auberge de la Schlitte
26, Route de Fréconrupt
La Broque (3 km südlich)
Tel. 03 88 97 06 07
Sehr gute bodenständige regionale Küche.

Auberge de Salm
Salm (5 km südwestlich von Schirmeck, Dir. Donon)
Tel. 03 88 97 22 23
Sympathischer, einfacher Berggasthof. Mittags wird das Sennermahl (Repas Marcaire) serviert.

Les Vosges
103, Rue de L'Abreuvoir
Tel. 03 88 97 04 54
Elsässische Klassiker wie Flammkuchen und Choucroute (Sauerkraut).

ÜBERNACHTEN

► Komfortabel

Neuhauser
Les Quelles
Tel. 03 88 97 06 81
Fax 03 88 97 14 29
www.hotel-neuhauser.fr
Das rustikale Hotel (17 Z.) liegt auf einer Waldlichtung. Freibad, das bei kühlem Wetter zum Hallenbad umfunktioniert wird, und ein Kinderspielplatz. Zudem eine eigene Brennerei und ein Restaurant, in dem u. a. köstliche Wildterrinen auf den Tisch kommen.

► Günstig

La Rubanerie
Vorort La Claquette
Tel. 03 88 97 01 95, Fax 03 88 47 17 34
larubanerie@free.fr
Charmantes Hotel in einem Park am Ufer der Bruche. Die Zimmer der Villa aus dem 19. Jh. sind romantisch eingerichtet; es existiert auch ein Kaminzimmer und ein Wintergarten.

parkplatz zu Fuß in etwa 10 Minuten. Das im Burgturm eingerichtete Museum zeigt eine volkskundliche Sammlung (Öffnungszeiten: Juli / Aug. Di., Do. u. So. 14.30 – 18.30 Uhr).

Grandfontaine Den kleinen ehemaligen Bergwerksort Grandfontaine, wo zwischen dem 13. und 19. Jh. nach Eisenerz gegraben wurde, erreicht man, indem man von Schirmeck in Richtung Col du Donon fährt. Nach etwa 5 km folgt man dem links abzweigenden Sträßchen, das – teilweise schmal und steil – den Ort durchquert. Am oberen Ortsrand befindet sich der heute als Besucherbergwerk eingerichtete Stollen, dem ein kleines Bergwerksmuseum angegliedert ist.

★ Col du Donon Nordwestlich von Schirmeck erhebt sich das dicht bewaldete Donon-Massiv, das die Grenze zwischen Elsass und Lothringen sowie den südlichen Abschluss der Sandsteinvogesen bildet. Vom 1009 m hohen Donon hat man bei klarem Wetter einen grandiosen Rundblick bis zu den Berner Alpen. Unterhalb der Fernsehrelaisstation gibt es Reste keltischer Kultstätten und gallo-römischer Fundamente, der Merkurtempel oberhalb der Station ist ein Nachbau.

✶ **Le Struthof (KZ-Gedenkstätte)**

Folgt man von Schirmeck der Beschilderung in Richtung Le Hohwald bzw. Barr, so erreicht man nach rund 5 km das links etwas abseits gelegene ehemalige Konzentrationslager Natzweiler-Struthof (Öffnungszeiten: März – Aug. 10.00 – 11.30 u. 14.00 – 16.30, Sept. bis Dez. 10.00 – 11.30 u. 14.00 – 16.00 Uhr). Ab 1941 wurden hier 52 000 Deportierte, überwiegend politische Häftlinge, zur Zwangsarbeit in den Granitsteinbrüchen gezwungen. Die Todesrate war wegen der unmenschlichen Arbeitsbedingungen und des rauhen Vogesenklimas in 800 m Höhe extrem hoch. Berüchtigt war das Lager wegen seiner zusammen mit der Strasbourger Medizinischen Fakultät durchgeführten medizinischen Versuche. Als die 7. Amerikanische Armee im November 1944 das KZ erreichte, waren die Lagerinsassen von der SS bereits nach Dachau transportiert worden. Das neue Museum Centre Européen du Résistant Déporté (**Europäisches Zentrum des deportierten Widerstandkämpfers**) ist im November 2005 eröffnet worden. Am 40 m hohen Mémorial de la Déportation ist das Grab des Unbekannten Deportierten angelegt. Ungefähr 1,5 km außerhalb des Lagers liegt die Gaskammer, die von der SS als gewöhnliches elsässisches Haus getarnt war. Etwas weiter oben, rechts der Bergstraße, befindet sich die Grande Carrière, der Steinbruch, in dem die Häftlinge Zwangsarbeit leisten mussten.

Waldersbach

Südlich von Schirmeck ist im Pfarrhaus des reizvollen Orts Waldersbach das **Musée Oberlin** eingerichtet, das an das Wirken des Pfarrers und Sozialreformers Johann Friedrich Oberlin (1740 – 1826 ► Berühmte Persönlichkeiten) erinnert (Öffnungszeiten: Mo. / Mi. / Do. / Fr. 10.00 – 12.00 u. 14.00 – 18.00, Sa./So. 14.00 – 18.00 Uhr).

✶ Sélestat

G 7

Région: Alsace (Elsass)
Höhe: 182 m ü. d. M.
Département:: Bas-Rhin
Einwohner: 15 600

Sélestat (Schlettstadt), zwischen ►Strasbourg und ►Colmar an der Grenze zwischen Ober- und Unterelsass gelegen, erscheint recht untouristisch. Der historische Ortskern ist jedoch nahezu intakt und birgt ein herausragendes Kulturgut: die Humanistische Bibliothek. Zudem rühmt sich Sélestat, Geburtsort des Weihnachtsbaums zu sein. Eine Urkunde von 1521 erwähnt erstmals den Brauch, einen Tannenbaum in der Adventszeit öffentlich aufzustellen.

Geschichte

Nach den Anfängen als merowingisches Fischerdorf Scladistat (Sumpfort) wurde der Ort in einer Urkunde 737 als fränkische Königsburg erstmals erwähnt. Schlettstadt entwickelte sich zur Freien Reichsstadt und wurde 1354 Mitglied des elsässischen Zehnstädtebundes.
Im 15. und 16. Jh. zählte es dank seiner universitätsähnlichen Lateinschule und seiner »Literarischen Gesellschaft« zu den wichtigen **Zentren des oberrheinischen Humanismus**. In dieser Zeit studierten in Schlettstadt bis zu 1000 Schüler aus ganz Europa, unter anderem die Humanisten Erasmus von Rotterdam, Beatus Rhenanus und Jakob Wimpfeling sowie der Reformator Martin Bucer.

! *Baedeker* TIPP

Lebendes Museum

In der Maison du Pain d'Alsace, dem elsässischen Brotmuseum in der Rue du Sel neben der Église Saint-Georges, darf man den Bäckern bei der Arbeit über die Schulter blicken. Natürlich gibt es in dem nach frischen Backwaren duftenden Haus mit hoher Glasfassade auch eine Probierstube (www.maisondupain-d-alsace.com).

Sehenswertes in Sélestat

✶ Sainte-Foy

In der Altstadt erhebt sich am Marché Vert (Grünmarkt) die spätromanische Kirche Ste-Foy, die ehemalige Benediktiner-Propsteikirche St. Fides (1152 – 1190), mit ihrem massigen achtkantigen Vierungsturm. Beachtenswert ist der Figurenschmuck der Westfassade. Das dreischiffige Innere mit der Barockkanzel (1733) liegt über einer Krypta, einem Überrest des Vorgängerbaus aus dem 11. Jahrhundert. Bei Restaurierungsarbeiten im Jahr 1892 wurde in der Krypta die Büste der »Unbekannten von Schlettstadt« (vermutlich der Kirchengründerin Hildegard von Büren, um 1020 bis 1094, oder deren Tochter Adelheid) aufgefunden.

Saint-Georges

Wenige Schritte nördlich von Sainte-Foy steht die Kirche St-Georges (St. Georgsmünster, 13. Jh.), eine der größten gotischen Kirchen im Elsass, deren Turm zu den Wahrzeichen von Sélestat zählt. Die Renaissancekanzel mit vergoldetem Skulpturenschmuck im Innern stammt von 1619. Die farbigen Glasfenster der Langhauswände sind modern und wurden von Max Ingrand geschaffen. Weitere Glasgemälde des 15. Jh. finden sich im Chor. Auf dem Kirchvorplatz hängt an einer Hauswand die goldgelbe Skulptur »**La Lame**« von Marc Couturier (1998).

Résidence d'Ebersmunster

Unweit westlich von St. Georg gelangt man in der Rue de l'Église (Nr. 8) zur Résidence d'Ebersmunster, **Palais Épiscopal**, dem ehemaligen Stadtpalais der Benediktinermönche aus dem nahen ► Ebersmunster. Der 1541 errichtete Bau gilt als das schönste Renaissancege-

← Portal von Saint-Georges in Sélestat, dem Gotteshaus mit den schönsten Glasfenstern weit und breit

bäude der Stadt. Auf dem Vorplatz beginnt in Sommernächten der **Rundgang des Nachtwächters**, an dem Touristen teilnehmen können.

✶ **Bibliothèque Humaniste**

Zwischen dem Prälatenhaus und der westlich gelegenen Place Gambetta steht die 1843 erbaute einstige Halle aux Blés (Kornhalle), in der heute die Stadtbücherei untergebracht ist. Im ersten Stock befin-

SÉLESTAT ERLEBEN

AUSKUNFT

Boulevard de Général Leclerc
Tel. 03 88 58 87 20, Fax 03 88 92 88 63
www.selestat-tourisme.com

VERANSTALTUNGEN

Die »Sélest'Art«, eine Biennale zeitgenössischer Kunst (2007) führt seit 1983 Freunde moderner Kunst im September und Oktober nach Sélestat.

EINKAUFEN

Kelsch-Stoffe
Muttersholtz (10 km nordöstlich)
10'A, Rue de Verdun
Tel. 03 88 85 15 32
Stoffe mit den typisch elsässischen Karomustern kauft man am besten bei der Familie Gander (nachmittags außer So.)

ESSEN

► **Fein & teuer**

① ***Jean-Frédéric Edel***
7, Rue des Serruriers
Tel. 03 88 92 86 55
Im malerischen Altstadtkern gelegenes, gepflegtes Restaurant des »Bocuse von Sélestat«, wie der Meister am Herd genannt wird. Einfallsreiche, manchmal recht eigenwillige Küche, deren Gerichte auch im hübschen Innenhof genossen werden können.

► **Preiswert**

② ***Le Bon Pichet***
10, Place du Marché aux Choux
Tel. 03 88 82 96 65
Winstub mit sehr guten Fleischgerichten – der Wirt ist ein ehemaliger Metzger.

③ ***L'Ami Fritz***
3, Rue des Bateliers
Tel. 03 88 92 88 07
Originelles Lokal, wo man zwischen Büchern und Schallplatten mit dem Inhaber plaudern kann. Mi. bis So. abends geöffnet.

ÜBERNACHTEN

► **Luxus**

① ***Abbaye de la Pommeraie***
8, Avenue Foch
Tel. 03 88 92 07 84
Fax 03 88 92 08 71
Das sehr gut ausgestattete, stilvolle Hotel (14 Z.) ist in einem aus dem 17. Jh. stammenden einstigen Zisterzienserkloster eingerichtet. Kleines rustikales und sehr empfehlenswertes Restaurant.

► **Günstig**

② ***Auberge des Alliés***
39, Rue des Chevaliers
Tel. 03 88 92 09 34
Fax 03 88 92 12 88
www.auberge-des-allies.com
Gourmetküche zu erschwinglichen Preisen: Das Restaurant (seit 1918) ist eine Institution in Séléstat. Inmitten des Lokals steht ein imposanter elsässischer Kachelofen.

Sélestat Orientierung

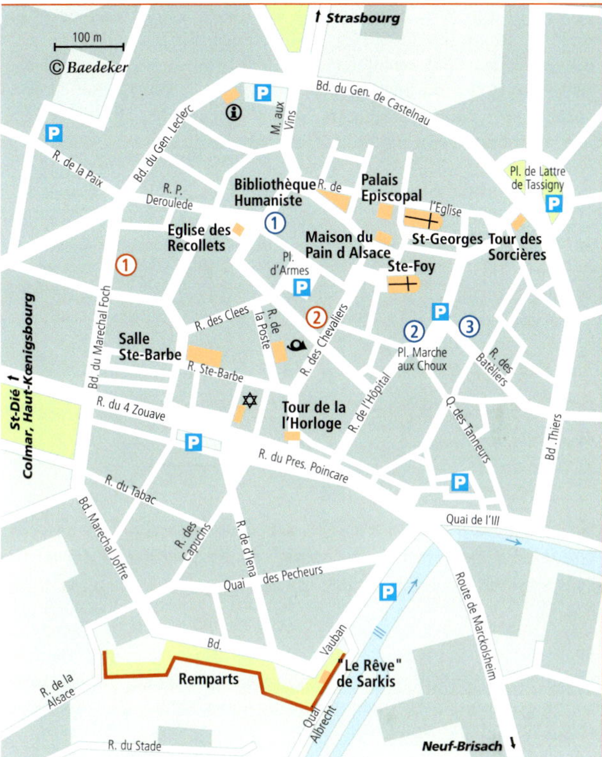

Essen
① J.-F. Edel
② Le Bon Pichet
③ L'Ami Fritz

Übernachten
① Abbaye la Pommeraie
② Auberge des Alliés

det sich die wohl bedeutendste kulturelle Einrichtung der Stadt: die im Jahr 1452 aus den Bibliotheken des Beatus Rhenanus und der Lateinschule hervorgegangene Humanistische Bibliothek. 450 Handschriften (seit dem 7. Jh.), 530 Inkunabeln sowie 2000 Drucke aus dem 16. Jh. sind ausgestellt. Zu den prächtigsten Handschriften gehören das Merowingische Lektionar (7. Jh.) und das Kapitularbuch Karls des Großen (9. Jh.). Beachtung verdienen ferner die in der Raummitte frei aufgestellten Altartafeln (16. Jh.) aus der Kirche von Rœdern sowie ein großes Modell der Stadt um 1590. In einem vergitterten Seitenraum ist die Mentel'sche Bibliothek untergebracht. Johann Mentel, auch Mentelin genannt, lebte von 1410 bis 1478 und gründete in Straßburg die erste elsässische Druckerei.

Öffnungszeiten:
Juli – Aug. Mo., Mi., Fr., 9.00 – 12.00, 14.00 – 18.00 und Sa. 9.00 – 12.00; Juli/Aug. auch 14.00 bis 17.00

Salle Sainte-Barbe

Im Südwesten der Altstadt steht an der Place de la Victoire das alte Zeughaus (1470), das unter der Bezeichnung »Salle Sainte-Barbe« heute als Kongress- und Veranstaltungszentrum dient.

Stadtbefestigung Von der mittelalterlichen Stadtmauer sind noch der Hexenturm (Tour des Sorcières, 1216) östlich der Georgskirche und der Uhrturm (Tour de l'Horloge bzw. Tour Neuve, Ende 13. Jh.) am südlichen Altstadtrand erhalten. Im Hexenturm waren in den Jahren zwischen 1629 und 1642 insgesamt 92 wegen angeblicher Hexerei angeklagte Frauen eingekerkert. Von der Mauer (17. Jh. unter Vauban) sind noch Reste im Süden der Stadt erhalten.

»Le Rêve« de Sarkis Im Süden, zwischen Festungswall und Ill, ist die Sarkis-Installation »Le Rêve« (Der Traum) von 1993 zu bewundern: 300 Straßenschilder auf den alten Stadtmauern bilden kurze Sätze über die Kunst, das Reisen und die Natur – gegenüber spiegeln sich rote Flügel über dem Wasser.

Senones

F 4

Région: Lorraine (Lothringen) **Département:** Vosges
Höhe: 390 m ü. d. M. **Einwohner:** 3100

42 Jahre lang, von 1751 bis 1793, war das ringsum von schönen bewaldeten Höhen umgebene Senones an der Westflanke der mittleren Vogesen Hauptstadt des unabhängigen Fürstentums Salm-Salm.

Während der Französischen Revolution jedoch stimmten die Einwohner des Orts für den Anschluss an Frankreich. An Sommersonntagen präsentiert sich als Touristenattraktion die historische Garde der Fürsten von Salm.

Sehenswertes in Senones

Ancienne Abbaye Der Ort ist im 7. Jh. um eine Benediktinerabtei entstanden. Diese wurde dann aber während der Französischen Revolution aufgelöst. Sehenswert sind der Kreuzgang und die kunstvoll geschmiedeten Geländer der Treppe, die zu den Gemächern des Abtes Don Calmet führt (18. Jh.). Als großer Gelehrter verband ihn eine Freundschaft mit Voltaire, obwohl dieser starke Kritik an der Kirche übte. Bei der Abteitreppe gibt es ein kleines regionalgeschichtliches Museum. Außerdem sollte man auf das im 18. Jh. erbaute **Schloss** der Prinzen von Salm, ein stattlicher dreiflügeliger Bau, achten sowie auf das Rathaus und einige Bürgerhäuser mit ihren aufwändig gestalteten Fassaden.

SENONES

AUSKUNFT

18, Place Don Calmet
Tel. 03 29 57 91 03
Fax 03 29 57 83 95
www.paysdesabbayes.com

Umgebung von Senones

Moyenmoutier

Talabwärts von Senones in Moyenmoutier, ist die Kirche (1766 bis 1776) der ehemaligen Benediktinerabtei, einer der schönsten barocken Sakralbauten, in den Vogesen noch erhalten.

Sessenheim

D 10

Région: Alsace (Elsass)
Höhe: 103 m ü. d. M.
Département: Bas-Rhin
Einwohner: 1500

In Sessenheim (Sesenheim) lebte die schöne Pfarrerstochter Friederike Brion, mit der der Jurastudent Johann Wolfgang von Goethe in den Jahren 1770 bis 1771 eine Romanze hatte.

Er besuchte sie hier oft, schrieb ihr Liebesgedichte – und machte sich von dannen, nachdem er sein Examen an der Strasbourger Universität absolviert hatte. Der Besuch in Sessenheim acht Jahre später ist ein A bschied für immer. Was bleibt, sind die berühmten Zeilen des Gedichts »Willkommen und Abschied« (»...und doch, welch Glück, geliebt zu werden und lieben, Götter, welch ein Glück...«).

Sehenswertes in Sessenheim

Église protestante

In der Nähe des Rathauses steht die 1912 neu errichtete evangelische Kirche, auch »Friederikenkirche« genannt. In der Vorhalle zeigt ein 1954 entstandenes Wandbild Goethes Abschied von Friederike Brion. Im Innern existiert noch der alte Pfarrstuhl, worin Goethe an Friederikes Seite »eine etwas trockene Predigt nicht zu lang fand«. An der Außenwand der Kirche sind links die Grabplatten des Pfarrers Johann Jakob Brion und seiner Frau angebracht.

SESSENHEIM ERLEBEN

AUSKUNFT

Mairie
Tel. 03 88 86 97 04, Fax 03 88 86 05 77

ESSEN

► **Erschwinglich**

A l'Agneau
11, Route de Strasbourg
Tel. 03 88 86 95 55
Ländliches Gasthaus von rustikalem Charme. Klassische regionale Küche.

Au Bœuf
1, Rue de L'Église
Tel. 03 88 86 97 14
Ungewöhnliche Sitzmöbel, nämlich Kirchenbänke aus dem 18. Jh., findet man in dem schönen Restaurant. Im selben Gebäude gibt es auch ein privates Goethe-Museum und eine kleine Boutique, in der man hausgemachte Köstlichkeiten kaufen kann.

Goethe-Museum Gegenüber der Kirche befindet sich die Auberge au Bœuf (Gasthaus zum Ochsen), in der seit 1899 ein kleines Goethe-Museum an die Romanze zwischen Goethe und Friederike erinnert.

Goethe-Erinnerungsstätte Wenige Schritte jenseits der protestantischen Kirche beherbergt an der rechten Straßenseite das klassizistische Gebäude der Alten Wache heute das Mémorial Goethe (Goethe-Erinnerungsstätte) mit einer großen Anzahl von Text- und Bilddokumenten.

Goethe-Scheune Direkt gegenüber, jenseits der Rue Frédérique Brion, steht auf einem Privatgrundstück die »Goethe-Scheune«, der letzte noch verbliebene Rest des Pfarrhofs, wie ihn Goethe erlebt hat. Der Bau wurde 1927 und 1958 restauriert, bietet aber im Wesentlichen den aus Goethes Zeichnung vertrauten Anblick.

Soufflenheim

C / D 10

Région: Alsace (Elsass) **Département:** Bas-Rhin
Höhe: 125 m ü. d. M. **Einwohner:** 5000

Soufflenheim, rund 15 km östlich und Betschdorf, 10 km nördlich von ►Haguenau, sind die beiden Hauptorte im Elsass, die auch heute noch die traditionelle Keramik produzieren, deren Anfänge bis ins 12. Jh. zurückreichen.

Der nahe gelegene Haguenauer Wald liefert für die Produktion ausreichend Ton und Holz. Beide Orte haben sich unterschiedlich spezialisiert: in Soufflenheim sind die »Schüsseldreher« zuhause, in Betschdorf die »Krugmacher« oder Hafner.

SOUFFLENHEIM

AUSKUNFT

20b, Grand' Rue
Tel. 03 88 86 74 90, Fax 03 88 86 60 69
www.ot-soufflenheim.fr

Sehenswertes in Soufflenheim

Hauptsehenswürdigkeit des blumengeschmückten Ortes sind die **Poteries artisanales**, die Keramikwerkstätten.

Die traditionelle Soufflenheimer Keramik hat einen ockerfarbenen, häufig braun, blau oder grün glasierten Scherben mit rustikalem Blumen- oder Pflanzendekor. Überaus reich ist die Auswahl an dekorativem Gebrauchsgeschirr, wie man es auch oft in regionalen Restaurants verwendet. Besonders häufig findet man Kougelhopf- und Baeckeoffe-Formen, Terrinen, Krüge, Suppentöpfe, Schalen und Vasen in allen Größen.

Geschirr der »Schüsseldreher« aus Soufflenheim wird auch in vielen Lokalen der Umgebung verwendet.

Cimetière

Auf dem ehemaligen Friedhof ist in einer kleinen Kapelle die lebensgroße **Figurengruppe des Letzten Abendmahls** aus Ton zu finden, die 1932 die beiden Künstler Léon Elchinger und Charles Burger nach dem Vorbild des berühmten Mailänder Freskos von Leonardo da Vinci schufen.

Umgebung von Soufflenheim

Betschdorf

Im 18. Jh. belebten Töpfer aus dem Westerwald mit ihrem Steinzeug die Betschdorfer Keramikproduktion. Seither ist das graue Steinzeug mit dem blauen Dekor und der Salzglasur, die den harten durchsichtig glänzenden Firnis bildet, für Betschdorf charakteristisch. In der Rue de Kuhlendorf gibt das kleine **Musée de la Poterie** (Töpfereimuseum) einen guten Überblick über die Produktion vom Mittelalter an. Eine Keramikwerkstatt und ein schöner Raum mit offenem Dachstuhl, wo die ortsansässigen Keramikwerkstätten ihre aktuellen Produkte ausstellen, vervollständigen die Ausstellung.
In der Kuppel der **Église Mixte** sind Fresken aus dem 15. Jh. zu sehen: Engel, Löwe, Stier und Adler, die Symbole der vier Evangelisten, umgeben das Lamm Gottes. Sehr schön ist auch die Figurengruppe, die das Jüngste Gericht darstellt.
In der Nähe des Schwimmbads gibt es zudem einen kleinen **Storchenpark** (Parc à Cigognes) mit einer Voliere.

★★ Strasbourg

E 9

Région: Alsace (Elsass)
Höhe: 140 m ü. d. M.
Département: Bas-Rhin
Einwohner: 264 000

»Carrefour de l'Europe«, Schnittpunkt Europas, so bezeichnet sich Strasbourg (Straßburg), Hauptstadt der Region Alsace (Elsass) und des Département Bas-Rhin. Tatsächlich ist die Metropole am linken Ufer des Rheins, in den hier die Ill sowie der Rhein-Marne-Kanal (Canal de la Marne au Rhin) und der nördliche Zweig des Rhein-Rhône-Kanals (Canal du Rhône au Rhin) münden, ein wichtiger Verkehrsknotenpunkt für den Straßen-, Schiffs- und Eisenbahnverkehr.

Aufgrund ihrer Geschichte und ihrer Verwurzelung in zwei Kulturen sieht sich die Stadt als »Brücke« zwischen den Nationen, als **kulturelle und politische Vermittlerin eines geeinten Europas**. Darüber hinaus ist die alte Bischofsstadt mit ihren drei Universitäten und der prestigeträchtigen Nationalen Verwaltungsschule ENA (Kuppel der École Nationale d'Administration), auch Sitz von 16 europäischen Institutionen und auch Sitz des deutsch-französischen Kulturkanals »arte«.

> **! Baedeker TIPP**
>
> **Wo ist was los?**
>
> Aktuelle Hinweise zu den Veranstaltungen in Strasbourg findet man in der Tageszeitung DNA, in den jeden Mittwoch erscheinenden Blättern »Hebdoscope« (1.10 Euro) und »Spectacles« (www.spectaclespublications.com), kostenlos erhältlich im Office de Tourisme.

Bei der alten Keltensiedlung an der **Kreuzung wichtiger Verkehrsstraßen** im Rheintal gründeten die Römer 16. n. Chr. das Kastell Argentoratum. Nach dem Anschluss an das Fränkische Reich 498 entwickelte sich der Ort zu einer bedeutenden Handelsstadt. Im 6. Jh. erscheint zum ersten Mal der Name »Strataburgum« (Burg an den Straßen); die Stadt wird Sitz eines Bischofs. Der **Serment de Strasbourg** (Straßburger Eide), ein 842 geschlossener Bündnisvertrag zwischen Ludwig dem Deutschen und Karl dem Kahlen – beide waren Enkel Karls des Großen und Stiefbrüder – ist die älteste erhaltene volkssprachliche Urkunde. In althochdeutscher und altfranzösischer Sprache besiegelte dieses Dokument die Teilung des Imperiums Karls des Großen in ein Ost- und ein Westreich. Die Grundlagen für eine zukünftige deutsche und französische Politik waren geschaffen. Nach Kämpfen mit Klerus und Adel errang Strasbourg 1262 seinen Status als **Freie Reichsstadt**. Zeitweise war es die reichste und glänzendste Stadt des gesamten

← *Bevor man die 332 Stufen zur Aussichtsplattform des Münsterturms hinaufsteigt, sollte man eine kleine Stärkung zu sich nehmen.*

Deutschen Reichs. Im Dominikanerkonvent arbeiteten die berühmten Theologen und Mystiker Meister Eckhardt – er schrieb 1314 in Strasbourg seine »Deutschen Predigten« – und sein Schüler Johannes Tauler. Kunst und Wissenschaft konnten sich im 15. und 16. Jh. im weltoffenen toleranten Strasbourg entfalten. Hier wirkten **Humanisten** wie Jacob Wimpfeling und Sebastian Brant (► Berühmte Persönlichkeiten), der Erfinder des Buchdrucks Johannes Gutenberg, Martin Bucer (1491-1551), der seit 1520 in Strasbourg die Reformation einführte, der Pädagoge Johannes Sturm (1507-1589), der eine theologische Akademie gründete, die Vorläuferin der Universität, an der später Goethe und Herder studierten.

Deutsch-französisches Wechselspiel: Am 30. September 1683 besetzten die Truppen Ludwigs des XVI. Strasbourg. Um die Ostgrenze zu sichern, ließ Vauban neue Befestigungen bauen. Das freie Geistesleben konnte sich aber auch in französischer Zeit erhalten – die Universität genoss internationalen Ruf. 1870/1871 gehörte Strasbourg wieder zum Deutschen Reich, von 1919 an wehte die französische Flagge. Im Zweiten Weltkrieg war Strasbourg von 1940 bis 1944 von deutschen Truppen besetzt; die Schäden durch die Befreiungsangriffe der Alliierten gegen Ende des Krieges waren beträchtlich. Als 1949 zehn westeuropäische Länder in Strasbourg den Europarat ins Leben riefen – die Bundesrepublik gehört ihm seit 1951 an –, war der erste Schritt Strasbourgs auf dem Weg zur **Hauptstadt Europas** getan.

! *Baedeker* TIPP

Museumspass

In den Tourismusbüros ist für 10,60 Euro ein Scheckheft erhältlich, das während drei Tagen freien Eintritt in ein Museum nach Wahl, den Aufstieg auf die Münsterplattform, eine Bootsfahrt auf der Ill und andere Vergünstigungen bietet.

Wirtschaft

Bis 1871 war Strasbourg Mittelpunkt einer Agrarregion und Garnisonsstadt. Dank der verkehrsgünstigen Lage am Rhein erlebte es dann einen enormen Aufschwung, als Kohle- und Erzumschlag den Aufbau der chemischen und metallverarbeitenden Industrie förderten. Hinzu kamen Nahrungsmittelindustrie, Holzverarbeitung und in jüngerer Zeit Elektronik. Der Hafen von Strasbourg, der 1924 eingeweihte **Port Autonome** im Osten und Süden der Stadt, ist mit einer Fläche von 1060 ha auf 10 km Länge einer der größten Rheinhäfen und nach Paris der zweitgrößte Flusshafen Frankreichs. Das neue Terminal im Norden wurde 2004 eingeweiht.

Stadtbild und Stadtteile

Von Kriegsschäden relativ unversehrt hat sich das **Zentrum** auf der Grande Ile, das von der Ill und ihrem Seitenarm Fossé du Faux Rempart vollständig umflossen ist, seinen mittelalterlichen Charakter bewahrt. In der südlichen Altstadt ragt das **Münster** auf, im Westen, im zweifelsfrei malerischsten Viertel **La Petite France**, kann man sich auf einem Spaziergang in den engen winkligen Gassen zwischen den

historischen Fachwerkhäusern mit den steilen Ziegeldächern leicht in den Geist der einstigen Freien Reichsstadt zurückversetzen.
Der Bereich nördlich und östlich des Münsters ist das **Französische Viertel**; hier entstanden im 18. Jh. zierliche Stadtpalais und elegante Repräsentationsbauten im Stil Ludwigs des XV. Jenseits der Ill schließt sich im Süden und Südosten des Zentrums das frühere Viertel der Schiffer an, die **Krutenau**, die gern als Studenten-, Amüsier- und Künstlerviertel bezeichnet wird. Die Eindrücke sind widersprüchlich: Mietskasernen und alte Häuser in unmittelbarer Nachbarschaft, neben den Tante-Emma-Läden prunken Designergeschäfte. Nach der Eroberung der Stadt 1870 legten die neuen preußischen Herren östlich der Altstadt, jenseits des Fossé du Faux Rempart, ein neues Viertel an, das heute noch »**ville allemande**« (deutsche Stadt) heißt: Pompöse Plätze, breite Prachtstraßen mit Bürgerpalästen, repräsentative Großbauten im historisierenden Stil waren die äußeren Zeichen einer neuen Zeit. An die wilhelminische Neustadt schließt sich im Norden das **Europaviertel** an, wo zwischen großen Grünflächen u. a. Europarat, Europaparlament und die Europäische Menschenrechtskommision ihren Sitz haben. Die **Vorstädte** Cronenbourg, Elsau und Neuhof zeigen die Kehrseite des schönen idyllischen Strasbourg. Die Situation ist in den meisten französischen Städten gleich: Sozial Schwache, Gastarbeiter der dritten Generation und Einwanderer drängen sich in den Betonsiedlungen ohne große Aussicht auf Arbeit und gesellschaftliche Anerkennung. Die Konzepte der Stadt zur Eindämmung der Drogenkriminalität und Gewaltbereitschaft der Jugendlichen waren bisher nicht sonderlich von Erfolg gekrönt.

An der Schleuse zum Viertel Petite France

Verkehrsmittel

Hauptattraktion ist die 1988 von der UNESCO zum Weltkulturerbe der Menschheit erklärte Altstadt. Das Auto muss man außerhalb des historischen Kerns von Strasbourg parken, da der gesamte Innenstadtbereich für den Durchgangsverkehr gesperrt ist. Die Parkhäuser sind oft besetzt, weshalb es sich empfiehlt, den Wagen auf den Parking-Relais-Tram-Plätzen an den nördlichen und südlichen Einfahrten der Stadt abzustellen, von wo aus man mit der Straßenbahn

STRASBOURG ERLEBEN

AUSKUNFT

Office de Tourisme de Strasbourg et sa Région
17, Place de la Cathédrale
Tel. 03 88 52 28 28
Fax 03 88 52 28 29
www.ot-strasbourg.fr

VERANSTALTUNGEN

Weithin bekannt sind Strasbourgs Weihnachtsmärkte: auf der Place Kléber (größter Weihnachtsbaum des Elsass), der Place Broglie (größter Weihnachtsmarkt) oder vor dem Münster (mit Eislaufbahn).

AUSGEHEN

Choucrouterie
In einer ehemaligen Sauerkrautfabrik eingerichtetes satirisches dreisprachiges Kabarett (Elsässisch, Deutsch, Französisch). Erfreut sich großer Beliebtheit, mit kleinem Restaurant (20, Rue Saint-Lous, Tel. 03 88 36 52 87, www.choucrouterie.com).

Konzerte und Theater
Liebhaber klassischer Musik kommen im Palais de la Musique (Place de Bordeaux) beim Straßburger Philharmonieorchester und im Théâtre Municipal bei der Opéra du Rhin auf ihre Kosten. Folk-, Rock- und Popkonzerte finden oft im Parc des Expositions Wacken und in La Laiterie (11, Rue Hohwald) statt. Beachtliche Inszenierungen sieht man im Théâtre Nacional (1, Av. de la Marsellaise), Oper, Schauspiel und Ballett auch in der Opéra du Rhin.

EINKAUFEN

Feinkost
Seit 1803 ist Edouard Artzner (7, Rue Mésange) die beste Adresse für Enten- und Gänseleberpasteten. Eine schöne Auswahl an Produkten führt zudem die Boutique du Gourmet in der Rue Mercière Nr. 11.

Kougelhopf und Biscuits
kauft man am besten in der Boulangerie Charles Woerlé (10, Rue de la Division Leclerc) oder der Biscuiterie Saint-Thomas (9, Rue des Serruriers)

Schöne Tischwäsche
aus dem Elsass findet man im Nappes d'Alsace (6, Rue Mercière).

ESSEN

► Fein & teuer

① ***Au Crocodile***
10, Rue de l'Outre
Tel. 03 88 32 13 02
Das im Altstadtkern gelegene Spitzenrestaurant präsentiert sich in vornehm-diskreter Eleganz. Traditionelle Feinschmeckerküche gibt es ebenso wie leichte Nouvelle Cuisine, und die Weinkarte sucht ihresgleichen. Der Name stammt übrigens von dem Krokodil, das ein elsässischer Offizier während des napoleonischen Ägyptenfeldzugs erlegt und später als ausgestopftes Reptil im eigenen Wirtshaus – dem Vorläufer des jetzigen Lokals – an die Wand gehängt hatte.

② ***Julien***
22, Quai des Bateliers
Tel. 03 88 36 01 54
Etwas nostalgisch ausgestattetes Feinschmeckerrestaurant mit überregionaler französischer Küche.

► Erschwinglich

③ ***Maison Kammerzell***
Place de la Cathédrale
Tel. 03 88 32 42 14
Das direkt neben der Kathedrale stehende Haus Kammerzell gilt als schönster Fachwerkbau der Stadt. Es bildet den stilvollen Rahmen für raffinierte Varianten der Elsässer Küche.

④ ***Saint-Sépulcre***
15, Rue des Orfèvres
Tel. 03 88 32 39 97
Berühmte geschichtsträchtige Winstub in altbewährter Qualität. Ein unterirdischer Gang führte zum Münster, den die Kleriker gern benutzen unter dem Vorwand, ein heiliges Grab zu besuchen. Tatsächlich aber verrichteten sie fromme Andacht im Weinkeller.

⑤ ***La Cloche à fromage***
27, Rue des Tonneliers
Tel. 03 88 32 39 97
Ein besonderes Lokal: Hier dreht sich alles um Käse. Französische Käseküche vom Feinsten. Gegenüber befindet sich die Fromagerie des Tonneliers.

⑥ ***Chez Yvonne***
10, Rue du Sanglier
Tel. 03 88 32 84 15
Klein, aber fein: Winstub mit anspruchsvoller Küche.

► Preiswert

⑦ ***Restaurant Flam's***
29, Rue des Frères

Die Baeckeoffe gaben die Frauen zum Bäcker, um sich ungestört ihrer Hausarbeit widmen zu können.

Tel. 03 88 36 36 90
Echter Flammkuchenspezialist. Wer wissen will, wie ein Flammkuchen schmecken muss, darf dieses Lokal nicht verpassen. Sehr beliebt, einfache kontaktfreudige Atmosphäre

► Cafés

Atlantico
19, Quai des Pêcheurs
Tel. 03 88 35 77 81
Besonders schön ist die Sommerstimmung in diesem Bar-Café auf dem Schiff, wo man kleine Snacks genießen kann.

Art Café
Dieses Café-Restaurant auf dem Dach des Musée d'Art Moderne et Contemporaine bietet ein wundervollen Blick auf Strasbourg.

Baedeker-Empfehlung

L'Opéra Café
Einen barocken Rahmen umgibt dieses Café im Théatre Municipal, in dem immer wieder interessante Ausstellungen stattfinden. Bei schönem Wetter kann man auch draußen sitzen und den Blick auf die Place Broglie genießen (Tel. 03 88 22 98 51).

Strasbourg *Orientierung*

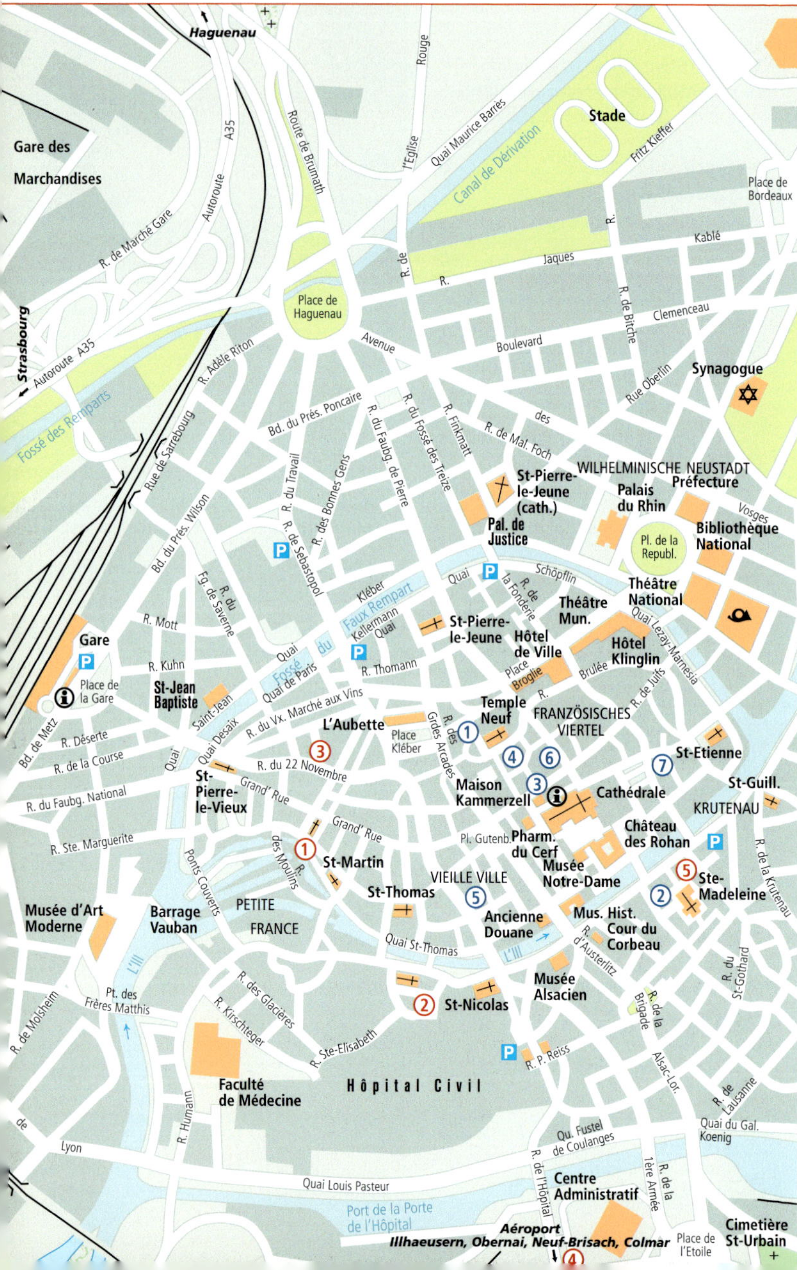

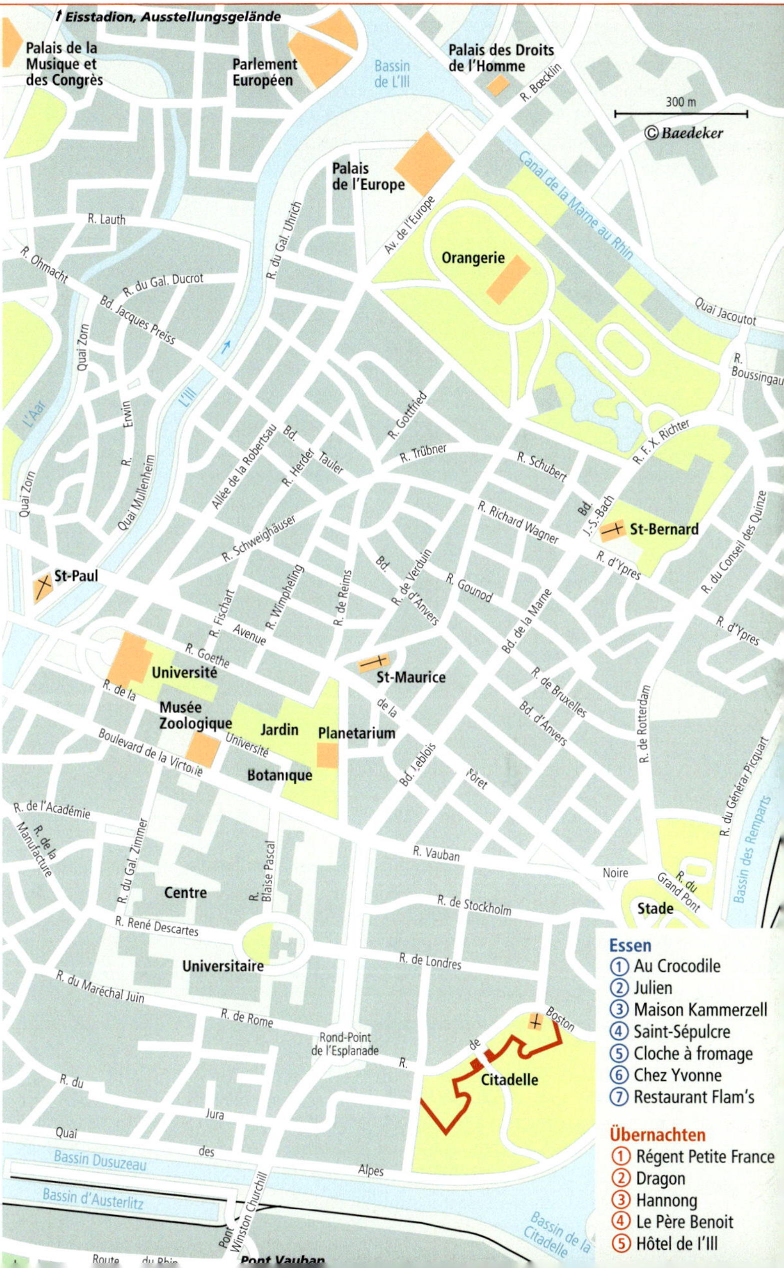
Eisstadion, Ausstellungsgelände
Palais de la Musique et des Congrès
Parlement Européen
Bassin de L'Ill
Palais des Droits de l'Homme
R. Bœcklin
300 m
© Baedeker
Palais de l'Europe
Canal de la Marne au Rhin
Av. de l'Europe
R. du Gal. Uhrich
R. Lauth
Orangerie
R. Ohmacht
R. du Gal. Ducrot
Bd. Jacques Preiss
Quai Jacoutot
R. Boussingau
Quai Zorn
L'Aar
L'Ill
R. Erwin
R. Gottfried
Allée de la Robertsau
Bd. Tauler
R. Herder
R. Trübner
R. Schubert
R. F. X. Richter
Quai Mullenheim
Quai Zorn
Bd. J.-S.-Bach
St-Bernard
R. Richard Wagner
R. Schweighäuser
R. d'Ypres
R. du Conseil des Quinze
St-Paul
R. Fischart
R. Wimpheling
R. de Reims
Bd. de Verdun
R. d'Anvers
R. Gounod
Bd. de la Marne
R. d'Ypres
Avenue
R. Goethe
Université
St-Maurice
R. de Bruxelles
Bd. d'Anvers
R. de Rotterdam
R. de la Université
Musée Zoologique
Jardin Botanique
Planetarium
de la Forêt Noire
Bd. Leblois
Boulevard de la Victoire
R. du Général Picquart
R. de l'Académie
R. de la Manufacture
R. du Gal. Zimmer
R. Blaise Pascal
R. Vauban
Bassin des Remparts
R. du Grand Pont
Centre Universitaire
R. de Stockholm
Stade
R. René Descartes
R. de Londres
R. du Maréchal Juin
R. de Rome
R. de Boston
Rond-Point de l'Esplanade
Citadelle
R. du Jura
Quai des Alpes
Bassin Dusuzeau
Bassin d'Austerlitz
Pont Winston Churchill
Bassin de la Citadelle
Route du Rhin
Pont Vauban
Essen
① Au Crocodile
② Julien
③ Maison Kammerzell
④ Saint-Sépulcre
⑤ Cloche à fromage
⑥ Chez Yvonne
⑦ Restaurant Flam's
Übernachten
① Régent Petite France
② Dragon
③ Hannong
④ Le Père Benoit
⑤ Hôtel de l'Ill

ÜBERNACHTEN

► Luxus

① ***Régent Petite France***
5, Rue des Moulins
Tel. 03 88 76 43 43
Fax 03 88 76 43 76
www.regent-hotels.com
In einem ehemaligen Fabrikgebäude in der Altstadt und am Ufer der Ill wurde dieses hervorragend ausgestattete, edel gestylte Hotel (72 Z.) eingerichtet. Schöner Blick auf die Kanäle, Terrassenrestaurant.

► Komfortabel

② ***Le Dragon***
2, Rue de l' Écarlate
Tel. 03 88 35 79 80
Fax 03 88 25 78 95
www.dragon.fr
Sehr komfortables, zentrumsnahes Designhotel (32 Z.) mit sachlich-moderner Atmosphäre. Benannt ist es nach einem Baron von Drachen, der das historische Gebäude 1725 erwarb. Die im Hotel ausgestellten Werke zeitgenössischer Kunst können käuflich erworben werden. Das Haus hat kein Restaurant.

③ ***Hannong***
15, Rue du 22 Novembre
Tel. 03 88 32 16 22
Fax 03 88 22 63 87
www.hotel-hannong.com
Traditionsreiches, zentral gelegenes Haus (72 Z.), teilweise auch noch mit Ausstattung im Stil der 1920er-Jahre.

④ ***Le Père Benoit***
34, Route de Strasbourg
Entzheim (10 km südwestlich)
Tel. 03 88 68 98 00,
Fax 03 88 68 64 56
www.strasbourg.com/pere-benoit
Das rustikale und komfortable Hotel (60 Z.) ist in einem Bauernhof aus dem 18. Jh. eingerichtet. Mit Sauna, Fitnessraum und dem stimmungsvollen Restaurant »Steinkeller«.

► Günstig

⑤ ***Hôtel de l'Ill***
8, Rue des Bateliers (Krutenau)
Tel. 03 88 36 20 01, Fax 03 88 35 30 03
www.hotel-ill.com
Angenehme freundliche Familienatmosphäre.

schnell ins Zentrum gelangt. Sie wurde erst 1994 eingeführt und ist eine der modernsten in Europa. Darüber hinaus ist Strasbourg sehr radfahrerfreundlich: Mit einem Netz von 300 km hat die Stadt die meisten Fahrradwege der Nation. An vielen Stellen können Räder auch gemietet werden (z. B. Vélocation, 10, Rue de Boucers, Tel. 03 88 24 05 61).

Rundfahrten mit dem Schiff ►

Kennen lernen lässt sich die Stadt auch von Touristenbooten (bateau-mouche) aus. Auf den Kanälen der Ill, welche die Altstadt umziehen, verkehren Glasdachboote (Strasbourg Fluvial), die bis zum Europaviertel fahren. Die Rundfahrt, die am Palais Rohan beginnt, dauert 70 Min. Von April bis Oktober erfolgt die Abfahrt zwischen 9.00 und 21.00 Uhr halbstündlich, von November bis März um 10.30, 13.00, 14.30 und 16.00 Uhr. Angeboten werden darüber hinaus Hafenrundfahrten im Juli und August, die um 10.30 und 14.30 Uhr an der Anlegestelle Dauphine / Place de l'Etoile (im Süden der Stadt) starten und 2,5 Stunden dauern

Märkte

Traditionelle Wochenmärkte sind vormittags geöffnet: Place Broglie (Mi. und Fr.), Boulevard de la Marne (Di. und Sa.), der Bauern- und Erzeugermarkt auf der Place du Vieux-Marché-aux-Poissons (Sa.). Ganztägige Büchermärkte gibt es in der Rue des Hallebardes und am Place Gutenberg (Di., Mi., Sa.), Flohmärkte bei der Grande Boucherie/Pont du Corbeau (Mi., Sa.).

Münsterviertel

✶✶ Cathédrale Notre-Dame (Straßburger Münster)

Mittelpunkt der Altstadt bildet die Place de la Cathédrale mit dem Straßburger Münster aus leuchtend rotem Vogesensandstein, **einem der bedeutendsten Denkmäler abendländischer Baukunst**. Der romanische Bau des 11. Jh., an der Stelle eines gallo-römischen Tempels und zweier Vorgängerbauten errichtet, erlitt 1176 schwere Brandschäden, die einen Neubau im Stil der Gotik in Gang setzten. Um 1225 waren Chor und Vierung fertig, bis 1230 die Querhäuser und 1275 schließlich das Langhaus. Am südlichen Querhaus ist der Übergang von der Romanik zur Gotik deutlich zu erkennen. Die Westfassade mit reichem Figurenschmuck und einzigartigem filigranem Maßwerk, das wie Spitzenwerk der Fassade vorgeblendet ist,

Cathédrale Notre-Dame • Straßburger Münster

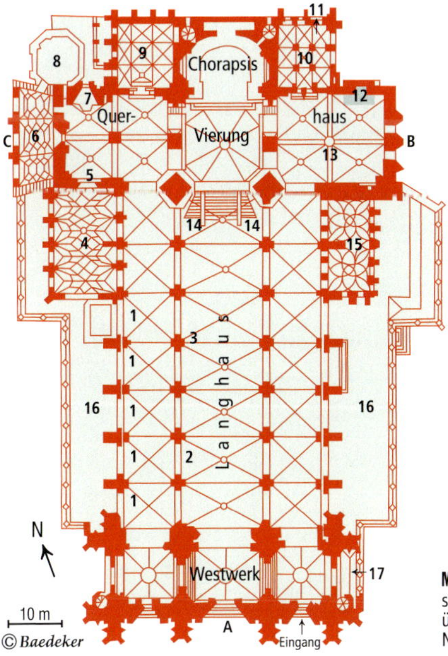

© Baedeker

A Hauptportal an der Westfront (1270-1330); oben Rosenfenster (13,5 m Ø)
B Uhrportal (Südportal; um 1230)
C Laurentiusportal (1495-1505)

1 Kaiserfenster (12.-14. Jh.)
2 Orgel (urspr. von A. Silbermann, 1714-1716; Gehäuse von 1489)
3 Kanzel (von J. Hammer, 1486)
4 Martinskapelle (1515-1520)
5 Ölberg (15. Jh.)
6 Lorenzkapelle (1495-1505)
7 Taufstein (von J. Dotzinger, 1453)
8 Sakristei
9 Johanneskapelle (um 1240; unter dem Kapitelsaal)
10 Andreaskapelle (12. Jh.)
11 zur Ausstellung
12 Astronomische Uhr (urspr. 1570-1574)
13 Engelspfeiler (1230-1240)
14 Treppen zur Krypta
15 Katharinenkapelle (1331; Gewölbe 1563)
16 Münsterschranken
17 Aufgang zur Turmplattform

Maße: – Gesamtlänge: 118 m; Breite des Querschiffes: 58 m; Höhe des Mittelschiffes: 31,5 m; überbaute Fläche: 4087 m²; Gesamthöhe des Nordturms: 142 m; Turmplattformhöhe: 66 m.

entstand 1277 bis 1439 in der Tradition der klassischen französischen Zweiturmfassaden, wobei wegen der schlechten Finanzlage nur der Nordturm zur Ausführung kam. Die 16-blättrige Rose mit ihren 14 m im Durchmesser ist ein Werk des Meisters **Erwin von Steinbach**. Der mittlere Teil des dritten Geschosses entstand ab 1384 nach Plänen von **Michael Parler**. Der Ulmer Münsterbaumeister **Ulrich von Ensingen** begann 1399 mit dem Bau des fein gegliederten Nordturms, den der Kölner Meister **Johannes Hültz** 1439 mit dem kunstvoll durchbrochenen Helm krönte. Mit seinen 142 m Höhe ist der Münsterturm das markante Wahrzeichen der Stadt. 1793 fielen viele Statuen der Zerstörungswut der Französischen Revolution zum Opfer. Sogar der Turm sollte abgetragen werden, da er die anderen Gebäude überrage und so die Gleichheit verletze. Doch zuletzt setzte man nur eine blecherne Jakobinerhaube (das Symbol der Revolution) auf die Turmspitze. 1878/1879 wurde über der Vierung ein Kuppelbau in neoromanischen Formen errichtet.

★★ Skulpturenschmuck ►

Bei einem großen Teil handelt es sich um Nachbildungen; einige Originalfiguren sind im Musée de l'Œuvre Notre-Dame ausgestellt. Die Bogenfelder des Hauptportals und des linken Seitenportals zeigt Szenen aus dem Leben Christi, das rechte Tympanon des Seitenportals illustriert das Jüngste Gericht. Im Gewände stehen **die törichten und klugen Jungfrauen und die berühmte Figur des Verführers** (Matthäus 25, 1-13). Im rechten Bogenfeld des südlichen Querhausportals

Die törichten Jungfrauen und links die Figur des Verführers

ist Marias Krönung abgebildet, im linken ihr Tod. Die seitlichen Frauenfiguren eines unbekannten Meisters entstanden um 1220 und stehen für Ecclesia (Christentum) und für Synagoge (Judentum).

★★ ◄ Inneres

Der 103 m lange, 41 m breite Innenraum des Münsters ist gewaltig: Schlanke Bündelpfeiler tragen das bis zu 32 m hohe Gewölbe des Mittelschiffs. Die **farbenprächtigen Glasfenster** sind aus dem 12. bis 14. Jh., die 4600 Scheiben bestehen aus 500 000 Einzelteilen. Im nördlichen Seitenschiff erkennt man auf den Glasfenstern 21 deutsche Kaiser und Könige. Ein besonderes Phänomen ist am Frühlings- und Herbstanfang zu beobachten: Im Augenblick der **Tagundnachtgleiche** bildet sich bei Sonnenschein durch eine ganz bestimmte Stelle an einem Fenster ein grüner Lichtstrahl, der auf den steinernen Baldachin über der Christusfigur der Kanzel fällt und diesen aufleuchten lässt.

Im südlichen Querhaus befindet sich mit dem **Engels- oder Weltgerichtspfeiler** ein Meisterwerk gotischer Bildhauerkunst (1230 bis 1240): Unten sind die vier Evangelisten, darüber die Posaunen blasenden Engel des Weltgerichts und ganz oben Christus als Richter dargestellt. Die berühmte, 18 m hohe **Astronomische Uhr** fertigte Tobias Stimmer an (1539 – 1584), ihr Uhrwerk wurde 1838 – 1842 eingefügt. Jeden Tag um 12.30 Uhr setzt sich die Automatenmechanik in Bewegung, und die zwölf Apostel ziehen dann unter dem Flügelschlagen und Krähen eines großen Hahns an Christus vorüber (Eingang Südportal ab 12.00, Ticketverkauf 11.50 bis 12.20 Uhr, die Kathedrale ist während der Vorführung geschlossen). Beachtenswert sind ferner die spätgotische Kanzel (1484 – 1485), die angeblich für den Münsterprediger Geiler von Kaysersberg angefertigt wurde, sowie die **Orgel von Andreas Silbermann** (1714 – 1716). Die **Krypta** ist nicht öffentlich zugänglich.

! *Baedeker* TIPP

Goethes Tipp

Goethe riet dem Besucher, die Stadt zuerst aus der Vogelperspektive zu betrachten. Wer die 332 Stufen bis zur Aussichtsplattform des Münsterturms in 66 m Höhe hinaufsteigt, wird mit einem grandiosen Blick auf das Häusergewirr der Stadt belohnt (Öffnungszeiten Turm/Plattform: April bis Sept. 9.00-19.30, Okt. bis März 10.00 bis 17.30, Juli/Aug. bis 20.00 Uhr). Der junge Goethe stieg übrigens regelmäßig auf die Turmspitze des Münsters, auch, um seine Höhenangst zu überwinden.

Musée de l'Œuvre Notre-Dame (Abb. S. 16)

Auf der Südseite der Place du Château liegt der ehemalige Sitz der Dombauhütte aus dem 14. Jahrhundert. Sie wurde im 16. Jh. um einen stattlichen Gebäudekomplex erweitert und beherbergt heute das dem Münster angeschlossene Musée de l'Œuvre Notre-Dame (Frauenhaus-Museum) mit einer bedeutenden Sammlung mittelalterlicher Kunst sowie Exponaten zur elsässischen Wohnkultur, Volkstrachten und einer schönen originalgetäfelten Renaissancestube (Öffnungszeiten: Mo. – Sa. 10.00 – 12.00, 13.30 – 18.00, So. 10.00 – 17.00 Uhr). Zu den Hauptsehenswürdigkeiten gehören die Originalskulpturen und eine Sammlung frühmittelalterlicher Glasmalerei

Musée de l'Œuvre Notre-Dame • Strasbourg

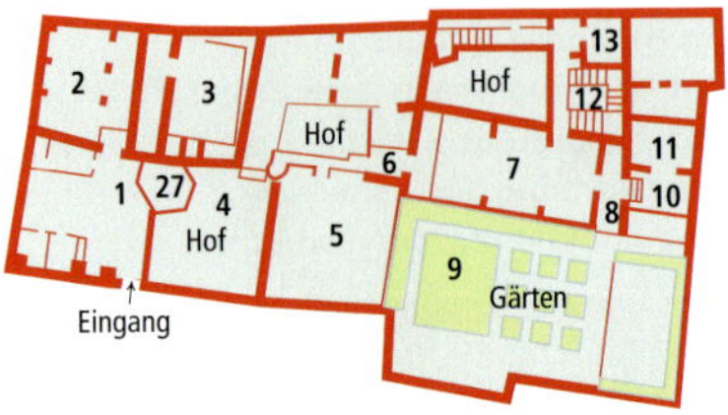

ERDGESCHOSS

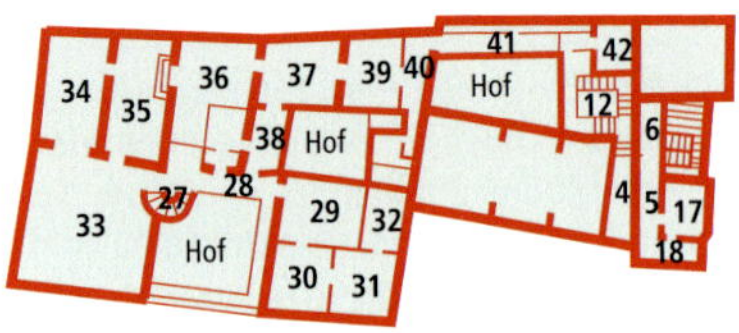

ERSTES OBERGESCHOSS

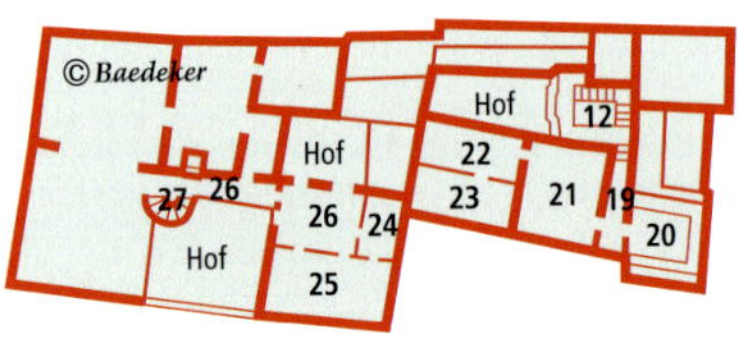

ZWEITES OBERGESCHOSS

1 Eingangshalle
2 Romanische Architektur und Plastik; Kreuzgang
3 Glasmalerei aus dem 12. und 13. Jh.
4 Hof des Frauenhauses; Zinnentürmchen
5 Ehem. Sitzungssaal der Münsterbauhütte (1579-1582); Münsterfiguren
6 Durchgang; Steinplastik des 13. Jh.s
7 Großer Saal (ehem. Gasthof zum Hirschen) Münsterfiguren der Ecclesia und der Synagoge (1230-1240)
8 Gang; Münsterstiche aus dem 17. Jh.
9 Hirschhof; gotischer Garten, Grabsteine
10 Originalrisse des Münsters (13.-15. Jh.)
11 Plastik aus dem 14. Jh.
12 Treppenhaus; Münsterpläne, Teppiche
13 Keramik aus Mittelalter und Renaissance
14 Münsterbauzeichnungen (15. und 16. Jh.)
15-18 Mittelalterliche Kleinkunst, Straßburger Goldschmiedekunst
19, 20 Elsässische Glasmalerei (14. und 15. Jh.)
21-25 Malerei und Plastik des 14. und 15. Jh.s Konrad Witz, Martin Schongauer, Nikolaus Gerhaerdt von Leyden
26 Elsässische Kunst um 1500
26a Deutsche Plastik (15./16. Jh.)
27 Wendeltreppe des Frauenhauses (um 1580)
28 Bildwerke (16./17. Jh.), Glasfenster
29 Straßburger Buchillustration (16. Jh.)
30 Straßburger Malerei aus dem 16. Jh.; Hans Baldung Grien
31 Sitzungssaal der Frauenstiftspfleger (Wandvertäfelung und Decke von 1582)
32 Archivraum (Mobiliar von 1629)
33 Möbel und Plastik aus der Renaissance
34 Oberrheinische Möbel aus dem 17. Jh.
35 Stilleben aus dem 17. Jh.; Sebastian Stoßkopf (1597-1657)
36 Straßburger Leben im 17. Jh.
37 Elsässer Schränke
38 Miniaturen aus dem 17. Jh.
39 Gläsersammlung
40 Flur; volkstümliche Malerei aus dem 17. Jh.
41 Galerie; Ofenplatten aus dem 16. Jh.
42 Bildteppiche vom Mittelalter bis zur Renaissance

Cabinet des Estampes et des Dessins

In der Südecke der Place du Château zeigt im Gebäude Nr. 5 die 1890 begründete Grafische Sammlung mehr als 220 000 Werke vom 15. Jh. bis heute, darunter Stiche von Albrecht Dürer und Baldung Grien sowie Lithografien von Daumier (Besuch auf Anfrage, Tel. 03 88 52 50 00).

✶ Maison Kammerzell

An der Nordecke des Münsterplatzes steht die mit bleigefassten Fenstern und reichen Holzschnitzereien geschmückte Maison Kammerzell (heute Restaurant). Das Erdgeschoss stammt noch von 1467, der Fachwerkoberbau von 1589.

✶ Palais Rohan

1728 – 1742 entstand im Süden des Münsters, an der Stelle des mittelalterlichen Bischofssitzes, das Palais Rohan. Die Pläne für die erzbischöfliche Residenz des Straßburger Kardinalgeschlechts, deren Hauptfassade zur Ill geht, lieferte der Hofarchitekt Robert de Cotte. Im Schloss sind drei Museen untergebracht. Im **Musée des Beaux-Arts** (Gemäldesammlung) ist eine hervorragende Gemäldegalerie von der Gotik bis zum 18. Jh. eingerichtet, u. a. mit Werken von Botticelli, Raffael, Zurbarán, Murillo, Goya, El Greco, van Dyck, Rubens, Delacroix und de Largillière. Das **Musée Archéologique** (Archäologisches Museum) enthält vor- und frühgeschichtliche Sammlungen. Das **Musée des Arts décoratifs** (Kunstgewerbemuseum) schließlich zeigt in den Grands Appartements (großen Gemächern), in denen die Fürstbischöfe wohnten, Inneneinrichtungen des 18. Jh.s, die zu den prachtvollsten in Frankreich zählen; ferner sieht man hier schönes elsässisches Kunsthandwerk und eine der ausgesuchtesten Keramiksammlungen des Landes, die größtenteils aus der Manufaktur der Familie Hannong stammt, die im 18. Jh. Strasbourg zu einem Zentrum der Fayence- und Porzellanherstellung in Frankreich machte (Öffnungszeiten aller drei Museen: Mo., Mi – Sa. 10.00 – 12.00, 13.30 – 18.00, So. 10.00 – 17.00 Uhr).

Place du Marché-aux-Cochons-de-Lait

Südwestlich hinter dem Musée de l'Œuvre Notre-Dame erstreckt sich in Richtung Ill die malerische **Place du Marché-aux-Cochons-de-Lait** (Ferkelmarkt), nordöstlich schließt sich die Place du Marché-

Hübsche Fachwerkhäuser an der Place du Marché-aux-Cochons-de-Lait zwischen Münster und Ill.

aux-Poissons (Fischmarkt) an. In der um 1588 als Schlacht- und Verkaufsstätte erbauten Grande Boucherie, Große Metzig, an der Place de la Grande Boucherie befindet sich heute das **Stadtgeschichtliche Museum** (bis auf Weiteres geschlossen). Westlich gegenüber vom Museum steht die **Ancienne Douane**, das einstige Zoll- und Kaufhaus, das heute ein (im Jahr 2000 ausgebranntes und wiederhergestelltes) Restaurant mit Terrasse zur Ill beherbergt.

Place du Corbeau

Man überquert die Ill auf der Rabenbrücke (Pont du Corbeau), wo im Mittelalter Mörder in Säcke eingenäht und in die Ill geworfen wurden; Verbrecher leichterer Straftaten mussten im Eisenkäfig für geraume Zeit unter Wasser – was nicht selten tödlich endete. Am Place du Corbeau (Rabenplatz) liegt der Eingang zu einem der ehemals schönsten Innenhöfe der Stadt. Er gehörte ursprünglich zu einem Gasthaus, das bis 1854 bestand und in dem u. a. Voltaire, Casanova und Friedrich der Große übernachtet haben sollen.

Ganz in der Nähe, südwestlich des Rabenplatzes, befindet sich das in drei malerischen Häusern aus dem 17. und 18. Jh. untergebrachte **Elsässische Museum** (Musée Alsacien, 1622) mit Exponaten zu Brauchtum, Volkskunst und auch zum jüdischen Leben im Elsass. Zwei Räume sind dem Pfarrer **Johannes Friedrich Oberlin** (► Berühmte Persönlichkeiten) gewidmet (Öffnungszeiten: tgl. außer Di. Jan. – März 10.00 – 18.00, April – Mai 12.00 – 18.00, Juli / Aug. So. 10.00 – 18.00, Sept. – Dez. 12.00 – 18.00 Uhr).

Westliche Altstadt und Petite France

Église Saint-Thomas

Auf dem Weg ins südwestlich des Stadtzentrums gelegene Handwerkerviertel La Petite France kommt man – nach Überqueren der Illbrücke in die Rue de la Division Leclerc, von der man links in die Rue des Serruriers (Schlossergasse) abbiegt – an der gotischen Thomaskirche vorbei, dem zweitgrößten Gotteshaus in Strasbourg und **der einzigen Hallenkirche im Elsass** (9. – 14. Jh.). In der bis heute protestantischen Kirche predigte 1521 der Reformator Martin Bucer. Im Innern sind das von Jean-Baptiste Pigalle entworfene spätbarocke Grabmal für den Marschall Moritz von Sachsen († 1750) und die barocke **Silbermann-Orgel** (1740) beachtenswert, auf der 1778 Mozart ein Konzert gab und später Albert Schweitzer viel spielte.

★ Petite France

Westlich der Thomaskirche erstreckt sich das ehemalige Quartier des Tanneurs (Gerberviertel) bzw. »Petite France« (Klein-Frankreich) mit seinen idyllischen engen Gassen und blumengeschmückten Fachwerkhäusern, Brücken, Stegen und alten Mühlen. Das Viertel, das als Inbegriff des malerischen alten Strasbourg heute zu den Besuchermagneten der Stadt zählt, genoss einst einen üblen Ruf. Hier stand im 16. Jh. ein Hospital für Syphiliskranke: Da man die Franzosen für die Einschleppung der Krankheit verantwortlich machte und die Krankheit daher »französisches Übel« nannte, hieß das Hospital im

Volksmund »Zum Französel« bzw. »La petite France«. Am Rand des Gerberviertels stehen noch vier trutzige Türme der mittelalterlichen Stadtbefestigung, zu der auch die **Ponts Couverts** gehören, vier ehemals gedeckte Brücken über die hier in vier Arme geteilte Ill. Einen schönen Ausblick über Petite France und die Innenstadt hat man von der Terrasse Panoramique der **Barrage Vauban** (Vauban-Wehr). Dieser lang gestreckte, von Vauban, dem Festungsbaumeister Ludwigs XIV., angelegte Sandsteinbau aus dem 17. Jh. war einer der wichtigsten Teile der Stadtbefestigung: Mit 13 Schleusentoren konnte der Fluss abgeriegelt und die südliche Umgebung der Stadt von Ill und Bruche überschwemmt werden, d.h. ein Angriff von dieser Seite war dann unmöglich.

✶ **Musée d'Art Moderne et Contemporaine**

Auf dem gegenüberliegenden Ill-Ufer steht das Ende 1998 eingeweihte Museum für moderne und zeitgenössische Kunst des Pariser Stararchitekten Adrien Fainsilber, ein monumentaler, teils aus Vogesensandstein errichteter Bau mit einer 100 m langen verglasten Galerie zwischen den Ausstellungsräumen (Öffnungszeiten: Di./Mi./Fr./Sa. bis Mi. 11.00 – 19.00, Do. 12.00 bis 22.00, So. 10.00 – 18.00 Uhr). Die Sammlung enthält Werke u. a. von Pablo Picasso, Claude Monet, Max Ernst, Gustave Doré, Paul Gauguin und Max Liebermann, auch der Videokünstler Nam June Paik ist vertreten. Glanzlichter sind »Der Kuss« von Gustav Klimt und die Plastiken des gebürtigen Straßburgers Hans Arp. Einen besonders schönen Blick auf die Straßburger Innenstadt genießt man von der großen Skulpturenterrasse.

! *Baedeker* TIPP

Römische Sauna und Jugendstilbad

Ein besonderes Vergnügen ist der Besuch der Bains Municipaux. Das Jugendstilbad wurde 1908 vom Berliner Architekten Fritz Beblo erbaut. Man schwimmt in einem domähnlichen Hallenbad, macht bei der Wassergymnastik mit oder genießt ›römische‹ Saunafreuden in herrlich altertümlichen Räumen mit Marmorplatten, Buntglasfenstern, altmodischen Sitzbadewannen und edel verkrusteten Kupferinstallationen (10, Boulevard de la Victoire; Tel. 03 88 25 17 58).

Saint-Pierre-le-Vieux

Nördlich vom Quartier des Tanneurs erhebt sich am westlichen Rand der Altstadt die Kirche St-Pierre-le-Vieux (Alt St. Peter) aus dem 14. / 15. Jh. (1867 neu erbaut), ein stattlicher Bau, der 1681 in eine katholische und in eine evangelische Kirche auf geteilt wurde.

Cave Historique de l'Hôpital

Einen Abstecher lohnen jenseits der Ill an der Place de l'Hôpital die Caves Historiques, die historischen Weinkeller von 1395, ein Genuß für Weinfreunde (Tel. 03 88 11 64 50).

Französisches Viertel

Place Kléber

Der nördliche Teil der Altstadt mit ihren großen Plätzen stammt vorwiegend aus dem 18. Jahrhundert. In dieser Zeit haben vor allem französische Architekten dem Viertel ihren Stempel aufgedrückt.

Wie kann man aus wenigen Zutaten so etwas Leckeres zaubern? Der Flammkuchen ist ein im Holzofen gebackener Brotteig mit Zwiebeln, Creme Fraiche und Speck.

Mittelpunkt ist die Place Kléber. In der Platzmitte steht das Denkmal des berühmtesten Sohns der Stadt: Jean Baptiste Kléber, 1753 in Strasbourg geboren, Architekt und General unter Napoleon, im Ägyptenfeldzug 1800 in Kairo ermordet. Unter dem Denkmal sind seine Gebeine begraben. An der Nordseite des Platzes befindet sich die 1765 bis 1772 von Jacques-François Blondel errichtete **Aubette** (Parolestube), wo bei Tagesanbruch (frz. à l'aube) die Garde ihre Befehle erhielt.

St-Pierre-le-Jeune

Unweit nördlich von der Place Kléber erhebt sich die um 1390 erbaute Kirche St-Pierre-le-Jeune (Jung St. Peter), deren Inneres um 1900 neu gestaltet wurde.

Place Gutenberg

In südlicher Richtung führt die belebte Rue des Grandes Arcades zur Place Gutenberg, an deren Südwestseite das Hôtel du Commerce steht, das **bedeutendste Renaissancegebäude im Unterelsass**, das 1582–1585 als Rathaus errichtet wurde. In der Mitte des Platzes steht das Denkmal mit einem 1840 von David d'Angers geschaffenen Standbild Gutenbergs; interessanterweise ist die Schrift des von Gutenberg gehaltenen Buchs französisch (»et la lumière fut«, dt. »und es wurde Licht«).

Place Broglie

Östlich von der Place Kléber liegt die breite, lang gestreckte Place Broglie, eine 1742 an der Stelle des einstigen Rossmarkts angelegte und nach Marschall Broglie, dem Gouverneur des Elsass, benannte Esplanade, die heute – von Platanen gesäumt – auch als Marktplatz dient. An ihrer Südseite stehen mehrere stattliche Gebäude aus dem 18. Jh., deren repräsentative Hauptfassaden der südöstlich verlaufenden Rue Brulée (Brandgasse) zugewandt sind. Das Alte Rathaus, 1730–1736 als »Hanauer Hof« des Landgrafen von Hessen erbaut, war 1805–1976 Sitz der Stadtverwaltung.

Den nordöstlichen Abschluss der Place Broglie bildet das prachtvolle neoklassizistische Theater – heute Opéra du Rhin. Davor steht ein Sandsteinobelisk mit dem Bronzestandbild von General Leclerc, der 1944 Strasbourg von den Deutschen befreite. Gegenüber der linken Seitenfassade des Theaters befindet sich ein origineller **Brunnen mit einem bronzenen Januskopf**, der symbolisch auf die Vergangenheit der Stadt anspielt. Er stammt von Tomi Ungerer (s.u.). **Opéra du Rhin**

An der Nordseite der Place Broglie befindet sich die stattliche Offiziersmesse, daneben an der Ecke der Rue de la Fonderie das Denkmal für den aus Strasbourg gebürtigen Marschall Kellermann, der an der historischen Kanonade von Valmy (20. September 1792) beteiligt war. Die Banque de France steht an der Stelle, wo – laut einer Gedenkplakette am Gebäude – am 26. April 1792 Rouget de Lisle erstmals die von ihm verfasste »**Marseillaise**« gesungen haben soll. **Banque de France**

Südöstlich des Theaters steht das aus dem 18. Jh. stammende Hôtel Klinglin, ein aufwändiger Rokokobau, der seine eindrucksvolle Schaufassade dem Kanal zuwendet. **Hôtel Klinglin**

Wilhelminische Neustadt

Nordöstlich des Französischen Viertels erstreckt sich jenseits der Ill die wilhelminische Neustadt, die die neuen preußischen Herren nach 1870 anlegen ließen. Ein Zeugnis der wilhelminischen Ära ist übrigens auch der Bahnhof im Westen der Stadt. Das Zentrum des »deutschen Viertels« bildete der Kaiserplatz, heute Place de la République, an dem die kaiserliche Residenz und die Verwaltungsbauten des Reichslandes Elsass-Lothringen standen. Im einstigen Kaiserpalast **Palais du Rhin** (1883 – 1889), einem prunkvollen Neorenaissancebau an der Nordwestseite des Platzes, den Wilhelm II. wegen seiner Wuchtigkeit wenig schmeichelhaft als »Elefantenhaus« bezeichnete, hat die Kulturdirektion der Region Elsass ihren Sitz. In den benachbarten neobarocken Gebäuden haben sich die Préfecture des Départements und die Trésorerie Générale, das Schatzamt des Départements, niedergelassen. An der Südostseite der Place de la République befinden sich links die 1889 bis 1894 erbaute **Universitäts- und Landesbibliothek**, die rund 3 Mio. Bände umfasst und damit zu den größten Bibliotheken des Landes zählt, sowie rechts das Konservatorium aus der gleichen **Zeit und das 1957 angefügte Théâtre** National de Strasbourg. Mitten auf dem Republikplatz steht das 1936 aufgestellte **Monument aux Morts**, das ausdrucksstark zum Frieden mahnt: Mutter Elsass hält in ihrem Schoß ihre beiden gefallenen Söhne – der eine starb für Frankreich, der andere für Deutschland. **Place de la République**

Die prachtvolle **Villa Greiner** direkt neben dem Nationaltheater widmet sich seit November 2007 dem Werk des berühmten elsässischen Illustrators Tomi Ungerer (► Berühmte Persönlichkeiten), der sich **✶ Musée Tomi Ungerer** mit seinen frechen, provozierenden Zeichnungen international einen Namen gemacht hat. Gezeigt werden Kinderbücher, soziale und politische Satire, Werbung sowie erotische und pornografische Arbeiten (Öffnungszeiten: Mi. bis Mo. 12.00 bis 18.00, Sa. / So. 10.00 – 18.00 Uhr).

! *Baedeker* TIPP

Speisen an Bord

Allabendlich verkehren auf der Ill und deren Kanälen zwei Schiffe mit Restaurantbetrieb an Bord (die »Alligator« und die »Nymphe de l'Ill«), von wo aus bei einem gemütlichen Abendessen die erleuchtete Innenstadt von Strasbourg zu sehen ist (Reservierung: Tel. 03 88 84 10 01, Fax 03 88 34 55 38).

Nordöstlich vom Republikplatz gelangt man am Parc des Contades zur **Friedenssynagoge**, die 1955 an der Stelle des 1940 zerstörten Vorgängerbaus errichtet wurde.

Als gelungenstes Bauwerk wilhelminischer Architektur in Strasbourg gilt das von 1879 bis 1885 im Stil der italienischen Renaissance erbaute **Universitätsgebäude** mit seiner 125 m breiten Schaufront. Auf der Place de la Université erinnert die Goethestatue an dessen Studienzeit in Strasbourg.

Universitätsviertel

Le Planétarium Jardin Botanique

Südöstlich der Universität liegen das Planetarium – ein »Kosmisches Kino« mit Vorführungen zum Thema Astronomie – und der Jardin Botanique (Botanischer Garten). In diesem seit 1880 existierenden, ursprünglich vor allem für Botanik-, Medizin- und Pharmaziestudenten angelegten Garten kann man 6000 Pflanzen studieren (kostenlose geführte Besichtigung So. 15.00 Uhr).

Musée de Sismologie

An der Rue de l'Université informiert das in einem Gebäude von 1900 untergebrachte Musée de Sismologie et Magnétisme terrestre über Seismologie und Erdanziehung. Zwischen der Rue de l'Université und dem parallel dazu verlaufenden Boulevard de la Victoire befindet sich das **Musée Zoologique** (Zoologisches Museum), das u. a. die elsässische Fauna und Flora in schönen Dioramen veranschaulicht (Öffnungszeiten: tgl. außer Di. 10.00 – 18.00 Uhr).

Centre Universitaire

Südlich des Boulevard de la Victoire erstreckt sich das neue Centre Universitaire (Universitätsviertel), u. a. mit der École Nationale Supérieure des Ingénieurs (vor allem Architektur), dem 70 m hohen, 15-stöckigen Institut de Chimie und der weiter südlich angelegten Faculté des Lettres (Geisteswissenschaften).

Citadelle

Weiter südöstlich, gegen die Hafenbecken zu, liegt die einstige Zitadelle, 1682 – 1684 als Kernstück des Vauban'schen Befestigungsgür-

THANN ERLEBEN

AUSKUNFT

7, Rue de la 1ère Armée
Tel. 03 89 37 96 20
Fax 03 89 37 04 58
www.ot-thann.fr

ESSEN

► Preiswert

Le Caveau de l'Engelbourg
10, Rue du Général de Gaulle
Tel. 03 89 37 20 21
Schönes Kellerlokal, Terrasse, traditionelle Küche

Le Caveau Saint Thiébaut
42, Rue de la 1ère Armée
Tel. 03 89 37 03 84
Zentral gelegen bei der Kirche, einfache elsässische Küche.

ÜBERNACHTEN

► Komfortabel

Hôtel du Parc
23, Rue Kléber
Tel. 03 89 37 37 47
Fax 03 89 37 56 23
www.alsacehotel.com
hduparc@hrnet.fr
Traditionelles, komfortables, ruhig gelegenes Romantikhotel (20 Z.) mit großem Park. Beheiztes Schwimmbad und Reitgelegenheit. Das sehr gute Restaurant ist der elsässischen Tradition verbunden.

► Günstig

Les Trois Rois
2, Rue de Thann
Cernay (8 km östlich)
Tel. 03 89 75 40 54
Fax 03 89 39 91 78
dzampieri@aol.com
Gut ausgestattetes Hotel an der nach Thann führenden Straße. Das dazugehörige Restaurant serviert regionale Spezialitäten.

Au Floridor
54, Rue du Floridor (2 km vom Ortszentrum)
Tel. 03 89 37 09 52
Fax 03 89 37 44 08
www.hotel-floridor.com
Gepflegtes kleines Hotel mit guter Küche. Direkt gegenüber liegt der Weiher Floridor.

Schönster Münsterturm?

Das Münster ist nach dem in Strasbourg der bedeutendste gotische Bau des Elsass. Eine Redensart sagt, jener sei zwar höher, der Freiburger dicker, der von Thann jedoch der schönste.

Sehenswertes in Thann

★ St-Thiébaut

Das 1332 bis 1516 errichtete Münster St-Thiébaut (St. Theobaldsmünster), dessen 76 m hoher Turm in der Nachfolge des Freiburger Münsterturms steht, besitzt ein außergewöhnlich großes und reiches Figurenportal (1380-1400) an der Westfassade. Es zählt zu den wichtigsten Beispielen spätgotischer Bauplastik. Etwa 150 Szenen und 500 Figuren erzählen das Leben Christi und Mariae. Das kleinere Figurenportal an der Nordseite datiert von 1450. Das dreischiffige Innere zeigt unterschiedliche gotische Bauphasen: Das linke Seitenschiff ist

St-Thiébaut • Thann

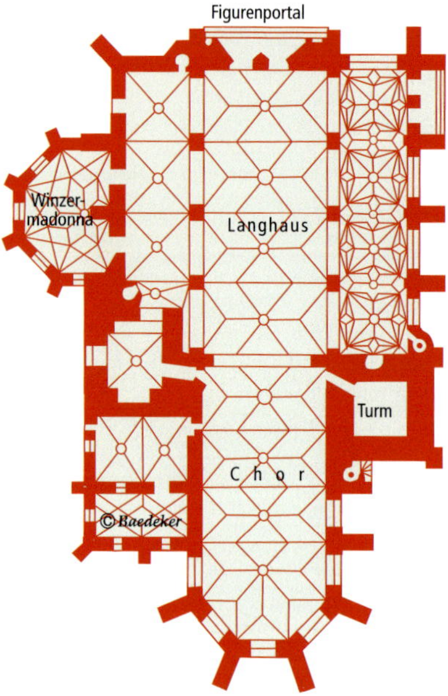

von Netzrippen überwölbt, während Langhaus und rechtes Seitenschiff Kreuzrippengewölbe mit bemerkenswerten Schlusssteinen tragen. Rechts wurde im frühen 17. Jh. eine Seitenkapelle angefügt, in der sich die gotische »Winzermadonna«, eine farbig gefasste Holzfigur von ca. 1510 befindet. Der Raumeindruck insgesamt ist ungewöhnlich, da das Langhaus im Verhältnis zum Chor (Gestühl aus dem 15. Jh.) relativ kurz ist.

Nördlich der Kirche steht unmittelbar an der Thur die ehemalige Kornhalle (1519), in der das **Historische Museum** eingerichtet ist. Es zeigt Dokumente zur Ortsgeschichte und zur Baugeschichte des Münsters.

Unweit östlich davon erreicht man den mit einer Renaissancehaube gedeckten Hexenturm (**Tour des Sorcières**), ein Relikt der früheren Stadtbefestigung. Im alten Kellergewölbe des Turms ist eine Ausstellung u. a. über die Geschichte des Weinanbaus zu besichtigen.

Engelsburg Auf einem bewaldeten Hügel über der Stadt (Fußweg 30 Min.) steht die Ruine der Engelsburg, die in Etappen (12. – 16. Jh.) erbaut, aber 1673 auf Befehl Ludwigs XIV. zerstört wurde. Ein Rest des runden Bergfrieds, ein mächtiger ringförmiger Stein, ist bei der Sprengung über den Abhang gekippt und schaut mit der Öffnung zur Stadt hinunter, was ihm den Namen »Œil de la Sorcière« (Hexenauge) eingebracht hat.

Umgebung von Thann

Cernay Von Cernay (6 km westlich von Thann) verkehrt von Juni bis September eine nostalgische Dampfeisenbahn zum knapp 15 km südwestlich gelegenen Ort Sentheim im Dollertal (außerhalb der Hochsaison nur sonn- und feiertags).

Husseren-Wesserling Rund 10 km nordwestlich von Thann lohnt in Husseren-Wesserling die königliche Manufaktur von 1783 einen Abstecher. Inmitten eines schönen Parks, in dem in den Sommermonaten während des Festival des Jardins die Gestaltungen junger Landschafts- und Gartenarchitekten zu bewundern sind, veranschaulicht das hier eingerichtete Musée du Textile et des Costumes de Haute-Alsace (Textil- und Kostümmuseum Oberelsass) die Geschichte der Spinnerei, Weberei, des Stoffdrucks und in szenischen Darstellungen auch die Mode des 19. und frühen 20. Jh. (Öffnungszeiten: Juli/Aug./Sept. tgl. außer Mo. 10.00-18.00, Apr. – Juni 10.00 – 12.00, 14.00 – 18.00, Okt. bis März 10.00 – 12.00 u. 14.00 – 17.00 Uhr).

★ Turckheim

H 6

Région: Alsace (Elsass) **Département:** Haut-Rhin
Höhe: 225 m ü. d. M. **Einwohner:** 3500

Der vor den Toren von ►Colmar am Eingang des Münstertals gelegene Winzerort Turckheim (Türkheim) besitzt die besten Weinlagen des Elsass. Innerhalb der Stadtbefestigung aus dem 14. Jh. mit ihren drei viereckigen Tortürmen reihen sich schöne Stein- und Fachwerkhäuser aus dem 17. Jh. aneinander. Turckheim besitzt seit Beginn des 18. Jh.s große Papierfabriken an der Fecht.

Turckheim gehörte seit 1354 dem elsässischen Zehnstädtebund an. Obwohl schon im Westfälischen Frieden 1648 Frankreich zugesprochen, wurde der Ort erst nach dem Sieg über die Habsburger, den der berühmte Marschall Turenne 1675 in einer Schlacht vor den Toren der Stadt errang, endgültig französisch. Bei der Office de Tourisme an der Place de Turenne beginnt ein 2 km langer **Weinlehrpfad** durch die Turckheimer edle Grand-Cru-Lage Brand. Von Mai bis Oktober macht um 22.00 Uhr ein laut singender **Nachtwächter** mit schwarzem Umhang, Dreispitz, Hellebarde, Laterne und Horn seinen Rundgang durch das beleuchtete Städtchen.

Hinter dem Rathaus erhebt sich an der Place Turenne die Kirche Ste.-Anne.

Sehenswertes in Turckheim

Man parkt am besten bei der Porte de France, dem Untertor, auf dessen steilem Dach ein Storchennest erkennbar ist. Dahinter, an der **Place Turenne**, befindet sich ein be-

TURCKHEIM ERLEBEN

AUSKUNFT

Corps du Garde
Place Turenne
Tel. 03 89 27 38 44
Fax 03 89 80 83 22
www.turckheim-alsace.com

EINKAUFEN

Staub
2, Rue Saint Gilles
Tel. 03 89 27 77
Allerlei Küchenartikel, Pfannen und Töpfe, wie sie die Sterneköche verwenden.

ESSEN

► Erschwinglich

A L'Homme Sauvage
19, Grand' Rue
Tel. 03 89 27 56 15
Renommierter Gasthof seit 1609, der keinesfalls enttäuscht. Serviert wird im hübschen Speisesaal mit Holzgebälk oder im gepflasterten Hof.

► Preiswert

Auberge du Veilleur
12, Place Turenne
Tel. 03 89 27 32 22
Klassische elsässische Küche.

ÜBERNACHTEN

► Komfortabel

Les Deux Clefs
3, Rue du Conseil
Tel. 03 89 27 06 01, Fax 03 89 27 18 07
www.hotel-turckheim.com
Das traditionsreiche Hotel (45 Z.) mit der heimeligen Innenausstattung ist in einem prächtigen Fachwerkhaus aus dem 16. Jh. eingerichtet. Schwimmbad, Tennisplatz und Sommergarten.

► Günstig

Auberge du Brand
8, Grand'Rue
Tel. 03 89 27 06 10
www.aubergedubrand.com
Fachwerkhaus mit ausgezeichnetem Restaurant, das allerdings nur abends geöffnet ist. Im Herbst werden Wildschweinspezialitäten kredenzt.

Berceau du Vigneron
10, Place Turenne
Tel. 03 89 27 23 55, Fax 03 89 30 01 33
www.berceau.du.vigneron.free.fr
Gemütliches kleines Hotel mit schönem, rustikalem Restaurant. Im Sommer kann man das Frühstück im Innenhof genießen.

sonders hübsches Bauensemble, bestehend aus der schon 1315 genannten Alten Wache (D'Wacht), deren Giebel ein Reichsadler schmückt, und dem stattlichen Fachwerkbau des Hôtel aux Deux Clefs (Gasthaus zu den Zwei Schlüsseln, 16. Jh.), einem der schönsten Fachwerkhäuser der Stadt. Gegenüber steht das in der Renaissance entstandene blassgelbe Hôtel de Ville (Rathaus; 1593 – 1630) mit der Salle de la Décapole (Saal des Zehnstädtebunds).

Sainte-Anne Schräg rechts hinter dem Rathaus erhebt sich die 1836 – 1840 im spätklassizistischen Stil erbaute Pfarrkirche (Sainte-Anne) mit ihrem aus dem 11. – 13. Jh. stammenden roten Sandsteinturm, der von einem bunt lackierten Ziegeldach bekrönt ist.

Ein Stück hinter Rathaus und Kirche steht das Ancien Presbytère (18. Jh.) mit dem städtischen Archiv und dem Musée Mémorial des Combats de la Poche de Colmar (»Tasche von Colmar«), wo in einem Kellergewölbe (18. Jh.), das als Schutzkeller diente, an die zweimonatige Kesselschlacht von Colmar im Winter 1944 / 45 erinnert wird (Öffnungszeiten: März – Nov. Mi. – Sa. 14.00 – 18.00, So. 10.00 bis 12.00, 14.00 – 18.00 Uhr; Juli – Aug. auch Mo. und Di.).

Mémorial des Combats de la Poche de Colmar

Umgebung von Turckheim

Nördlich von Turckheim liegt ein Dörfchen mit **Postkartenidylle**: hübscher Rathausplatz, alte Fachwerkhäuser mit schönen Erkern und Holzbalkonen, und das alles inmitten ausgedehnter Weinberge.

Niedermorschwihr

Les Trois Épis (Drei Ähren, ca. 1000 Einw.) auf den ersten Vogesenhöhen nordwestlich von Turckheim ist eine altberühmte Wallfahrtsstätte und ein beliebter Luftkurort. Die Kirche Notre Dame des Trois Épis (Unsere Liebe Frau zu den Drei Ähren, 17. Jh.) steht an der Stelle, wo nach der Legende die Jungfrau Maria, in einer Hand drei Ähren haltend, in der anderen ein Hagelkorn, einem Schmied erschien. Die Dorfbevölkerung solle zum Glauben zurückfinden und mit reichen Ernten belohnt werden. Andernfalls würden Hagelstürme alles zerstören. Bemerkenswert ist die geschnitzte, vergoldete und bemalte Holzdecke aus dem spaten 19. Jahrhundert. Das benachbarte Musée Notre-Dame informiert über die Geschichte der Wallfahrt.

! *Baedeker* TIPP

Marmeladenkönigin

In Christine Ferbers Pâtisserie (Rue des Trois Épis Nr. 18, Niedermorschwihr) findet man die herrlichsten Marmeladen. Eine Spezialität der 1998 in Frankreich zur »Marmeladenkönigin« gekürten Madame Ferber ist z. B. die Kreation »Himbeeren mit Pinot Noir« (Tel. 03 89 27 05 69, Öffnungszeiten: Di – Fr. 7.00 – 12.30, 14.00 bis 18.30, Sa. 7.00 – 18.00, So. 9.00 – 13.00 Uhr).

★ Wissembourg

B 10

Région: Alsace (Elsass)
Höhe: 160 m ü. d. M.
Département: Bas-Rhin
Einwohner: 7500

Das malerische Wissembourg (Weißenburg), nördlichste Stadt des Elsass, liegt an der Lauter am Fuß der Vogesen, unweit der pfälzischen Grenze. Die Stadt, die sich trotz mehrfacher Zerstörung ihr mittelalterliches Ortsbild weitgehend bewahrt hat und einen der reizvollsten Ortskerne des Elsass besitzt, ging aus einer im 7. Jh. gegründeten Benediktinerabtei hervor, wurde zu einem geistigen Zentrum und zählte zu den zehn elsässischen Reichsstädten.

WISSEMBOURG ERLEBEN

AUSKUNFT

2, Place de la République
Tel. 03 88 94 10 11
Fax 03 88 94 18 82
www.ot-wisembourg.fr

ESSEN

► Fein & teuer

① ***A l'Ange***
2, Rue de la République
Tel. 03 88 94 12 11
Restaurant in einem typischen, alten Elsässerhaus. Die Speisekarte variiert je nach Jahreszeit.

► Erschwinglich

② ***Caveau du Châtelet***
65, Faubourg de Bitche
Tel. 03 88 94 16 11
Kleines charmantes Restaurant an der Lauter in einem Gebäude aus dem 17. Jh., im Sommer auch Terrasse.

► Preiswert

③ ***Restaurant-Brasserie La Vignette***
17, Rue du Marché aux Poissons
Tel. 03 88 94 17 64
Kleinere elsässische Gerichte wie Flamm- und Zwiebelkuchen.

ÜBERNACHTEN

► Erschwinglich

① ***Hôtellerie Au Cygne***
3, Rue du Sel
Tel. 03 88 94 00 16, Fax 03 88 54 38 28
hotellerie-cygne@wanadoo.fr
Familiengeführtes Hotel mit viel Charme und Charakter, schöne Holzvertäfelung im Restaurant.

► Günstig

② ***Au Moulin de la Walk***
2, Rue de la Walk
Tel. 03 88 94 06 44, Fax 03 88 54 38 03
Hübsches, etwas außerhalb an der Lauter gelegenes Landhotel (25 Z.) in einer alten Mühle. Zum Hotel gehört ein Restaurant, in dem nach eigenen Angaben »der Akzent der Vogesen« vorherrscht.

③ ***L'Escargot***
40, Rue Nationale
Tel. 03 88 94 90 29, Fax 03 88 54 25 00
Familie Weber führt das typisch elsässische Haus seit mehr als 15 Jahren. Renovierte Zimmer, einfach und gepflegt. Empfehlenswertes Restaurant.

Im Kloster Weißenburg verfasste der Mönch Otfried im 9. Jh. eine fünf Bücher umfassende Evangelienharmonie, die für die Entwicklung der deutschen Dichtung wegweisend war. Heute ist Wissembourg das wirtschaftliche Zentrum des gesamten Unterelsass.

Sehenswertes in Wissembourg

Hôtel de Ville

An der Place de la République, dem Mittelpunkt der Altstadt, erhebt sich das stattliche Hôtel de Ville (Rathaus) aus rotem Vogesensandstein, mit Dreiecksgiebel und Uhrturm. Es wurde 1741 – 1752 durch Joseph Massol, dem Baumeister der Straßburger Bischöfe, errichtet.

← *Mehrere Arme der Lauter prägen das Ortsbild von Wissembourg.*

Wissembourg *Orientierung*

Essen
① A L'Ange
② Caveau du Châtelet
③ La Vignette

Übernachten
① Au Cygne
② Au Moulin de La Walk
③ L'Escargot

Relais Culturel Régional de Wissembourg

Durch die vom Rathaus nach Osten verlaufende Rue Nationale gelangt man zum etwas abseits gelegenen Komplex der gotischen ehemaligen Dominikanerkirche, die heute zusammen mit ihren Nebengebäuden als Gemeinde- und Kulturzentrum (Relais Culturel Régional de Wissembourg) dient.

Maison du Sel

Wenige Schritte westlich vom Rathaus steht an der Salzbrücke das hochgiebelige Salzhaus (Maison du Sel) mit den in mehreren Reihen übereinander liegenden Dachgauben. Es wurde 1450 als Hospital errichtet, diente dann als Salzspeicher, Schlachthaus und in den Kriegen schließlich als Lazarett.

Grange Dîmière

Wendet man sich hinter der Lauterbrücke nach links, so gelangt man zur Zehntscheuer der einstigen Abtei (Grange Dîmière) sowie zum einstigen Deutschordenshof.

★ St-Pierre-et-St-Paul

Westlich jenseits der Lauter ragt die Stiftskirche St-Pierre-et-St-Paul empor. Neben dem Straßburger Münster ist sie die größte gotische Kirche im Elsass. Mit dem Bau als Klosterkirche wurde unter Abt Edelin (1262 – 1293) begonnen. Er wurde im 14. Jahrhundert vollendet. Der vierkantige romantische Westturm datiert noch aus dem 11. Jahrhundert. Errichtet ist das Gotteshaus aus dem regionalen ockerfarbenen und rötlichen Sandstein, dessen natürliche Maserung deutlich hervortritt.

An die Längswand des nördlichen Seitenschiffs fügt sich der unvollendete Kreuzgang (frühes 14. Jh.) an, der nur aus einem Flügel besteht. Besondere Beachtung verdient am östlichen Abschluss des

MEISTERWERK DER FESTUNGSBAUKUNST

Die Maginot-Linie, Frankreichs Verteidigungswall an der östlichen Landesgrenze, verfehlte zwar letztendlich ihr Ziel, die Nation gegen den deutschen »Erbfeind« zu schützen. Aber seine Bewährungsprobe bestand das Meisterwerk der Festungsbaukunst (s. S. 200) im Krieg dennoch. Nachdem es in der Nachkriegszeit fast verfallen wäre, ist es heute ein beliebtes Touristenziel.

Das Dogma von der Unbesiegbarkeit **»Ligne Maginot«** galt für alle Dienstgrade innerhalb der französischen Armee als unumstößlich. Für einen Korpskommandanten, der die Begeisterung des Herzogs von Windsor nach einem Besuch des Verteidigungssystems an der Grenze zu dämpfen versuchte, ergaben sich schwerwiegende Folgen. Als der Herzog bei einem Essen dem französischen Oberbefehlshaber davon erzählte, erhob sich dieser, ging zum Telefon und ließ den »ketzerischen« Offizier strafversetzen.

Moderner Schützengraben

Sofort nach dem Ersten Weltkrieg (1914 – 1918) erwog die französische Regierung ein neues Verteidigungssystem gegen Norden und Osten, um zu verhindern, dass das Land je wieder wie 1914 Opfer einer Invasion werden würde. 1930 begann man, an der Landesgrenze vom Ärmelkanal bis hinunter zum Mittelmeer Bollwerke zu errichten. Geplant waren zwei Festungsgebiete, nämlich bei Metz in Lothringen und an der Lauter im nördlichen Unterelsass, sowie kleinere Anlagen im Norden Frankreichs, eine Linie von Kasematten am Rhein und solide Sperren in den Alpen. Benannt nach dem Kriegsminister André Maginot (1877 – 1932), der ihren Bau initiierte, erwies sich diese 5 – 10 km von der Landesgrenze entfernte Verteidigungslinie als ein Meisterwerk der Festungsbaukunst. An der Nordostgrenze des Landes entstanden bis

Tief unter der Erde – Kommandoraum der Maginot-Linie bei Lembach

1940 36 kleine und 22 große Festungen sowie, dazwischen eingestreut, rund 400 schwere Einzelbunker. Dafür mussten ganze Landschaften umgepflügt und weit über 200 km Stollen, Schächte und Kasematten in den Untergrund gegraben werden. Am vordersten Rand wurden Panzerhindernisse aufgestellt, dahinter befanden sich Stacheldrahthindernisse, Bunker und Batteriestellungen, die mit 3 m dickem Beton ummauert und mit Maschinengewehren und Panzerabwehrwaffen bestückt wurden.

In Abständen von 5 bis 8 km ragten gewaltige, bis 30 m tief in die Erde reichende Festungswerke auf. Die von einander unabhängigen unterirdischen Heeresstädte wurden ausgestattet mit kilometerlangen Gängen, Kavernen, Schmalspurbahnen, Aufzügen, Depots, Dieselkraftwerken, Spitälern und drehbaren Geschütztürmen. In den großen Festungswerken hielten sich jeweils bis zu 1100 Mann auf, die in dreimonatigem Wechsel abgelöst wurden. Die Offiziere und Mannschaften wurden bestens verpflegt, die Lebensmittel-, Wasser-, Treibstoff- und Munitionsvorräte reichten im Kriegsfall für drei Monate. Die Besatzungen erhielten auch Bestrahlung durch Höhensonne, viele Soldaten züchteten Rosen auf den Betondecken – der schlimmste Feind in Friedenszeiten aber blieb die Langeweile.

Bewährung

Die Kosten für das damals gewaltigste **Armeelabyrinth** der Welt waren enorm. Rund acht Mrd. Goldfrancs (nach heutigen Wertbegriffen ca. 200 Mrd. €) musste die französische Regierung investieren, weshalb ihr dann das Geld für den Aufbau einer modernen Luft- und Panzerwaffe fehlte. Die Annahme der Unverwundbarkeit des Superschützengrabens erwies sich allerdings als falsch, als die Deutschen den schon lange von den Franzosen befürchteten Angriff auf die Grande Nation in die Tat umsetzten.

Die Zeit des Stellungskrieges war vorüber, wie die zu weiträumigen Operationen fähigen deutschen Panzerverbände schnell unter Beweis stellten, denn unter Missachtung der

belgischen Neutralität wurde zu Beginn des deutschen Westfeldzugs (Mai 1940) die Maginot-Linie von der Wehrmacht im Norden einfach umgangen.
Dennoch blieb die Ligne Maginot nicht von deutschen Angriffen verschont. Vor allem das Festungswerk von Schœnenbourg wurde im Juni 1940 von schwerer Artillerie heftig angegriffen: ein 42-cm-Skoda-Mörser feuerte sogar 55 betonbrechende 1100 kg schwere Geschosse auf das Fort ab, ab dem 20. Juni waren die Kampfblocks dem ständigen Bombardement von Ju-87-Sturzkampfbombern (»Stukas«) ausgesetzt. Insgesamt fielen 3000 Bomben und Geschosse auf Schœnenbourg, doch konnte das Festungswerk südlich von Wissembourg ebenso wie andere Forts der Maginot-Linie von den Deutschen **nicht bezwungen werden**. Erst als Anfang Juli, also einige Tage nach dem Inkrafttreten des Waffenstillstands am 25. Juni, die französische Regierung den Befehl zur Kapitulation erließ, ergaben sich die Besatzungen und händigten ihre Festungswerke den deutschen Truppen aus.

Nach dem Krieg

Bis Anfang 1945 hielten die Deutschen die Maginot-Linie besetzt. Nach dem Krieg nahmen die Verteidigungswerke im Rahmen der Nato während des Kalten Kriegs ihren Dienst wieder auf, 1967 allerdings wurde die Maginot-Linie vom französischen Heer aufgegeben. Instandsetzungsarbeiten fanden nicht mehr statt, die Werke und Kasematten überließ man sich selbst und den Plünderern. Vor allem findige Alteisenhändler entdeckten in den verlassenen Forts ein wahres Paradies.
Im Jahr 1978 gründete eine Gruppe von Festungsfreunden den Verein »Association des Amis de la Ligne Maginot d'Alsace« (A. A. L. M. A.), um die Verteidigungslinie vor dem endgültigen Verfall zu bewahren. Heute ist dank dieser Initiative eine Reihe von Bunkeranlagen der Maginot-Linie zur Besichtigung freigegeben: Fort Simserhof bei Bitche, das Fort Four à Chaux bei Lembach, das Artilleriewerk Schœnenbourg westlich von Hunspach und in der Nähe von Wissembourg und das kleine Werk 35 / 3 bei Marckolsheim.

rechten Seitenschiffs das über zehn Meter hohe Fresko des hl. Christophorus (um 1280). Weit bekannt sind die prachtvollen Glasgemälde im Chor und Querhaus (13., 14. und 15. Jh.).

Bürgerhäuser

Die Ostseite des am Salzhaus (s. zuvor) vorüberführenden Lauterkanals wird von einer Reihe stattlicher alter Bürgerhäuser gesäumt. Insbesondere zieht das Haus Vogelsberger am Quai Anselmann den Blick auf sich, ein stattlicher Renaissancebau (1540) mit geschnitztem Tor. Sein einstiger Besitzer und Namensgeber, Feldhauptmann Vogelsberger, wurde auf Anweisung Kaiser Karls V. 1548 wegen Hochverrats in Augsburg enthauptet. Er hatte eigenmächtig der Krönungszeremonie des französischen Königs Henri II., Karls Feind, in Reims beigewohnt. Einige Schritte rechts davon steht die Maison à la Couronne (Haus zur Krone), das ehemalige Gilde- und Gästehaus der Weißenburger Kaufleute, dessen malerischer Innenhof etliche Steindenkmäler aus Renaissance und Barock enthält.

! *Baedeker* TIPP

Vogelperspektive

Einen schönen Blick auf die Dächer der Altstadt von Wissembourg hat man bei einem Spaziergang auf die Böschung der nördlichen Stadtmauer (Remparts, 18. Jh.).

Musée Westercamp

Folgt man der an der protestantischen Johanniskirche (15./16. Jh.) vorbeiführenden schmalen Gasse nach Osten, so erreicht man das Museum Westercamp, benannt nach dem Notar Paul Westerkamp, der das Gebäude im 16. Jh. der Stadt zum Geschenk machte. Es zeigt archäologische Funde, historische Möbel und Volkstrachten sowie Andenken an die Schlacht von Weißenburg am 4. August 1870. Bis 2007 bleibt es allerdings wegen Renovierung geschlossen.

Quartier du Bruch

Vom Haus Vogelsberger nach Westen gehend kommt man in das von der Lauter durchzogene **malerische Bruchviertel**. Gleich am Anfang bemerkt man an der rechten Straßenseite den Renaissanceerker der **Maison de l'Ami Fritz**, die 1932 als Kulisse für die Verfilmung des Romans »L' Ami Fritz« von Erckmann-Chatrian diente.

Umgebung von Wissembourg

Altenstadt

Rund 2 km östlich von Wissembourg liegt an der Mündung des Markbachs in die Lauter der kleine Ort Altenstadt mit einer romanischen Kirche aus dem 11. Jh., einem der ältesten Gotteshäuser des Elsass.

✶ Hunspach, Hoffen, Seebach

Einen Abstecher sollte man auch in die bis zu 15 km südlich bzw. südöstlich von Wissembourg gelegenen, über die D 263 bzw. D 34 erreichbaren Ortschaften Hunspach, Hoffen und Seebach machen. Sie gelten als »**Bilderbuchdörfer**« und sollen die schönsten Fachwerkorte des Nordelsass zu sein. Die hübschen und stillen Straßendörfer Hunspach, Seebach und Hoffen erschließt man am besten mit dem Drahtesel. Überhaupt eignet sich die Region mit ihren sanften Hügeln und teilweise wenig befahrenen Landstraßen hervorragend fürs Radfahren. Fahrräder können in Wissembourg ausgeliehen werden (Office de Tourisme).

✶ Schœnenbourg

Südlich von Wissembourg bzw. westlich von Hunspach liegt im Wald das zur Maginot-Linie (Baedeker Special, S. 319) gehörende gewaltige Artillerie-Festungswerk Schœnenbourg. Bei Gruppenführungen (Dauer ca. 2,5 Std.) werden die rund 30 m unter der Erdoberfläche gelegenen Mannschaftsunterkünfte, Küche und Lazarett, Kraftstation und Kampfstände gezeigt.

REGISTER

a

Abreschviller **81**
ADAC-Notruf **85**
Adlerwarte Kintzheim **184**
Ärztliche Hilfe **80**
Affenberg **184**
Altenstadt **322**
Altkirch **128**
Altorf **217**
Ammerschwihr **194**
Andlau **129**
Angeln **97**
Anreise **66**
Antiquitäten **153**
Arp, Hans (Jean) **53**
Asterix **25**
Aubure **257**
Audincourt **219**
Auskunft **68**
Avolsheim **217**

b

Baccarat **132**
Baden **179, 227, 303**
Ballon d'Alsace **212**
Ballonfahren **99**
Baltzenheim **81**
Barock **47**
Barr **133**
Bartholdi, Frédéric-Auguste **53**
Behindertenreisen **70**
Belchensee **172**
Belfort **136**
Benfeld **159**
Bergheim **257**
Bernstein **157**
Betschdorf **287**
Bevölkerung **23**
Bier **103**
Bilderbögen **89, 166**
Bitche **141**
Bootstourismus **99**
Bouxwiller **143**
Bœrsch **262**
Brant, Sebastian **54**
Brauchtum **25**
Brauereien **76**
Brotmuseum **281**
Bugatti, Ettore **212**
Buhl **175**

c

Camp celtique de la Bure **266**
Camping **95**
Canal du Rhône au Rhin **20**
Cascade du Nideck **242**
Cernay **312**
Chambres d'Hôtes **96**
Champ du Feu, Le **131**
Châtenois **184**
Château de Guirbaden **261**
Château de Fleckenstein **201**
Circuit Touristique Franco-Allemand **123**
Col de la Schlucht **233**
Col de Saverne **271**
Col du Bonhomme **195**
Col du Donon **278**
Colmar **146**
Constat amiable **101**

d

Dabo **211**
Dambach-la-Ville **156**
Deutsch-Französische Touristikroute **123**
Deutsch-Französischer Krieg **39**
Dicke Eiche **179**
Doubs **19**
Drei Ähren **315**
Drei Egsen **162**
Dreiländer-Pass **146**
Dreißigjähriger Krieg **37**
Dusenbach **257**

e

Ebersmunster **158**
Ebhardt, Bodo **181**
Écomusée de Haute-Alsace **163**
Eguisheim **159**
Einkäufe **88**
Elektrizität **71**
Elsässerditsch **26**
Elsässischer Jura **17**
Elsässer Belchen **212**
Elsässische Küche **72, 73**
Ensisheim **162**
Epfig **157**
Épinal **164**
Essen und Trinken **71**
Etang de Hanau **143**
Europäisches Parlament **308**

f

Fachwerk **48**
Falkenstein (Ruine) **143**
Feiertage **76**
Feinschmeckerstraße **125**
Fénétrange **270**
Ferrette **166**
Feste **76**
Festungswerk »Wilhelm II.« **235**
Feuerwehr **85**
Fleckenstein **201**
Flugsport **99**
Forellenstraße **125**
Forêt de Haguenau **179**
Fort Guillaume II **235**
Four à Chaux (Artilleriefort) **200**
Französische Sprache **89**
Fréland **194**

g

Gazon du Faing **234**
Gebweiler **173**
Gegenreformation **37**
Geiler von Kaysersberg, Johann **54**
Geld **79**
Gérardmer **168**
Geschichte **33**
Gesundheit **80**
Getränke **76**
Giromagny **139**
Goethe, Johann Wolfgang von **285, 299**
Golf **99**
Gérardmer **168**
Gotik **46**
Gottfried von Straßburg **46, 55**
Grand Ballon **171**
Grand Canal d'Alsace **20**
Grand Soldat **81**
Grand Wintersberg **239**
Grandfontaine **278**
Graufthal **246**
Großer Belchen **171**
Gros Chêne **179**
Grünewald, Matthias **47, 151**
Gueberschwihr **162**
Guebwiller **173**
Guirbaden **262**
Gunsbach **232**

h

Hagenau **176**
Hagenauer Forst **179**
Haguenau **176**
Hansi (Jean-Jacques Waltz) **55, 149**
Hartmannsweilerkopf **172**
Hartzviller **270**
Haustiere **67**
Haut-Andlau **131**
Haut-Barr **18, 275**
Haut-Kœnigsbourg **180**
Heidenmauer **222**
Heißluftballon **99**
Herbsheim **81**
Herrad von Landsberg **56**
Hochfeld **131**
Höchstgeschwindigkeiten **101**
Hoffen **322**
Hochkönigsburg **180**
Hohrodberg **232**
Hohwald, Le **131**
Hotels **96**
Hunaweier **185**
Hunawihr **185**
Hunspach **322**
Husseren-les-Châteaux **160**
Husseren-Wesserling **312**

j

Jardin d'Altitude du Haut Chitelet **234**
Josel von Rosheim **56**
Judentum **56, 208, 210**
Jugendherbergen **96**

k

Kaas, Patricia **57**
Kabarett **145**
Karpfenstraße **123**
Käse **167**
Käsestraße **123**
Kaysersberg **190**
Keramik **286**
Kestenholz **184**
Kientzheim **196**
Kinder **80**
Kingersheim **81**
Kintzheim **184**
Kirrwiller **145**
Klassizismus **47**
Kleine Vogesen **211**
Kleiner Belchen **123**
Knigge **81**
Krankenversicherung **80**
Kreditkartenverlust **79**
Kruth-Wildenstein **173**
Kunst und Kultur **45**
Kutzenhausen **203**

l

La Bresse **171**
Lac Blanc **195**
Lac de Gérardmer **169**
Lac de la Lauch **172**
Lac de Longemer **170**
Lac de Pierre-Percée **81**
Lac de Retournemer **170**
Lac du Ballon **172**
Lac Noir **196**
Lapoutroie **195**
Lautenbach **175**
Lauterbourg **199**
Le Corbusier **140**
Lembach **200**
Lichtenberg **145**
Ligne Maginot **200, 319**
Literaturempfehlungen **83**
Lützelstein **245**
Lutzelbourg **247**
Luxeuil-les-Bains **204**

m

Maginot-Linie **200, 319**
Magnières **81**
Marckolsheim **206**
Markstein, Le **172**
Marlenheim **123**
Marmoutier **206**
Masevaux **211**
Meisenthal **142**
Merkwiller-Pechelbronn **203**
Mittelbergheim **136**
Moineaudière, La **171**
Molsheim **212**
Mömpelgard **217**
Mont Sainte-Odile **219**
Montabey **233**
Montagne des Singes **184**
Montbéliard **217**
Morsbronn-les-Bains **81**
Mosel **19**
Moselle **20**
Mountainbike **212**
Moyenmoutier **285**
Muhlbach **232**
Mühlhausen **223**
Mulhouse **223**
Muller, Germain **57**
Münster **231**
Münstertal **231**
Munster **231, 233**
Mur Païen **222**
Murbach **174**
Mutzig **234**

n

Nachkriegszeit **42**
Natur **17**
Nautiland **179**
Neubreisach **236**
Neuf-Brisach **236**
Neuwiller-les-Saverne **276**
Nideck **242**
Niederbronn-les-Bains **237**
Niederhaslach **240**
Niedermorschwihr **315**
Niedermunster **222**
Niedersteinbach **202**
Notrufnummern **84**
Notre-Dame-du-Haut **140**

o

Oberbronn **239**
Oberehnheim **242**
Oberelsässisches Freilichtmuseum **163**
Oberlin, Johann Friedrich **58**
Obernai **242**
Oberrheinische Tiefebene **17**
Obersteinbach **202**
Obstbrände **103**
Odilienberg **219**
Orbey **195**
Ottmarsheim **230**
Ottrott **222**

p

Pannenhilfe **85**
Papst Leo IX. **159**
Parc Archéologique Européen **271**
Parc Naturel Régional de Lorraine **19**

Parc Naturel Régional des Ballons des Vosges **232**
Parc Naturel Régional des Vosges du Nord **19**
Parkvorschriften **101**
Pays Welche **194**
Petit Ballon **123**
Petite Pierre, La **245**
Petites Vosges **210**
Pfaffenheim **264**
Pfaffenhoffen **145**
Pfalzburg **246247**
Pfeffel, Gottlieb Konrad **58**
Pfirt **166**
Pflanzen **21**
Pflimlin, Pierre **59**
Phalsbourg **246, 247**
Plan Incliné **248, 250**
Plombières-les-Bains **250**
Polizei **84**
Porte de l'Alsace **272**
Post **85**
Preise **86**
Promillegrenze **101**

r

Radfahren **100**
Raon-l'Etape **132**
Rappoltsweiler **252**
Reformation **37**
Regionaler Naturpark Lothringen **19**
Regionaler Naturpark Nordvogesen **19**
Regionaler Naturpark Vogesenbelchen **232**
Reichenweier **257**
Reichshoffen **240**
Reisedokumente **67**
Reisezeit **86**
Reiten **100**
Remiremont **251**
Renaissance **47**
Rhein **19**
Rhein-Marne-Kanal **20**
Rhein-Rhône-Kanal **20**
Rheinseitenkanal **20**
Ribeauvillé **252**
Riquewihr **257**
Rixheim **230**
Rocher de Dabo **211**
Rohan-Guéménée, Louis-René de **59**
Romanik **45**
Ronchamp **140**
Rosenwiller **261**
Rosheim **260**
Rouffach **262**
Route de l'Amitié **123**
Route de la Choucroute **125**
Route de la Truite **125**
Route des Cinq Châteaux **160**
Route des Crêtes **124**
Route du Fromage **123**
Route du Tabac **124**
Route du Vin **123**
Route Gourmande **125**
Route Joffre **212**
Routes de la Carpe Frite **123**
Rufach **262**

s

Saarburg **268**
Saargemünd **270**
Saint-Hippolyte **181, 184**
Saint-Dié **264**
Saint-Jean-Saverne **276**
Sainte-Marie-aux-Mines **267**
Sarrebourg **268**
Sarreguemines **270**
Sauerkrautstraße **125**
Saverne **271**
Scherweiler Schlösser **185**
Scherwiller **184**
Schickele, René **60**
Schiffshebewerk von St-Louis–Arzviller **115, 250**
Schirmeck **277**
Schlettstadt **279**
Schongauer, Martin **45, 47, 61, 152**
Schœnenbourg **323**
Schwarzer See **196**
Schweitzer, Albert **61**
Seebach **322**
Sélestat **279**
Seltz **199**
Senones **284**
Sentheim **312**
Sessenheim **285**
Shopping **88**
Sigolsheim **198**
Silbermann, Andreas **47**
Simserhof **142**
Soufflenheim **286**
Soultz-Haut-Rhin **176**
Soultzbach-les-Bains **232**
Soultzmatt **264**
Sperr-Notrufnummer **79**
Spesbourg **131**
Sport **97**
Sprache **26, 89**
St-Hippolyte **181, 184**
St-Louis–Arzviller **115, 250**
Störche **186**
Strasbourg **289**
- Europäisches Parlament **307**
- Maison Kammerzell **300**
- Münster **297**
- Musée de l'Art Moderne **303**
- Musée de L'Œuvre **299**
- Naviscope **310**
- Opéra **305**
- Palais de l'Europe **307**
- Palais Rohan **300**
- Parlement Européen **307**
- Petite France **302**
- Place Gutenberg **304**
- Place de la République **305**

Straßburg **289**
Straßburger Eide **35**
Struthof, Le **279**
Sundgau **19**
Surbourg **203**

t

Tabakstraße **124**
Telekommunikation **85**
Thann **310**
Tiere **21**
Top-Reiseziele **2**
Touren **110**
Tourismus **31**
Touristikstraßen **123**
Trois Epis, Les **315**
Turckheim **313**

u

Übernachten **95**
Unfallbericht **101**
Ungerer, Tomi **63, 305**
Ungersheim **163**
Unterkünfte **96**
Unterwegs im Elsass **112**
Urlaub aktiv **97**

V

Vallée de Munster **231**
Veranstaltungen **76**
Verkehrsregeln **101**
Vieil Armand **172**
Villa St-Ulrich **269**
Vogesen **17**
Vogesen-Hauptwanderweg **100**
Vogesenkammstraße **124**

W

Walbourg **180**
Waldeck (Burgruine) **143**
Waldersbach **279**
Waltz, Jean-Jacques (Hansi) **56**
Wandern **100**
Wangenbourg **210**
Wasselonne **210**
Wassersport **101**
Weihnachtsmärkte **87**
Wein **102**
Weinstraße **123**
Weißenburg **315**
Weißer See **195**
Weiss, Louise **63**
Westhoffen **217**
Wilhelm II. **180, 182**
Wildenstein **173**
Wintersport **101**
Wintzenheim **123**
Wirtschaft **29**
Wissembourg **315**
Wœrth **203**

Z

Zabern **271**
Zaberner Steige **271**
Zeit **107**
Zellenberg **190**
Zollbestimmungen **67**
Zweiter Weltkrieg **41**

VERZEICHNIS DER KARTEN & GRAFISCHEN DARSTELLUNGEN

Top-Reiseziele **2**
Lage des Elsass in Frankreich **24**
Départements **24**
Touren durch das Elsass **111**
Tour 1 **115**
Tour 2 **117**
Tour 3 **120**
Belfort **139**
Colmar **150**
Gérardmer **170**
Haguenau **177**
Haut-Kœnigsbourg (Grundriss) **182**
Haut-Kœnigsbourg (3D) **183**
Kaysersberg **193**
Maginot-Linie **200**
Burg Fleckenstein **202**
Mulhouse **226**
Ottmarsheim, St-Pierre-et-St-Paul (Grundriss) **231**
Obernai **244**
Schiffshebewerk St-Louis-Arzviller (3D) **249**
Ribeauvillé **255**
Riquewihr **259**
Château Guirbaden (Grundriss) **261**
Saint-Dié **266**
Saverne **274**
Neuwiller, St-Pierre-et-St-Paul (Grundriss) **276**
Sélestat **283**
Strasbourg **294 / 295**
Strasbourg, Münster (Grundriss) **297**
Strasbourg, Musée de l'Œuvre Notre-Dame **300**
Strasbourg, Europäisches Parlament (3D) **309**
Thann, St-Thiébaut (Grundriss) **312**
Wissembourg **318**

Überblickskarte Elsass **Umschlagklappe hinten**

BILDNACHWEIS

akg-images S. 6, 14 (oben), 32, 35, 39, 41, 44, 55, 152, 216, 251
Bildagentur Huber S. 3 (unten), 13 (Mitte), 73, 183 (oben rechts)
dpa S. 59
Fan / Mross S. 3 (oben), 15, 18, 100, 113, 161
Freyer S. 111 (oben), 117 (Mitte), 184, 280, 291
HB Verlag / Kirchner S. 5, 9, 14 (Mitte), 23, 29, 30, 46, 108/109, 109, 110 (unten), 117 (unten), 125, 126/127, 128, 134, 148, 151, 157, 180, 183 (oben links), 195, 207, 209, 215, 221, 225, 229, 239, 241, 242, 249 (unten), 256, 260, 275, 288, 309, 319 (unten rechts), 321
laif / Amme S. 80
laif / Baatz S. 198
laif / Bungert St. S. 248, 249 (oben), 250
laif / Dreysse S. 155
laif / Eid S. 93, 292, 313
laif / Enker S. 120 (unten), 175
laif / Galli S. 13 (unten), 120 (2. v. unten), 124, 172, 183 (unten rechts), 189, 228
laif / Henseler S. 7, 105
laif / Kirchner S. 27, 49, 79, 110 (oben), 111 (unten), 115 (oben), 144, 164, 170, 183 (unten links), 268, 287, 293, 316, vordere Umschlaginnenseite
laif / Ogando S. 16
laif / Raach S. 204
laif / REA S. 308, 309 (unten links), 309 (oben), 310, Umschlagklappe hinten
laif / Reporters S. 10 / 11, 237
laif / Westrich S. 64 / 65, 75, 82, 304
mauritius-images / photononstop S. 87, 187, hintere Umschlagaußenseite
Mauritius / Mehlig S. 213
Photopress / Master S. 14 (unten), 103, 191
Nahm S. 140
picture- alliance S. 43, 52, 53 [(c) VG Bild-Kunst, Bonn 2005], 57, 62, 277
Schuster S. 137
Szerelmy S. 1, 8, 11, 12, 13 (oben), 50, 65, 117 (oben), 120 (2. v. oben), 127, 263, 298
Thomas S. 20
Wagner S. 4, 115 (unten), 120 (oben), 147, 178, 233, 253, 272

Titelbild: laif / Kirchner – Fachwerkhäuser in Riquewihr

IMPRESSUM

Ausstattung:
149 Abbildungen, 33 Karten und grafische Darstellungen, eine große Reisekarte
Text:
Achim Bourmer, Peter M. Nahm, Charlotte Kraus und Beate Szerelmy
Bearbeitung:
Baedeker Redaktion
(Beate Szerelmy)
Kartografie:
Franz Kaiser, Sindelfingen; Franz Huber, München; Falk Verlag, Ostfildern (Reisekarte)
3D-Illustrationen:
jangled nerves, Stuttgart
Gestalterisches Konzept:
independent Medien-Design, München
(Kathrin Schemel)

Sprachführer in Zusammenarbeit mit Ernst Klett Sprachen GmbH, Stuttgart,Redaktion PONS Wörterbücher

Chefredaktion:
Rainer Eisenschmid,
Baedeker Ostfildern

8. Auflage 2008

Urheberschaft:
Karl Baedeker Verlag, Ostfildern

Nutzungsrecht:
MAIRDUMONT GmbH & Co KG; Ostfildern

Printed in China
Gedruckt auf 100% chlorfrei gebleichtem Papier

BAEDEKER VERLAGSPROGRAMM

- Ägypten
- Algarve
- Allgäu
- Amsterdam
- Andalusien
- Athen
- Australien
- Australien • Osten
- Bali
- Baltikum
- Barcelona
- Belgien
- Berlin • Potsdam
- Bodensee
- Brasilien
- Bretagne
- Brüssel
- Budapest
- Bulgarien
- Burgund
- Chicago • Große Seen
- China
- Costa Blanca
- Costa Brava
- Dänemark
- Deutsche Nordseeküste
- Deutschland
- Djerba • Südtunesien
- Dominikanische Republik
- Dresden
- Dubai • Vereinigte Arabische Emirate
- Elba
- Elsass • Vogesen
- Finnland
- Florenz
- Florida
- Franken
- Frankfurt am Main
- Frankreich
- Fuerteventura
- Gardasee
- Golf von Neapel
- Gomera
- Gran Canaria
- Griechenland
- Griechische Inseln
- Großbritannien
- Hamburg
- Harz
- Hongkong • Macau
- Indien
- Irland
- Island
- Israel
- Istanbul
- Istrien • Kvarner Bucht
- Italien
- Italien • Norden
- Italien • Süden
- Italienische Adria
- Italienische Riviera
- Japan
- Jordanien
- Kalifornien
- Kanada • Osten
- Kanada • Westen
- Kanalinseln
- Kenia
- Köln
- Kopenhagen
- Korfu • Ionische Inseln
- Korsika
- Kos
- Kreta
- Kroatische Adriaküste • Dalmatien
- Kuba
- La Palma
- Lanzarote
- Lissabon
- Loire
- London
- Madeira
- Madrid

- Malediven
- Mallorca
- Malta • Gozo • Comino
- Marokko
- Mecklenburg-Vorpommern
- Menorca
- Mexiko
- Moskau
- München
- Namibia
- Neuseeland
- New York
- Niederlande
- Norwegen
- Oberbayern
- Oberitalienische Seen • Lombardei • Mailand
- Österreich
- Paris
- Peking
- Piemont
- Polen
- Polnische Ostseeküste • Danzig • Masuren
- Portugal
- Prag
- Provence • Côte d'Azur
- Rhodos
- Rom
- Rügen • Hiddensee
- Sachsen
- Salzburger Land
- St. Petersburg
- Sardinien
- Schottland
- Schwäbische Alb
- Schwarzwald
- Schweden
- Schweiz
- Sizilien
- Skandinavien
- Slowenien
- Spanien
- Spanien • Norden • Jakobsweg
- Sri Lanka
- Stuttgart
- Südafrika
- Südengland
- Südtirol
- Sylt
- Teneriffa
- Tessin
- Thailand
- Toskana
- Tschechien
- Tunesien
- Türkei
- Türkische Mittelmeerküste
- Umbrien
- Ungarn
- USA
- USA • Nordosten
- USA • Südwesten
- Usedom
- Venedig
- Vietnam
- Weimar
- Wien
- Zypern

LIEBE LESERINNEN, LIEBE LESER,

ein herzliches Dankeschön, dass Sie sich für einen Baedeker Allianz Reiseführer entschieden haben. Er wird Sie zuverlässig auf Ihrer Reise begleiten und Sie nicht im Stich lassen.
Natürlich beschreibt er die wichtigen Sehenswürdigkeiten, aber er empfiehlt auch die nettesten Kneipen und Bars, dazu Hotels für den großen und kleinen Geldbeutel, gibt Tipps für Restaurants, Shopping und für vieles mehr, was eine Reise zum Erlebnis macht. Dafür haben die Autoren und die Redaktion Sorge getragen. Sie sind für Sie regelmäßig in das Elsass gereist und haben all ihre Erfahrungen und Kenntnisse in diesen Reiseführer gepackt.

Trotzdem: Die Erfahrung zeigt, dass Fehler und Änderungen nach Drucklegung, für die der Verlag keine Haftung übernehmen kann, nicht ausgeschlossen werden können. Für Kritik, Berichtigungen und Verbesserungsvorschläge sind wir Ihnen außerordentlich dankbar. Schreiben Sie uns, mailen Sie uns oder rufen Sie an:

▶ **Verlag Karl Baedeker GmbH**
Redaktion
Postfach 3162
D-73751 Ostfildern
Tel. (0711) 4502-262, Fax -343
E-Mail: info@baedeker.com

Besuchen Sie uns auch im Internet unter www. baedeker.com. Hier finden Sie jeden Monat den aktuellen Reisetipp der Redaktion und das gesamte Verlagsprogramm. Hier können Sie auch lesen, wer Karl Baedeker war und wie er seinen ersten Reiseführer geschrieben hat. Mit seinen über 180 Jahren ist der Karl Baedeker Verlag der älteste Reiseführer-Verlag der Welt.

www.baedeker.com

ZU GEWINNEN: STADTREISE NACH LONDON

Unter allen Einsendungen verlost der Verlag am Jahresende – unter Ausschluss des Rechtswegs – eine Städtekurzreise für zwei Personen nach London.
Freuen Sie sich auf ein spannendes Wochenende in London. Natürlich ist ein Baedeker Allianz Reiseführer London auch dabei!